특권계급론

특권계급론

THE PRIVILEGED FEW

Clive Hamilton & Myra Hamilton

극단적 소수가
독차지한 세상

클라이브 해밀턴 · 마이라 해밀턴 지음
유강은 옮김

오월의봄

일러두기

1. 본문의 대괄호([ ])는 옮긴이가 내용을 덧붙인 것이다.
2. 본문의 각주(*)는 옮긴이가 붙인 것이며, 아라비아 숫자로
   표기된 미주는 지은이가 붙인 것이다.
3. 본문에 언급된 책 중 한국어판이 존재할 경우 한국어판
   제목을 따랐다. 다만 인용문 번역은 한국어판을 참조하지
   않고 옮긴이가 직접 번역했다.

서문

일부 사람들이 누리는 특권은 끝없이 매혹적이며 때로는 분노를 일으키는 대화 주제다. 사석과 온라인에서 사람들은 불의와 격분의 감정을 나타낸다. 사람들은 권력과 특권이 작동하는 방식을 해부한다. 사람들에게 이 책은 온갖 종류의 감정을 불러일으킬지 모른다. 앎의 힘을 통해 일종의 치료 효과를 발휘할지도 모른다. 하지만 우리는 이 책이 치료 효과를 넘어서 진지하고 지속적인 토론을 개시하는 계기가 되고 더 나아가 사회 변화로 이어지기를 바란다.

우리가 주장하는 것처럼, 특권 게임에서는 모든 사람이 참가자다. 따라서 특권에 관해 글을 쓰고자 한다면 우리 자신이 가진 특권을 공개해야 마땅하다. 우리 두 사람은 삶에서 많은 이점을 누렸다. 우리는 둘 다 백인이고 교육수준이 높고 두둑한 급여를 받으며, 물질적으로는 아닐지언정 문화적으로 풍요로운 가정에서 자랐다. 둘 중 한 명은 남성이다. 따라서 우리는 오스트레일리아의 백인 중산층이 누리는 많은 불공정한 이점을 톡톡히 누렸다. 우리 둘 다 공립학교에서 교육을 받았다는 점도 언급해야 한다.

오늘날 사회과학자들은 자신들이 글로 쓰는 사람들의 삶을 이해하는 데 방해가 될 수 있기 때문에 자신들이 가진 특권을 인정해야 한다는 요청을 받는다. 우리로 말하자면, 사회적 위계에서 우리보다 한참 위에 있다고 여겨지는 사람들을 연구하기 때문에 문제는 우리가 특권을 누린다는 게 아니라 오히려 충분히 누리지 못한다는 사실이다. 우리가 부유층 가정 출신이고 배타적인 사립학교를 다녔더라면, 부유층 엘리트의 세계에 관해 더 깊고 공감적으로 통찰했을 게 분명하다. 물론 이렇게 되면 엘리트 특권을 비판적 시선으로 보지 못한다는 결점이 있었을 것이다. 우리는 세계를 다르게 봤을 것이다.

특권층 엘리트의 하바이아나스 샌들을 가끔 빌려 신기는 했어도 그들과 똑같은 신발을 신고 인생의 여정을 걷지 않았기 때문에, 부유층 사업가나 유명인이 남들은 누리지 못하는 이점을 누린다는 이야기를 들을 때 보통 시민들이 저녁식사 자리에서 낙담하는 것처럼 우리 또한 헉하고 숨이 막힌다. 저녁식사 자리의 대화가 끝난 뒤 우리는 언제나 이 특권체계가 어떻게 작동하며 왜 그토록 강렬한 반응을 일으키는지 궁금했다. 시간을 갖고 몇 가지 답을 찾아낼 만한 위치에 있다는 것이 학문 연구자로서 우리가 가진 특권이다.

차례

1장

서론: 특권은 어떻게 유지되는가

1665~1666년 런던 대역병 시기에도 똑같았다. 2020년 초 몇 달간 코로나19 바이러스가 확산하면서 런던이 셧다운을 시작했을 때, 부유층 가족들은 도시를 떠나 시골에 있는 피난처로 향했다. 다른 이들은 요트를 타고 카리브해의 섬으로 도피했다. 부동산 중개업자들은 "피난용 벙커가 있는 대저택"에 관한 슈퍼리치들의 문의를 처리했다.[1] 부유층의 도피에 관해 보도하는 신문 기사가 나올 때마다 대중은 씁쓸하고 냉소적인 댓글을 쏟아냈다. 저술가 린지 핸리Lynsey Hanley는 당시의 분위기를 이렇게 포착했다.

우리의 록다운 경험은 계급에 따라 규정되었다. 부유층은 세컨드하우스로 피신하고, 버스기사와 간호사는 일터에서 말 그대로 죽어나가고, 외출도 못하는 일반인은 비좁은 집에서 남아도는 시간을 감당하면서 제대로 자가격리 규칙을 지키기도 벅찬데, 어떻게 그렇지 않겠는가?[2]

미국도 사정은 마찬가지여서 뉴욕의 상류층 동네에서 부유층과 유명인의 휴가용 유원지인 햄턴스로 대탈출이 벌어졌다. 도시에서 빠져나가는 이동 물결에 합류한 한 부유층 자선가는 팬데믹과 "흑인의 생명도 소중하다" 시위가 벌어지는 가운데 자신과 친구들이 과연 돌아올 수 있을지 궁금해했다.[3]

2021년 7월, 시드니는 최악의 팬데믹에 휘말린 채 역대 최고를 기록한 일일 확진자를 처리하느라 분투하고 있었다. 도시 전체가 록다운 상태였다. 직장과 학교가 필수 노동자를 제외한 모든 이에게 폐쇄됐고, 도시 내의 이동 또한 엄격하게 제한됐다. 최악의 타격을 받은 곳은 지방정부 담당 지역인 페어필드였다. 페어필드는 도시에서 가장 빈곤한 곳으로 소매업, 돌봄노동, 창고업 같은 필수 서비스의 저임금노동 수준이 높고 빈민이 많은 지역이었다.[4] 확진자 수가 급증하면서 크게 동요하는 가운데 페어필드는 또한 주에서 백신 접종률이 가장 낮은 축에 속했다. 사람들이 백신 접종을 기피한 탓이 아니었다. 뉴사우스웨일스 주정부는 [뉴사우스웨일스주의 주도인] 시드니와 주 전체의 다른 지역에 비해 페어필드와 그 주변의 담당 지역에 더 엄격한 록다운을 시행했다. 페어필드 학생들은 자택에서 학교 공부를 해야 했는데, 그들의 부모는 대부분 둘 다 일을 하고 교육수준이 낮은 편이었다.[5] 홈스쿨링은 그들 중 많은 이들을 한계점까지 밀어붙이고 있었다.

시드니의 엘리트 사립학교에 다니는 아이들의 경우는 딴 판이었다. 전문가들이 페어필드 학생들이 한층 뒤처지고 있다고 걱정하는 가운데, 특권층 사립학교인 스코츠칼리지 학생들은 그림 같은 캥거루밸리에 자리한 야외교육 캠퍼스에서 6개월 동안 진행되는 캠프에 참여하는 것이 허용되었다. 정부가 록다운 제한 조치를 면제해준 게 분명했다. 학교 웹사이트에 따르면, 그곳에서 9학년* 학생들은 "성인이 되는 통과의례"를 겪게 되는데, 그들은 "신체적, 정신적, 감정적, 사회적, 학문적 도전"을 하면서 "스코츠 소년들을 돋보이게 만드는" 방식으로 성장하게 될 것이다.[6]

그 직후에 엘리트 사립학교인 레드랜즈(시드니 영국국교회 남녀공학 그래머스쿨의 고학년 수업료는 연간 4만 2000호주달러[약 3900만 원][7]다) 학생들은 뉴사우스웨일스 주정부로부터 스노이 산맥 설원에 있는 진다바인 캠퍼스로 이동하는 것을 승인받았다. 세 번째 학기 동안 9학년, 10학년 학생들은 각자 1만 7000호주달러[약 1580만 원]의 비용을 추가로 내고 집중 학습을 하는 동시에 1주일에 11시간 전문 강사와 코치에게 스키나 스노보드를 배운다. 국제무대에서 경쟁하는 스노 스포츠 경력을 쌓고 싶은 학생들은 누구나 참여할 수 있는 강습이었다.[8]

2021년 7월, 델타 변이 확진자 수가 급증하자 오스트레일

---

* 6세부터 시작되는 의무교육의 9번째 학년으로 보통 14~15세에 해당한다.

리아 정부는 1주일에 해외에서 입국을 허용하는 자국인 수를 절반으로 줄였다. 3만 명의 시민이 오스트레일리아로 들어오는 항공편 대기 명단에 오른 채 해외에서 발이 묶였다.[9] 그중에 인도에서 오도 가도 못하는 처지가 된 이들도 있었는데, 국경 폐쇄 전에 조부모와 함께 인도 여행을 갔다가 귀국하지 못해서 부모와 생이별하게 된 아동도 200명이 넘었다.[10]

이와 동시에 그런 장벽을 전혀 겪지 않는 부유층과 유명인에 관한 기사가 속속 등장했다. 자가용 제트기를 타고 오스트레일리아로 날아온 사람들은 주에서 관리하는 지정된 호텔에서 격리하는 것을 면제받았고, 그 대신 화려한 자택과 사유지에서 자발적으로 격리하는 것이 허용되었다.[11]

공동체에서 널리 보도되고 논의된 이 사례들은 팬데믹 제한 조치가 처음 시작된 몇 주간을 특징지은 '우리 모두 함께하고 있다'는 행복한 감정에 찬물을 끼얹었다. 많은 이들이 볼 때, 장막이 벗겨지면서 특권층 사람들이 어떤 식으로 공동체의 모든 사람에게 적용되는 규칙을 구부리거나 회피할 수 있는지가 드러났다. 부유층 사업가와 유명인들이 특별대우를 받는다는 뉴스 보도에 대중은 당혹감과 분노를 나타냈다. 엘리트 사립학교에 다니는 아이들은 도시를 벗어나 조용한 곳으로 향하는 한편, 부유하지 않은 교외의 공립학교 학생들은 집에서 고생하면서 비좁은 공간에서 온라인 학습을 하고 그 부모들은 일과 돌봄의 압박을 견디지 못하고 무너졌다. 사람들은 이런 현실에 분노했다. 소셜미디어와 언론사 웹사이트는 격분한 감정으로 불타

올랐다. "장난치는 게 분명해." "그들과 우리는 각각 다른 규칙이 적용되는군."

요컨대, 팬데믹과 록다운의 경험을 통해 사람들은 특권적 지위에 있는 소수가 다른 모든 이들과 달리 특혜와 특별한 권리를 부여받는다는 걸 알게 되었다. 이런 상황이 펼쳐지는 것을 지켜보면서 우리는 곧바로 의문을 품게 되었다. "어떻게 이런 식으로 되는 거지?" "이 상황은 어떤 사회적 영향을 미칠까?" 이 책은 이런 질문들에 답을 하려는 시도다.

⋆⋆

잠시 숨을 고르고 생각해보면, 엘리트 특권은 매우 복잡한 연구 대상이다. 그런데 하나의 사회적 현상으로서 제대로 연구되지 않고 있다.[12] 엘리트 특권과 **관련된** 연구가 광범위한 것은 사실이다 — 불평등, 상류층 전용 학교의 역할, 명품 소비 습관, 정치와 돈 등에 관한 연구가 많다. 하지만 흔히 말하는 엘리트 특권은 학문적으로 별로 관심을 받지 못했다. 비판적 관심이 부재한 탓에 엘리트 특권이 정상적인 일로 여겨지고, 이를 지탱하는 관행과 규범이 도전받지 않으며, 그 사회적 파급력이 가려진다.

우리의 목표는 주로 현대 오스트레일리아에서 가져온 증거를 활용해서 엘리트 특권의 특징들, 그런 특권의 재생산의 밑바탕을 이루는 믿음과 태도와 과정, 그리고 그 효과를 가시적으로 드러내는 것이다. 실제로 엘리트 특권이란 무엇인가? 부나 영향력, 권력과 거의 똑같은 것인가? 정확히 어떻게 엘리트 특권을 활용해서 규칙을 회피하는가? 엘리트들은 어떤 식으로 자신들에게 혜택이 주어져야 한다고 신호를 보내며 다른 사람들은 왜 엘리트에게 혜택을 부여하는 식으로 반응하는가? 사회제도와 정치구조는 어떤 식으로 엘리트 특권을 지탱하는가? 엘리트 특권은 각기 다른 사회경제적 스펙트럼에 속하는 사람들에게 감정적, 실질적으로 어떤 영향을 미치는가? 엘리트 특권과 사회적 배제, 경제적 불평등은 서로 어떤 관계인가?

남성 특권과 백인 특권에 관해 다룬 문헌은 풍부하다. 반면, 우리는 엘리트 특권, 즉 부나 영향력을 갖고 있기 때문에 그들에게 주어지는 이점과 혜택에 초점을 맞춘다. 물론 엘리트 특권은 남성 특권, 백인 특권과 뒤섞여 있으며 두 특권에 의해 증폭된다. 이 때문에 생겨나는 복잡한 '교차성' 문제에 관해서는 나중에 검토할 것이다. 그렇다 하더라도 우리는 엘리트 특권을 통상적인 '특권'의 용법과 뭉뚱그리면 그 독특한 성격이 가려진다고 주장할 것이다. 그럼에도 우리는 남성과 백인의 특권에 관한 최근의 연구가 엘리트 특권의 동학에 새로운 빛을 던져줄 수 있음을 알게 될 것이다.

지난 10~20년 동안 불평등의 급격한 증대를 반영이라도 하듯 슈퍼리치나 '1퍼센트'에 관한 학문적 관심이 상당히 많아졌다. 토마 피케티의 《21세기 자본》(2014)은 이 토론에 불을 지폈다.[13] 엘리트들이 더 많은 부를 축적했음을 보여주는 역사적 데이터를 찾아낸 그는 새로운 "세습자본주의patrimonial capitalism"가 등장하고 있다고 말했다.[14] 수십 년간 사회연구자들이 정체성이나 **인정** 문제에 몰두한 끝에 바야흐로 **분배** 문제에 새롭게 관심을 기울이고 있다.[15] 슈퍼리치에 관한 관심이 높아지면서 그들이 부를 어떻게 축적하고 소비하는지에 집중되는 한편, 부유층이 정책과 사회적 조정을 자신들에게 유리하게 구부리는 갖가지 방식에도 어느 정도 관심이 쏠린다.

이런 새로운 학문 연구가 반갑기는 하지만, 엘리트 특권은 부와 똑같은 것이 아니다. 종종 부와 연결되기는 하지만, 엘리트 특권은 **사회적으로** 부여되는 배타적 이점과 혜택을 가리킨다. 이런 이점들은 부만이 아니라 영향력과도 연결되는데, 이 두 자원은 종종 결합되지만 언제나 그런 것은 아니다. 어떤 두 사람이 보유한 자산이 똑같더라도 아주 다른 수준의 엘리트 특권을 누릴 수 있으며, 제한된 부를 가진 사람이 많은 특권을 누리기도 한다. 정치와 언론, 전문직, 대학과 문화의 장에서는 높은 지위가 반드시 부와 연결되는 것은 아닌데, 이런 장의 엘리트들은 종종 폭넓은 특권을 누린다. 가령 문화 엘리트에는 보유한 부와 상관없이 문화적 영향력 덕분에 특권적 지위와 접근성을 갖는 유명인들이 포함된다. 따라서 엘리트 특권 연구에 경제적으로 접근하는 것은 우리의 이해를 제한한다. 그러므로 우리의 주된 초점은 부유층 엘리트에 맞춰질 테지만, 흔히 말하는 그들의 경제적 자산이 가장 중요한 관심사는 아니다. 그리고 우리는 부가 아닌 다른 '자본' 형태 덕분에 남들에게는 주어지지 않는 특권을 누릴 수 있는 다른 장field, 場의 엘리트들도 염두에 둔다.

★★

이 책에서 우리는 엘리트 특권을 이해하기 위해 가장 흥미로운 것은 누가 엘리트**이며** 엘리트가 무엇을 **갖고 있는지**가 아니라 특권이 **작동하는** 방식, 즉 부와 영향력을 가진 이들에게 이점과 혜택을 부여하는 사회적 관행과 과정이라고 주장한다. 엘리트 특권을 유지하고, 재생산하고, 정당화하는 것은 바로 이 과정과 관행이다. 따라서 우리는 엘리트 특권의 사회적 관행과 사회적 효과에 초점을 맞춘다. 특권층 엘리트와 그들이 보유한 것(부와 영향력)의 구성에 관한 기존 연구는 특권층 엘리트들 자신에게 초점을 맞춘다. 그에 비해 이런 특권의 **관행**에 관한 이해는 충분하지 못하다. 특권의 관행을 검토하는 연구들도 대부분의 경우 여전히 최상층의 소비 행태 같은 행동과 활동에 초점을 맞춘다. 이와 대조적으로, 우리는 특권의 관행과 재생산이 사회계층을 아우르는 한 과정이라고 주장한다.

　우리가 특권의 관행을 강조하는 것은 특권이 단지 누군가 돈이나 권력을 갖고 있기 때문에 마술적으로 등장하는 게 아니라는 사고에서 생겨난다. 특권은 매일같이 남들에 의해 인정되거나 부여된다. 엘리트 특권은 특권적 대우 요구에 대한 광범위한 사회적 수용과 그것의 재생산에 필수적인 제도와 규범의 용인을 통해 유지된다. 다시 말해, 엘리트 특권은 단순히 부와 영향력의 부산물이나 특전이 아니라 사회의 조직 원리, 사회계층을 구분하고 재생산하는 일련의 사회적 관행으로 간주되어야 한다. 이 과정의 연금술, 즉 개인 간 상호작용과 사회적 관계에서 특권이 어떻게 수행되는가 하는 것이 이 연구의 중심적 관심사다. 우리는 특권이 '실행'되는 통로가 되는, 사회계층을 가로지르는 일련의 개인 간, 상황적, 제도적 상호작용과 과정을 출발점으로 삼는다.

따라서 엘리트 특권은 단순히 어떤 개인적 문제, '그들', 즉 엘리트들이 누리는 어떤 것이 아니다. 특권은 모든 사람이 연루되고 영향을 받는 하나의 사회적 쟁점이다. 첫째, 모든 사람이 일상적 상호작용을 통해서든, 엘리트에게 혜택을 주는 제도에 관여하거나 엘리트 특권을 뒷받침하는 폭넓은 사회적, 정치적 과정에 참여함을 통해서든, 특권 부여에 참여함으로써 특권 체계를 유지한다. 둘째, 엘리트 특권은 다양한 방식으로 피해를 끼친다. 마지막 몇 장에서 우리는 엘리트 특권에서 생겨나는 세 종류의 피해—심리적, 경제적, 사회적 피해—를 확인한다. 물론 이런 피해는 이어지는 많은 분석에도 줄곧 함축되어 있다.

★★

엘리트 특권이 하나의 조직화 원리로 어떻게 작동하는지를 이해하는 과정에서 우리는 엘리트 특권을 유지하고 재생산하고 정당화하는 사회적 '기계'에 주의를 환기시키기 위해 때로 기계

비유를 사용한다. 이 **특권기계**는 개인 간, 제도적 차원에서 권력과 부, 지위와 영향력의 불균형을 재생산하기 위해 양식화된 방식으로 배타적 이점과 혜택을 부여하는 사회적 관행과 규범으로 구성된다. 개인, 집단, 조직, 제도는 모두 이 기계의 '톱니'나 '바퀴' 역할을 하지만, 기계의 작동에서 가장 중요한 부품은 제도다. 우리는 학교나 노동시장, 법률체계 등 한 나라의 중요한 제도들 대부분은 이미 부와 영향력을 가진 이들에게 배타적인 혜택과 이점을 제공하는 한편 다른 이들에게는 이런 혜택을 주지 않는 방식으로 조직된다고 주장한다.

이 특권기계는 능력주의의 이상이 실현되는 것을 가로막는다. 서방 사회는 능력주의의 이상을 선언하며, 비록 실제 과정에서 여러 문제와 차질이 있기는 해도 우리가 모든 이에게 공정과 기회균등을 확대하려고 노력한다는 폭넓은 합의가 존재한다.[16] 젠더와 인종의 경우에 서방 각국 사회에서는 실제로 지난 50~60년간 평등이 더욱 확대되었다.[17] 법적으로, 그리고 종종 실제적으로 여성과 다양한 문화적 배경의 사람들, 그 밖의 소수자들이 그전까지 이성애자 백인 남성이 배타적으로 차지했던 영역 — 전문직(의료와 법률에서 사업과 프로 스포츠에 이르기까지), 정치직(시장에서 국가 지도자에 이르기까지), 문학과 예술, 대학교, 대기업 중역, 이사회, 컨트리클럽 등등 — 에 한층 동등하게 접근할 수 있다. 하지만 우리는 특권기계가 **족벌주의와 세습의 이점**이 여전히 여러 제도에 깊게 박힌 채 기회균등과 '능력' 활용이라는 목표를 좌절시키면서 스스로 엘리트 권력을 강화하고 재생산하는 방식을 확실히 은폐하게 해준다고 주장한다.

우리의 목표는 이 특권기계를 가시적으로 드러내는 것, 즉 도전에 저항하는 위계적 사회를 유지하는 온갖 방식으로 특권기계가 제도에 어떻게 확고하게 자리를 잡고 있으며 어떤 형태를 띠는지, 광범위한 관계와 개인 간 상호작용에서 어떻게 나타나는지를 드러내는 것이다. 이를 살펴보면 볼수록 사회의 모든 성원이 이 기계의 한 톱니로서, 기계가 부드럽게 돌아가면서 결과물—엘리트를 위한 배타적 혜택—을 생산하도록 돕는다는 것을 알게 된다. 특권기계의 내구성을 보면, 자유민주주의 사회가 끈질기게 계층화와 불공정을 유지하며 그 기계를 파괴할 때까지 계속 유지하게 되는 이유를 알 수 있다.

★
★★

이 책의 구조를 소개하는 것이 도움이 될 것이다. 2장에서 우리는 각기 다른 사회경제적 배경의 사람들의 지각과 경험에 관한 질적 데이터와 기존 문헌에서 활용한 이론적 도구를 결합하면서 '엘리트'와 '엘리트 특권'이 무엇을 의미하는지를 설명한다. 여기서 우리는 피에르 부르디외의 발상, 특히 경제자본, 사회자본, 문화자본의 구분에 의지한다.

3장에서는 일상적인 개인 간 상호작용을 탐구하면서 특권의 관행, 우리가 말하는 이른바 특권의 미시정치를 검토하기 시작한다. 우리는 일상적인 사회적 상호작용에서 특권 부여의 밑

바탕을 이루는 관계적 과정을 탐구한다.

　이런 미시정치가 중요하기는 하지만, 특권기계의 작동에서 가장 근본적인 구성요소는 제도다. 4~7장에서는 엘리트 특권을 유지, 재생산, 정당화하는 몇몇 장소의 역할을 검토한다. 여기서 우리는 각 제도 안에 박혀 있는 특별한 이점을 부여하는 사회적 관행과 규범, 그리고 이것들이 어떻게 부와 영향력의 불균형을 재생산하는 방향으로 치우치는지를 탐구한다. 첫 번째 장소(4장)는 엘리트 교외, 그리고 엘리트들이 공간과 맺는 관계다. 이런 동네는 단순히 부유층이 거주하는 곳을 넘어서 특권이 '성화consecration, 聖化'되고 여러 형태의 자본이 적극적으로 축적되는 장소다. 5장에서는 특권이 다음 세대로 전달되는 상류층 전용 사립학교를 살펴본다. 이런 사립학교는 여러 형태의 자본이 성변화transubstantation, 聖變化*되면서 더 많은 권력과 영향력의 축적을 촉진하는 장소다. 특권기계에서 상류층 전용 사립학교는 엔진 역할을 한다고 볼 수 있다.[18] 6장에서는 엘리트 사립학교를 통해 흡수된 특권적 지위가 예술과 스포츠, 훈장제도와 사법부 같은 다른 사회제도로까지 어떻게 퍼져나가는지를 살펴본다. 우리는 최근 수십 년간 이런 몇몇 제도의 젠더·종족 다양성에서 이룬 성과가 '계급 다양성'의 쇠퇴와 나란히 존재한다는 것

---

*　부르디외가 말하는 '성변화'는 물질적 형태의 자본이 비물질적 형태의 자본으로 바뀌는 현상 또는 그 반대의 현상을 가리킨다. 또한 문화자본이 개인 안에 깊숙이 체화되어 자본의 본질이 바뀌고 사회계급의 경험과 기회에 영향을 미치는 과정을 가리킬 때도 '성변화'라고 한다.

을 보여주고자 한다.

엘리트 특권을 배양하기 위한 최종 장소인 자선은 다소 놀랍게 느껴질 것이다(7장). 하지만 면밀하게 관찰해보면, 엘리트 자선이라는 매혹적인 세계가 엘리트 권력을 공고히 굳히고 엘리트 영향력을 사회 전체로 확장하기 위한 결정적인 장임이 드러난다.

이 장소들 전체에 걸쳐 사회자본의 역할이 엘리트 특권과 권력이 작동하고 재생산되는 데 필수적이다. 8장에서는 엘리트들이 형성하고 재형성하는 여러 네트워크와, 이것들이 어떤 식으로 개인적인 동시에 집단적으로 엘리트의 영향력을 보호하고 증진시키는 데 기여하는지를 좀 더 자세히 살펴본다. 또한 본문에서 정기적으로 등장하는 현상, 즉 엘리트 특권과 다른 종류의 특권 사이의 관계를 더 직접적으로 검토한다.

이 책 전반부에서 많은 사회제도를 가로지르는 특권기계의 작동을 자세히 설명하지만, 현실에서 이 기계는 종종 가려진다. 9장에서는 개인적 노력 덕분에 성공한다는 이데올로기와 특권을 당연히 누릴 자격이 있다는 서사가 확산되는 식으로 엘리트 특권이 어떻게 감춰지고 긍정적인 것으로 정당화되는지를 분석한다.

10장과 11장에서는 서론 초반에서 제기된 두 번째 질문, 즉 엘리트 특권의 사회적 효과 문제를 검토한다. 두 장에서 우리는 엘리트 특권이 일반 사람들과 사회에 가하는 피해 — 일상적 무시와 모욕 같은 심리적 피해, 엘리트들이 이점을 한껏 활용할

때 다른 사람들에게 가해지는 경제적 피해, 특권이 횡행하도록
내버려둘 때 벌어지는 사회적 응집력과 시민적 가치의 부식 —
를 분명히 밝힌다. 마지막 장에서는 엘리트 특권을 억제하기 위
해 무엇을 할 수 있는지 질문을 던지면서 더 정의롭고 조화로운
사회로 나아가는 몇 걸음이 될 만한 몇 가지 제안을 내놓는다.

★★

'상층 연구researching up'는 현실적이고 윤리적인 도전에 부딪힌
다.[19] 첫째, 엘리트들은 접근하기가 "어렵기로 악명 높으며" 따
라서 엘리트 집단의 내부 작동은 연구하기가 더욱 어렵다.[20] 엘
리트들은 달갑지 않은 침범에 맞서 스스로를 보호하는 데 능숙
하다. 어쨌든 치안 경계가 엘리트의 지위를 규정한다. 설사 엘
리트들에게 접근한다고 할지라도 각 대상이 종종 "연구 조건을
정하고, 연구 결과를 조작하며, 결과물의 전파를 통제"할 수 있
다.[21] 민족지학 연구자들은 개인 간 역관계를 관리하고, 부유층
의 신뢰를 얻기 위한 문화적 특성을 보유할 필요가 있다. (에마
스펜스Emma Spence는 슈퍼요트 구매자들에 관한 연구에서 이렇게 말했다.
"슈퍼리치를 알아보고 상대하기 위해 나 자신이 연구자로서 충분한 **문화
자본**을 보유하거나 개발해야 한다는 것을 깨달았다.")[22] 게다가 부유층
엘리트는 변호사와 홍보 전문가를 거느리고 있으며, 신문사 편
집장이나 지원금 제공자, 고위 정치인같이 권력 지위에 있는 사
람들을 안다. 그럼에도 몇몇 엘리트 연구자들은 그 장벽을 뚫고

들어가서 특권체계의 요소들이 어떻게 작동하는지를 사회 일반에 폭로했다. 우리는 그들의 연구에 의지한다.

그렇다 하더라도 연구를 통해 엘리트들이 자신의 특권에 관해 말하는 내용에 의지할 수 없음이 밝혀졌다. 셰이머스 라만 칸Shamus Rahman Khan과 콜린 제롤맥Colin Jerolmack이 말하는 것처럼, "그들이 인터뷰에서 구축하는 서사는 실제 상황에서 보이는 행태와 충돌한다".[23] 엘리트 학교 학생들을 인터뷰하면서 두 사람은 대다수 학생들이 열심히 공부해서 업적을 이루었다는 잘 짜인 서사를 갖고 있음을 발견했다. 하지만 두 사람이 관찰한 연구에서 알 수 있듯이, 학생들은 열심히 공부하지 않으며 "실은 열심히 공부하는 소수를 소외시킨다". 이 학생들은 이른 나이부터 능력주의의 언어를 받아들이는 법을 배우며, 특권의 기념물인 캠퍼스를 보유한 엘리트 학교는 끊임없이 이런 메시지를 강화한다. 칸과 제롤맥이 말하듯이 가식적 태도는 "때로 절묘한 예술이 된다".[24] 이는 또한 후천적으로 습득한 형태의 문화자본이다. 신문 인물 소개를 위해 부유층과 권력자가 인터뷰에 응할 때, 일정한 페르소나를 채택하는 것이 기본 성향이다.

애덤 하워드Adam Howard와 제인 켄웨이Jane Kenway는 자신이 연구하는 대상을 연구 과정 자체에서, 그리고 불편한 내용의 논문과 저서를 출간함으로써 소외시키는 위험성에 관해 언급했다.[25] 엘리트를 연구하는 학계 연구자들은 자신의 연구 대상이 법이나 대학 중역, 언론 편집인, 정치인과의 친분을 활용해서 자기에 대해 비판적으로 쓴 연구자를 응징할지 모른다는 정당한 두려움을 가질 수 있다. 하지만 루벤 가스탐비데-페르난데스Rubén Gaztambide-Fernández가 말하는 것처럼, "위험 감수는 연구를 통한 사회정의 실현 노력이 의미하는 바의 핵심이다."[26]

　마지막으로, 일부 부유하고 교육수준이 높은 연구자들이 엘리트 특권을 연구하다보면 엘리트들이 이따금 드러내는 불편과 합리화를 자기 안에서도 인정하면서 "개인적 민망함"이 생길 수 있다. 객관성에 도전하면서 일정한 "탈동일시"를 요구하는 민망함이다.[27]

⁑

이 책에서 우리는 엘리트 특권과 관련된 광범위한 학술 연구에 의존한다. 그리고 우선 정보공개법에 따라 공개된 정부 문서에서 수집한 데이터, 다양한 종류의 언론 기사, 뉴스와 소셜미디어 등에서 드러나는 특권에 대한 대중의 반응 등으로 이를 보강한다. 우리의 주장을 펴기 위해 활용하는 대부분의 증거는 오스트레일리아에서 나온 것이지만, 종종 미국과 영국, 그 밖에 여러 유럽 나라들의 연구도 언급한다. 우리는 엘리트 특권에 관해 우리가 전개하는 논지의 윤곽을 각국의 역사와 경제구조, 문화 등의 변이를 고려하면서 약간 변형해서 대다수 선진국을 설명할 수 있다고 생각한다. '특권의 미시정치'든, 값비싼 교외의 기능이나 엘리트 학교의 역할, 부의 권력이 자선을 통해 증폭되는 방식이든 게임의 규칙은 대체로 동일하다.

이 연구를 위해 성인 1229명을 대상으로 특별 여론조사를 수행해서 특권의 지각 및 특권에 대한 반응에 관한 오스트레일리아의 새로운 증거를 만들어냈다. 인터뷰 일정을 비롯한 자세한 내용은 〈부록 1〉에 담겨 있다. 이 조사는 대상자들이 다닌 고등학교 유형(공립/사립, 학비가 비싼지 여부)을 비롯한 응답자의 인구학적 데이터를 수집한 뒤, 규칙을 우회하는 부유층 사람들에 관한 태도를 탐구했다. 연줄을 활용해서 규칙을 회피해도 되는지, 부유층이나 유명인이 특별대우를 받을 때 어떤 생각이 드는지 등. 또한 자신이 사는 곳이나 자신이 다닌 학교, 부모의 직업을 부끄럽다고 느끼는지, 자신이 다닌 학교를 언급하는 게 구직 기회에 도움이 되는지 아니면 해가 되는지 등도 물었다. 규칙이 공정하게 적용된다고 생각하는지, 또는 부유층에게는 다른 규칙이 적용된다고 생각하는지도 물었다. 마지막으로 엘리트 사립학교의 역할에 대해 어떻게 생각하는지 질문했다.

이 연구를 위해 8개의 포커스그룹을 대상으로 일련의 논의를 수행하면서 특권에 대한 대중적 지각에 관한 더 심층적인 통찰을 끌어냈다. 포커스그룹 선발에 관한 자세한 내용은 〈부록 2〉에 담겨 있다. 멜버른과 시드니 거주자들 가운데 선발한 참가자들은 젊은 집단과 나이 든 집단을 두루 아우르며 평균적 소득과 자산을 가진 이들과 높은 소득과 자산을 가진 이들로 나눴다(본문에서는 '평균 소득'과 '부유층'으로 언급한다). '부유층' 참가자는 주거용 집을 제외하고 최소한 300만 호주달러 상당의 자산을 소유한다. 따라서 본 연구의 초점이 되는 최고 부유층 엘리트에 속한 이들은 거의 없다(보통 이런 사람들은 포커스그룹에 참여하려고 하지 않는다). 하지만 우리가 발견한 바에 따르면, 변호사나 세무사, 의사, 재무관리자, 자선가를 위한 자산관리자 같은 직업을 가진 포커스그룹 참가자들은 최고 부유층과 개인적으로 접촉하고 상류층 전용 학교를 경험한 적이 있으며, 따라서 엘리트 특권의 세계에 관한 통찰을 제공할 수 있었다.

각 포커스그룹은 특권의 성격에 관한 이해, 얼마나 공정하게 규칙이 적용되는지에 관한 믿음, 혜택과 권리에 불공정하게 접근하는 현실에 관한 지각, 엘리트 학교를 바라보는 태도, 계층화된 사회에서 자신의 사회적 지위에 대한 분노와 수치, 원한의 감정 등을 탐구했다. 포커스그룹 기록은 이 복잡한 주제에 관한 250쪽의 새로운 데이터를 제공한다.

1장 요약

특권층 사람들이 규칙을 구부리거나 회피할 수 있었던 팬데믹과 록다운을 둘러싼 각기 다른 경험은 광범위한 원한 감정을 불러일으켰다. 이 책에서 우리는 엘리트 특권을 특징지으며 특권의 재생산을 허용하는 관행과 믿음, 태도를 가시적으로 드러내고자 한다. 엘리트 특권은 대단히 복잡한 주제인데, 제대로 연구되지 않고 있다. 우리는 남성과 백인의 특권보다는 부나 영향력과 관련된 특권에 초점을 맞춘다. 하지만 실제로 엘리트 특권은 남성 및 백인의 특권과 얽혀 있다.

우리는 두 가지 주요한 주장을 편다. 첫째, 우리는 특권이 하나의 사회 현상으로서 어떻게 **작동**하는지, 즉 특권을 유지, 재생산, 정당화되게 만드는 관행과 과정을 알고자 한다. 특권은 부와 권력의 부산물이 아니라 사회의 조직 원리로 간주되어야 한다. 둘째, 엘리트 특권은 단순한 개인적 문제가 아니라 사회적 쟁점이다. 우리 모두는 직접적으로나 특권을 부여하는 체계에 관여하면서나 특권을 부여하는 데 참여함으로써 특권의 체계를 지탱한다. 더욱이 우리는 모두 엘리트 특권의 피해를 본다. 따라서 특권의 **경험**은 특권을 보유한 최상층의 사람들에게만 국한되지 않는다. 그것은 사회의 모든 계층을 좌우하고 영향을 미치는 힘이다.

마지막으로, 특권의 체계는 부와 권력의 불균형을 재생산하는 기계로 사고될 수 있다. **특권기계**, 또는 개인 간, 제도적 차원에서 양식화된 방식으로 배타적 이점과 혜택을 부여하는 사회적 관행과 규범은 능력주의의 이상을 방해하며, 엘리트들이 최상층의 지위를 유지하기 위해 계속해서 정실주의와 세습적 이점을 활용하는 수단으로 작용한다.

2장   엘리트 특권 이해하기

엘리트는 누구인가

모름지기 '엘리트 특권'에 관한 연구라면 '엘리트'와 '특권'이 무엇을 의미하는지를 설명하면서 시작해야 한다. 다양한 엘리트들을 정의하는 것은 쉬워 보일지 모르지만, 실제로는 간단하지 않다. 특히 엘리트 집단과 비엘리트 집단을 가르는 경계선을 그으려고 할 때는 더욱 까다롭다.[1] "재계 지도자, 정치인, 고위 법관, 트리플A 골드플레이트 유명인 등 최고위층을 위한 가장 은밀한 전용 클럽"이라는 설명이 붙은 콴타스항공의 체어맨 라운지Chairman's Lounge 회원권은 몇 가지 단서를 제공한다.[2] 회원권은 "권력과 위신을 인정받는 궁극적인 지위의 상징"이라고 한다. 콴타스 회장이 승인하는 초청장은 아주 귀하게 여겨진다. 항공사의 전문가들이 오스트레일리아에서 가장 영향력 있는 인물이라고 평가하는 선택받은 소수에게만 주어지기 때문이다.

돈이 있다고 해서 들어갈 수는 없고, 돈이 없다고 못 들어가는 것도 아니며, 회비는 전혀 없다. 여기서 관건은 모든 자산 가운데 가장 가치가 높으면서 실체는 없는 것, 즉 영향력이다. 힘—대기업, 경제, 정치, 스포츠—이 있으면 가능성이 커진다.[3]

회원이 아무 표시도 없는 라운지 문을 통과하는 순간 일반인들과 동떨어진 분위기로 들어선다—조용하고 널찍하며 우아하게 장식된 공간에서 신중하고 전문적인 고객 서비스가 제공된다. 한 회원이 밝힌 것처럼, "라운지에 들어서면 마사지나 스파를 하고 싶은지, 또는 식사 예약을 하겠느냐고 물어본다".[4] 또 다른 이는 라운지가 산업과 정부 지도자들의 "회전문"이라고 묘사했다. "라운지에 들어가면 매번 아는 사람을 만나게 된다. 당신과 아주 흡사한 업계에 종사하는 사람들이다."[5]

확실히 클럽 가입 초청장을 보낼 사람들을 선정하는 콴타스 전문가들은 오스트레일리아의 엘리트를 알아보는 데 어느 누구보다 식견이 많다. 다른 항공사들도 초청받은 사람에게만 주어지는 전용 신분 카드가 있다. 브리티시항공은 이그제큐티브클럽프리미어Executive Club Premier, 아메리칸항공은 컨시어지키ConciergeKey가 있고, 에미리트항공은 iO 신분으로 선정된 사람들에게 카드를 직접 전달한다. 하지만 콴타스는 오스트레일리아의 파워엘리트power elite를 공공연하게 겨냥하는 듯하다.[6]

콴타스가 파워엘리트 가운데 가장 영향력 있는 인물들을

어떻게 확인하는지는 "극비 사항"이다.[7] 과학보다는 예술이 높이 평가되고, 항공사의 상업적 이익에 기여할 수 있는 사람들이 우대를 받는 듯하다. 이 책에서 우리는 맥락에 따라 '엘리트'의 정의를 유동적으로 사용하겠지만, 대체로 최고 부유층이 강조된다.[8] 최근 수십 년간 불평등이 급격하게 증대한 것을 반영이라도 하듯, '1퍼센트'의 최상위 자산 보유자에게 관심이 쏠리고 있다. 토마 피케티의 선구적인 연구는 최상위 백분위수(1퍼센트)와 1퍼센트의 최상위 10분위수(0.1퍼센트)의 부가 압도적으로 증가한 현실을 가리킨다. 둘 다, 그중에서도 최상위 0.1퍼센트는 훨씬 더 자신들의 소득과 부를 연봉이 아니라 자본 수익 — 배당금, 이자, 자본 이익(양도소득) — 에서 끌어낸다.[9] 1퍼센트 아래의 상위 9퍼센트 소득자들 가운데는 "의사, 변호사, 상인, 레스토랑 주인, 기타 자영업자"가 자리한다.[10] 하지만 주로 임금과 연봉 소득에 의지하는 한 그들은 1퍼센트의 성층권에는 올라가지 못하며 0.1퍼센트는 언감생심이다. 근로소득으로는 충분하지 않다.

　엘리트 특권 연구에서는 부유층이 아니라 엘리트를 포함해야 한다(나중의 절에서 이 세 가지를 논의한다). 사회학과 정치학에서 엘리트를 다루는 광범위한 문헌에서는 그들이 행사하는 권력에 강조점을 둔다.[11] 권력뿐만 아니라 영향력에도 초점을 맞추면, 부유층 엘리트에 기업, 정치, 관료제, 언론, 대학, 문화장의 엘리트들도 추가해야 한다. 자원이나 권리에 배타적으로 접근할 수 있는 충분한 지위를 가진 이들이다. 특권의 불의가 부와 소득의 불평등에 의해 범위가 정해지는 것이 아님을 주목하라. 물론 양자는 종종 긴밀하게 연결된다.

특권을 인식하기

남성 및 백인의 특권에 관한 광범위한 문헌이 존재하기는 하지만, 엘리트 특권은 종종 언급되기는 해도 체계적인 관심을 충분히 받지는 못했다. 하나의 현상으로서 엘리트 특권은 분명한 정의가 쉽지 않다. 앨리슨 베일리Alison Bailey는 특권을 지배적 집단이 거저 얻는 이점, 즉 사회제도에 의해 체계적으로 부여되며 주변화된 시민들은 접근할 수 없는 이점으로 설명한다.[12] 보브 피즈Bob Pease도 여러 종류의 특권에 관한 개설서에서 비슷한 접근법을 택한다.[13] 특권이 거저 얻은 이점이라는 사고는 특권을 젠더와 인종의 차이에서 생겨나는 것으로 설명하는 데 더 도움이 된다. 젠더와 인종은 한층 명백한 범주이기 때문이다. 부와 영향력의 차이에 기인하는 특권의 경우에, 노력해서 얻은 것과 거저 얻은 것의 구분은 자격 있음과 자격 없음의 구분처럼 회색지대에 존재한다. 둘 다 논쟁의 여지가 있고 도덕적으로 모호하다. 대중은 부자들이 과연 부에 동반하는 이점을 누릴 자격이 있는지를 놓고 의견이 갈리는데, 앞으로 살펴볼 것처럼, 단지 부유층만이 아니라 어떤 이들은 고된 노동과 검약, 도덕적 행동으로 얻은 것이라면 거대한 부를 벌어들일 수 있다—즉 정당하다一고 믿는다. 우리는 노력해서 얻은 것이든 거저 얻은 것이든, 그것을 받을 자격을 갖춘 충분한 지위가 없는 사람들은 얻지 못한다는 사실을 반영한다는 의미에서 '배타적 혜택'이라는 용어를 선호한다.

특권이 무엇을 의미하는지를 물었을 때, 포커스그룹 참가자들은 부와 부로 살 수 있는 것으로 이야기를 시작했다. 어떤 이는 특권이란 "돈 걱정을 하지 않는 것"을 의미한다고 말했다. 참가자들은 장애물의 부재와 남들에게는 닫혀 있고 부유층에게는 열린 기회에 관해 언급했다.

특권에 관해 생각해보면 교육이든, 여행이나 일자리든 장벽의 부재가 먼저 생각납니다. 원하는 일을 하고 꿈을 좇기 위해 고려해야 하는 장벽이 없는 거죠. (애슐리, 평균 소득, 젊음, 시드니)

음, 내 생각에 특권이란 최고의 학교에 다니고, 민간 의료보험에 가입하고, 나무가 무성한 교외에 거주할 수 있는 겁니다. 그저 다른 사람들보다 더 많은 기회를 누리는 거지요. (패라, 평균 소득, 나이 많음, 멜버른)

문헌에서 강조하는 특권의 두 번째 특징은 엘리트 성원들이 보유한 일련의 자질이나 심리적 성향이다. 영국의 엘리트 여학교에 관한 연구에서 클레어 맥스웰Claire Maxwell과 피터 애글턴

Peter Aggleton은 다음과 같이 말한다.

'특권'이란 용어는 권력을 대체로 자연스럽거나 아무 의심 없이 바라보는 젊은 층과 가족들 사이에서 관찰되는 일련의 자기이해와 성향, 세계관을 설명하는 데 사용할 수 있다. 특권은 한 인간(일련의 특성이나 하나의 정체성)이나, "이 영역을 가로지르거나 여기에 거주하는 주체들을 모양 짓고 상호작용하는" 특정한 공간 — 이 경우에는 사립/엘리트 학교 — 의 일원이라는 사실 둘 다와 연결된다.[14]

특권층을 어떻게 알아보는지 물었을 때, 포커스그룹 참가자들은 종종 성향과 개인적 외형을 강조했다. 많은 이들이 특권층이 보이는 태도, 또는 어떤 이가 말하는 것처럼, "자신을 드러내는 일정한 방식"을 언급했다.

가끔 어떤 행사에 가면 거의 순식간에 누가 핵심 인물인지 꽤 잘 알아낼 수 있습니다. 어떤 태도인지 자신감이 있는지만 보면 되거든요. 그런 사람은 확실히 남들은 가질 수 없는 일정한 자신감을 갖고 발언을 하는 능력이 있어요. (마크, 부유층, 나이 많음, 멜버른)

그 사람들이 보이는 모습이나 자기를 소개하는 말을 보면, 남한테 질문을 하기보다는 자기 자신에 관해 이야기를 하는 경

향이 있어요. (루카, 평균 소득, 젊음, 시드니)

옷차림, 직업, 사는 곳뿐만 아니라 자기 자신을 어떻게 생각하는지까지 다양한 요소가 영향을 미치는 것 같아요. (애슐리, 평균 소득, 젊음, 시드니)

일반 대중에 속하는 이 사람들은 특권이 **체현**된다는 걸 안다. 사회화 양상이 신체에 새겨진다. 대체로 무의식적인 모방을 통해 외적인 것이 내면화된다. 체현에는 자세, 걸음걸이, 버릇, 표정, 억양, 화법 등 일종의 계급의 근육기억muscle memory*이 포함된다. 이런 양상은 또한 우리의 정신적 습관과 세계를 분류하고 가치를 평가하는 방식, 미적 감상, 감정 등에도 새겨진다. 앞으로 살펴볼 것처럼, 이렇게 과거부터 내면화된 교훈은 이른바 능력주의 사회에서 우리가 기꺼이 인정하는 것보다 훨씬 더 우리의 미래 인생 경로를 모양 짓는 데 강력한 역할을 한다.

맥스웰과 애글턴은 엘리트 학교에 다니는 여학생들을 관찰하면서 그들이 보이는 "확신", 즉 독특한 존재라는 자기인식과 "미래에 교육과 고용에서 성공할 것이라는 자신감"에 깊은 인상을 받았다.[15] 한 포커스그룹 참가자들은 특권층 엘리트들이 보이는 확신에 대해 언급했다. 조시(부유층, 젊음, 시드니)는 엘

---

* 특정 신체 활동을 반복하다보면 그 활동을 수행할 때 나타나는 신체의 생리적 적응.

리트 사립학교 출신으로, 자신이 특권층이라고 생각했다. 그는 "종종 상황에 의해 우리에게 부여되는, 우리 스스로 갖게 되는" 무의식적인 "여러 가정"에 관해 이야기했다. **어떤 상황을 말하는 건가요?** "대개 출생이죠."

······ 내가 볼 때 그 사람들은 대개 자신만만하고 확신이 강해요. (패라, 평균 소득, 나이 많음, 멜버른)

그 사람들이 말하는 방식, 행동거지 ······ 그들에 관한 느낌은 약간 자랑쟁이 같아요. (필립, 평균 소득, 나이 많음, 멜버른)

사람들이 자신에 관해 어떻게 생각하고 자신감을 풍기는 지에 관한 관찰은 피에르 부르디외의 아비투스habitus — 즉, 전前 의식적 성향, 신체적 성향, 자기인식, 암묵적 지식, 문화적 선호, 미묘한 게임의 규칙 숙달 — 개념과 비슷하다.[16] 부유층 엘리트의 아비투스를 타고나지 않은 사람들이 그것을 모방하려고 하지만, 이런 감성은 가정과, 엘리트 학교를 비롯한 어린 시절의 환경에서 배우거나, 아니 더 정확히 말하면 흡수하는 것이다. 부유층이지만 슈퍼리치는 아닌 가정에서 태어난 조시는 다른 세계에서 사는 어떤 "굉장한 부유층" 가족과 친해지고 있음을 깨달았다. "지금쯤이면 이 가족과 친밀한 관계를 쌓고 곤란한 정치적 설전도 좀 벌일 만큼 충분히 많은 시간을 보냈지요. 하지만 그런 부의 냄새를 지워버릴 수는 없더라고요"(조시, 부유층,

젊음, 시드니).

부와 세계에서 존재하는 일정한 방식 사이에는 강한 상관관계가 있어서 양자가 충돌하는 듯 보일 때는 인지 부조화가 생겨난다. 언뜻 모순어법 같은 "개차반 억만장자", 일명 "보거네어 boganaire"[17]라는 말이 네이션 팅클러Nathan Tinkler*에게 붙여졌다. 노동계급 출신인 팅클러는 운과 사업 수완을 통해 막대한 부를 보유하게 되었다.[18] 그는 경주마와 스포츠카, 대저택McMansion에 돈을 펑펑 썼는데, 그가 전 재산을 잃어버리자 언론은 구멍가게 장사꾼이 결국 제자리를 찾아갔다고 소개했다.

부와 성향 외에, 어떤 태도와 믿음, 행동거지가 종종 특권과 연결된다. 딜런 라일리Dylan Riley가 언급하는 것처럼, 상이한 계급 위치를 관찰 가능한 행동으로 전환하는 것이 바로 아비투스의 역할이다.[19] 일부 정형화가 있기는 하지만, 적어도 우리 포커스그룹 참가자들에 따르면, 이런 가정을 정당화할 만큼 충분히 알아볼 수 있는 증거가 존재한다.

동료가 하나 있는데, …… 주택 계약금 때문에 저축을 한다고 얘기하니까 딱 한마디 하더라고요. "아, 부모님이 50만 달러를 주셨거든요. 다들 그 정도 갖고 있지 않나요?" (드루, 평균 소득, 젊음, 시드니)

---

* 1976~ . 26세에 광산업에 투자해서 2012년 오스트레일리아 최연소 억만장자에 선정되었다. 그러나 2016년 파산 선고를 받았다.

다른 한편, 몇몇 참가자는 부와 특권적 태도가 반드시 동반하는 건 아니라고 강조했다.

굉장히 특권층적인 태도, 아주 특권층다운 인성 유형을 갖고 있으면서도 실제로는 어쨌든 어떤 형태로든 특권층 출신이 아닐 수도 있습니다. 알다시피 더 좋은 표현으로 하자면 그 냥 교만한 똥덩어리일 수도 있지요. (라이언, 평균 소득, 젊음, 시드니)

그리고 반대의 경우도 있다.

수많은 자선가들, 그러니까 재산이 많고 아낌없이 내주는 사람들하고 일합니다. 그런데 그 사람들은 무척 겸손하고 기꺼이 배우려고 해요. (해나, 부유층, 나이 많음, 멜버른)

의사, 그것도 전문의 친구가 하나 있습니다. 그 친구는 분명 나보다 엄청 많이 벌지요. 하지만 참 견실하고 친절해요. …… 그런데 병원에서 만난 의사들 중에는 정말 재수 없는 새끼들도 있었습니다. (루크, 평균 소득, 젊음, 멜버른)

일부 분석가들은 특권의 **관계적** 성격에 초점을 맞춘다. 앨런 프랜스Alan France 등은 특권이 어떤 식으로 "한 개인의 재산만이 아니라 어떤 특정한 장에 속한 여러 가정의 제도적, 사회적,

세대 간 특성에 대한 접근성도 반영하는지"에 관해 서술한다.[20] 문헌에서 "관계적"이라는 단어는 두 가지 구별되는 방식으로 사용된다. 한 용법은 특권층과 타자로 간주되는 사람들 사이의 관계를 가리킨다. 두 번째 용법은 특권층과 그들에게 이점을 부여하는 체계 사이의 관계를 가리킨다.[21] 우리는 특권의 수행(다음 장에서 설명할 것이다)을 강조하기 때문에 특권이라는 상을 추구하는 엘리트 성원들과, 그들에게 특권을 수여하는 위치에 있는 사람들 사이의 관계에 초점을 맞춘다. 특권을 수여하는 사람들이 특권층인지 여부는 중요하지 않다.

포커스그룹의 대화에서 '타자'의 존재가 분명하기는 하지만, 네이선 팅클러의 사례에서 드러나듯이, 특히 부유층 집단에서는, 심지어 부의 분포의 최상층에서도 사회계층 사이의 경계가 흐려진다. 미국과 프랑스의 상층 중간계급에 관한 연구에서 미셸 라몬트Michelle Lamont는 사회계층 사이에 세 종류의 경계선이 있음을 확인하는데, 이 구분은 우리의 포커스그룹의 대화에서도 거듭 등장한다(차차 살펴볼 것이다).[22] 사회경제적 경계선은 부와 권력, 직업적 성공에 근거한 사회적 지위를 구분한다. 문화적 경계선은 교육과 성향, 취향과 고상한 문화 형식에 대한 친연성에 따라 계층을 구별한다. 도덕적 경계선은 정직성, 신뢰성, 믿음직함, "성격" 같은 우월한 도덕적 자질이 부유층 엘리트에게 기대될 때 그어진다. 앞으로 살펴볼 것처럼, 우리는 사람들이 사는 곳에 따라 가치를 매기는 식으로 여러 도시를 가로지르는 "도덕적 지리"를 지도로 그릴 수 있다.

유용한 개념들

체어맨 라운지 회원 지위에서 증명되는 것처럼, 부는 크게 도움이 되기는 하지만 그 자체만으로는 엘리트 지위에 필수적인 표지가 아니다. 순전히 경제적으로만 접근하면, 정치와 공공행정, 전문직, 언론, 문화, 학계 등 "엄청나게 많은 자원의 확보가 언제나 또는 유일하게 경제적인 것은 아닌" 장의 엘리트들을 무시하게 된다.[23] 여기에는 두 가지 요소가 존재한다. 첫째는 부보다는 권력과 영향력이 있는 지위로부터 특권을 얻는 다른 엘리트들의 존재다. 두 번째는 경제자본 이외의 자본 유형이 부와 관련된 특권을 증폭시킬 수 있는 방식이다.[24]

엘리트는 사회적, 직업적, 또는 문화적 연결고리를 통해 한데 모인 유력한 개인들의 집합체다. 엘리트에 관해 이런 식으로 사고하면, 이따금 회원 지위에서 서로 겹칠지라도 각기 다른 사회적 공간이나 장에서 자원이나 '자본의 유형'을 동원하는 다양한 엘리트들이 존재한다는 것을 알 수 있다. 피에르 부르디외는 네 유형의 자본 ─ 경제자본, 사회자본, 문화자본, 상징자본 ─ 을 구별한다. 이런 구분은 개인적 연계와 영향력 네트워크(사회자본), 특권과 지위와 부를 재생산하고 향상시키는 데 필요한 성향과 지식, 그리고 행실(문화자본), 존경을 표시하는 상과 자격증과 위신적 지위(상징자본) 등의 역할을 포착하기 위해 부(경제자본) 너머로 시선을 돌릴 수 있는 개념적 틀을 제공한다. 이런 자본 형태들은 **대체 가능**하지만, 즉 서로 전환될 수 있지만, 어

떤 것은 다른 것보다 더 유동적이다. (가령 문화자본을 구축하는 데
는 오랜 시간이 필요한 반면, 재산은 빠르게 모을 수 있다.) 다음 절에서
더 자세히 살펴볼 이 개념들은 이어지는 여러 장에서 소중한 틀
을 제공한다.

문화적 차이를 통한 사회적 성층화에 초점을 맞추는 부
르디외는 경제자본이 "다른 모든 유형의 자본의 뿌리에 있"으
며 다른 자본들은 부가 변형되고 위장된 형태에 불과하다고 봤
다.[25] 우리가 볼 때, 사회자본·문화자본은 특정한 장에서 고유
한 힘을 가지면서 그 장의 지도자들에게 특권 접근성을 제공한
다. 그들이 가난한 경우는 드물지만, 일부 유력한 엘리트 인물
들이 반드시 부유한 것은 아니다. 정치 지도자, 신문 편집인, 일
정한 종류의 학자와 유명인이 떠오른다.

우리는 부르디외에게서 빌려온 **장**field 개념을, 엘리트들이
이익을 공유하며 움직이는 사회적 공간을 지칭하는 데 사용한
다. 각 장에는 고유한 문화와 경계선, 게임의 규칙이 존재한다.
각기 다른 장에서 엘리트들이 소유하는 자본의 구성은 다양하
다. 새롭게 생겨난 억만장자는 문화자본은 많지 않겠지만, 국립
미술관 관장은 문화자본이 넘쳐날 것이다. 앞으로 살펴보겠
지만, 엘리트 성원들은 종종 여러 장을 가로질러 자원을 동원하면
서 지위를 향상하기 위해 경쟁하고 협력하며 더 많은 자원과 특
권을 쌓는다. 한 장에서 영향력 있는 엘리트 성원이 다른 장에
서는 영향력이 거의 없을 수 있다. 법률, 정치, 행정기관, 언론,
문화, 학계의 엘리트들은 일정한 환경에서 특권을 받기 쉬운 반

면, 다른 환경에서는 특권을 누릴 자격이 있다는 지위의 신호를 보내도 별 반응을 얻지 못한다. 다른 한편, 서로 다른 장의 엘리트들 사이의 타가수분(다른꽃가루받이)과 중첩이 권력과 영향력을 크게 축적하는 데 핵심 역할을 한다. 이런 발상이 개인주의적 지향처럼 보일지 모르지만, 사실 이는 개인들이 네트워크와 관습과 규칙의 집합체 안에서 존재한다는 주장이다.

자본의 형태들

최고 부유층 사이에서 부는 거의 언제나 연줄, 영향력과 사회적 존경, 부의 추가적 축적에 필수적인 자산 등과 병행한다. 특권이 실제로 어떻게 작동하는지를 물었을 때, 우리 포커스그룹 참가자들이 얼마나 자주 "연줄"과 "네트워크"에 관해 이야기하는지를 보면 인상적이다. 해나(부유층, 나이 많음, 멜버른)는 불우한 교외 출신 아이들의 대학 장학금을 확보해주는 자선단체와 일하는 이야기를 했다. 해나의 말에 따르면, 그 아이들은 공부를 아주 잘한다. "그런데 취직을 하려고 하면, 꿈도 못 꿔요. 걔들 부모는 연줄이 없거든요. 걔들은 남수단인인데, 의사나 변호사가 되기 위한 연줄이 없어요. …… 그런 학교에 다니지 않았으니까요."

엘리트들 사이의 이런 네트워킹에 관해서는 뒤에 기업 이사회와 자선사업에 관해 검토하면서 탐구할 것이다. 부르디외는 개인적 관계의 이런 네트워크를 **사회자본**이라고 지칭했다. 부에 따라붙는 영향력은 그 소유자의 사회자본에 좌우되는데, 이 사회자본은 그가 가진 경제자본에 증폭 효과를 미친다. "어떤 행위자가 보유하는 사회자본의 크기는 그가 효과적으로 동원할 수 있는 연줄 네트워크의 크기에 좌우된다."[26] 어떤 회원 전용 클럽의 목적은 사회자본을 집중하고, 이 과정에서 사회자본을 강화하는 것이다. 일부 신사 클럽에서 여성을 계속 배제하는 것은 회원이 누리는 혜택을 희석하지 않으려는 동기에서다. 여자들의 네트워크는 남자들에게 크게 가치가 없어 보이기 때문이다. 콴타스 체어맨 라운지에 모여 있는 성공한 사람들의 집중된 사회자본이 그 매력을 설명해준다. 한 회원은 솔직히 털어놓았다. "거기는 전용 공간이고 당신이 아는 사람들을 따라잡으려고 가는 거죠. 한동안 이야기를 나누지 못했던 사람들을 우연히 마주칠 좋은 기회니까요."[27]

문화자본은 성원들이 "우리 같은 사람들"에 관해 이야기할 수 있게 해주는 집단 정체성의 요소들을 가리킨다. 이는 한 사회계층이나 계급과 관련된 미각, 옷 입는 방식, 신체적 성향, 예절, 물질적 소유물에 대한 친숙함을 아우른다. 부르디외는 세 가지 형태의 문화자본을 제안했다ー"오래 지속되는 정신과 신체의 성향"으로 체현되고, 그림과 책과 기념물 같은 문화상품으로 대상화되며, 교육 자격증 같은 형태로 제도화된다.[28]

체현되는 문화자본은 태어나면서부터 동화되며 대체로 무의식적으로 습득되기 때문에 그 담지자에게 제2의 천성이 된다. 이 자본은 태도, 세련된 응시, 몸가짐, 미각 등의 형태로 체현될 수 있다.[29] 그만큼 분명하지는 않지만, 체현은 다 안다는 듯한 태도, 이 세상이 편안하다는 인상의 형태를 띤다.[30] 칸이 말하듯이, 편안함이란 누구나 어디든 들어갈 수 있는 개방성과 능력주의의 시대에 특권층 "특유의 감정"이다. 이는 "확신", 즉 세계에서 자신의 미래가 보장되어 있다는, 가정과 학교에서 흡수한 자신감과 비슷하다.[31] 맥스웰과 애글턴은 확신은 "자기 자신과 가족, 학교와 더불어 생겨나는 자기이해를 통해 주어지며, 남들과 개인적, 사회적으로 '다르다'는 위계적 감각을 강하게 뒷받침한다"는 것을 발견했다.[32] 잉글랜드 남부에 있는 엘리트 학교에 다니는 한 여학생은 무심코 부모에 관해 흥미로운 사실을 드러내는 말을 했다. "부모님은 우리가 예절과 소지품을 갖추도록 기르면서도 알다시피 우리를 다른 사람이 되게 하려고 하지 않으셨죠."[33]

흔히 뼈대 있는 부자와 신흥 부자를 가르는 구분은 "경제자본과 문화자본 사이의 연계는 습득에 필요한 시간의 매개를 통해 확립된다"는 사실에서 생겨난다.[34] 다시 말해, 부를 내면적 특성으로 전환하는 데는 오랜 시간이 걸린다. 대체로 부는 문화자본보다 더 많은 지위와 권력을 안겨주지만, 각각은 서로 효과를 증폭시킬 수 있다.[35]

엘리트가 가진 또 다른 자원은 때로 **상징자본**이라고 지칭된다─그 자체로 권력을 부여하지는 않지만 커다란 존경의 신호가 되는 자격증이나 지위가 그것이다.[36] 더 많은 특권을 끌어

모으기 위해 이런 구별짓기의 신호들을 동원할 수 있다. 재계 엘리트들 사이에서 주요 문화기관 이사회의 의장을 맡는 것은 문화의 장에서 고상한 시민적 책임과 신뢰, 존경의 상징이자 재계로 흘러넘치는 권력의 상징이다. 앞으로 살펴볼 것처럼, 자선 사업은 부를 상징자본으로 전환하는 매우 효과적인 수단이 될 수 있다. 자선사업이 이사직이나 후원자 지위, 공식 훈장의 부여로 이어진다면 더더욱 그렇다. 국가는 종종 존경의 상징을 나눠주는 데서 중요한 역할을 한다. 위신과 권위를 공식적으로 인정하는 훈장이 대표적인 사례다. 공식 훈장을 받는 사람들이 대개 이를 알리는 조그만 금배지를 옷깃에 열심히 붙이고 다닌다는 사실을 보면 이런 상징자본 형태가 얼마나 가치 있는 것인지 알 수 있다.

지적 엘리트들 사이에서는 명문대학의 명예박사가 그들이 속한 장에서 비슷한 역할을 수행한다. 법률 분야에서는 고급 법정 변호사King's Counsel나 로펌 변호사Special Counsel로 승진하면 일반 사회에서만이 아니라 법조계에서도 존경을 받게 된다. 그리고 이는 경제자본으로 전환된다. 곧바로 수임료를 두 배로 올릴 수 있기 때문이다.

경제자본의 이기적이고 도구적인 성격은 모든 사람이 쉽게 알 수 있지만, 문화자본과 상징자본은 그 소유자의 순수한 성격을 반영하는 사심 없는 것으로 오인된다.[37] 상징자본 덕분에 다른 세 종류의 자본(경제자본, 사회자본, 문화자본)을 소유하는 것이 "자명해" 보일 수 있다. 부르디외는 상징자본이 이데올로기 기능을 떠맡는다고 주장했다. 부에 동반하는 구별짓기(와 특권)를 정당화함으로써 사회에서 자본이 자의적으로 분배된다는 사실을 감추기 때문이다.

다른 엘리트들

특권은 부뿐만 아니라 영향력도 동반하기 때문에 우리는 부르디외의 전통에서 고려되는 수준을 넘어서 세 가지 특별한 엘리트들 — 지위 엘리트, 문화 엘리트, 지식 엘리트 — 을 식별하고 싶다.

지위 엘리트는 이른바 지위자본, 즉 (상징적 중요성이 아닌) 실질적 지위를 차지함으로써 생기는 권력과 영향력을 보유한다. 어떤 지위에서 생겨나는 권력 보유란 정치·행정 엘리트도 포함될 수 있는데, 그중 일부는 부유층이 되지 않고도 남들이 부러워하는 특권을 누린다. 총리나 대통령, 정부 고위 장관, 유력한 국가기관의 수장 같은 직책을 얻으려면 대체로 탄탄한 네트워크가 필요하다. 그렇다 하더라도 사회자본, 문화자본, 상징자본은 지위를 정의하기보다는 그것의 권력과 영향력을 높여준다. 심층적 네트워크를 갖고 있지만 실제적 지위는 전혀 없는 정치적 실세의 존재를 보면, 양자가 반드시 같이 가는 것은 아님을 알 수 있다.

부와 지위자본은 어느 정도 호환 가능하다. 경제 엘리트들은 기업 이사회나 정부 위원회 의장을 맡는 등 지위를 획득하는 식으로 자신의 권력을 향상시킬 수 있다. 다른 한편, 공직의 영향력을 추구하기 위해 경제계의 경력이나 전문직에 따르는 경제적 보상을 포기할 수도 있다. 일시성은 지위 엘리트의 특권이 갖는 독특한 특징이다. 공직을 포기하면 그에 동반하는 특권도 사라진다. 하지만 일부는 공직에 있으면서 습득한 경험과 네트워크를 활용해서 수익성 좋은 경제계 경력을 밟으면서 새로운 권력과 특권을 얻는다. (가령 오스트레일리아의 전 재무부 장관 피터 코스텔로Peter Costello는 현대 주요 언론 대기업과 국부펀드의 회장이다.)

문화 엘리트는 폭넓게 정의되는 문화의 장에서 영향력을 행사한다. 지식 엘리트와 구별되는 문화 엘리트는 한 사회의 문화적 관념, 규범, 관습, 사회적 행동을 모양 짓는다. 여기에는 여러 문화산업의 영향력 있는 성원들, 미술가, 음악가, 광고 작가, 저술가, 소셜미디어 인플루언서 등과 더불어 교양수준에 상관없이 다양한 종류의 유명인도 포함된다. 이 유명인들은 어느 정도 부유할지 모르지만 명성 덕분에 문화적 영향력을 얻고 특권을 누린다. 스포츠 스타들이 문화 엘리트 사이의 또 다른 집단을 형성한다. 가장 영향력이 큰 몇 명만 꼽아보자면, 애나 윈투어, 마이클 조던, 비욘세, 조 로건, 살만 루슈디 등이 떠오른다.

최근 들어 보수 평론가들이 '좌파 문화 엘리트들'이 주제넘게 영향력을 행사하고 남들을 배제한 채 특권을 누린다고 비판하고 있다. 그들이 말하는 좌파 문화 엘리트란 지식 엘리트와 언론 엘리트를 가리킨다. 이렇게 비난하는 보수 평론가들은 때로 자신들이 겨냥하는 '좌파 문화 엘리트'보다 주요 언론에 더 자주 등장하고 유력한 기업·정치 엘리트들과 긴밀하게 연계한다. 좌파에 속하는 문화 엘리트의 영향력과 특권은 문화 영역에 국한되는 경향이 있고 이따금 정치 영역을 넘볼 뿐이다. 일부 이유를 찾자면, 좌파 문화 엘리트들은 보수 엘리트들보다 '적과 어울리는' 것을 불편해하는 경향이 있기 때문이다. 보수 엘리트들에게는 부와 거기에 동반하는 권력이 자유자본주의의 자연스러운 일부일 뿐이다. 2013년, 당시 뉴스코퍼레이션에서 펴내는 신문《오스트레일리언》의 논설 담당 편집인인 닉 케이터_{Nick Cater}는 문화·지식 엘리트라는 새로운 '지배계급'의 영향력을 비난하는 책을 출간했다.[38] 케이터의 책은 아이러니를 의식하지 못한 게 분명한데, 표지에 그의 상관인 루퍼트 머독_{Rupert Murdoch}의 추천사가 실려 있었다.

지식 엘리트는 이 도식의 어디에 들어맞을까? 지식인은 때로 문화 엘리트와 하나로 묶이지만, 우리가 볼 때는 "지식자본"을 다른 유형의 자본들에 추가하는 게 타당하다—즉 사고 통제에 동반하는 사회적 권력이다.[39] 대학이 법인화된 이래 교수들이 한때 누렸던 존경은 차츰 약해지는 게 사실이다. 그와 동시에 대학 총장과 부총장은 점차 주요 대기업 지도자만큼 유력해지면서 상당한 특권을 누린다. 공적 지식인의 영향력은 쇠퇴하고 있지만, 대학은 여전히 저명한 지식인들이 모인 장소이며 그들의 사상은 대중의 이해와 때로는 공공정책도 바꿔놓는다. 서방에서는 노엄 촘스키, 폴 크루그먼, 메리 비어드, 프랜시스 후쿠야마, 커밀 팔리아 등이 두드러진 사례다.

공적 지식인이 쇠퇴하고 있다면, 돋보이는 학계의 연구자들도 일부 존재한다. 동료들에게 존경받고, 대학 행정관들의 미소를 자아내며, 그만큼 저명하지 못한 동료들과는 달리 특권을 부여받는 이들이다. 크게 성공한 이들은 대부분 과학자다. 그들에게는 각종 상과 지원금, 심지어 정부 위원회 지위까지 쇄도한다. 노벨상은 확실히 그 문을 여는 열쇠다.

과학자 외에도 소수지만 스타가 되는 유명 학자들이 있다. 대개 언론에 대서특필되는 시사적인 책을 쓰는 경우다. 진화생물학자 리처드 도킨스, 역사학자 니얼 퍼거슨, 미술사학자 사이먼 샤마 등이 떠오른다. 대학은 유명 학자들의 스타덤을 활용해서 자신의 "브랜드"를 마케팅하고, 등록금을 내는 학생들을 끌어모으고, 부유층 기부자들과 수다를 떤다.[40] 이런 일류 학자들은 종종 비공개 고용계약을 맺어서 엄청난 연봉을 받는다. 다시 말해, 그들은 대다수 학자들은 꿈이나 꿀 수 있는 엄청난 특권을 누린다.

엘리트들과 그들이 누리는 특권에 관한 우리의 포커스그룹 대화에서 참가자들은 경제와 금융, 정치, 스포츠, 자선사업, 언론 등의 장에서 끌어온 사례에 의지했다. 대학도 종종 등장했지만, 다른 장들에서 엘리트 특권을 배양하는 장소로 나왔다. 대학에서 일하는 애슐리(평균 소득, 젊음, 시드니)가 대학 중역들이 누리는 특권을 보여주는 사례로 자신이 읽은 한 사례를 설명하긴 했지만, 누구도 특권적 학자들을 언급하지 않았다. "언젠가 어느 위원회 회의에 참석한 적이 있는데, 최고위 관리자 3명이 아무 이유도 없이 돌아서서 회의실을 둘러보더니 이렇게 말하더군요. '아 여기 성삼위일체가 있군요.'" 애슐리가 설명한 것처럼, "스콧, 조이, 킹"을 이야기하는 것이었다. 각각 상류층 전용 장로교, 가톨릭, 성공회 학교 출신을 가리키는 말이었다.

특권 수행하기

우리는 특권에 세 요소 또는 단계가 있다고 본다 — **어떤 상태와 성향, 실천 형식, 일련의 결과**가 그것이다. 백인과 남성의 특권에 관한 연구와 대조적으로, **엘리트** 특권에 관한 문헌에서는 중간 단계, 즉 특권의 수행에 별로 관심을 기울이지 않는다. 이 책에서 우리는 수많은 일상적 실천을 강조하고자 한다. 때로는 작고 잘 보이지 않지만, 부와 권력과 영향력을 가진 사람들이 수행하는 이런 실천 덕분에 그들이 바라는 바를 얻으려는 노력이 쉬워지거나 가능해진다. 이런 실천에는 언제나 두 당사자가 포함되는데, 특권을 얻으려고 하는 엘리트 성원과 (보통 어떤 기관을 대신해서) 그에게 특권을 부여하는 위치에 있는 사람이다. 특권은 상층부에 있는 사람들이 소유하는 것이 아니라 일상적으로 부여되는 것이며, 특권을 부여하는 이는 그 자신이 엘리트이거나 바로 밑의 지위에 있으면서도 엘리트에게 배타적 혜택을 부여할 수 있는 사람 — 기계의 톱니 — 이다. 특권은 양도되고 성취되는 것이다.

우리가 엘리트 특권의 수행을 강조하는 것은 '젠더 수행'에 관한 캔디스 웨스트Candace West와 돈 지머먼Don Zimmerman의 유명한 논문에서 자극을 받은 덕분이다. 두 사람은 젠더를 "일상적 상호작용에 포함된 일상적 완수"로 새롭게 이해하고자 한다. 두 사람이 볼 때, 젠더는 "사회적으로 인도된 지각, 상호작용, 미시 정치 활동의 복합체를 아우른다."[41] 이런 활동들은 자연스러운 사회질서, 또는 자연스럽다고 여겨지지 않는 경우에는 바꿀 수 없다고 인정되는 사회질서의 표현으로 습관적으로 나타난다. 그냥 "세계가 그런 식"이다. 젠더와 남성 특권에 관한 이런 사고방식은 엘리트 특권의 미시정치에 관한 사고에도 적용될 수 있다.

엘리트 특권을 다루는 대다수 문헌은 첫 번째나 세 번째 요소, 즉 어떤 상태나 일련의 결과를 강조한다. 지금까지 살펴본 것처럼, 대중은 대체로 부로 무엇을 살 수 있는지에 관한 생각으로 시작한다. 분석가들은 대체로 특권을 부여하기 위한 전제조건, 즉 부 자체와 엘리트 성향에 초점을 맞춘다.[42] 우리가 볼 때, 특권을 재산의 규모나 심리적 성향, 사회적 지위에 국한해서는 안 된다. 특권은 실질적 혜택으로 귀결되는 **행동**을 수반한다.

존재, 수행, 소유라는 특권의 세 단계 개념에서 특권 수행에 초점을 맞추면 특권을 가능케 하는 관계에 관심이 쏠리게 된다. 이런 사고방식은 구조가 행위를 완전히 대체하는 함정, 즉 사람을 외부의 힘에 통제되는 꼭두각시로 특징짓는 위험을 피하는 데 도움이 된다.[43] 대중과 학계의 논의에서 사회구조에 관한 기본적 이해는 대체로 상층에 있는 엘리트가 권력과 영향력을 휘두르고, 하층에는 무지몽매한 대중이 자리하며, 다양한 중간계급들과 하위 엘리트들이 사이에 끼여서 보통 엘리트의 이익에 봉사하는 피라미드로 이루어진다.

이 피라미드는 현실의 위계를 반영하기는 하지만, 이런 모델의 단점은 엘리트의 위치를 피라미드 상층에 고정하고 당연시하는 경향이 있다는 것이다. 마치 세계가 그냥 그런 식이라는 듯이. 그리고 이런 모델을 너무 경직되게 받아들이면 엘리트들 사이의 호혜적 관계나, 엘리트들과 그 아래에 있는 사람들이 상호작용하면서 엘리트의 특권적 지위를 확립하고 강화하는 방식을 쉽게 조사하지 못한다. 관계의 그물망은 언제나 유동적이며, 시간이 흐르고 맥락이 바뀌면서 그 효과가 커지거나 작아진다. 따라서 엘리트 특권을 연구할 때는 사회계층화의 피라미드 모델을, 엘리트 계층 안팎에 존재하는 관계의 그물망 안에서 끊임없이 재창조되는 존재로 엘리트를 이해하는 모델로 보완하는 게 도움이 된다.

이 책에서 우리는 현대사회에서 엘리트 특권은 단순히 부의 부산물이 아니라 엘리트의 배타적 혜택을 확보하는 행동을 안내하는 조직화 원리라고 주장한다. 따라서 특권을 엘리트들에게 할당하는 것이 불평등하고 불공정한 사회를 재생산하는 데 필수적이다. 특권의 할당은 특권적인 사람이 배타적 혜택을 받을 자격이 있음을 보여주는 신호체계를 통해 작동한다. 사회적, 제도적 언어는 특권의 단계적 차이를 신호하고 인식하고 보상할 수 있도록 진화했다. 이렇게 상호작용적 관점에서 엘리트 특권을 바라보면 특권이 그냥 생겨나는 것은 아님을 알게 된다. 특권은 매일 교섭되며, 이 교섭은 대개 미묘한 신호가 보내지면 상대가 그 신호를 이해하는 모호한 상황에서 벌어진다. 이런 교섭을 통해 혜택을 부여하는 게 적절하다는 합의가 이루어진다. 더욱이 이런 거래는 종종 서로 합의한 허구를 통해 이루어져야 한다. 권력이 아니라 능력 때문에 혜택을 부여한다는 식으로 이루어지는 거래는 도덕적으로 정당해 보인다. 분명 이런 상황들을 헤쳐나가려면 양쪽 당사자 모두 해석과 기만이라는 미묘한 기술이 필요하다.[44] (실례로 다음 장에 나오는 케리 스토크스Kerry Stokes 의 의사 증명서를 보라.) 이렇게 일상화된 개인 간 규범과 실천이야말로 특권기계가 계속 공회전하게 만드는 베어링이다.

지금까지 한 이야기로 볼 때, 특권의 행사는 배타적 혜택을 받으려 하고 부여하는 일상적 상호작용에 국한되지 않는다. 특권은 사회적 지배의 산물이며, 엘리트들은 다시 이 사회적 지배를 활용해서 자신들에게 특권적 위치를 부여하는 제도를 건설하고 보호한다. 특권은 이렇게 폭넓은 의미에서 권력의 한 형태가 되며, 이 권력은 저항에 직면해서도 자기 자신과 자신의 집단에 혜택을 주는 실천과 제도를 모양 짓는다.

계급, 엘리트, 위계

이따금 편의를 위해 '계급'이라는 단어를 사용하지만, 이 연구에서 우리는 사회적 위계의 측면에서 사고하는 게 더 유용하고 혼란을 줄일 수 있다고 본다. 사회적 위계는 경제적인 요인만이 아니라 사회적, 문화적 요인에 따라 결정된다. 생산수단과의 관계에 바탕을 두는 전통적인 마르크스주의의 계급 개념은 설명력을 대부분 상실하고 있다. 경제구조가 제조업에서 서비스 경제로 이동했기 때문이다. 기업 소유권은 운영과 분리되었고, 고액 연봉을 받는 중역들이 운영 책임을 맡고 금융산업의 전문직들을 두둑한 연봉을 주고 결합시킨다.[45] 더욱이, 일부 '노동계급' 가구는 상당한 액수의 자산을 연금을 통해 주식시장에 투자하거나 부동산에 투자한다. (오늘날 일부 전통적 노동계급 직종은 많은 화이트칼라 노동자보다 경제적 형편이 훨씬 좋다.) 다른 한편, 최근 들어 노동력 착취는 어떤 면에서 악화하고 있는데, 이는 긱경제gig economy*의 확산이나 프레카리아트precariat의 부상에 반영된다.[46] 착취는 이제 임금노동과 관련된 일반적 문제가 아니라 일정한 고용 상황—임시직화, 0시간 계약,** 임금 절도wage theft,*** 이주

---

* 정규직보다 임시 계약직 노동의 비중이 높아지는 경제.

** 정해진 노동시간 없이 임시직 계약을 한 뒤 일한 만큼 시급을 받는 노동 계약을 말한다. 최소한의 근무시간과 최소임금을 보장하는 파트타임보다 못한 근로조건 때문에 노예 계약으로 통한다.

*** 고용주가 임금을 지급하지 않거나 근로계약이나 법률에 따라 정해진 복리후생을 제공하지 않는 것.

노동자, 긱노동 등등 ─ 에서 생겨나는 문제로 여겨진다.

계급을 사회경제적 집단과 동일시하는 것 외에 현실적으로 분류하고 구분하는 유용한 방식으로 정의하기는 쉽지 않다. 따라서 메이리 매클린Mairi Maclean과 공저자들은 자산이 많거나 "사회에서 지도적 지위"에 있는 부모를 둔 이들을 "상층계급", 상위 전문직을 "상층 중간계급", 지위가 낮은 화이트칼라 직업을 "하층 중간계급", 그리고 "노동자", 광부, 소형 트럭 운전사 같은 직종을 "하층계급"으로 분류한다.[47]

계급 귀속에는 전통적으로 일정한 종류의 정치적 행태와 문화적 실천에 대한 기대가 따라다녔다. 하지만 지금은 정치적 행태와 계급 지위의 파열을 지적하는 게 흔한 일이다. 자신의 문화적, 사회적 관심사에 표를 던지는 것이 경제적 이익에 표를 던지는 것만큼이나 강한 동기가 된다.[48] 노동 정치가 쇠퇴하고 '하워드의 저소득층Howard's battlers'(노동당을 버리고 보수당으로 돌아선 오스트레일리아의 노동계급 유권자)**** 같은 현상이 부상하면서 계급은 수명이 다했다는 인식이 강화되고 있다. 하지만 다이앤 레이Diane Reay가 말한 것처럼, 이는 계급에 관한 특정한 이해, 즉 "계급 위치를 **정치적으로** 이해하는 측면에서 협소하게" 바라본 계급의식에 의존한다.[49]

이 모든 것은 대중 구성원들에게 여론조사에서 어떤 계급에 속하는지 물었을 때 자신을 분류하는 방식이 상충한다는 사

**** 존 하워드는 1996~2007년간 총리를 지낸 자유당 정치인이다.

실에서 어느 정도 확인된다. 오스트레일리아인의 90퍼센트 이상이 자신을 중간계급이라고 여긴다.[50] 이런 증거로 보건대, 계급의 "객관적" 구분은 자기설명과 크게 부합하지 않을 것이다.[51] 오스트레일리아의 자기분류를 영국이나 미국의 그것과 비교해 보면 혼란이 커지면서도 또한 어느 정도 설명된다. 뒤의 두 나라에서 '노동계급'과 '중간계급'은 매우 다르게 이해된다. 대부분의 "객관적인" 중간계급 영국인은 자신을 노동계급으로 간주한다. 미국인들의 경우에, 마코비츠는 "정식 학위나 전문직이 없는 노동자"를 설명하기 위해 "중간계급"이라는 단어를 사용한다.[52]

어떤 면에서 보면, 최근에 최부유층에게 초점이 맞춰지는 현상은 1950년대와 1960년대에 유행한 사회학적 엘리트 연구로 돌아가는 셈이다. 우리는 사회학이 "프롤레타리아의 문제설정"에서 벗어나 부유층 엘리트에 초점을 맞출 필요가 있다는 마이크 새비지Mike Savage의 주장에 동의한다.[53] 이는 "아래쪽을 보는" 데 몰두하는 것에서 벗어나는 한편 부유층 엘리트가 누리는 특권이 불이익과 기회 박탈을 낳는 바로 그 체계의 일부임을 기억하는 방향 전환이다. 새비지가 말하는 것처럼, "지난 30년간 계급 위계의 최고 수준에서 급진적 개조가 이루어진 것으로 보인다."[54] 우리의 관심사는 부유층 엘리트들이 어떻게 자신의 권력과 영향력을 활용해서 부와 소득과 기회의 불평등한 분배를 떠받치는 특권을 확보하는가 하는 것이다.

대중은 계급의 언어로 탈산업사회에 관해 일관성 있게 말하려고 분투하지만, 사회적 위계의 언어로 그것을 이해하는 데는 전혀 어려움을 겪지 않는다. 우리의 포커스그룹 참가자들에게 "오스트레일리아에 사회적 위계가 존재하며 일부 사람들이 상층을 차지하고 하층에 일부 사람들이 존재하는지" 물었을 때, 만장일치로, 때로는 열렬하게 그렇다고 답했다.

물론이죠. 어디든 그래요. 어디서부터 말해볼까요? (토니, 부유층, 나이 많음, 시드니)

내가 볼 때, 오스트레일리아 어디를 가든 위계가 있습니다. 가게를 가도 그렇고, 옷을 입는 방식, 어디를 가는지, 어디에 사는지 …… 어디서 휴가를 보내는지 …… 무엇을 사는지 전부 다요. (마리아, 평균 소득, 나이 많음, 멜버른)

애슐리는 법조계와 대학에서 일하고 있다.

여태까지 줄곧 사회적 계층화를 봤죠. 그게 어떻게 작동하는지, 그리고 사람들이 가족과 출신 배경에서 익히는 특권적 태도를 봤어요. 이런 위계는 우리가 별로 알아보지 못하는 방식으로 저절로 재생산되는 것 같아요. …… 오스트레일리아에서는 절대적으로 부가 부를 낳고, 세대를 통해 스며들지요. (애슐리, 평균 소득, 젊음, 시드니)

2장 요약

이 장에서 우리는 특권기계를 이루는 부품들을 설명하면서 시작했다. 엘리트를 정의하는 것은 간단한 문제가 아니며, 우리는 유연한 접근법을 취한다. 우리는 부유층 엘리트에게 주로 관심의 초점을 맞추지만, 정치, 관료제, 언론, 문화, 학계 등에서 영향력 있는 인물들도 특권을 누린다. 경제자본 외에도 엘리트들은 사회자본(관계 네트워크), 문화자본(정신적, 신체적 성향과 지식), 상징자본(수상 경력 같은 구별짓기 표지)을 쌓는다. 부와 세계에서 존재하는 방식 사이에는 유사성이 존재한다. 대중은 자신이 원하는 것을 사는 능력 외에도 특권을 일정한 성향, 일부 사람들이 '처신하는' 방식으로 이해한다.

이런 형태의 자본들은 서로 전환 가능하며, 경제자본을 증식하는 데 활용될 수 있다. 엘리트들은 자기들만의 문화와 규칙을 갖춘 장들에서 움직인다. 커다란 권력과 영향력은 각 형태의 자본을 쌓고 여러 장을 가로질러 활동하면서 생겨난다.

특권에는 세 단계 ― 존재(어떤 상태나 성향), 수행(특권을 확보하는 실천), 소유(특권을 확보한 결과물) ― 가 존재한다. 중간 단계인 특권의 수행에는 두 당사자가 필요한데, 엘리트는 특권을 얻으려고 하고 상대방은 특권을 부여하는 위치에 있다. 이런 상호작용적 관점 덕분에 우리는 특권이 그냥 벌어지는 게 아니라 매일 교섭되며, 이 과정에서 특권기계가 부드럽게 작동하도록 전략적으로 영향력을 배치하는 등 미묘한 기술이 필요하다는 것을 알 수 있다.

'계급'은 개념적으로 혼란스러운 범주다. 계급 대신 엘리트를 연구하면 특권이 어떻게 작동하는지를 더 잘 보여줄 수 있다. 그리고 이는 대중이 사회에 존재하는 위계에 관해 어떻게 생각하는지를 반영한다.

3장

엘리트 특권의
미시정치

엘리트 신호 보내기

우리 모두가 특권기계를 이루는 톱니임을 이해하기 위해서는 우선 엘리트 특권의 미시정치를 연구해야 한다. "특권 수행" 개념은 특권이 상호작용적임을, 즉 "사회적 상황에서 등장하는 특징"임을 시사한다.[1] 특권의 부여는 특권적 대우에 관한 기대가 전달되고, 남들에게 인정과 응답을 받는 과정에 의존한다. 이 과정은 매일같이 크고 작은 무수히 많은 방식으로 벌어진다. 특권 부여자는 엘리트 자신일 수도 있고 하위계층의 지위를 점할 수도 있다. 특권을 추구하는 엘리트 성원이 이전의 상호작용에서 이미 자신의 지위를 굳히지 못했다면, 특권을 부여하는 위치에 있는 사람에게 신호를 보내거나 자기 지위를 보여줘야 한다. 이 엘리트 성원은 이 과정에서 신호를 보내는 식으로 어떤 체계를 통해 자신의 방식을 교섭할 필요가 있다. 교섭을 해야 하는 체계는 대체로 국가와 상업적·시민적 조직이 정한 일련의 규칙과 관행, 규범인데, 이 규칙은 언뜻 보면 모든 사람에게 동등한 것 같다. 엘리트 성원을 줄 맨 앞으로 보내주거나 행정 절차를 빨리 처리해주는 경우처럼, 규칙이 [그들에게만] 유연하게 적용되거나 무시될 수도 있다.

각 개인이 보유한 부나 영향력, 지위에 따라 그가 누리는 혜택을 정리해놓은 '특권의 책' 같은 것은 존재하지 않는다. 사실 어떤 종류의 특권을 부여하는 것은 은밀하게 감춰져야 한다. 일부 맥락에서 특권적 대우는 공식적으로 눈살을 찌푸리게 만들기 때문에 미리 준비된 변명으로 은폐해야 한다. 가장 흔히 사용되는 변명은 누군가 의문을 제기하면 능력에 따라 혜택을 부여하는 것이라고 주장하는 것이다. 이런 관점에서 보면, 정부는 종종 엘리트에게 유리할 수 있는 규칙과 공정성의 겉모습을 유지하는 것 사이에서 긴장을 관리해야 한다. 독재 사회에서도 마찬가지다. 엘리트 특권이라는 불의를 둘러싼 원한 감정이 체제의 안정을 해칠 수 있기 때문이다.

특권을 부여해야 한다는 신호를 보내는 것은 반드시 의식적일 필요가 없으며, 특권을 부여하는 사람이 숙고 과정을 따라야 하는 것도 아니다. 이 과정은 자동화될 수 있다. 부유층 가정의 어린이들은 자라면서 문화적 무의식, 즉 "깊이 내면화된 일련의 기본적인 원형"을 흡수한다.[2] 이런 원형은 우월한 지위를 전달하는 하나의 성향이나 처신으로 체현될 수 있다. 앞에서 살펴본 것처럼, 우리의 포커스그룹 참가자들은 종종 특권층 사람을 태도를 보고 알아볼 수 있다고 말했다.

보통 사람들이 어떻게 처신하는지를 보면 알 수 있지요. 명확한 건 아니지만, 자신감과 사람들이 한 공간에서 처신하는 방식을 보면 전반적인 판단을 할 수 있습니다. (마크, 부유층, 나이 많음, 멜버른)

…… 그 사람들은 자세가 엄청나죠. 일반화를 하는 셈이지만, 걸음걸이, 그리고 이미 특권적인 일정한 생활방식에 익숙하기 때문에 자기가 자격이 있다는 인식을 풍기거든요. …… 그러니 대개 행동거지가 달라요. 1마일 떨어진 곳에서도 알아볼 수 있어요. (리아, 부유층, 젊음, 시드니)

엘리트 지위의 신호 보내기가 단지 (존중을 요구하는) 사회적 지배를 확립하기 위한 게 아니라면, 그 신호를 지각하면 응답을 해야 한다. 배타적 혜택을 부여해야 하는 것이다. 우리의 포커스그룹 참가자들은 반사적으로 부유층을 전혀 다르게 대하지 않는다고 대답했지만, 논의를 진행할수록 솔직한 평가가 나왔다. 한 명은 누군가 "돈이 있다"는 걸 알게 되면 "보통 그 사람한테 더 관심을 기울이고 말을 들어준다"고 인정했다(리디아, 부유층, 나이 많음, 멜버른). 다른 이는 부유한 예술 후원자들에게 특별대우를 해준다고 털어놓았다.

미술 페스티벌에서 몇 번 일했는데, 굉장한 특권층인 기부자들과 교류를 하다보면 그들을 대할 때 우리가 특별히 관심을 기울인다는 걸 깨달아요. 예술에 정말 돈을 많이 쓰는 사람들이니까요. …… 그러니까 당연히 그런 상황에서는 좀 도를 넘게 되는데, 말하기 참 엿같지만, 미술계에서는 원래 그런 식이에요. (니콜, 평균 소득, 젊음, 멜버른)

지위의 언어

특권의 체계는 폭넓은 사회적 순응을 통해서만 유지된다. 다시 말해, 특권 행사의 수용과 특권의 재생산에 필수적인 제도와 규범이 필요하다. 지위 상징이나 구별의 신호는 다른 이들이 위계에서 어떤 사람의 자리를 정확히 확인하거나 적어도 그가 전달하고자 하는 지위 등급을 확인할 수 있도록 보장하는 단서로 사용된다.[3] 지위 상징은 특권의 부여를 기대한다는 신호가 된다.

어빙 고프먼Erving Goffman은 고전적 논문 〈계급 지위의 상징들〉(1951)에서 조화로운 사회에서는 다양한 사회적 지위의 사람들이 자신의 지위와 일치하고 남들이 그 지위를 어떻게 지각하는지와 일치하는 방식을 정확히 지각하고 그에 맞게 행동하는게 필요하다고 말했다.[4] 지각과 행동이 조화롭게 들어맞으려면 자신의 진짜 지위를 효과적으로 소통해야 한다.

특권적 사회에서는 '조화'를 위해 하위 집단이 엘리트 지위를 정확히 지각할 뿐만 아니라 기대되는 방식으로 대응해야 한다. 이런 조화를 상상하기는 별로 어렵지 않다. 특권의 체계는 의도한 대로 작동할 수 있지만, 각각의 상호작용은 원한의 유산을 남길지 모른다. 다른 한편, 어떤 신호가 정확히 수신되지 않거나 수신되고도 응답이 없다면, 엘리트 성원은 분개한 반응을 보이기 쉽다. 레스토랑 직원이 술에 취한 하원의원에게 이제 그만 일어나시라고 했을 때처럼 악명 높은 대꾸가 돌아올지 모른다. "너 내가 누군지 알아?"[5] 엘리트 성원은 원한 감정을 품고 퇴짜를 받아들이거나 더 많은 자원을 동원할 마음을 먹을지 모른다. 유력인사에게 전화를 해서 말이 통하지 않는 하급자가 생각을 바꾸도록 압박을 가하는 식으로. 다음 절에서 설명하는 억만장자 케리 스토크스가 구사한 전략이 좋은 예다.

구별의 신호에 담긴 표현적 가치는 그것이 담지자를 부와 지위 권력의 분포를 비롯한 사회적 위계에서 어디에 놓는지에 좌우된다. 신호의 체계는 종종 미묘하다. 실제로 우리의 포커스 그룹 참가자들이 보이는 반응에서 드러나듯이, 정확히 한 사람의 어떤 부분이 우리에게 깊은 인상을 남기는지를 식별하기는 쉽지 않다. 그것은 사람들의 전반적인 외양이나 태도에서 드러나기 때문이다. 고프먼이 말하는 것처럼, 엘리트 (또는 다른) 지위를 나타내는 행동의 대부분은 "익숙함과 습관이라는 보이지 않는 길잡이에 따라 아무 생각 없이 수행"된다.[6] 지위의 실연實演이 의도적으로 행해진다면 대개 진정성이 없어 보인다. 누군가 구별의 신호를 부정하게 사용할 수 있으며, 따라서 이 신호에는 보통 잘못된 표현을 막기 위한 장치가 포함되어 있다.[7] 예를 들어, 미술 수집가들은 진짜 전문가를 돈 많은 행세꾼과 구별할 수 있다. 후자는 '취향'이라는, 말로 표현하기 어려운 능력이 부족하기 때문이다.

게다가 신호의 체계는 언제나 변화한다. 높은 지위를 나타내는 상징들이 공급 과잉이나 "문화적 역전" 때문에 가치가 떨어질 수 있다. "한 계급에서 생겨나는 관행을 더 높은 계급의 성원들이 받아들이"거나[8] "사치의 민주화"의 경우처럼 반대의 상황이 벌어지면 이런 역전이 생긴다. 사치의 민주화란 대중이 부유층이 소비하는 사치품을 손에 넣게 되어 부유층을 식별하기 위해 "오염된" 상징을 새로운 구별짓기의 상징으로 교체해야 하는 상황을 가리킨다. 따라서 사회적 경사도에서 다른 사람의 위치를 확인하는 것은 당혹스러운 일일 수 있으며, 오인이 흔히 벌어진다.

일단 다른 사람의 자리를 확인하고 기대되는 특권을 부여하면, 양쪽(과 관찰자들)은 자신의 감정과 이 상호작용이 정의롭게 이루어졌는지에 관해 판단을 내린다. 특권을 인정하는 것은 그 상황에 적절하면서도 불공정할 수 있다. 이는 규칙에 위배되거나 규칙의 문구에는 부합해도 그 정신에는 어긋날 수 있다. 젠더의 맥락에서와 마찬가지로, 두 당사자의 행동은 "종종 그 **책임성**", 즉 나중에 해명을 해야 하는 경우에 "자신들의 행동이 어떻게 보이며 어떤 식으로 규정될지를 염두에 두고 고안된다."[9] 엘리트에게 특전을 부여하는 공무원들은 서면으로 작성하는 내용에 주의를 기울여야 한다.

문화자본과 상징자본을 습득하는 데 시간이 걸릴 수 있는 것처럼, 부에 의해 부여되는 실제 지위와 대개 그 지위에 수반되는 문화적, 상징적 표지가 일치하지 않는 경우가 많다. 어떤 사람이 부의 등급은 올라가지만 문화적, 상징적 결핍 때문에 향상이 늦어지면 좌절감을 느낄 수 있다. 부의 등급이 하락하는 경우에는 문화자본과 상징자본의 "잉여" 덕분에 사회적 명성이 감소하는 속도가 느려질 수 있다. 재산을 잃으면 "고상하게 가난한" 생활을 하게 될지 모른다. 또한 한 계급의 성원들의 성향과 그들이 움직이는 장이 불일치하고 긴장이 생길 수도 있다. 대학에서 소외감을 느끼는 노동계급 출신 대학생뿐만 아니라 노동계급 가정 출신 학자도 마찬가지다.[10]

부르디외는 사람은 자신이 마주치는 객관적 환경을 내면화한다고 주장했다. 미래를 "읽고" "통계적으로 자신에게 닥칠 확률이 가장 높은 운명"을 선택하는 법을 배우는 것이다.[11] 다시 말해, 능력주의 사회의 부상에도 불구하고 사람들이 형성하는 주관적 기대는 그들이 직면하는 객관적 확률과 부합하는 경향이 있다. 최상층과 최하층 모두에서 우리는 세계에서 자신에게 정당한 자리가 어디인지를 배운다. 야심이 거듭 좌절되거나, 상층에 있는 이들의 경우에는 사회적 기대에 부응하지 못하는 것은 고통스러운 일이다.

게임의 규칙

많은 자본을 가진 이들도 특권을 얻고 유지하려면 노력이 필요하다. 실제로 엘리트들은 이점을 얻기 위해 끊임없이 노력하고 있다. 성공은 다양한 종류의 자본을 얼마나 많이 경쟁에 투입하는지만이 아니라 특정한 장에서 **게임의 규칙** — 즉 자본을 가장 효과적으로 배치하는 법 — 을 얼마나 잘 이해하는지에 좌우된다.[12] 이 게임은 능력주의의 원리와 실천을 거스르며 작동한다. 규칙이 분명하고 심판이 판정하는 축구 경기보다는 사람들이 제한된 보상을 놓고 경쟁하면서 택하는 여러 종류의 전략을 이해하는 데 도움을 주기 위해 개발된 게임이론에 비유하는 게 더 적절하다. 데이비드 스워츠David Swartz는 이를 절묘하게 설명한다. "행위자들은 규칙 추종자나 규범 준수자가 아니라 다양한 상황이 제공하는 기회와 제약에 따라 대응하는 전략적 임기응변자다."[13] 게임이론은 협력이 수익을 최적화하는 최선의 방법인 경우에 행위자가 협력하는 것을 허용한다. 가령 어떤 정책이나 법률의 변화를 위해, 또는 변화에 반대해서 로비를 벌이는 경우에 엘리트들이 흔히 이런 전략을 구사한다.

대다수 사람들은 생애 전체에 걸쳐 기회와 장애물의 미로를 통과하는 길을 교섭한다. 원래 받을 자격이 있더라도 그렇게 하지 않으면 혜택을 확보하지 못하기 때문이다. 혜택을 못 받는 사람들은 종종 다른 영역에서 상이한 일련의 규칙에 따라 움직이도록 요구받는다. 사회보장제를 통해 경로를 교섭하는 식이다. 다른 수준의 "자원체계자본resource system capital"[14](사회보장제를 헤쳐나가는 데 필요한 이해력과 기술)을 가진 일부 사람들은 자신이 받을 자격이 있는 혜택을 확보하는 데 남들보다 능숙하다. 격주로 지급하는 복지 급여를 확보하는 게임은 이를 수행해야 하는 사람들에게는 중요한 과제이지만, 조세 피난처를 통한 조세 회피나 목숨을 살리는 치료를 위한 대기 줄을 건너뛰는 등의 커다란 혜택을 안겨주는 게임과는 다르다.

엘리트는 거의 정의상 높은 보상이 따르는 게임의 전략을 짜고 교섭하는 기술에 능숙한 사람들이다. 더 많은 자본을 활용할 수 있을 뿐만 아니라 아비투스 덕분에 '게임의 감각'을 갖추고 있다. 이런 감각은 제2의 천성이 된다. 칼 메이튼Karl Maton은 이런 통찰을 바탕으로 이른바 정당화 코드legitimation code 이론을 발전시켰다.[15] 그는 사회생활의 영역들이 게임의 규칙에 의해 어떻게 드러나는지를 연구했다. 이 규칙은 종종 암묵적인 탓에 특권적인 사회적 배경 출신의 사람들만이 그것이 어떻게 작동하는지를 온전히 이해한다. 사람들은 그런 사회생활 영역들에서 자신이 추구하고 잘 해낼 수 있는 것을 성공적으로 가동하기 위해 '정당화 코드'를 배운다.

성문화되지 않은 미묘한 규범과 규칙을 이렇게 실제로 숙달 — 이로써 규범과 규칙을 통과하는 경로를 교섭할 수 있게 된다 — 하는 것은 체계가 어떻게 작동하는지에 관한 내면화된 이해로 아동기에 흡수된다. '우리 같은 사람들'이 그런 지식을 자연스럽게 활용해서 일종의 제도화된 정실주의로서 특권기계가 자신에게 유리하도록 작동하게 만드는 감각을 익히는 것이다. 포커스그룹의 한 참가자는 개인적 경험에 의지해서 어린 시절에 그런 과정이 어떻게 시작되는지를 설명했다.

> 내가 볼 때, 그건 또한 비공식적이기는 해도 그 시간에 그 자리에 있는 걸 받아들이도록 훈련받는 문제예요. 대화가 특권층 사람들 사이에서 이루어지죠. 그러면 그 언어를 배우는 거예요. 내가 참석하는 바르미츠바(유대교 성인식)나 레스토랑, 내가 다니는 일요학교와 주변에 있는 사람들일 수도 있죠. 웅변대회 같은 학교 행사일 수도 있고요. 중요한 건, 그 자리에서 그런 교훈을 배울 수 있고, 나중에 이런 교훈이 무의식적으로 마음에 새겨진다는 거예요. 그리고 나이가 들면서 그런 교훈이 끊임없이 강화되고, 자연스럽게 그 교훈을 계속 확인하고 특권을 실행하게 되죠. (조시, 부유층, 젊음, 시드니)

자신이 규칙을 알고 조작할 수 있다는 엘리트의 자신감은 팬데믹 록다운 시기에 드러났다. 2021년 오스트레일리아의 어느 억만장자는 엄격한 해외여행 금지를 면제받고자 했다. 전용 제트기를 타고 아시아 나라로 가서 사업 거래를 하고 싶었기 때문이다. 그가 캔버라에 있는 그 나라 대사와 이야기를 나누자 대사는 전화를 걸어서 자기 나라에 입국하는 데 필요한 면제 서류를 마련해주었다. 억만장자는 몇 번이고 오스트레일리아를 들락날락했다.[16]

2021년, 대다수 시드니 사람들은 계속 연장된 엄격한 외출 금지령을 견디고 있었다. 제한된 몇 가지 이유(필수 노동, 돌봄이나 의료)에 해당되어야만 거주지를 나설 수 있었다. 집에서 5킬로미터 이상 떨어진 곳으로 이동하거나 휴가를 가는 것은 엄격히 금지되었다. 하지만 뉴사우스웨일스주 다른 곳에 세컨드하우스를 보유한 시드니의 부유층은 집과 별장을 자유롭게 오갔다. 지역 주민들이 시드니 부유층이 자기 동네에 와서 코로나 발병을 일으킨다고 불만을 제기한 뒤, 비상 내각은 유지보수가 필요한 경우를 제외하고 별장 방문을 명시적으로 금지했다.[17] 그러자 시드니 부유층이 잔디를 깎기 위해 별장으로 몰려가고 있다는 보도가 새어나오기 시작했다.

빅토리아주에서도 비슷한 상황이 펼쳐졌다. 2021년 8월, 멜버른이 엄격한 록다운을 시행한 시기에 포커스그룹 참가자인 게일(부유층, 나이 많음, 멜버른)은 어느 부자 동네를 담당하는 인구조사 데이터 수집 담당자였다. 그녀의 팀 성원들은 가가호호 방문을 마치고 돌아와서 질문을 던졌다. "이 사람들 다 어디 있는 거예요?" 해당 지구의 많은 주민들이 도시의 엄격한 여행 제한 조치를 피해 포트시와 론의 대규모 별장에 가 있었다. 두 곳은 멜버른 부자들이 모여 사는 해변 휴양지였다.

특권은 이런 식으로 일상적으로 실천된다. 엘리트들은 더 많은 자원이나 자본 형태를 가지고 게임에 들어오며 특권에 숙달돼 있다. 축구에 비유하자면, 특출한 선수들은 여러 상황에서 플레이가 어떻게 흘러가는지를 깊이 이해한다. 그들은 게임을 '읽을' 줄 알고 남들은 보지 못하는 가능성을 본다. 규칙을 잘 알지만, 또한 규칙을 집행하는 책임을 맡은 이들의 해석에 따라 여지가 있다는 것도 안다. 따라서 그들은 어떻게 규칙을 조작하고 심판을 조종하는지를 이해한다. 공공행정의 영역에서는 규칙에 대개 다양한 조건과 예외가 존재하기 때문에 해석의 여지가 존재한다. 다시 말해, 규칙을 통과하는 길을 찾는 법이나 그 길을 아는 사람을 아는 이들에게는 규칙을 빠져나가는 길이 존재한다. 하지만 아는 걸로는 충분하지 않다. 일단 문지기를 발견하더라도 문을 열기 위해 충분한 영향력이 있어야 한다.

역시 2021년 시드니에서 엄격한 록다운을 시행하던 시기에 모든 수학여행이 금지되고, 공립학교 학생들은 집에 머무르면서 원격으로 학습을 하라는 지시를 받았다. 실제로 공중보건령 아래서 시드니 주민들은 "타당한 이유가 없는 한 주거지에서 나올" 수 없었다. 시드니의 엘리트 성공회 학교인 레드랜즈는 학생 64명을 하이컨트리 캠퍼스로 보내서 "학문 연구와 동계 스포츠 훈련을 결합하는 기숙 프로그램"을 진행하기를 원했다. 캠퍼스는 스노이산맥의 진다바인 근처에 있는데, 시드니 남서쪽으로 450킬로미터 떨어진 곳이다. 레드랜즈는 보건부에 허가를 요청하는 서한을 보내면서 수학여행이 아니라 학교 활동의 정상적인 일부라고 주장했다.[18] 학교 측은 준비를 위해 공중보건 연락관과 설원에 관해 협의하는 한편, 자체의 리스크 담당자와 실외교육 책임자에게 신청서에 동봉할 정교한 위험 평가 계획을 작성하라고 지시했다. 또한 진다바인 지역사회와 긴밀히 협조하면서 스쿨버스가 승인된 장소에서만 정차하도록 도와줄 경찰과 연락을 취했다. 학교 보건교사가 현장에 상주할 예정이었고, 병리학 관계자도 학생들의 코로나 검사를 위해 대기할 계획이었다. 레드랜즈는 또한 유력한 로비단체인 사립학교협회Association of Independent Schools의 적극적인 지원을 확보해두었다.

레드랜즈와 보건부 사이에 오간 서한을 보면, 특권을 부여해달라는 레드랜즈의 요청에 보건부 장관과 직원들뿐만 아니라 최소한 10여 명의 공무원이 관심을 보인 것을 알 수 있다. 장관은 당시 뉴사우스웨일스주에서 가장 바쁘고 압박에 시달리는 사람이었다. 장관은 제안된 여행이 엄밀하게 수학여행은 아니며 규칙에 어긋나지 않는다는 데 동의했다. 그러면서 계획을 승인했다. 사립학교협회 최고경영자는 설원을 담당하는 공중보건 연락관에게 이메일을 보냈다. "학교들을 지원하고 조언하는 귀하의 모든 활동에 감사드립니다." 해당 공무원은 학교의 위험 관리 계획을 개선하도록 조언하고, 캠퍼스를 시찰하고 승인했으며, 학생과 교직원을 위해 현장을 실사했다.

학교는 국가 전체에서 수십 년 만에 가장 심각한 공중보건 비상사태가 한창인 가운데 광범위한 자원과 전문 인력을 결집시켜서 엄격한 규정을 통과하는 통로를 찾아냈다. 한 무리의 특권층 아이들이 설원에서 한 학기를 보내도록 하기 위해서였다. 레드랜즈는 규칙과 그 허점을 알았다. 그들은 무엇을 준비해야 하는지 꼼꼼하게 파악했고, 이에 필요한 전문적 자원이 있었다. 또한 누구에게 접근해야 하고 누구에게 지원을 의지해야 하는 지도 알았다. 요컨대 이 엘리트 학교는 국가 비상사태 시기에 복잡한 관료기구를 통해 어떻게 특별대우 요청을 통과하게 만드는지를 알았다. 우리 포커스그룹 참가자 한 명은 엘리트 학교에서 사회 최상층까지 이어지는 네트워크를 고찰하면서 이렇게 말했다. "만약 당신이 문제를 해결할 역량이 있다 하더라도 딱 맞는 집단 안에서 제때 적임자와 대화를 나누지 않는다면, 알다시피 절대 어떤 성과도 얻지 못합니다. 특권은 그걸 가능하게 하죠"(라이언, 평균 소득, 젊음, 시드니).

엘리트 학교들의 빈틈없는 전략은 자녀를 그 학교들에 보내는 부모들의 빈틈없는 전략과 맞먹는다. 자녀를 "최고의" 학교에 입학시키는 것이 부유층 가정의 필수 조건일 때, 이렇게 경쟁이 극심한 게임에서 성공하려면 빈틈없는 정교한 전략이 필요하다(물론 유력한 동문과 억만장자, 총리의 자녀들을 위한 자리는 언제나 만들어질 테지만).[19] 그 세계의 바깥에 있는 사람들로서는 학부모들이 얼마나 집착하게 되는지만 알아도 놀라게 된다. 이 과정은 몇몇 엘리트 학교의 대기 명단에 아기 이름을 올리고 상당한 비용을 납부하는 것으로 시작된다. 남들이 보면 절로 웃음이 날 만큼 긴 경주다. 멜버른 스카치칼리지(12학년의 연간 등록금 3만 8280호주달러) 행정실은 예비 학부모가 자녀 이름을 사전 대기 명단에 얼마나 빨리 올리는지를 기준으로 학교에 대한 헌신성을 측정한다.[20] 요령 있는 학부모는 분만실에서 학교에 전화를 걸어서 아직 피부도 하얘지지 않은 신생아의 이름을 사전 대기 명단에 올린다. 어머니에게서 떨어진 탯줄을 평생 동안 자

양분을 제공할 "특권기계"에 다시 연결하는 셈이다.[21] 똑같은 과정이 영국에서도 벌어진다.[22]

신생아의 부모가 출생 시간에 관해 거짓말을 하지 않았음을 입증하기 위해 출생증명서 사본을 보내면 아기 이름은 스카치칼리지의 실제 대기 명단으로 옮겨간다. 그 시점에서 부모는 환불되지 않는 5000호주달러의 계약금을 지불한다.[23] 대기 명단에 이름을 올리는 것은 엘리트 학교에 입학하기 위한 도상에서 첫 단계일 뿐이다. 이후 수년간 부모는 광범위한 훈련과 개인교습 전략을 좇으면서 아이가 입학을 위한 시험과 면접에서 우위를 차지하게 한다. 특정한 학교가 선호하는 음악이나 토론, 스포츠 등의 "자격증"을 쌓는 식이다. 일부 상류층 전용 고등학교는 조숙한 지도자 자질을 보이는 신청자를 신뢰하기 때문에 학부모들은 자녀가 초등학교에서 학생회장이 되기 위해 열심히 노력하도록 격려하는 것으로 알려져 있다.[24]

물론 이 게임은 합격에서 끝나지 않는다. 명문대학의 명문 과정에 입학하기 위한 준비 단계가 다시 시작된다. 명문대학은 능력의 승인이라는 엘리트의 이점이 주어지는 곳이다. 교육 게임에서 부유하고 경험과 연줄이 많은 부모들은 게임의 규칙을 알지 못하는 가난한 출신의 부모들에 비해 막대한 이점을 누린다. 이 과정의 참가자인 상류층 전용 학교 학생들은 학교에 입학하기 위해 부모들이 벌이는 게임의 규칙을 마음속 깊이 이해한다.

특권 행사하기

공무원 가운데 다음과 같은 말을 듣는 걸 좋아하는 사람은 없다. "총리님하고 어떤 문제에 관해 이야기했는데, 총리께서 당신하고 연락해보라고 하더군요." 이름 흘리기name dropping(저명인사와 친한 척 이름을 팔고 다니는 것)는 권력관계를 확립하기 위한 기법이거나 좋은 인상을 줘서 혜택을 부여받기 위한 수단, 또는 그저 자신이 속한 유력한 집단을 넌지시 밝힘으로써 상대방에 대한 사회적 지배를 확립하는 행동이다.[25] 이름 흘리기 외에도 특권을 받고자 하는 유력한 사람들은 다른 유력한 사람이 자기 대신 개입하도록 동원할 수 있다.

정보공개법에 따라 지은이들이 입수한 문서들은 언론인 해미시 헤이스티Hamish Hastie가 공개한 뉴스 기사와 나란히 권력자들이 어떤 식으로 게임의 규칙을 조작하면서 자신의 특권을 행사하는지에 관한 매혹적인 통찰을 제공한다.[26] 이 경우에 언론과 광산 재벌인 억만장자 케리 스토크스는 콜로라도주 비버크리크에 있는 스키 별장에서 전용 제트기를 타고 부인과 함께 집으로 돌아오고 싶어 했다. 하지만 2020년 3월 15일, 전 세계에서 코로나19가 들불처럼 확산되자 웨스턴오스트레일리아 주 총리 마크 맥고완Mark McGowan이 비상사태를 선포했다. 9일 뒤 주 경계가 폐쇄되었다. 주 바깥에 있는 웨스턴오스트레일리아 주민들만 주에 들어올 수 있었지만, 14일 동안 지정된 호텔에서 격리를 해야 했다. 4월 1일, 주 내부의 지역들 사이에 경계 제한

이 부과되어 비상서비스 관계자들만 이동이 가능했다. 특히 킴 벌리 지역에서 이동 제한이 한층 엄격하게 시행됐는데, 이는 해안 도시 브룸이 포함된 이곳에서 취약한 원주민 지역사회를 보호하기 위한 조치였다.

스토크스에게는 문제가 있었다. 그는 퍼스로 돌아와서 호텔 격리 생활을 하는 것을 원치 않았다. 전용 비행기를 타고 브룸으로 가서 자연 그대로 길게 뻗은 하얀 모래로 유명한 케이블 비치에 가까운 호화 별장에서 격리를 하고 싶었다. 그러려면 규칙을 면제받아야 했다. 하지만 당시는 노골적인 패닉의 시기였고, 웨스턴오스트레일리아주는 전국에서 가장 엄격하게 규칙을 적용하는 곳이었다. 맥고완은 어떤 예외도 없을 것이라고 선언했다. "해외에서 입국하는 모든 오스트레일리아 국민에게" 적용된다는 것이었다. 호텔 격리 중인 남자가 코로나19로 죽어가는 부인을 만나야 한다고 호소하기도 했지만, 이렇게 가슴 저미는 면제 호소도 거부당했다.

스토크스의 주치의는 최근에 받은 수술을 근거로 그가 호텔 격리를 면제받아야 한다고 주장하는 편지를 써주었다. 편지는 주 보건청장인 데이비드 러셀-와이츠David Russell-Weitz 박사에게 발송되었다. 보건청장이 마크 맥고완 주총리실과 곧바로 연락한 것을 보면 스토크스의 영향력이 어느 정도인지 알 수 있다.

웨스턴오스트레일리아주의 유일한 주요 신문인 《웨스트오스트레일리언》과 오스트레일리아에서 손꼽히는 방송사인 채널7을 소유한 스토크스는 주에서 가장 유력한 인사다(이 주는 또한 나라에서 손꼽히는 2명의 부자인 광산 재벌 지나 라인하트와 앤드루 포레스트Andrew Forrest의 고향이기도 하다).[27] 언론을 독점한 스토크스는 의제를 정할 수 있기 때문에 어떤 정치인도 감히 거스를 수 없는 인물이다. 어느 언론계 인사가 말한 것처럼, "좌우를 막론하고 정계는 하나같이 《웨스트오스트레일리언》을 맹종한다."[28] 한편 《웨스트오스트레일리언》은 맥고완의 업무 수행에 대해 칭찬으로 일관했다. 맥고완과 스토크스는 가까운 사이다. 법정에서 드러난 사적인 메시지들을 보면, "마크"와 "케리"는 서로 문자를 보내면서 상대의 내면까지 달래주었다.[29] 맥고완은 웨스턴오스트레일리아주의 천연가스 수출을 전부 금지하면서도 스토크스의 합작 투자회사가 진행하는 한 프로젝트는 예외로 해주었다.

이제 스토크스는 굵직한 특혜가 주어지기를 원했다. 방해되는 인물은 질병관리청장인 앤드루 로버트슨Andrew Robertson 박사였는데, 그의 조언에 따라 경찰청장이자 비상사태 책임자인 크리스 도슨Chris Dawson이 면제 요청을 결정할 예정이었다. 로버트슨은 호락호락한 인물이 아니었다. 해군 출신으로 준장 계급까지 오른 그는 유엔 생물학 무기 감찰관으로 이라크를 세 차례 방문하는 등 여러 임무를 역임했다. 인도양 쓰나미, 발리 폭탄 테러, 후쿠시마 핵 재앙 등에 대응하기 위해 현장을 찾기도 했다.[30] 그는 원칙대로 일하는 사람이었다. 그는 의학적 상태 때문에 스토크스와 그의 부인이 브룸이 아니라 퍼스에 있는 자택에서 자가격리를 할 수 있다고 조언했다. 이런 공식적 보건 조언에 따라 경찰청장은 스토크스에게 호텔 격리는 면제되지만 퍼스에서 격리를 해야 한다고 통고했다.

스토크스는 이에 불만을 품고 자기 친구이자 모두의 상관인 총리에게 연락했다. "매우" 중요하다는 표시가 된 이메일을 통해 맥고완 총리의 비서실장 가이 휴스턴Guy Houston은 앤드루 로버트슨에게 한층 압박을 가했다. 그는 스토크스를 위한 "수정된 일정표"를 동봉하면서 그의 여정이 별로 위험하지 않을 것이라는 점을 보여주고자 했다. 하지만 질병관리청장은 미동도 하지 않았다.

기대가 좌절된 스토크스는 더 큰 총을 사용하기로 마음먹었다. [연방정부가 있는] 캔버라에 전화를 걸어 절친인 마티아스 코먼Mathias Cormann과 이야기를 했는데, 그는 연방 재무부 장관이자 웨스턴오스트레일리아주 출신 상원의원이었다. 연방정부가 전개되는 위기에 대처하느라 캔버라는 열띤 분위기였다. 당시 정부는 록다운의 대단히 불확실한 영향과 글로벌 불황 가능성이 국가 재정에 미치는 함의 등을 포함해 팬데믹에 어떻게 대응할지를 파악하려고 노력 중이었다. 하지만 재무부 장관은 시간을 내서 억만장자 친구를 위해 개입할 수 있었다.

스토크스와 코먼은 얼마 전부터 아는 사이였는데, 코먼이 열심히 비위를 맞춰주었다. 코먼은 스토크스가 퍼스에서 여는 대형 천막 자선 행사인 텔레손볼Telethon Ball의 단골손님이었다. 채널7 유명인들과 웨스턴오스트레일리아 재계 지도자들이 아동 건강을 위한 기금 모금을 돕기 위해 모이는 "그해의 최고 엔터테인먼트 겸 기금 모금 행사"로 선전되는 이벤트였다. 2019년 장시간 텔레비전 모금 방송이 일요일 밤의 피날레에 가까워지는 가운데 재무부 장관은 전화를 걸어 희소식을 알렸다. "(연방 재정에서) 100만 달러를 추가로 찾아낼 수 있었다는 사실을 알리게 되어 기쁩니다. 어제 총리가 기부한 250만 달러에 오늘 230만 달러를 더할 수 있게 됐습니다."[31]

스토크스가 도움을 요청했을 때 코먼은 맥고완의 비서실장 가이 휴스턴에게 현 상황에 관한 이메일을 보내서 "총리하고 이 문제를 논의하고 있"다면서 의사의 편지를 동봉했다. 재무부 장관은 한층 더 압박을 가했다. "이 편지가 브룸으로 입국해 그곳에 있는 주택에서 자가격리하는 데 필요한 승인을 받는 데 도움이 되기를 바랍니다." 휴스턴은 신속하게 대응해서 질병관리청장에게 새로운 정보를 전달했다. 스토크스 쪽 사람들이 코먼에게 이메일을 보냈다. "장관님, 도움 주신 것에 감사드립니다."

그리하여 국가 보건 비상사태가 한창인 가운데 전례 없는 록다운 조치가 마련되어 시행되는 상황에서 케리 스토크스가 규칙 면제를 신청하자 주총리와 비서실장, 질병관리청장, 웨스턴오스트레일리아주 보건청장, 경찰청장, 주 비상사태 책임자, 연방 재무부 장관, 그 밖에 수많은 부하 직원들이 동원되었다.

질병관리청장 앤드루 로버트슨은 이제 억만장자 스토크스의 요구에 응하라는 엄청난 정치적 압력을 받았다. 관료기구에서 일해본 사람은 누구나 알겠지만, 필요에 따라 규칙을 변칙 적용하는 이유는 언제든 찾아낼 수 있다. 하지만 제독 출신에게 규칙은 규칙이며, 그는 자신의 조언은 바뀌지 않았다고 대꾸했다. 스토크스는 브룸이 아니라 퍼스로 돌아와야 했다. 정보공개법에 따라 공개된 문서들을 보면 스토크스가 뜻을 관철시키지 못한 상황에 어떻게 대응했는지 알 수 없지만, 그와 부인은 퍼스의 해안가 저택에서 14일을 견뎌야 했다.

3년 뒤 이 글을 쓰는 시점에서 앤드루 로버트슨은 여전히 질병관리청장이었다. 경찰청장 크리스 도슨은 주지사로 임명되었다. 마크 맥고완은 2023년 6월 기력이 다했다며 총리직에서 물러났고, 현재는 광산 기업들에 자문을 하고 있다. 총리 비서실장 가이 휴스턴은 현재 케리 스토크스 밑에서 일한다. 그리고 2021년 마티아스 코먼은 파리로 이주해서 OECD 사무총장이라는 새로운 직책을 맡았다.

이 일화에서 몇 가지 교훈을 끌어낼 수 있다. 부의 특권을 작동시키려면 종종 정치적 네트워크에 의존해야 한다. 이런 사실이 분명해 보인다면, 슈퍼리치들이 무언가를 원할 때면 얼마나 뻔뻔하게 정치적 연줄을 악용할 수 있는지를 여기서 보게 된다. 정치 지도자들이 유력한 친구들의 부탁을 들어주려는 열정은 당의 구분선을 넘어선다 ─ 맥고완은 노동당 소속이고 코먼은 보수당 소속이다. 두 번째 교훈은 적어도 민주주의 국가에서는 유력한 지위에 있는 공무원들이 우선권을 부여하라는 압력, 심지어 최고 권력자의 압력에도 저항할 수 있다는 것이다. 하지만 이런 저항에는 심각한 위험이 따르고 개인적 용기가 필요하다. 사실 이런 용기는 보기 드문 자질이다. 고위 관료들 가운데 기꺼이 원칙을 지키려는 이는 거의 없다. 굴복하는 타당한 이유는 언제든 찾아낼 수 있다.

세 번째 교훈은 누구도 스토크스가 재력과 권력 때문에 특별대우를 받고 있다고 인정할 수 없었다는 것이다. 의사의 증명서가 어떤 역할을 했는지를 알 수 있는 대목이다. 이 증명서는 공개되지 않았지만, 권력에 기반한 문제 해결이 능력에 기반한 문제 해결로 전환되는 장치였다. (의학적 응급 상황은 부인이 죽어가던 남자에게는 통하지 않았다.) 마지막 관찰 결과는 정보 유출과 정보공개법에 따른 공개 요청의 위험을 감안할 때, 모든 사람이 관련된 사실을 부인하기 위해 특정한 방식으로 문서 소통을 한다는 것이다. 기자들이 맥고완과 코먼에게 스토크스를 위해 압력을 넣었느냐고 묻자 두 사람은 대답을 얼버무렸다. "유권자들에게 질문을 받고 있습니다." "개인의 사적인 문제에 관해서는 공개적으로 발언하고 싶지 않습니다." "관련 당국이 내린 결정입니다." 누구나 그게 어떻게 작동하는지 알지만, 이렇게 노골적으로 답변을 회피하는데 어떻게 하겠는가? 세상은 앞으로 나아가지만, 엘리트 특권의 힘은 여전히 줄어들지 않는다.

우리가 볼 때, 국가와 국가를 이루는 세 부문 ― 정치기구, 공공행정, 법률 ―의 주요 기능이 엘리트의 권력과 특권을 보호하고 재생산하는 것이라는 주장은 너무 조잡하다. 하지만 스토크스의 사례에서 여실히 드러나듯이, 국가의 세 부문이 엘리트의 지위를 보호하고 향상시키기 위해 특권이 행사되는 주요한 장소라는 사실은 부정할 수 없다. 엘리트들이 국가의 부문에 참여함으로써 자신의 이익을 보호하고 향상시키는 데 성공할 때, 국가는 특권을 승인하고 굳혀주는 기능을 한다.

무과시적 소비

엘리트 소비 행태는 다른 어떤 목표도 없이 자신의 지위를 암시하거나 타인에 대한 지배를 주장하는 일종의 전시다. 부유층이 과시적 소비를 하고 뻔뻔스럽게 부를 전시하는 광경에 관한 학문적, 대중적 문헌이 많이 있으며, 우리는 다음 몇 장에서 몇 가지 시사적인 사례의 의미에 관해 언급할 것이다. 천박한 소비 형태와 고상한 소비 형태 사이에 심연이 존재한다는 것은 공통된 주제이지만, 특권과 부의 전시는 대개 좀 더 미묘한 문제다. 아주 부유한 사람들과 일하는 해나(부유층, 나이 많음, 멜버른)는 한 포커스그룹에서 이렇게 말했다. "특권을 어떻게 정의하느냐에 따라 달라지죠. 그러니까, 부유한 사람들은 대개 그걸 과시하지 않아요."

값비싼 파인다이닝 식당에서 일하는 어느 웨이터는 아주 부유한 한 고객이 무심코 허름한 청바지 차림으로 방문하곤 한다고 말했다.[32] 하지만 다른 신호들도 존재한다. 그 손님은 모자를 받은*(또는 미슐랭 별을 받은) 레스토랑에서 아주 느긋했고, 아멕스 블랙 카드로 계산을 했기 때문에 가장 좋은 테이블로 안내

받았다. 일런 위젤Ilan Wiesel의 한 정보원도 같은 현상에 관해 이야기했다. "주말에 너저분한 낡은 셔츠에 샌들을 신고 모스만Mosman**을 어슬렁거리는 부자들을 봅니다."[33] 슈퍼리치가 무관심을 전시하는 것은 실은 "경쟁을 거절함으로써 자신들의 사회적 우위를 고상하게 확인하는" 방법일지 모른다.[34] 마치 이렇게 말하는 듯하다. "나는 상징적 전시에 끼어들 필요가 없고, 당신도 그걸 알아줬으면 좋겠다."

이런 "과시의 과시적 부재"의 사례들은 사회적 지위와 구별짓기의 물질적 상징 사이의 통상적인 상동성에 도전한다. 명백한 신호의 담지자는 사회에서 자신이 차지하는 지위를 너무도 편안하게 느끼기 때문에 그런 신호를 (외견상) 포기한다. 부르디외가 주목한 것처럼, 이런 식의 상징적 전도는 "사회적 신호들의 직접적 해독을 용이하게 만들지 않는 일종의 의미론적 흐릿함"을 가져온다.[35]

자제와 은폐가 언제나 동반하는 것은 아니다―적어도 언뜻 보기에는. 특권층 출신이면서 부유층과 어울려 산 조시(부유층, 젊음, 시드니)는 다음과 같이 말했다.

특권층 사람들은 종종 자신이 지닌 특권을 전시할 필요성을 느끼지 못하는 반면, 특권 없는 출신의 사람들은 이따금 자신

---

*   오스트레일리아 미식 가이드Australian Good Food Guide에서는 음식 자체만을 기준으로 셰프 모자를 부여한다. 요리사와 레스토랑의 최고의 영예로 친다.

**   시드니 로어노스쇼어 지역에 있는 교외. 백인 부촌으로 유명하다.

의 특권을 요란하게 뽐내고 자신의 지위를 전시하기를 원합
니다. 내가 볼 때, 부를 통해 특권을 전시할 수는 있지만, 대개
그 부는 처음에는 그렇게 명백하게 드러나지 않아요.

사회적 지위가 다양한 상징적 형태를 통해 어떻게 표현되
는지에 관한 연구에서 장-파스칼 달로즈Jean-Pascal Daloz는 과시적
소비 형태와 "무과시적" 소비 형태를 구별한다. 그는 흔히 쓰는
"비과시적inconspicuous"이라는 말 대신 "무과시적unconspicuous"이라
는 신조어를 사용하는데, 이 단어가 "과시의 직접적 부정을 암
시하는 데 더 적절하기" 때문이다.[36] 비과시적인 태도는 상대가
눈치채지 못하는데, 이는 특권적 대우를 바라는 엘리트들에게
는 단점이 된다. 어떤 맥락에서는 부의 상징을 과시적으로 전시
하는 게 적절하다고 여겨지는 한편, 다른 맥락에서는 과시적 전
시가 내집단in-group 규범에 무감각하고 노골적인 태도로 읽힐 수
있다. 이런 맥락에서는 신중한 상징을 활용하는 자제가 자신의
구별적 지위를 확인하는 더 좋은 방법이다.[37]

달로즈의 분석은 사람들이 자신이 가진 자산을 전시하는
목적이 단순히 구별적 지위를 인정받는 것이라고 가정한다. 그
는 지위의 과시적 상징과 무과시적 상징이 주로 사회적 위계의
상층부에 있는 집단 안에서 사용된다고 주장한다. "하위계층에
대한 지배는 …… 대개 당연한 것으로 여겨지기" 때문이다. 하지
만 특권을 확보하는 문제(극장에서 가장 좋은 좌석, 정부 규제 면제)
에 관한 한 사회적 위계의 아래쪽에 있는 사람들, 즉 예약 담당

자나 중간급 관료에게 제대로 된 신호를 보낼 필요가 있다. 오인하는 경우가 흔하기 때문에 상대가 무과시적 전시를 놓칠지 모른다.

따라서 겉치레가 아닌 자제는 사회적 구별짓기를 확인하는 정교한 방식일 수 있다. 포커스그룹 참가자 중 한 명은 자신과 함께 일하는 초부유층 자선사업가들이 보이는 "겸손"에 관해 이야기했다. 하지만 그녀를 비롯한 자선 분야의 모든 사람은 자선사업가들이 보이는 "너그러움"을 바탕으로 그들 사이의 구별과 자선 공동체의 위계서열을 무척 의식한다. 슈퍼리치들 가운데는 "천박한" 전시(거대한 슈퍼요트 구입하기)에 몰두하는 이들과, 아방가르드 그림과 선행에 돈을 쓰는 쪽을 선호하는 "좀 더 세련된" 감성을 지닌 사람들이 존재한다. 위젤은 "화려한 지역"에 사는 유명한 주민들이 교외의 벼락부자들의 천박한 전시(유서 깊은 주택을 철거하고 슈퍼카를 타고 돌아다니는 등)를 어떤 식으로 무시하는지를 기록한다. 이런 행태는 경계선을 강화하면서 "돈으로 살 수 없는" 일정한 특권을 허용하는 네트워크에서 신참자를 배제하는 방편으로 이해할 수 있다.

부유층은 환대를 정교하게 전시해야 한다는 의무감을 느낄지 모른다. 이를 위해서는 절제된 라이프스타일을 오해할 수 있는 고객이나 외국인 손님에게 깊은 인상을 주는 데 적합한 대저택이 필요하다. 달로즈는 또래들을 자택의 저녁식사에 초대한 어느 대기업 회장의 이야기를 언급한다. 다른 사람들은 정장을 차려입고 온 반면, 집주인은 캐주얼한 차림으로 맞이하면서 "곧바로 자신을 돋보이게 했다".[38] 일종의 파워게임, 우월한 구별짓기의 표현이었다. 일부 나라, 특히 스칸디나비아 국가들의 문화에는 "과시적 겸손"에 대한 기대가 존재하는 한편, 오스트레일리아는 엘리트 특권을 가리는 "공유된 평범성"의 문화를 자랑한다.[39] 의식적 겸손에 따르는 위험은 관련된 타인들이 자신의 사회적 지위와 그에 따르는 특권을 과소평가할 수 있다는 것이다.[40]

특권층과 평범한 사람들의 경계

미카엘 홀름크비스트Mikael Holmqvist가 스웨덴의 부유층 동네를 연구하기 위해 인터뷰한 어느 젊은이는 자기 집에 저녁을 먹으러 오는 기업 중역들과 "고위층 사람들"에게 둘러싸여 자랐다고 설명했다. 그들은 그냥 평범한 사람들이 되었고, "금세 그 사람들에 대한 두려움이 사라진다". 그래서 그는 자신이 분수를 알아야 한다거나 자기 자리가 어디인지를 알아야 한다고 느끼며 자라지 않았다. "우리 회사의 최고경영자도 참석하는 저녁식사 자리에 가도 전혀 걱정이 되지 않아요." 홀름크비스트는 이 연구를 통해 이런 어린이들은 자신이 특권층이며 따라서 **우월하다**는 걸 알게 된다고 결론지었다. 자신들이 누리는 막대한 이점을 곱씹는 대신, 그들은 자신이 더 똑똑하고 열심히 일하며 "대체로 그냥 남들보다 '훌륭하다'"고 믿는다.[41]

엘리트 성원들의 성향은 불가피하게 위계적 세계에 관한 내면화된 이해를 동반한다. 이런 아비투스는 "계층화된 사회 세계에서 안정감과 위화감sense of place and out-of-place을 전달한다".[42] 때로는 사회계층 사이의 경계, 또는 특권층과 불우계층 사이의 경계가 뚜렷하고 넘을 수 없다. 어느 포커스그룹 참가자의 말을 빌리자면, "사회와 사회 공간에는 사람들이 소득과 장소, 직업, 지위, 어떤 의미든 간에 계급 때문에 배제되는 수준이 분명히 존재"한다(루크, 평균 소득, 젊음, 멜버른).

계급은 사회적 경계를 가로질러 응시하는데, 이 시선에는 종종 이해하지 못함과 조롱이 뒤섞여 있다. 표면상 사회적 지위가 중요하지 않다는 평등과 공정의 원칙에 근거한 두 조직에 관해 흥미로운 사실을 드러내는 민족지학 연구에서 리디아 만조Lidia Manzo는 엘리트들이 어떻게 지배를 주장하는 방법을 찾아낼 수밖에 없는지를 보여주었다.[43] 이 사례연구는 가라데 도장과 생협을 다뤘는데, 두 곳 다 급속하게 젠트리피케이션이 진행되는 브루클린 구역에 있었다.

도장에는 외면적 자아를 벗어놓고 들어와야 한다. 띠 색깔을 제외하고 모두 똑같은 도복을 입는데, 띠 색깔로 능력—즉 가라데 기술—에 근거한 뚜렷한 존중의 위계가 확립된다. 공교롭게도 검은 띠 고단자인 상급 단원들 대부분은 사회경제적 하위 집단 출신의 오래된 지역 주민이고, 건설노동자나 운전사, 육아도우미 같은 직업인 한편, 실력이 약한 단원들은 젠트리피케이션 지역에 이사 오는 엘리트 출신 신참 주민들이었다. 지위와 권력의 위계가 길거리의 위계와 정반대였다. 도장의 기풍은 초보 단원이 상급 단원을 존중할 것을 요구했다. 상층계급 단원들은 하층계급이면서도 상급반인 단원들이 자신들에게 지배권을 행사하는 상황에 고심했다. 만조는 특권층 단원들이 "사회경제적 하층 지위의 상급 단원들에게 가라데를 배우려고 하지 않는 것"을 눈치챘다. 결국 갈색 띠나 검은 띠 저단자들은 "순식간에 약자 취급을 받는 수모"를 피하는 방법을 찾아냈다.[44] 그들은 중급반과 훈련을 받는 쪽을 선택했다. 상급반에서는 하층 지위의 단원들이 자신들보다 힘이 있는 반면, 중급반에서는 가라데 실력도 좋고 의식 수행을 도맡는 "선임 반원"이 될 수 있다.

생협에서는 모든 회원이 자발적 활동을 해야 하는데, 자원 활동가들은 부유층 백인 엘리트가 많은 한편, 고용된 노동자들은 사회경제적 하위층 출신의 유색인이었다. 만조는 엘리트들이 일반 직원인 책임자 아래서 허드렛일을 맡게 되면 짜증을 내는 모습을 발견했다. 또한 외부 세계에서 하루가 멀다 하고 엘리트들에게 무시와 모욕을 경험하는 유색인 노동자들이 복수할 수 있는 위치에 서게 되면 굳이 보복을 마다하지 않는다는 것도 눈치챘다. 따라서 부유층 엘리트들은 그룹 간사같이 많은 책임을 맡는 직책에 자원하는 쪽을 선호했다.

만조는 높은 지위를 보여주는 외적 표지가 부재할 때, 상층계급의 수행 덕분에 "엘리트 구별짓기의 깊이 뿌리박힌 감춰진 신호들"이 등장할 수 있다고 결론지었다.[45] 엘리트들은 자신들이 그 안에서 편안하게 움직일 수 있는 상징적 경계선을 재확립하는 방법을 찾아냈다.

경계선을 넘는 "침입자"는 위화감을 느낀다. 포커스그룹의 한 참가자는 언젠가 마일리지를 모아서 휴가를 갈 때 비즈니스석을 탄 경험에 관해 이야기했다.

우리는 부자는 아니지만, 항상 비즈니스석을 타는 사람들하고 대면하는 게 참 기묘했어요. …… 마치 나는 이 칸에 속하지 않는다는 느낌 같았달까요. 정말 기묘했지요. …… 아주 좋긴 하지만 나는 이 칸에 속하지 않죠. 이 사람들은 항상 여행을 다니고, 우리보다 그냥 편안해 보여요. (브룩, 평균 소득, 젊음, 멜버른)[46]

사회적 경계선의 치안이 적극적으로 유지될 때, 대다수 사람들은 신속하게 자신의 객관적 상황에 주관적 기대를 일치시킨다. 포커스그룹의 한 참가자가 이야기한, "부유층 전용 학교"인 바커칼리지에 자녀를 보낸 어떤 남자와 관련된 사건에서 이 과정이 작동했다.

그 사람은 어느 날 저녁을 먹으면서 학부모 몇 명을 만났습니다. 그냥 잡담을 나누는 자리였지요. "출신이라든지 자기소개 좀 해주시죠. 무슨 일을 하시나요?" 그 사람이 말했습니다. "음, 저는 자영업자예요. 냉장고 수리공이죠." 사람들이 말하더군요. "뭐라고요? 의사나 회계사가 아니고 변호사도 아니라고요? 그러면 차는 어떤 걸 타시는데요?" 그 사람은 포드 팔콘을 탄다고 말했지요. "뭐요? 메르세데스나 아우디나 BMW가 아니고요?" 그러자 그 사람이 말했죠. "아, 됐습니다." 그 사람은 그냥 일어나서 나왔어요. "빌어먹을 놈들. …… 당신네들은 전부 콧대 높은 재수탱이들이야." 그런 뒤 그냥 가더군요. (트레버, 평균 소득, 나이 많음, 시드니)

포커스그룹의 또 다른 참가자는 등급을 매기는 미묘한 방식에 관해 이야기했다. 콴타스의 체어맨 라운지가 그 사례였다.

운 좋게도 (체어맨 라운지)에 들어갈 기회가 몇 번 있었습니다. …… 정말 색다른 비행 경험이지요. 정말 완전히 달라요. 항상 거기 들어가고 싶지만 특별한 등급이 아니면 절대 못 들어가는 곳이죠. (마크, 부유층, 나이 많음, 멜버른)

계급 없는 사회에 관한 온갖 서사에도 불구하고 이 오스트레일리아 사람들은 "세계에서 (자신에게 주어진) 정당한 자리"를 이해한다고 말하고 있다.

취향과 계급

부르디외가 1979년에 출간한 걸작 《구별짓기: 취향 판단에 대한 사회적 비판》은 사회계급들의 차이가 성향과 행동, 태도를 통해 어떻게 표현되는지를 주로 다루는 내용이다. 이런 방법을 통해 우리는 남들이 인정하고 대응하는 방식으로 우리의 지위를 소통한다.[47] 오늘날 마케팅산업은 이 과정에 깊숙이 연루되어 있으며, 사회적 유형과 지위의 체계에서 벗어나기란 거의 불가능하다. 슈퍼마켓에 갈 때도 우리가 장바구니에 넣는 품목이 우리의 문화적 성향과 사회적 위계에서 우리가 차지하는 위치를 말해준다. 롭 무어Rob Moore가 말하듯이, "장바구니에 담은 품목, 즉 장 보는 사람의 머릿속에서 작동하는 의식의 구조화 원리와 사회관계, 즉 사회적 질서와 차이의 원리 사이에는 내적관계가 존재한다".[48]

위계적인 사회적 차이의 논리는 알디Aldi 마트에서 가지고 나오는 장바구니와 농산물 시장에서 가지고 나오는 장바구니를 무의식적으로 비교할 때 두드러진다. 또는 계산대 줄에서 앞에 선 사람의 장바구니를 슬쩍 볼 때, 우리는 사람들의 문화적, 사회적 지위에 관해 판단을 내리며, 위계에서 우리 자신이 점한다고 생각하는 지위에서 그런 판단을 한다. 부르디외가 언젠가 지적한 것처럼, 우리가 세계를 어떻게 분류하는지에 따라 우리가 분류된다면, 우리가 다른 사람의 장바구니 내용물을 판단하고, 그것에 근거해서 그 사람에 관해 생각한 이미지가 맞는지를 시선을 올려 확인할 때, 우리는 사회적 등급에 우리 자신을 그만큼 확고하게 자리매김하는 셈이다.[49]

취향의 함양과 표현은 사회계층 내부와 각 계층 사이에서 지속적으로 중요하다. 부르디외는 지적이고 신랄한 아방가르드 극장과, 사회적 전시와 향유로 특징지어지는 전통적인 "부르주아" 극장의 구별에 관해 언급했다.[50] 1970년대 파리의 고급문화를 분석하면서 그는 이렇게 주장했다. "상징자본을 창출하고 축적하기 위해 고안된 모든 (자본) 전환 기법 가운데 예술작품, 즉 '개인적 취향'의 객관화된 증거의 구입은 가장 나무랄 데 없고 아무나 흉내 낼 수 없는 축적 형태에 가깝다."[51]

요즘은 예술작품이 부유층 엘리트를 위한 구별짓기의 신호로 그만큼 유력한 역할을 하지 못한다. 특히 1980년대 이래 국제 미술시장의 품격이 떨어졌기 때문이다—기억에 남는 한 비판을 빌리자면 "유럽 유한계급Eurotrash의 저속한 마스터베이션"이 되어버렸다.[52] 러시아 올리가르히들과 석유 재벌들이 옛날 대가들의 작품을 비싼 값에 싹쓸이로 사들이기 시작하면, 안목 있는 수집가는 자리를 옮길 때가 된다. 그렇다 하더라도 예술 세계의 상징적 힘을 과소평가해서는 안 된다. 이 주제에 관해서는 자선사업에 관한 장에서 탐구하고자 한다.

1990년대 미국의 문화적 선호에 관한 연구에서 리처드 A. 피터슨Richard A. Peterson과 로저 M. 컨Roger M. Kern은 세련된 지식인 문화 식습관에서 절충적인 스타일, 심지어 "잡식성"으로 변화한 과정을 분석했다.[53] 새로운 엘리트 세대는 고급문화만이 아니라 폭넓고 다양한 대중문화도 소비하기 시작했는데, 이는 엘리트 지위의 표지로서 "고상한 체하는 배제에서 잡식성 전유"로 이동함을 의미했다. 이와 같은 엘리트 취향의 확대는 권력관계에서 상당한 변화를 알리는 신호였다. 피터슨과 컨은 이런 이동이 다섯 가지 요인을 반영한다고 말한다. 문화적 배제를 어렵게 만드는 계급 이동성 확대, 문화적 경계선을 녹이는 데 기여하는 젠더·인종·종교 관련 가치관의 변화, 세련됨과 저속함을 나누는 고급예술 구분의 붕괴(앤디 워홀이나 데미언 허스트를 생각해보라), 모든 계급의 젊은이들이 힙합 같은 대중음악 장르를 소비하는 세대 변화, 문화적 잡식성이 세계화된 세계에서 엘리트들에게 이점을 제공하는 사실 등이 그것이다.[54]

문화적 잡식가가 부상하는 현상을 계급 간 문화적 차이가 씻겨 내려갔다는 의미로 해석해서는 안 된다. 그보다는 대중문화가 종종 아이러니한 방식으로, 또는 광범위한 사람들과 거래를 촉진하기 위한 도구로 소비되는 가운데 진행되는 엘리트들의 문화적 전유로 보는 게 타당하다. 엘리트의 성화는 여느 때만큼 강하며, 엘리트 특권은 외부자들이 신성한 구역에 들어오는 것을 차단하는 사회적 경계선을 세우는 수단으로서 문화적 차이에 계속 의존한다. 오스트레일리아에서 대단히 세련된 취향은 흔히 부유층 엘리트나 정치 엘리트보다는 지식 엘리트와 문화 엘리트들에게 중요한 기표다. 그렇다 하더라도 앞으로 살펴볼 것처럼, 부유층은 경제자본을 '교양 있는' 문화자본으로 전환하기 위해 꾸준히 노력한다.

노르웨이의 한 소도시에 관한 연구에서 베가르 야르네스 Vegard Jarness는 고급 문화자본을 가진 엘리트들 ─ 화가, 학자, 문화 생산자 등 ─ 과 많은 경제자본을 가진 엘리트들을 인터뷰했다.[55] 후자는 벼락부자들로 호황을 누리는 석유산업 덕분에 부자가 된 이들이었다. 야르네스는 화가, 학자 등을 "사회적 공간의 상층 지역의 문화 부문에 자리한" 이들이라고 분류한다. 그러면서 그들은 "자신들에게 생소한 라이프스타일과 취향, 가치 등을 과시적으로 전시하는 사람들이 거주하면서 지배하는 환경에서 주변으로 밀려나 있다고 느낀다"고 보고한다. 문화 엘리트는 벼락부자들을 묘사하기 위해 "현란한" "조잡한" "저속한" "조심성 없는" "시끄러운" 등의 단어를 사용했는데, 야르네스는 이 단어들을 "도덕적, 미적 가치 평가 기준이 인상적으로 뒤엉켜 있다"고 해석했다. 부유층은 경멸로 대응한다. 문화 엘리트는 "고상한 체하는 속물"이자 "엘리트주의자"이며, 그들의 이상한 선호는 단지 "군중과 달리 돋보이기 위해 특별하고자 수상쩍게 기를 쓰는 가식적 표현"이라는 것이다.

문화자본과 경제자본의 부조화는 희극의 주요소다. TV 시리즈 〈베벌리 힐빌리즈The Beverly Hillbillies〉가 전제로 삼는 것은 일확천금을 손에 넣은 가난뱅이 가족이 특권층 동네에 집을 사면서 벌어지는 어색한 문화적 오해와 반감이다. 오스트레일리아의 시리즈 〈어퍼 미들 보건Upper Middle Bogan〉 역시 제목에 부조화가 담겨 있는데,* 건축가 남편 대니와 자녀 오스카, 에드위나와 함께 녹음이 우거진 교외에 사는 중간계급 의사 베스가 자신이

---

* 부자 동네인 베벌리힐스와 산골 촌뜨기라는 뜻의 '힐빌리'를 결합한 〈베벌리 힐빌리즈〉처럼, 〈어퍼 미들 보건〉도 '상층 중간계급 개차반'이라는 뜻이다.

입양아였음을 알게 되면서 정반대 상황이 펼쳐진다. 베스가 친부모를 추적하기로 마음먹자 서쪽 외곽 교외에 사는 노동계급 부부 웨인과 줄리가 친부모로 밝혀진다. 베스는 자신에게 앰버, 케인, 브리아나 세 자매가 있고, 이 가족이 드래그레이스drag race에 열광한다는 걸 알고 당황한다. 베스가 희생양이 되어 폭소가 잇따른다. 상류층 여자친구를 둔 '차브chav'*인 영국 코미디언 롭 베켓이 자신의 무례함을 농담의 소재로 삼을 뿐만 아니라 여자친구 가족들까지 조롱하기는 하지만, 현실 세계와 정반대로, 이런 프로그램들은 언제나 "재미를 불어넣는다".[56]

3장 요약

특별대우는 그냥 이루어지지 않는다. 엘리트들은 특권을 체계 안에 내장시키고 책임성을 완화하기 위해 게임의 규칙을 정하는 쪽을 선호하지만, 배타적 혜택을 받으려면 대개 특권을 원한다는 신호를 보내야 한다.

엘리트들은 특권 게임에 능숙한 선수다. 어린 시절의 가족 경험과 엘리트 학교를 통해 '게임의 감각'을 습득한다. 이 게임에서는 종종 특권 확보 과정에 자원을 투입할 필요가 있다. 특히 특권을 얻기 위해 다양한 행위자들이 관여하는 복잡한 체계

---

*   영국에서 하층계급 젊은이를 경멸적으로 가리키는 표현.

를 뚫는 길을 교섭해야 할 때는 더더욱 그렇다. 사회규범이 엘리트들에게 이점을 부여하는 쪽으로 기울어 있으면 이런 교섭이 대개 쉬워진다. 규범은 특권기계에서 중요한 부품이 된다.

특권의 부여가 반발(예를 들면 대중적 분노)을 낳을 가능성이 큰 경우에 특권을 부여하는 사람들은 권력 행사를 능력의 상황으로 전환하는 장치를 사용할지 모른다. 그렇다 하더라도 의사결정자가 기꺼이 위험을 감수하려 하면, 특권을 얻으려는 엘리트들은 바라는 바를 손에 넣는다.

하나의 성향으로 체현되는 신호는 무의식적일 수 있다. 공공연하든 암묵적이든 간에 특권을 누리려는 사람과 주는 사람은 상황을 해석하는 미묘한 기술이 필요하다. 특히 각자가 '거래'에 대해 다른 사람들에게 설명을 해야 하는 경우에는 더더욱 그렇다.

취향은 여전히 특히 엘리트들 사이에서 분류를 위한 유력한 수단이다. 엘리트 소비 행태는 지위를 신호로 알리는 복잡한 체계다. 최부유층은 종종 자신의 부를 감추거나 관련된 소수만이 알아보는 방식으로 부를 전시한다. 절제는 지배를 표현하는 우월한 방법일 수 있다. 그렇다 하더라도 위계적 사회에서는 분류 과정이 끊이지 않고 벌어진다. 평등주의를 표방하는 사회에서도 사회계층 사이의 경계선이 뚜렷하고 미묘한 방식과 직접적인 방식을 두루 활용하며 이 경계선의 치안을 유지하는 경향이 있다. 계층화된 사회에서 사람들은 '자기 분수를 알며' 주관적 기대를 객관적 상황에 맞게 조정한다.

4장   특권의 지리학

공간의 특권화

그 사람들이 이사하는 공간도 마찬가지예요. 잘 보면 특권층 사람들은 사람들하고 부대껴야 하는 공간과 군중이 몰린 곳을 불편해하더군요. (조시, 부유층, 젊음, 시드니)

슈퍼리치들과 함께 일하고 있는 어느 포커스그룹 참가자의 이 발언은 마이크 도널드슨Mike Donaldson과 스콧 포인팅Scott Poynting이 "지배계급 남성"에 관한 연구에서 발전시킨 주제다.

이런 분위기에서 부유층 자녀들은 금세 널찍한 개인 공간에 길들여지고 그런 습성을 유지한다. …… 이 사람들의 머릿속에는 붐빈다는 느낌이 거의 존재하지 않는다—워낙 그런 것에 익숙한 까닭에 어쩌다가 공간을 공유하는 상황이 되면 불편하게 느낀다.[1]

엘리트들은 공간적 경계를 창출하는데, 이런 분리는 그들의 구별짓기를 확인해준다. 10만 석 규모의 멜버른 크리켓 그라운드에서 프라이빗 특별석을 이용할 수 있는 엘리트들은 "슬라이드식 유리창 뒤에서 아무 방해도 받지 않고 경기를 관람하는 편안함을 누린다".[2] 카타르 월드컵에서는 메인 스타디움의 널찍한 VIP 전용 구역 너머에 마련된 또 다른 특별한 구역에서 "VVIP"들이 군중과 어떤 접촉도 없이 느긋하게 경기를 즐겼다.[3]

널찍한 공간이 그 자체로 엘리트 지위의 유일한 표지인 것은 아니다. 엘리트는 자기 계급에 속하지 않는 다른 사람들과 섞이는 것을 불편해하지만, 어떤 공간을 통제하고 따라서 그 공간에 다른 이들이 들어오는 것을 통제할 때는 불편이 누그러진다. 그리고 엘리트들은 상류층 전용 공간들 사이를 편리하게 오갈 수 있는 것을 무척 소중히 여긴다. 슈퍼요트의 강력한 매력을 이해하려고 할 때, 상층 꼭대기에서 이 모든 것이 작동한다. 모나코 같은 화려한 항구에 배를 댈 때 이 배들이 경외감을 불러일으킨다는 것은 사실이다(슈퍼요트보다 '슈퍼리치'를 상징하는 것은 아무것도 없다). 하지만 노골적인 전시를 넘어서는 심리적 작용이 존재한다.

《뉴요커》에서 에번 오스노스Evan Osnos가 말하듯이 "요트는 궁극적 사치로서 호젓함의 전통을 확장한다".[4] 어느 메가요트 소유자는 이렇게 말했다. "배에 타고 있는데 옆에 있는 사람이 마음에 들지 않으면 선장한테 말하죠. '다른 곳으로 갑시다.'"[5] 개인 소유 섬과 마찬가지로, 자신과 나머지 세계 사이에 광활하게 펼쳐진 대양은 육지에서는 얻기 힘든 독특한 호젓한 느낌을 창출한다. 어느 노련한 슈퍼요트 선장이 간파한 것처럼, 일단 배 주인과 손님들이 선상에서 느긋하게 긴장을 풀면 "정신적으로나 육체적으로나 이 특별한 공간 전부를 누리게 된다".[6] 카지노 재벌 제임스 패커James Packer가 소유한 기가요트*—100미터가 넘는 길이의 이 배는 현존하는 가장 인상적인 요트로 손꼽힌다—는 베네티Benetti**에서 건조한 것으로, 세계에서 "가장 외진 상징적 장소"로 사치스러운 휴양을 떠나고 싶어 하는 사람을 위해 원하는 모든 준비물을 갖춘 배다.[7]

우리 포커스그룹의 한 참가자는 한동안 젊은 요트 소유주 집단과 어울린 적이 있었다. 그의 설명에 따르면, 그들은 육지에서 멀리 떨어진 곳에서 만나곤 했다.

사실 이 업계에 진입하는 젊은 그룹은 혈연관계이거나 학교 동문인데, 이런 사회적 연줄로 연결돼서 서로에게 GPS 좌표를 보내거나 요트를 타고 바다 한가운데서 만나곤 했죠. 농담이 아니에요. 그들은 요트를 함께 타는 그룹을 만들고, 스포트라이트를 받지 않는 곳에서 시간을 보내며 서로의 정보를

---

* 슈퍼요트, 메가요트, 기가요트 등은 공식적 정의에 따른 구분이 아니라 관행적인 표현이다. 처음에 대형 호화 요트가 등장했을 때 일반 요트보다 크다고 해서 슈퍼요트라는 이름이 붙었고, 기존의 슈퍼요트보다 더 크고 화려하다는 것을 강조하고 싶을 때는 메가요트, 기가요트 등의 표현을 쓴다.
** 1873년 설립된 이탈리아의 동력 요트 건조 회사. 슈퍼요트 설계, 건조로 유명하다.

교환했습니다. 이것이 그들의 사교 방식입니다. 영향력 있는 사람들이 모인 이 보이즈 클럽은 매우 강한 유대감을 가지고 있습니다. (릴라, 평균 소득, 나이 많음, 시드니)

자기만의 공간을 갖고 싶다 — 군중이나 사회적 삶의 사소한 침범이나 짜증스러운 일에서 벗어나고 싶다 — 는 궁극적인 꿈은 아마 일론 머스크의 화성 여행일 것이다.

다시 육지로 돌아와보면, 2004년 비버스톡을 비롯한 연구자들은 지금까지 지리학자들이 "슈퍼리치가 현대 도시의 경관에 얼마나 막대한 권리 주장을 하는지 의문을 제기한 적"이 드물다고 언급했다.[8] 부유층 엘리트는 도로 폭이 넓은 교외의 대규모 블록에 있는 궁전 같은 저택이든, 한 층 전체를 차지하는 펜트하우스나 시골 별장, 개인 미술관, 개인 소유 섬, 널찍한 사무실, 사립학교의 완만하게 구릉진 잔디밭이든 광대한 공간을 차지한다. 죽은 뒤에도 공간을 차지한다. 패커 가문의 묘지는 시드니 사우스헤드 묘지에서 가장 넓다고 한다.[9]

공간의 규모만이 아니라 질도 마찬가지다. 도시에서 가장 값비싼 교외 10여 곳에 에워싸인 시드니하버는 사실상 슈퍼리치들이 소유하고 있다. 부동산 중개인들의 말에 따르면, 글로벌 슈퍼리치들에게 이런 교외들이 "새로운 메카"가 되고 있다.[10] 이 화려한 지구에서 이미 오스트레일리아에서 비싸다고 손꼽히는 부동산을 차지한 엘리트 사립학교들이 학생들에게 더 많은 공간을 제공하기 위해 수백만 달러를 들여 인접한 부동산을 사들

이고 있다.[11]

　슈퍼리치들은 또한 자신들의 소비 욕구를 충족하기 위해 엄청난 규모의 천연자원을 사용한다. 상당히 많은 연구를 통해 부자 나라와 가난한 나라가 자연환경에 미치는 영향이 차이가 난다는 점이 밝혀졌지만, 부자 나라의 부유층 라이프스타일이 환경에 차별적인 영향을 미친다는 사실에는 별로 관심이 없었다.[12] 하지만 소비 지출 증가와 이에 따른 많은 자원 사용과 낭비가 소득 증가와 밀접하게 연관되어 있기 때문에 그 격차는 매우 크다.

　데이터가 거의 없기는 하지만, 엘리트들이 어떤 식으로 도시 상수도 위기를 초래하는지에 관한 한 연구에 따르면, 남아공 케이프타운에서는 부유층이 극빈층보다 물을 50배 이상 사용했다.[13] 부유층이 먹는 음식과 마시는 와인을 공급하기 위해 더 많은 농지가 사용된다. 또한 부유층은 자기 소유의 잔디밭과 수영장에서 깨끗한 물을 더 많이 사용한다. 부유층이 소유한 다양한 자동차와 주택을 만들기 위해서 더 많은 채굴도 필요하다. 그리고 슈퍼리치들은 높은 소비 수준 때문에 대기에 막대한 영향을 미친다. 극단적인 사례를 보면, 억만장자 한 명이 평균적 개인보다 탄소 배출 책임이 100만 배 더 많다. 그들이 소유한 전용 제트기와 요트는 역시 그들 소유의 주택 몇 채보다 훨씬 많은 탄소를 배출한다.[14]

특권의 온상, 엘리트의 거주지

도시의 상류층 전용 교외 지역에는 호화 생활과 지위 신호를 훌쩍 넘어서는 기능이 있다. 또한 이런 교외 지역들은 특권을 집중적으로 행사하고 구축하기 위한 장소로도 기능한다. 엘리트 동네에 진입하는 것은 경제자본을 상징자본으로, 그리고 시간이 흐르면서 문화자본으로 전환하는 주요한 수단으로 손꼽힌다. 엘리트 교외에 주거한다는 것은 엘리트 지위와 특별대우를 상징적으로 기대한다는 신호이다. 엘리트 교외는 주민들이 위협을 물리치기 위해 힘을 합칠 필요가 있을 때 그 주민들에게 개인적, 집단적으로 도움이 되는 유력한 네트워크를 형성하는 것을 촉진한다. 앞으로 살펴볼 것처럼, 엘리트 교외는 또한 경제자본이 다른 형태의 자본으로 성변화聖變化되고 다시 경제자본으로 바뀌는 과정이 자기강화self-reinforcing되는 장소다. 이런 교외는 혜택이 다음 세대로 대물림되는 특권의 온상이다.

런던은 슈퍼리치들이 어떤 식으로 도시를 모양 짓고 거기에 거주하는지에 관한 학문 연구가 집중된 도시다. 앳킨슨을 비롯한 연구자들은 "글로벌 '초부유층über-wealthy'이 런던의 사회적, 경제적, 정치적 지리에 미치는" 효과를 연구하고 있다.[15] 하지만 런던은 특별한 사례다. 초국가적인 초부유층 엘리트들이 메이페어와 켄싱턴의 화려한 지구에 모여들어 안전한 주거지를 형성하고 종종 부정하게 얻은 돈을 시티(런던 금융지구)의 가상 금고에 예치하기 때문이다.[16]

성변화 명제는 일런 위젤이 "엘리트들이 거주하는 도시와 동네의 구조, 동학, 일상생활"이 어떤 식으로 엘리트 특권을 "뒷받침하는지"를 검토한 선구적 연구에서 발전시킨 것이다.[17] 위젤은 오스트레일리아에서 가장 부유하고 "화려한" 교외 세 곳―시드니의 모스만, 멜버른의 투랙, 퍼스의 코테슬로―의 주민들에 관한 민족지학 연구를 수행했다. 이곳들은 상위 1퍼센트, 아니 0.1퍼센트가 거주하는 교외 지역이다. 모스만은 시드니에서 가장 비싼 교외는 아니지만, 위젤이 언급하는 것처럼, 변호사, 고위 경영자, 의사 등 아주 부유한 전문직들이 굉장히 많이 모여 살고 있다.[18] 모스만은 시드니의 도시 지리를 규정하는 가치와 이미지, 상징들의 별자리에서 독특한 자리를 차지한다. 코테슬로는 퍼스에서 비슷한 지위를 차지한다.

배타성은 엘리트 동네에 진입하기 위한 비용이 높다는 사실로만 유지되는 게 아니다. 으리으리한 저택, 널따란 잔디밭, 높다란 담장, 번쩍이는 자동차, 감시카메라, 녹음이 우거진 조용한 거리 등을 통해 엘리트 동네는 또한 경탄스럽고 범접하기 힘든 분위기를 만들어내면서 외부자들에게 위화감을 조성한다. 주거비용 외에도 이런 동네는 구별과 서열의 아우라를 발산한다. 또한 도시 주민들의 도시적 상상 속에서 거대한 공간을 차지한다.[19] 부자는 화려한 동네의 주택을 차지하면서 자신의 지위를 향상시킨다. 그 집이 아무리 돋보이지 않을지라도 동네의 집단적 아우라를 빨아들이기 때문이다. 위젤은 엘리트 교외의 부동산 소유 증서가 "지위의 제도적 보증서로 이해될 수 있다"고 지적한다.[20] 결혼 생활이 끝나기 전에 투랙에 살았던 패라(평균 소득, 나이 많음, 멜버른)는 사람들한테 그곳에 산다고 말할 때면 "경외의 눈길"로 자신을 바라봤다고 이야기했다. "다른 행성에서 온 사람처럼 대접받았죠."

유명인과 "재력가"는 엘리트 교외에 모인다 — 대기업 소유주, 유력한 법정 변호사, 정치 지도자에서부터 스타 영화배우와 미디어 유명인에 이르기까지 다양하다. 가령 시드니의 보클루스 주민 가운데는 유력한 패커 가문과 유명한 개발업자 해리 트리구보프Harry Triguboff, 전 국가대표 크리켓팀 주장 마이클 클라크Michael Clarke, 인기 방송인 해미시 블레이크Hamish Blake, 유명한 호텔 경영자 저스틴 헴스Justin Hemmes, 전 오스트레일리아 경쟁소비자위원회 위원장 로드 심스Rod Simms 등이 있다. 모두 미디어에 자주 얼굴을 비치는 것으로 유명하다. 신문 사회면마다 유명인사가 거주하는 교외를 언급하지 않고 넘어가는 경우가 드물다. 주택들도 지금 누가 살고 있다거나 전에 살았던 것으로 유명하다. 단체 관광객들이 몰려와서 이런 집들을 구경한다.

스톡홀름 외곽에 있는 폐쇄적인 특권층 거주지인 유스홀름에 관한 민족지학 연구에서 미카엘 홀름크비스트가 설명하는 것처럼, 유명인과 유력인사가 살고 있는 덕분에 교외가 지도자와 사회 주요 인사들의 동네로 인증받고, 유명한 이웃들에 관해 자랑스럽게 이야기하는 다른 주민들도 자신들이 중요하다는 느낌을 받는다. 단지 그곳에 사는 것만으로도 어느 정도 위상을 갖게 된다.[21] 교외는 **성화**되며, 따라서 잘못된 유형의 사람들이 집을 사서 들어오면 신성을 모독하는 셈이 된다. 사람들이 언제나 교외의 대중적 이미지와 자신을 동일시한다는 말은 아니다. 어떤 이들은 자신이 실제로 교외의 일부가 아니라는 인상을 풍기며, 자신이 선택해서 들어와 사는 교외를 흥미롭게 관찰하는 사람으로 보여지기를 즐긴다. 일런 위젤은 일부 사람들이 부유층 동네와 자신을 동일시하는 것을 꺼리는 태도는 오스트레일리아에 독특한 현상일 수 있다고 말한다.[22]

화려한 교외의 주택을 판매하는 데 사용되는 언어는 자신이 존경을 누리며 탁월한 주택에서 살 자격이 있다는 자부심으로 똘똘 뭉친 구매자들에게 호소하는 것을 목표로 삼는다. 투럭의 주택 광고들을 보면, 부동산(또는 "저택")이 "위엄 있는" 위치에 있는 주거를 소유할 수 있는 "드문 기회"를 제공한다고 말한다. "저명한 건축가"가 설계하고, "엘리트 학교"와 가까운 "촘촘하게 지키는" 구역에 있는 주택은 "세련된 우아함을 찬미하는" 공간이다. "웅장한 외부 미학"은 "잊지 못할" 내부 공간으로 안내하는 "놀라운 서곡"을 창조한다.[23] 가격은 "요청하는 사람"에게만 알려준다. 진짜라고 판정받은 잠재적 구매자들은 부동산을 살펴보기 위해 다른 사람들과 우르르 몰려갈 필요가 없다. "조용히 돌아보는" 일정을 잡을 수 있다.

오해의 여지가 없는 차단의 어조다. "높은 담장을 세운 보안 입구 뒤로 완벽하게 사생활을 유지하고, 콘크리트와 철재 유리로 된 강력한 정면이 마찬가지로 인상적인 내부의 앞에 자리합니다." 광고물은 이 주택들이 탁월하고 고급스러운 사람들에게만 어울린다고 서투르게 단언하지는 않지만, 여기 담긴 메시지는 분명하다. 구매자가 자신이 그런 안목 있는 계급에 속한다고 생각하지 않는다면, 투랙의 생활이 자기 자리가 아니라고 느낄 것이다. 자신이 투랙에 속한다고 느끼는 사람들에게 이는 그가 세련되고 고상한 자질이 있는 사람이며 돈보다는 사회에서 차지하는 지위가 높기 때문이다. 바로 이런 이유로 오로지 노골적으로 부를 과시하기 위해 교외로 이사 오는 벼락부자들은 환영받지 못한다—불편한 진실을 드러내기 때문이다.

엘리트 교외는 나머지 세계에 사는 사람들에게 오직 일정한 부류의 사람들만 그곳에 거주한다는 신호를 보내는 쪽으로 진화한다—어떻게 행동하고 자기를 드러내는지 아는 사람들, 투랙이나 보클루스의 으리으리한 주택들이 불러일으키는 경외감을 편안히 받아들이는 사람들 말이다. 다른 사람들은 돈이 있다고 해도 자기가 살 만한 곳이 아님을 안다. 분위기에 겁을 집어먹고 내집단의 잘난 체에 소외감을 느낀다. 해나(부유층, 나이 많음, 멜버른)는 값비싼 이스트맬번에 부동산을 소유하고 있으면서도 중간급 교외에서 사는 쪽을 택한다. 그는 그 도시의 녹음이 우거진 엘리트 교외에 가면 편하지가 않다고 말했다. 그곳에서 받아들여질 만한 사람이 되기 위해 해야 하는 일이 내키지 않는다. 다른 사람들은 정상 세계에서 동떨어진 환경에서 자녀가 자라는 걸 원하지 않는다. 특권과 자격의 분위기를 흡수할 수 있는 곳이라 해도 마음이 동하지 않는다.[24]

축적의 장소가 된 엘리트 교외

엘리트 동네 주민들과 나눈 인터뷰를 통해 위젤은 절대다수의 사람들이 배제되는 동네에 거주하면서 그 명성에 젖어드는 경우에 어떻게 암묵적인 자부심과 자기만족이 생기는 동시에 사회자본과 문화자본을 구축할 기회가 생기는지를 보여주었다. 홀름크비스트는 스톡홀름 가장자리의 상류층 전용 고립지인 유스홀름의 주소가 갖는 상징적 가치가 물질적 가치도 있다고 보고했다. 그가 인터뷰를 한 어떤 사람은 이렇게 말했다. "유스홀름에 집 주소가 있으면 직업 생활에서 아주 유용하지요."[25]

엘리트 동네는 진입 비용이 값비싼 사회자본을 구축할 기회를 제공하는 곳이다. 많은 주민들이 최고경영자나 기업주, 판사, 하원의원 같은 유력인사 친구들이 있다고 말한다. 초부유층도 동네 운영위원회에서 일하거나 심지어 공원을 청소하는 등 동네 시설에 돈, 시간, 노력을 투자한다. 코테슬로의 몇몇 주민들은 오스트레일리아에서 두 번째 부자인 광산 재벌 앤드루 포레스트가 "자녀들이 다니는 학교에 거액의 돈을 기부한다"고 말했다.[26] 금융 전문가와 변호사들이 모여 사는 모스만에서는 항구 건너편 시드니 업무 지구에서 일하는 사람들이 아침 출근 페리에서 어울리는 것으로 알려져 있다. "그 페리에 타보면 [그곳은] 정말 유력한 장소가 됩니다." 한 주민이 위젤에게 말했다. "이 승객들은 다양한 사업체에서 정말 높은 자리에 있는 사람들이거든요."[27]

위젤은 이런 우정이 학교나 주민협회, 스포츠클럽 같은 엘리트 교외의 조직들을 통해 구축되는 경우가 많다는 것을 보여주었다. 어떤 이들은 테니스, 럭비, 크리켓, 수영 등의 클럽을 영향력 있는 기관으로 여기기 때문에 운영위원 자리가 유력한 지위의 상징이자 "엘리트 사회 네트워크로 들어가는 문"이 될 수 있다.[28] 학교는 아이들이 나중에 요긴하게 도움이 되는 네트워크를 구축할 수 있는 기회로 여겨진다. 스웨덴도 사정이 비슷해서, 홀름크비스트는 유스홀름 주민들이 자녀가 다니는 학교를 부모와 자녀 모두의 사회적 네트워크를 구축하는 조직으로 잘 활용한다고 솔직하게 인정한다고 설명했다.[29] 부모는 누가 자기 자녀와 같은 반인지 적극적으로 관심을 기울이면서 "제대로 된" 친구를 사귀고 미래에 도움이 될 최고의 네트워크를 형성할 수 있도록 학교 측에 자녀의 반 배치에 압력을 넣는다. 한 교사는 이렇게 말했다. "이곳 학부모들은 자녀와 학교에 대해 아주 전략적인 방식으로 사고합니다. …… 유스홀름으로 이사하는 건 많은 사람들에게 일종의 사회적 투자예요. 직업적으로 뭔가 얻어낼 수 있기를, 특히 자녀를 위해서도 뭔가 얻는 게 있기를 기대하죠."[30]

이런 네트워크가 개인적으로 유리한 한편, 또한 동네 엘리트들의 응집력을 높여주기도 한다. 교외를 기반으로 엘리트들은 연줄이 좋고 영향력 있는 사람들을 통해 권력의 중심부로 손을 뻗을 수 있다. 교외의 편의시설과 분위기, 특별한 특징을 위협하는 것들에 대응하기 위해서다. 분명한 사례로, 영향력 있는 정치인이 동네에 살면, 우정 때문에 "사교와 로비의 경계선"이 흐려질 수 있다. 위젤이 인터뷰를 한 어떤 사람은 이렇게 말했다. "유력인사의 귀에 대고 속삭이면 성과를 얻을 수 있답니다."[31] 체제가 어떻게 작동하는지를 파악하는 주민들, 사실 그 체제 안에서 일하는 주민들이 집중적으로 몰려 있으면, 신속하게 특권적 대우를 받을 수 있다.[32] 도시계획 문제에서 거리 시위는 "어울리지 않는다". 하지만 투랙의 어느 주민은 위젤에게 이렇게 설명했다. "대체로 사람들한테 조용히 이야기하고 제대로 된 버튼을 누르기만 하면 됩니다. …… 민주주의에서는 모든 게 가능해요. 투랙에는 고급 법정 변호사가 많이 살고 있고 유력한 사업가도 정말 많은데, 의회가 그 사람들을 무시할 리는 만무하죠."[33] 하지만 재력과 정치적 연줄을 가진 개발업자 같은 다른 유력한 이해관계자들과 대립하는 경우도 있다.

엘리트들과 어울려 살려면, 위계질서 안에서 적절하게 행동하는 동시에 자신의 자리를 지키기 위해 사회적 계층화를 완벽하게 숙달해야 한다. 엘리트 교외마다 도시의 구별짓기 위계 안에 자신의 자리가 있으며, 엘리트 교외 안에는 세밀한 지위의 단계가 존재한다—어떤 거리가 더 명망이 높고, 어떤 거리의 어느 구역이 더 탁월한지 대개 잘 안다.[34] 물론 언제나 경쟁이 존재하는데, 보통은 기분 좋은 경쟁이지만 이따금 논쟁으로 비화될 때도 있다. 위젤은 모스만의 명망 높은 지역(항구가 내려다보이는 지역)에 사는 주민들이 교외를 다섯 구역으로 나누면서 가장 상류층 지역 주민들이 "모스만에서 조금 격이 떨어지는 지역과 차별화하려고 한" 시도를 설명한다. 다른 지역 주민들은 그런 계획에 반대했다.

투랙은 대체로 멜버른에서 가장 명망 높은 교외로 여겨진다. 때로는 시드니의 벨뷰힐과 비교되는데, 시드니에서 가장 멋진 교외가 어디인지를 놓고 벌어지는 경쟁은 활기가 넘친다.[35] 이런 경쟁관계는 엘리트 교외에서 엘리트 학교로 확대되며, 소수의 학교들이 최고 학교로 명명되기 위해 치열한 경쟁을 벌인다.

명망 높은 교외들은 그릇된 부류의 사람들이 들어와서 "오염될지 모른다"는 위협에 직면한다.[36] 아마 벼락부자들이 가장 심각하고 지속적인 위험일 것이다. 그들은 같이 어울릴 만한 문화자본이 없기 때문이다. 위젤은 세계화 덕분에 부유층 엘리트 집단에 종족적 다양성이 확대되고 있다고 지적했다. 그가 조사한 사람들은 부자 중국인들이 이사 오는 것에 대해 불안감을 나타냈지만, 그는 또한 계급 정체성과 보수적-자본주의적 가치관을 공유한다는 잠재력이 종족적 차이를 누른다는 점에 주목했다.[37]

도덕의 지리학

홀름크비스트는 오늘날 부자는 재능이 있을 뿐만 아니라 "도덕적 의미에서 **좋은 사람**"이라는 평도 받는다고 말한다. 확실히 다른 부유층은 그렇게 평가한다.[38] 이런 평은 최소한 셰익스피어까지 거슬러 올라간다. 그는 《아테네의 티몬》에서 황금에 대해 이렇게 말했다.

이것만 있으면 검은 것도 희게, 추한 것도 아름답게,
틀린 것도 옳게, 비천한 것도 고귀하게, 늙은 것도 젊게, 겁쟁이도 사나이로 만들 수 있다네.

또는 마르크스처럼 더 간결하게 말하자면, "돈은 최고의 선善이다. 그러므로 돈을 소유한 자는 선하다". 돈이 집중되는 곳은 부의 아우라를 풍긴다.

부와 선한 성격의 상동관계는 일반적 진실을 가리키긴 하지만, 실제로는 좀 더 복잡하다. 엘리트 교외에 사는 대다수 사람들은 그곳이 부여하는 탁월함을 누리거나 심지어 그 빛을 쬐지만, 일부 사람들에게 엘리트 교외는 낙인을 수반한다. 어디에 사느냐는 질문을 받을 때 솔직하게 답하지 않는 것은 지위가 낮은 교외의 주민들만이 아니다. 우리의 포커스그룹 대화에서 제시카(부유층, 젊음)는 자신이 시드니 동부의 값비싼 교외인 도버 하이츠에 산다는 사실을 숨긴다. "내가 그런 교외에 살지 않는다고 여러 번 말해요. 그냥 그런 이야기가 나오는 게 싫어서요." 보클루스에 사는 홀리(부유층, 젊음)에게 그 동네에 관해 물어보면, 대화를 차단한다. "내가 사는 교외에 관해 이야기하고 싶지 않아요."

위젤은 주로 여성과 젊은 층이 엘리트 교외에 거주하는 게 알려지는 걸 부담스럽게 느낀다고 말한다.[39] 어디서든 부는 존경받지 못하고 조롱받을 수 있다—고상한 체한다거나 "유력인사"라고 비난을 받는 것이다. 위젤은 남자들은 "스스로 노력해서 벌었다"고 여겨지는 반면 여자와 젊은이는 부유층 집안에 "얹혀산다"는 시선을 받는다고 지적한다.

사람들은 손에 우리가 사는(그리고 우리가 알게 되는) 도시의 "도덕 지도"를 들고 다닌다. 각각의 교외마다 고유한 도덕적 특질로 칠해진 지도다. 몇몇 교외는 명망과 탁월함과 권력의 색깔이지만, 어떤 곳은 잘난 체와 자기만족의 색조가 덧칠되어 있다. 다른 교외는 신뢰와 믿음직함으로 칠해져 있고, 어떤 곳은 지루하고 법을 잘 지키는 한편, 색 분류 체계에서 평판이 안 좋은 끝에는 불쾌하게 칠해진 지역이 있다. 어떤 교외에 사는 사람들에 관한 도덕적 판단은 대체로 그 지역 자체를 묘사하는 단어들로 감춰진다.

이런 도덕 지도들에는 비슷한 교외들 사이와 각 교외 내에서도 종종 거리별로 다른 미묘한 차이가 담겨 있다. 부동산 중개인들은 이런 차이를 식별하는 육감이 있다.

부유층 교외 주민들과 한 인터뷰에서 위젤은 "도시 내부와 각 도시 간 동네의 계층화와 성층화에 관한 복잡한 담론"이 존재한다는 것을 발견했다.[40] 예를 들어, 투락 주민들은 이 동네를 "탁월한 사람들이 사는 곳"으로 여긴다. 경제계에서 모스만 주민으로 인정받는 것은 출신 배경이 좋고 믿음직하며 "약속을 잘 지키는" 사람으로 인식된다는 뜻이다.[41] 어떤 이는 모스만에 산다는 건 "금상"을 수상한 것이나 마찬가지라고 말했다. 엘리트 교외에 들어가 살면서 그것에 투사되는 도덕적 특질을 걸치는 것은 일종의 특권이다.

포커스그룹에게 자신이 사는 교외를 언급하면 대화의 여지가 열리거나 닫히는지, 또는 사람들이 바라보는 시선이 바뀌는지 묻자 답이 술술 나왔다.

그건 그냥 얼굴이죠. …… 내가 알토나에 산다는 이유로 나를 깔보는 거라고 그냥 받아들여요. (해나, 부유층, 나이 많음, 멜버른)

나는 '서쪽'에 산다면서 교외 이름을 말하곤 하는데, 그러면 실제로 사람들이 움찔하면서 멍청한 소리를 늘어놓는 게 보여요. …… 내가 분명하게 동네 이름을 말하면 사람들이 움찔하는 게 보인다니까요. (루카, 평균 소득, 젊음, 시드니)

혐오감의 표현인 움찔함은 도시의 성층화를 유지하는 데서 매우 기능적인 몸짓이다.[42] 차가운 침묵도 똑같은 기능을 한다. 패트리샤(평균 소득, 나이 많음, 시드니)는 어느 프라이빗뱅크에서 하는 일에 관해 놀라운 이야기를 들려주었다. 그녀가 상류층 교외에 산다는 사실이 알려지자 초부유층 고객들이 그를 기꺼이 인정한 것이다.

마운트드루이트라고, 아주 다른 교외에 사는 여자가 함께 일
하는데요. 극과 극이죠. …… 고객들 가운데 일부는 나하고 이
야기를 할 때 눈에 띄게 차이가 나요. 개인적인 질문도 많이
하고 나에게 관심이 많고 아주 친절하죠. 그러니까 연말에는
선물도 주고 그러는데, 반면 나하고 똑같은 일을 하는 다른
여자하고는 …… 그냥 느낌인데, 그렇게 많이 이야기를 서로
하지 않더라고요. …… 이런 차이에 관해 자꾸 의식하게 되는
데 …… 이런 문제를 누구하고 이야기하기도 그래요.

그 동료도 눈치를 챘는지 물어보자 패트리샤가 대답했다.

물론이죠. 사람들이 뭐랄까, 바로 자기 앞에서 나한테 이야기
를 하니까 자기만 배제된다고 느끼죠. 어떤 이유에선지, 그
사람하고는 정반대로, 사람들이 나한테 거의 곧바로 말을 걸
수 있다고 느끼는 어떤 고유한 친밀감이 있어요.

도시의 중간 또는 평균적 교외에서는 주민들의 지각에 영
향을 미치는 널리 공유되는 단계적 차이가 존재한다. 필립(평
균 소득, 나이 많음, 멜버른)은 멜버른 북부 교외들 사이에 존재하
는 차이를 언급했다. "…… 내가 사는 북부 교외들에서는 …… 약
간 구분, 차이가 있습니다. 예를 들어 코버그나 에센던, 무니폰
즈에 산다면, 분두라나 에핑파크, 토머스타운에 사는 거랑은 다
르죠." 나중에 그는 흥미진진한 방식으로 설명했다. "람보르기

니를 타고 코버그나 크레이기번으로 가는 남자를 보면, 야 저놈 마약상 두목이구나, 하는 생각이 들죠. 투락에서 그런 사람을 보면 변호사나 억만장자일 테고요."

2022년 빅토리아주의 자유당 하원의원이자 전 주택부 장관인 웬디 로벨Wendy Lovell이 의회에서 쉽게 발설하기 어려운 이야기를 했다.

> 빈곤층, 어쩌면 복지에 의존하는 가족을 (상류층 동네인) 브라이턴에서 제일 좋은 거리에 살게 하는 건 의미가 없습니다. 그 아이들은 다른 애들과 어울리거나 같이 학교에 다닐 수 없거든요. 또는 최신 운동화나 아이폰을 가질 능력이 없으니까요. …… 사람들이 실제로 어울리는 동네에서 살 수 있게 해야 합니다. 그냥 넉넉하게 살고 가정 형편 때문에 사람들한테 낙인찍히지 않게 해야죠.[43]

로벨은 엘리트 교외의 소셜 믹스에 대한 반론을 저소득층 아동에 대한 관심으로 포장했지만, "타자"와의 경계를 강제하려는 그의 욕망은 부유층 엘리트들 사이에서는 흔하다.[44] 로벨은 저소득층에 대한 "오도된 고정관념"을 영속화한다고 호된 비난을 받았다. 신문 기사 밑에 붙은 '가장 훌륭한' 댓글 중 하나는 로벨의 견해 이면에 자리한 도덕의 지리학을 드러냈다. "공영주택을 필요로 하는 사람들 가운데 부유층 교외에 사는 사람들과 **가치관과 개인적 자질**이 똑같거나 종종 더 뛰어난 사람들이 정말로 많다. 유감스럽게도 이 특권적 정치인은 이런 사실을 깨달을 만한 지혜가 없다."[45]

기다릴 필요가 없는 사람들

엘리트들이 공간과 독특한 관계를 갖는다면, 시간과의 관계에 대해서도 똑같다고 말할 수 있다. 기다림을 생각해보면 분명해지는 사실이다. 줄을 건너뛰거나 아예 줄을 서지 않는 것은 특권의 명백한 징후인데, 포커스그룹의 한 참가자가 이에 관해 말했다. 드루(평균 소득, 젊음, 시드니)는 "특권층 공동체"를 고찰하면서 주요 스포츠 경기장을 관리하는 대행사에서 일하는 친구에게 특별 입장권을 얻은 일에 관해 이야기했다. "축구장이나 어디를 가든, 그리고 축구장에서 음식이나 음료수를 살 때도 줄을 설 필요가 전혀 없었지요." 조시(부유층, 젊음, 시드니)는 부유층이 줄을 설 필요가 없을 뿐만 아니라 종종 줄이 아예 없는 영역에 들어간다고 말했다. 비특권층은 전혀 알지 못하는 대기 줄이 없는 세계이다.

기다림과 특권의 관계는 권력과 영향력을 활용해서 시간을 아끼는 능력을 넘어선다. 기다림, 그리고 그보다 더하게 기다려야 하는 상황은 남들이 당신에게 권력을 행사하는 것을 경험하는 방식이며, 자신은 힘이 없고 취약하다는 느낌, "자신의 삶을 완전히 통제하지 못한다"는 감각을 불러일으킨다.[46] 병원

응급실에서 몇 시간을 허비하는 불운을 겪은 사람이라면 누구나 의료 시스템이 "불안하고 무기력한 기다림의 전형적인 장소로 손꼽힌다"는 걸 안다.[47] 배리 슈워츠Barry Schwartz는 선구적인 연구에서 무뚝뚝한 결론에 다다랐다. "대기 시간의 분포는 권력의 분포와 일치한다."[48]

유력인사들이 상대적으로 기다림 면제를 보장받는 것은 그들이 기다림을 거부할 자원이 있기 때문이다. …… 특권층은 또한 기다림 비용을 감내할 가능성이 적기 때문에 남들보다 덜 기다린다. 그들은 사람들이 붐비는 대기 통로에서 기다리는 걸 머뭇거릴 뿐만 아니라 아예 신청을 취소하는 성향이 강하다.[49]

부르디외도 이 문제를 다뤘다. 그는 사람들을 대기하게 만드는 것은 지배 작업에서 필수적이라고 말했다.[50] 국가와 관료 기구는 "시간성temporality을 강제한다"—즉 국가권력의 표현으로서 시간과의 일정한 관계를 강제한다. 시민들은 결과를 거의 통제하지 못하는 채로 기다림을 강요받기 때문에 이런 시간성은 시민-국가 관계를 모양 짓는다.[51] 일상적인 시민들과 달리 엘리트들은 국가를 신비롭고 낯선 힘으로 보지 않는다. 그들은 관료제가 진행되는 과정과 어디에 재량의 지점이 존재하는지를 속속들이 이해한다. 또한 장애물을 치우기 위해 사람들과 그들이 가진 자원(네트워크, 지위, 권력)을 어떻게 활용할지를 안다. 시스템에 익숙하지 않은 경우에도 자신에게 조언과 안내를 해줄 수 있는 누군가를 안다.

특별 입장이라는 특권을 부여받는 데 익숙한 엘리트 성원들에게 상황이 완전히 바뀌어 기다려야 하는 경우가 생기면 참을 수 없는 일이 된다. 극단적인 상황을 예로 들자면, 슈퍼요트 소유자들을 가까이서 관찰한 어떤 이는 그들을 화나게 만드는 한결같은 방법은 그들을 기다리게 하는 것이라고 말했다. 모든 게 그들의 일정에 맞게 이뤄져야 한다.[52] 군중과 어깨를 부딪혀야 하는 상황이 생기면 고통이 극대화된다. 기다려야 하면 의존하고 종속되며 존중을 받지 못한다고 느끼기 때문에 그들은 기다림을 피하기 위한 방법을 찾는다. 때로는 돈을 더 내는 것으로 통하지 않는다. 추가 비용을 내는 건 불법이고 공정의 규칙에 위배되며 결정권자가 질책을 받을 수 있기 때문이다.

팬데믹이라는 가혹하고 이례적인 상황이 생기자 엘리트들도 묵묵히 대기하면서 국가권력에 굴복해야 했다. 일부 엘리트들은 이런 이동 금지를 견딜 수 없었다. 하지만 정보공개법에 따라 공개된 문서들, 특히 케리 스토크스와 관련된 문서들을 검토해본 결과, 국가는 일반적인 통로를 우회하거나 면제를 받겠다는 이 유력한 시민의 요청을 존중하고 긴급하게 대응할 수 있음이 확인된다.

엘리트들은 국가가 강제한 새로운 시간성에 몇 가지 방식으로 대응했다. 몇몇은 주 간 이동이나 해외여행이 재개되기 전에 제한이 완화되기를 기다릴 필요가 없었다. 그들은 전용 제트기를 타는 게 허용되거나 개인 요트를 타고 돌아다니는 것을 용인받을 수 있는 허점을 발견했다. 호텔 격리를 요구받은 일부는 자택이나 세컨드하우스에서 편안하게 격리 기간이 끝나기를 기다리는 방법을 찾아냈다. 5장에서 살펴볼 것처럼, 엘리트 학교에 다니는 학생들은 설산에서 겨울학기를 즐기기 위해 록다운이 해제되기를 기다릴 필요가 없었다. 그리고 일부는 백신 접종을 받을 순서를 기다릴 필요도 없었다.

사회적 스트레스가 고조된 시기에 이런 식으로 기다림을 피한 덕분에 엘리트들은 자기 삶에 대한 통제를 되찾고, 자신의 삶을 남의 수중에 맡기는 대신 원하는 대로 세계 곳곳을 돌아다닐 수 있었다. 제한 없는 이동성은 엘리트들이 요구하는 특권 가운데 하나다.

4장 요약

엘리트들은 자신들만의 공간을 만들면서 타인과 분리되고 불편하게 여기는 군중을 피한다. 일런 위젤이 탐구한 것처럼, 엘리트의 특권은 엘리트 교외의 이미지와 동학에 의해 지탱된다. 유명하고 유력한 주민들의 존재는 이런 교외를 사회 지도자와 저명인사를 위한 장소로 지정해준다. 엘리트 교외의 경이로운 분위기와 배타성의 아우라는 그들을 성화한다.

상류층 전용 교외는 자본 축적을 위한 온상이다. 엘리트 동네에 진입하면 경제자본이 사회자본과 문화자본으로 전환될 수 있다. 특히 권력 중심부까지 이어지는 네트워크인 스포츠클럽과 학교를 통해 영향력 있는 이웃들과 네트워크를 구축할 수 있다. 공유된 문화와 상류층 전용 주소지의 상징적 가치와 나란히 이런 네트워크는 다시 경제자본으로 전환될 수 있다.

엘리트 동네는 각각 도시의 탁월함의 위계질서에서 고유한 자리를 차지한다. 부유층은 종종 좋은 도덕적 특징이 부여되기 때문에 엘리트 교외에 진입함으로써 그 도덕적 특성을 취할 수 있다. 우리는 각 도시의 "도덕 지도"를 갖고 다니면서 모두 이 과정에 참여한다. 지위가 낮은 교외의 주민들이 자기가 사는 곳을 드러내면 망신과 배제를 당할 수 있다. [그러나] 어떤 사회적 환경에서는 상류층 전용 교외의 주민들이 자기가 사는 곳을 말하는 것을 당혹스러워하면서 숨기기도 한다.

엘리트들은 공간뿐만 아니라 시간과도 독특한 관계를 맺는다. "불안하고 무기력한 기다림"을 강제하는 등 타인의 시간을 통제하는 것은 지배를 행사하는 수단이다. 특권층은 기다려야 하는 상황을 견디지 않으며 이를 피하기 위해 자신의 네트워크와 지위, 시스템에 대한 이해를 활용한다. 국가가 줄서기와 이동 제한을 강제한 팬데믹 시기에 이런 방법이 더욱 가시적으로 드러났다. 국가는 어떤 식으로 유력한 시민들이 자신의 시간과 이동성에 대한 통제권을 되찾는 것을 허용하는지를 보여주었다.

5장

특권 복제하기

엘리트 사립학교와 특권의 순환

특권기계에서 엘리트 사립학교는 엔진이다.[1] 우리의 포커스그룹 참가자들은 종종 물어보지도 않았는데 사회에서 특권을 논의할 때 먼저 엘리트 학교에 관해 이야기를 꺼냈다. 대중은 사립학교에 관해 확고한 견해를 지니고 있다. 우리의 조사 결과를 보면, 오스트레일리아인의 45퍼센트가 값비싼 사립학교가 "사회에서 불평등을 공고히 굳힌다"고 믿는다. 31퍼센트는 자기 견해를 더 잘 반영하는 명제는 학비가 비싼 사립학교가 "교육 선택권을 향상시킨다"는 것이라고 말한다(24퍼센트는 그렇게 말하지 않는다). 충분히 예상할 수 있는 것처럼, 공립학교에 다닌 이들에 비해 거액의 등록금을 내는 사립학교에 다닌 이들은 사립학교 때문에 교육 선택권이 향상된다고 말하는 확률이 2배 더 높다(57퍼센트 대 28퍼센트). 하지만 학비가 비싼 사립학교에 다닌 이들의 3분의 1 가까이가 사립학교가 불평등을 공고히 굳힌다는 데 동의한다.

우리는 부르디외가 각 집단이 "그것이 구현되는 한정된 개인들을 넘어서" 스스로 영속화하는 수단을 만들어낸다고 말할 때, 이는 부유층 엘리트들이 상류층 전용 학교를 창립하는 것에 특히 적용된다고 말하고 싶다.[2] 스톡홀름 외곽의 특권층 고립지인 유스홀름에 관한 민족지학 연구에서 미카엘 홀름크비스트도 비슷한 결론에 도달했다. "아이들이 그저 그런 미래와 정반대되는 빛나는 미래를 누리게 보장해주는" 것은 바로 학교다.[3]

대다수 서방 국가들에는 부유층 엘리트 자녀들만 전용으로 교육하기 위한 학교가 존재한다. 영국에서는 전체 아동의 7퍼센트만이 사립학교를 다니는데, 비싼 등록금 때문에 대부분이 부유층 가정에 속한다.[4] 영국의 사립학교를 다룬《특권의 엔진들》이라는 책에서 프랜시스 그린Francis Green과 데이비드 키네스턴David Kynaston은 사립학교가 "교육 아파르트헤이트"를 창조하는 "지속적인 특권의 순환"에 동력을 제공한다고 설명한다.[5] 평균적으로 잉글랜드에서 비기숙형 사립학교의 연간 등록금은 1만 5000파운드다. "10대" 학교(중등교육 자격검정시험GCSE 성적 기준)의 평균 등록금은 2만 4000파운드에 육박한다.[6] 윈체스터 칼리지, 해로, 차터하우스 같은 등록금이 가장 비싼 몇몇 학교는 마지막 2년 동안 연간 4만 파운드 이상을 부과한다.[7]

미국에서는 전체 학생의 10퍼센트 가까이가 사립학교를 다니는데, 대부분 교회와 연계된 학교다.[8] 엘리트 학교는 대개 사립이며 연간 등록금이 5만 달러가 훌쩍 넘는다. 이런 학교들은 다른 희소한 자원도 활용한다. 셰이머스 라만 칸이 영향력 있는 연구에서 말한 것처럼, "이런 자원에는 학문자본, 엘리트 집안 및 기타 권력기관과의 사회적 유대, 문화를 인도하고 이전하는 역량, 경제적 역량, 인적자원 등이 포함되었다".[9]

부는 그 자체로 보상을 안겨주며 종종 상류층 전용 사립학교라는 다리가 주요 통로가 된다. 2023년 발표된 미국의 한 새로운 연구는 SAT(학력적성시험)/ACT(미국대학시험)의 대학 입학 점수를 감안한 뒤 상위 1퍼센트 가정의 학생이 중간계급 가정의 학생보다 최고 명문대인 "아이비리그 이상"(Ivy-Plus. 아이비리그 8개 대학에 스탠퍼드, MIT, 듀크, 시카고를 더한 것)에 입학할 확률이 2배 높다는 것을 발견했다.[10] 이런 부의 이점은 세 가지 요인으로 설명된다. 동문(흔히 부유층 기부자다) 자녀에 대한 선호, 비학문적 자격, 운동선수 선발이 그것이다.[11] 이 책의 저자들은 학생 선수들이 저소득층보다 부유층 가정 출신인 경우가 많다고 지적한다. 그리고 비학문적 자격은 엘리트 고등학교에서 적극적으로 배양된다. 저자들이 결론짓는 것처럼, 엘리트 대학은 최부유층 가정 출신의 학생들을 선호함으로써 "세대를 가로질러 특권을 영속화한다". "아이비리그 이상" 대학들은 미국 상원의원의 4분의 1, 전체 로즈 장학생의 절반, 대법관의 4분의 3을 배출한다. 졸업생들은 상위 1퍼센트에 진입하고, 엘리트 대학원에 진학하며, 일류 기업에 채용될 공산이 크다.

오스트레일리아에서는 사립 중등학교가 훨씬 많은 비중을 차지해서 전체 학생의 약 40퍼센트가 사립학교에 다닌다.[12] 사립학교는 전체 학생의 약 5퍼센트를 차지하며 대부분 개신교회와 관련된 소수의 비싼 학교(연간 등록금이 3만~4만 5000호주달러)와 다수의 중저 등록금 학교(연간 등록금 4000~1만 호주달러)로 구분할 수 있다. 후자의 학교들은 가톨릭, 개신교, 기타 종교 및 세속적 사립학교가 섞여 있다. 등록금이 싼 사립학교는 주정부와 연방정부의 광범위한 지원에 의존하는 반면, 엘리트 사립학교는 해마다 등록금과 세금 공제가 되는 기부금, 투자 수입 등으로 수백만 호주달러를 벌어들인다. 정부 보조금도 받는다.

　몇몇 공립학교 학생들은 다행히 학업 성적에 따라 선발하는 고등학교에 진학한다. 이렇게 성적에 따라 선발하는 공립 고등학교는 저소득층 가정의 머리 좋은 아이들에게 양질의 무상 교육을 제공함으로써 값비싼 사립학교들이 보유한 이점보다도 더 큰 도움을 준다고 생각될지 모른다. 하지만 실상을 보면, 성적에 따라 선발하는 공립학교들에는 부유층 가정 출신 아이들이 압도적으로 많아서 부모의 사회경제적 지위 덕분에 아이들이 얼마나 막대한 이점을 부여받는지 여실히 드러난다.[13] 이런 학교에 자녀를 입학시키는 부유층 부모들은 6년간 거액의 등록금을 아끼면서 사실 운의 문제는 아니지만 복권에 당첨된 기분을 느낀다. 성적에 따라 선발하는 학교에 입학하는 소중한 자리를 확보하는 것은 대개 내부 사정을 잘 알고 개인 교습을 위한 자원을 보유한 의욕적인 부모가 몇 년간 꼼꼼하게 계획을 짜서 실행한 결과다.

배타성과 특별함

오스트레일리아에서 엘리트 학교 대변인들은 흔히 비용이 증가한 탓에 등록금을 올려야 했다고 말한다. 하지만 사실은 그 반대다. 학비가 가장 비싼 학교들은 시장에 배타성의 신호를 보내기 위해 등록금을 정한다. 엘리트 학교 입학은 일종의 "지위재positional good"다. 즉 엄선된 소수를 보유하는 것은 그들에게 특별한 점—높은 사회적 지위—이 있음을 보여준다. 오스트레일리아에서 엘리트 학교는 무척 많은 자산을 보유한다. 가령 시드니 성공회 그래머스쿨('쇼어Shore')은 2019년에 총 5억 9000만 호주달러를 보유한 것으로 추산된 한편, 멜버른의 스카치칼리지는 3억 1400만 호주달러를 보유했다.[14] 거액의 등록금과 기부금, 투자 수익으로 들어오는 돈은 용도를 찾아야 한다. 따라서 언제나 새로운 콘서트홀이나 최신 체육관이 지어진다. 영국에서도 교육재정 전문가 레베카 보던Rebecca Boden이 똑같은 현상을 지적했다. "그들은 가격을 인상함으로써 의도적이고 의식적으로 일반 가정을 배제하고 결국 훨씬 사치스러운 시설에 막대한 돈을 투입한다. 이는 계급 권력과 특권을 공고히 굳히는 데 도움이 된다."[15]

이튼칼리지가 등록금을 절반으로 인하하고 나머지는 그대로 유지한다면, 부유층과 권력층은 금세 아들을 해로와 윈체스터로 보내기 시작할 것이다. 수전 오스트랜더Susan Ostrander는 자녀를 엘리트 학교에 보낸 한 미국 어머니의 말을 전했다. "단지 교육만을 위해 사립학교에 다니는 건 아니죠. 보통 사람들하고 분리되기 위해 가는 겁니다."[16] 이 발언은 1984년에 한 것이지만, 오늘날에도 여전히 사실이다. 오스트레일리아에서 엘리트 교외에 사는 부모들이 자녀를 공립학교에 보내면 자신의 사회적 지위가 손상될 것을 두려워한다는 증거가 존재한다.[17]

오스트랜더는 학비가 비싼 학교에 다니는 것은 엘리트가 "자신의 생활방식과 사회적 상호작용(어울림)의 배타성을 창조하고 유지"하기 위한 방식이라고 결론지었다.[18] 오스트랜더가 인터뷰한 여성들은 사립학교의 계급 기능을 인정하면서 "자녀의 안녕을 위해 사립학교가 필수적이라고 전폭적으로 지지했다".

제인 켄웨이와 동료들은 혁신적 연구 프로그램에서 "계급의 안무가 어떻게 짜이고 계급의 안무가 어떤 식으로 …… 일정한 지배의 형성 과정을 접합·분리·재접합하는지"를 이해하기 위해 세계 곳곳의 몇몇 엘리트 사립학교를 연구했다.[19] 많은 통찰 가운데 그들은 부의 분배가 급속하게 악화되는 시대에 엘리트 학교가 "지구 곳곳에서 부유층과 나머지 집단의 거리"를 심각하게 벌리고 있음을 발견했다.[20]

켄웨이가 선별한 학교들은 마치 특별한 클럽처럼 학교와 교사, 학생, 학부모가 탄탄한 공동체로 묶여 있는 느낌을 끈질기게 함양한다. 이따금 교장과 학부모들은 다른 사람들을 배제하고 특권과 권력을 영속화하는 것을 공개적으로 인정한다. 시드니 킹스스쿨의 전 교장 티머시 호크스Timothy Hawkes에 따르면, "사실 킹스스쿨 같은 학교들은 사회에서 지도자가 될 공산이 큰 학생을 압도적으로 많이 배출하며, 나는 이런 사실을 공공연하게 밝히지 않는 게 많은 이득이 된다고 생각하지 않는다".[21] 호크스가 간파한 것처럼, 킹스쿨 학생들은 지배하기 위해 교육을 받았다. 호화롭기 짝이 없는 시설과 아름답게 꾸며진 학교 건물에 둘러싸인 일상생활은 자신들이 엘리트라는 느낌을 더해준다.[22]

영국 최고 수준의 사립학교('퍼블릭스쿨'이라는 혼란스러운 이름으로 불린다)들에서도 이와 똑같은 태도가 만연해 있다. 한 졸업생은 이렇게 말했다. "나는 대입 준비 과정sixth form을 위해 [런던에 있는] 웨스트민스터스쿨에 들어갔다. 첫날 교장이 강연을 하면서 이런 말을 했다. '여러분은 이 나라의 최고 인재입니다. 여러분 주변에 미래의 지도자들이 앉아 있어요. 그 사실을 잊지 마세요.'"[23] 따라서 엘리트 사립학교는 미카엘 홀름크비스트가 스톡홀름의 상류층 전용 교외에 관한 연구에서 "지도자 공동체"에 부여한 것과 같은 기능을 수행한다. 학생에게 엘리트 문화와 실천을 사회화하는 것 외에도 이런 학교는 "학생에게 고상한 도덕적, 정신적 자질을 불어넣어주는 것"을 목표로 한다.[24] (학생들이 과연 실제로 고상한 도덕적 자질을 보유하고 있는지는 나중에 검토해보자.) 이런 고양 과정은 **성화**, 즉 평범함을 넘어서는 학생의 축성으로 지칭된다. 학생들은 "권위와 권력과 영향력을 가진 물체"로 만들어지며 "그 결과로 다른 사람들은 '이 학생들이 단순한 사람이 아니라 엘리트'임을 알게 된다".

성화 과정은 학교의 "문화와 역사, 전통, 의식, 의례, 기관"

에서 생겨나는 아우라의 지속적인 재창조를 통해 이루어진다. 켄웨이 등의 말을 빌리자면, 엘리트 학교는 "선택적 친밀감의 공간"이 되어 "학생들에게 그들이 전수받으며 거주하는 학교 세계에 대해 경이롭고 특별한 느낌을 불어넣는다".[25] 이 때문에 그토록 많은 학생이 졸업을 하고도 학교를 영원히 떠나지 못한다. 그린과 키내스턴은 영국의 값비싼 학교들의 호화로운 환경이 학생들에게 "특권계급의 감성, 특별하다는 느낌"을 함양한다고 비슷한 주장을 편다.[26] 학교에서 학생들은 특권 세계에 적절한 성향을 불어넣는 "부유하고 위엄 있는 환경에서 편안하게 움직인다". 시드니에서 열린 학생 토론 대회에 참여한 공립학교의 한 학생 토론자는 엘리트 학교에서 온 상대편들이 "자신감의 아우라"에 둘러싸여 있다고 이야기했다.[27]

수 솔트마시Sue Saltmarsh는 오스트레일리아의 엘리트 학교 교육에 관한 연구에서 값비싼 사립학교의 지위는 배타적 관행과 고액의 등록금만이 아니라 엘리트들 사이에서 그 학교가 "성화"됐는지 여부에도 좌우된다는 것을 발견했다.[28] 학교의 창립 연도와 연혁이 중요하다. 새로 생긴 학교는 아무리 등록금을 높이 매긴다 하더라도 엘리트 학교로 여겨질 수 없다. 솔트마시는 엘리트 지위는 언어적, 시각적 상징과 이미지를 통해 일정한 유형의 학교를 "권력과 특권, 교육적·사회적·도덕적 우수성의 장소"로 추론적으로 성화하는 실천에 의해 인정받을 수 있다고 주장한다. 웹사이트, 학교 안내서, 연혁, 고위 관리들이 참석하는 신축 건물 개관식, 학교 공동체 내에서 일상적으로 이루어지

는 특별함의 확인 등이 자격을 부여하기 위한 상징 권력의 형태
들이다.

상징자본 만들기

1950년대에 어빙 고프먼은 영국의 사립학교를 "중간계급 사람
들을 귀족정의 이미지에 따라 체계적으로 재창조하기 위한 기
계"라고 설명했다.[29] 이는 오스트레일리아에서 손꼽히는 상류
층 전용 학교들, 특히 남학교들이 이튼이나 해로 같은 잉글랜드
의 전설적인 사립학교의 정신과 느낌을 모방하려고 그렇게 열
심히 노력하는 이유를 설명하는 데 도움이 된다. 이 학교들은
권력과 특별함의 상징을 재구축하고 있다.

　켄웨이와 동료들이 말하는 것처럼, 엘리트 학교는 학교의
유산과 성상聖像, 의례와 동문을 결집시키면서 위신과 성공을 신
호하고 "굉장히 기념적이고 대단히 장식적인 방식으로" 이것들
을 활용한다.[30] 엘리트 학교는 학교의 엘리트적 성격을 홍보하
고 강화하는 방편으로 "이례적인 역사적 문서고와 문화적 유산
을 작동시키면서" 학교에 다니는 학생들이 이례적 존재라는 견
해를 끊임없이 강화하고 학부모들이 낸 돈을 잘 쓰고 있다고 확
인시켜준다. 시드니의 스코츠칼리지 웹사이트는 〈우리의 유산
과 믿음〉이라는 제목 아래 전쟁터로 행진이라도 하는 듯 백파
이프를 연주하는 소년들의 오래된 사진 ─ "'용감한 마음과 대담

한 정신'의 참된 본보기" — 을 전시하며, 학생들이 "저명한 공동체 지도자와 로즈 장학생, 세계 일류 스포츠맨 등 앞서 학교 복도를 걸었던 졸업생 선배 세대들"에게 영감을 받는다고 이야기한다.[31] 일부 학교는 남녀 학생들에게 군대식 규율과 리더십 훈련을 하기 위해 군사교련단을 유지한다.

유명하고 뛰어난 동문에 대한 끊임없는 찬미는 몇 가지 기능을 한다. 그들에 대한 존중은 학교의 명성에 빛을 더하며 학부모와 학교 공동체 전체에 학교가 지도자를 탄생시키는 임무에 성공하고 있다는 신호를 보낸다. 또한 학교와 유력인사들 간의 네트워크 형성을 강화하면서 학교를 위협으로부터 보호하는 데 도움이 되고 재학 중인 학생들에게 세상의 조력을 제공한다. 특히 성공한 동문 선배들이 멘토 역할을 해준다.[32] 그리고 물론 기부금이라는 재정적 이득도 창출한다.

질롱그래머(오스트레일리아에서 학비가 가장 비싼 학교이자 찰스 왕세자가 어린 시절 1년 동안 다닌 곳으로 유명하다)는 1년에 두 차례 오스트레일리아 훈장 수여자 명단을 샅샅이 뒤져서 동문을 확인하고 돋보이게 축하한다. 마찬가지로, 킹스스쿨 전 교장(티머시 호크스)은 연례 보고서에서 "올해 [건국 기념일인 1월 26일] 오스트레일리아의 날 훈장 수여 명단과 여왕 탄신일 훈장 수여 명단에 학교 동문과 친구들이 얼마나 많은지 언급하게 되어 흡족했다"고 말했다.[33] 질롱그래머가 총애하는 아들 중 하나는 팀 페어팩스 AC Tim Fairfax AC(오스트레일리아 컴패니언. 최고 훈작사로 영국의 기사 작위에 해당한다)다. 페어팩스는 신문으로 큰돈을 번 페어팩스가의 자손으로 유산으로 받은 돈을 좋은 대의에 기부하는 것으로 유명하다. 2022년 인상적인 행사에서 모교는 그에게 학교의 "최고 영예"인 질롱그래머스쿨 사회공헌 훈장을 수여했다.[34]

엘리트 학교들은 자신의 존재를 정당화하기 위해 적절하게 윤색한 역사를 동원한다. 도시에서 가장 값비싼 학교들의 물품을 홍보하는 《시드니모닝헤럴드》의 삽입 광고지는 마케팅 전문가들이 세심하게 고른 문서와 레이아웃, 이미지를 통해 많은 패턴을 보여준다.[35] 전시되는 이미지 속에 담긴 학생들은 깔끔하게 다림질한, 몸에 딱 맞는 교복으로 유명하다. 더 전통적인 학교들은 옛날식 군복 스타일의 교복과 이튼을 흉내 낸 보터 모자*를 자랑스럽게 내세운다. 몇몇 학교는 "138년이 넘는 세월 동안 ……", "1884년에 개교한 ……", "1889년에 설립된 …… " 같은 문구로 홍보물을 시작한다.

알렉산드라 앨런Alexandra Allan과 클레어 찰스Claire Charles의 말을 빌리자면, 엘리트 학교들은 광고에서 두 가지 언어를 나란히 배치한다. 학교의 전통적 기풍과 혁신 의지를 동시에 포착하기 위해서다.[36] 화려한 삽입 광고지에 담긴 문구와 이미지는 견고한 전통을 현대의 흥분과 뒤섞는다. 잉글랜드 럭비스쿨 예배당을 떠올리게 하는 오래된 사암 건물이 반사되어 보이는, 뉴잉턴칼리지가 사용한 초현대적인 유리 건물 사진은 이를 잘 보여준다.

---

* 원래 19세기 말 영국 선원들이 쓰던 납작한 밀짚모자인데 영국 퍼블릭스쿨에서 교복 모자로 차용했다.

이 학교는 화려한 시설을 강조하면서 장래의 학부모들에게 자랑스럽게 내세운다. "우리는 다행스럽게도(하지만 실은 운은 거의 역할을 하지 않는다) 풋볼 경기장 네 곳과 테니스 코트, 역사적인 사암 건물, 그리고 특별히 만들어진 연극 전용 극장과 수영장, 체육관 등 멋진 현대식 시설을 아우르는 아름답고 광활한 학교 시설을 갖추고 있습니다."

켄웨이와 공저자들은 《계급의 안무Class Choreographies》에서 엘리트 학교들이 상징자본에 체계적으로 투자한다고 말하면서 "찬가와 기념 명판honour board,* 명판plaque,** 작위, 휘장, 의상, 교복, 엠블럼, 교기校旗 등이 헤게모니 작용"을 한다고 지적한다.[37] 이런 장식의 정교한 집합체는 국내와 해외에서 두루 학교의 특별함을 정당화하는 데 대단히 중요하며, 학부모들이 잉글랜드의 위대한 사립학교의 이미지를 지니고 다니는 외국 학생들을 끌어들인다. 별난 전통과 유서 깊은 홀, 최고의 네트워크, (외견상) 교육의 질에 헌신하는 모습 등이 모두 "관심 있는 모든 사람에게 환하게 빛나며 상승하는 엘리트 학교의 광채"에 기여한다.[38]

---

* 학교의 역대 교장이나 세계대전에 참전해서 전사한 동문, 학교가 배출한 인사 등의 이름을 새긴 명판.
** 설립자 동상 등의 기념물에 붙은 명판.

사회자본 만들기

엘리트 학교는 자본의 성변화가 이뤄지는 장소로 작동한다. 부가 고차원적인 형태의 사회자본과 문화자본으로 전환될 수 있다. 특히 벼락부자들에게 자녀를 값비싼 사립학교에 보내는 것은 "신흥 부자가 유서 깊은 부자로 변신하기 위한 끝없는 추구"의 일부다.[39] "유서 깊은 부자 가문"은 오랫동안 부유한 가문일뿐만 아니라 빳빳한 현찰의 냄새보다는 부의 냄새를 풍기는 집안이다. 유서 깊은 부자 가문들에게 자녀들이 상류층 전용 학교에서 보내는 시간은 세대를 가로질러 엘리트 지위를 이전하기위한 필수 불가결한 조건이다.[40]

2001년 소설가 셰인 멀로니Shane Maloney는 멜버른의 스카치칼리지에서 학생과 교직원을 앞에 두고 이 학교를 "물려받은특권을 전달하기 위한 기계"라고 묘사해서 추문에 휩싸였다.

여러분의 가족이 여러분을 제도화하기로 마음먹은 것은 어쨌든 여러분의 잘못은 아닙니다. 여러분의 어머니와 아버지가 여러분을 남학생만 있는 학교라는 감정적으로 왜곡되고교육적으로 결함이 있는 환경에 집어넣기로 택한 것은 여러분 잘못이 아닙니다. …… 지금으로서는 여러분이 피해자입니다. 물론 나중에는 사회가 여러분의 피해자가 될 테고, 여러분이 여기서 주입받는 태도 때문에 고통을 받겠지만요.[41]

네트워크는 아주 현실적인 차원에서 대단히 중요해 보인다. 학부모가 자녀를 명문 학교에 입학시키는 것은 나중에 인생에서 활용할 수 있는 사회적 네트워크를 만들어주기 위해서다. 웨슬리칼리지의 동문 2만 2000명은 앱으로 연락을 주고받는데, 이 앱은 오래된 학교 네트워크의 문호를 개방하고 혜택을 극대화하는 최선의 방법이라고 홍보된다.[42]

우리 포커스그룹 참가자들은 이 문제에 관해 확실히 알고 있었다. 금융산업에서 일하는 토니(부유층, 나이 많음, 시드니)는 "아주 좋은 일자리"가 나오면 "사립학교의 특권층 아이가 공립학교 아이보다 일종의 특전을 받는다"고 말했다. 일반의로 일하는 같은 포커스그룹의 피터는 이렇게 말했다. "교육의 관점에서 보면, 값비싼 사립학교들이 반드시 똑똑한 사람을 배출하는 건 아닙니다. 하지만 이런 동문 네트워크, 아는 사람, 연줄 덕분에 이번에도 역시 특권이 존재하죠. 내가 볼 때 공립학교보다 이런 게 훨씬 강합니다." 게일(부유층, 나이 많음, 멜버른)은 자기 형제가 어떻게 엘리트 학교 출신을 이용해서 일자리를 얻고 사회적 상황에서 우위를 확립하는지에 관해 이야기하면서 한마디 덧붙였다. "여자인 경우에는 그렇게 중요하지 않아요. 그래서 최고경영자인 사람이 나한테 질문을 할 때 꽤 놀랐죠. '어느 학교 다녔어요?' 나는 괜찮은 학교들을 줄줄이 읊을 수 있었는데, …… 그가 (인상적이라는 듯이) 짧게 내뱉더군요. '오오.'" 엘리트 학교와 유력한 네트워크의 관계는 모든 포커스그룹이 공유하는 문제였다. "자녀를 그런 학교에 보내는 건 부유층 집안들이지요. 그런 학교는 최고 명문이에요. 그런 식으로 부유층끼리 연결되는 겁니다. 아주 특권적인 네트워크예요. 무슨 말인지 알지요?"(폴, 평균 소득, 나이 많음, 시드니). 학교 지위를 굉장히 강조하는 건 오스트레일리아의 다른 곳보다도 시드니와 멜버른에서 일반적인 현상으로 보인다. 애들레이드에서 학교를 다닌 한 포커스그룹 참가자는 멜버른과 비교하면 그곳에서는 그게 그렇게 큰 문제가 아니라고 지적했다.

멜버른과 시드니, 퍼스의 엘리트 교외에 관한 민족지학 연구에서 일런 위젤은 엘리트 네트워킹이 어린 시절부터 필수적인 역할을 한다는 것을 확인했다. 투락의 인터뷰 대상자 중 한 명은 퉁명스럽게 말했다. "내가 볼 때, 네트워크가 정말 중요하고 우리 모두 아이들에게 가능한 대로 이점을 주고 싶어 해요."[43] 어떤 이는 유력인사와 저명인사들이 같은 엘리트 교외에 살기 때문에 학교도 전부 같이 다닌 사정을 설명했다. 그들이 유력한 사업가나 정치인의 궤도에 발을 들여놓으면 "주요한 서너 학교 중 한 곳에 다녔을 가능성이 아주 높죠. 스코츠나 리버뷰 그런 학교요".

영국에서도 똑같은 현상이 일반적이다. 2019년 말버러칼리지 출신인 마크 티드마시는 《더타임스》에 이렇게 말했다. "부모들은 이제 자기가 내는 돈이 단지 5년 치 학비가 아니라 특별 클럽의 평생 회원권이 될 걸로 기대해요. 바로 그게 사람들이 아이를 지역 학교가 아니라 퍼블릭스쿨(즉 엘리트 사립학교)에 보내기로 결정하는 이유죠. 지역 학교가 공부 성적으로는 더 좋을 수도 있는데 말이죠."[44]

요컨대, 오스트레일리아의 엘리트 학교는 가족과 교외를 넘어서 지배 엘리트를 통합하는 가장 중요한 제도로서 타고난 국가 지도자라는 공통의 정체성을 학생들에게 불어넣는다. 이는 가장 바쁘고 영향력이 큰 부모들 중 일부까지 시간을 내서 자녀의 학교 공동체 활동에 참여하는 이유를 설명하는 데 도움이 된다.[45] 학교 운영위원회에 참여해서 자신이 가진 강력한 네트워크와 관리 기술을 가동해 학교의 이해를 증진시키는 것도 그런 노력에 포함된다.

문화자본 만들기

문화자본의 요소들 가운데는 어떤 심리적 성향, 그중에서도 특히 엘리트 학교들이 돈과 지위와 권력으로 측정되는 성공의 기대를 등록금을 통해 체계적으로 주입하는 방식도 포함된다. 시드니 성공회 여자그래머스쿨(SCEGGS. 12학년 등록금 3만 7000호주달러)은 개인적 성공이라는 신자유주의 신조를 제시하면서 다음과 같이 선언한다. "우리는 자신의 운명을 통제할 것인가, 아니면 남들이 결정하도록 내버려둘 것인가를 선택할 수 있습니다"(여학생들의 운명이 부유층 가정에서 태어나 상류층 전용 학교에 입학한 것으로 이미 모양 지어진 게 아니라는 식이다). 성공을 추구하는 성향은 권력의 장들을 헤쳐나가는 능력을 향상시켜준다. 포커스그룹의 한 참가자는 다음과 같은 식으로 이를 포착했다.

> 내 생각에 그 학교들은 학생들에게 자신감을 부여합니다.
> …… 모든 아이들이 자신감을 얻죠. 마치 근친교배처럼 우리
> 는 모두 성공할 거고 모두 똑똑하다는 식입니다. …… 내 아들
> 은 둘 다 멜버른그래머스쿨에 갔어요. …… 분명히 알게 됐죠.
> 뭔가 공통된 이유가 있어요. (리디아, 부유층, 나이 많음, 멜버른)

상류층 전용 학교가 학생과 학부모에게 이 학교에 다니는
이유는 지도자가 되는 법을 배우기 위함이라고 끊임없이 말하
는 것은 인상적이다. 스코츠칼리지는 이렇게 선언한다. "리더
십, 인성, 정신ㅡ하나의 칼리지로서 우리의 도전은 이런 고유
한 요소들이 모든 스코츠 학생들의 가슴과 머리에서 풍부하게
공명하도록 만드는 것입니다."[46] 킹스스쿨 교감은 식민주의적
정신 속에서 "킹스맨들은 글로벌 공동체에 책임감이 있는" 지
도자로 여겨지도록 훈련받는다고 말한다.[47] 학생들은 당연히 재
계나 전문직, 정치 분야에서 지도자가 될 것으로 기대되며, 오
래지 않아 학생들 스스로 그런 의식을 풍기기 시작한다. 거의
모든 엘리트 학교가 종교 기관 소유인데, 개신교회가 주축이고
가톨릭과 유대교 기관도 몇 곳 있다. 이 학교들은 산상수훈보다
는 MBA 안내서와 더 흡사한 일종의 "성공 신학"을 가르친다.

모큐멘터리mockumentary* 〈우리는 영웅이 될 수 있다We Can Be
Heroes〉에서 사립학교 여학생 저메이를 연기한 크리스 릴리Chris

Lilley는 이따금 이 학교들의 표면 바로 아래에 도사린 오만한 우월감을 잔인하게 패러디했다.[48] 실제로 켄웨이와 랭미드, 엡스타인이 수집한 증거를 놓고 판단할 때, 저메이는 패러디에서 시사하는 것보다 더 전형적일지 모른다. 글로벌 지도자를 배출하겠다는 결의가 엘리트 남학교만큼이나 엘리트 여학교의 특징이기도 하기 때문이다.[49] 하지만 그들이 지적하는 것처럼, 엘리트 여학교에서 다양한 사회생활로부터 학생들을 감싸고 보호하는 탓에 학생들이 글로벌 지도자 지위를 확보할 준비를 제대로 하지 못하며, 이런 학교에서 가르치는 신자유주의적 "가짜" 페미니즘 때문에 엘리트 직업 세계 깊숙이 도사린 여성혐오에 맞서고 대처할 태세를 갖추지 못한다.

졸업생들이 성공해서 지배적인 사회적 지위를 차지할 것이라는 기대는 하나의 경향일 뿐만 아니라 학교에서 전수하는 자세와 차림새, 버릇, 말하기 방식에도 구현된다. 다른 사람들은 이런 구현을 정확히 포착한다. 남아공에서 가난한 타운십**출신으로 엘리트 여학교에서 공부한 한 흑인 학생은 집에 돌아오면 동네 사람들이 "야 너 코코넛*** 다 됐구나"라고 말한다고 토로했다.[50] 앞서 살펴본 것처럼, 우리의 포커스그룹 참가자들은 "가만히 있으면서" 자연스럽게 대화를 지배하는 모습으로

---

*   풍자를 주목적으로 하는 페이크 다큐멘터리.
**   아파르트헤이트 시절의 흑인 거주 구역. 지금까지도 저소득층 동네로 남아있는 경우가 많다.
*** 백인 행세를 하는 흑인을 비꼬는 표현.

특권층 사람을 알아본다고 말했다. 무엇보다 눈에 띄는 점으로, 학생들은 거의 하나같이 호리호리하고 말쑥하다. 규범에서 어긋나는 경우에는 다른 학생들이 보조를 맞추게 한다. 앨런과 찰스는 엘리트 여학교에서 또래들이 "약간 통통한 축"이라고 평가하는 한 여학생의 사례를 보고한다. 다른 학생들은 그 아이가 자기 편 사람들을 실망시킨다는 것을 분명히 하면서 살 빼는 것을 도와주었다.[51] 몸에 관해 숙고하다보면 자연스럽게 엘리트 학교 남학생과 구별되는 여학생의 경험에 관한 질문이 제기된다. 켄웨이와 랭미드, 엡스타인은 엘리트 여학교에 관한 연구에서 탁월해야 한다는 강한 압박 때문에 거식증 같은 기능장애가 생겨난다고 말한다—"태평스러운 똑똑함"이라는 학교의 "겉모습"에 감춰진 "마르고 걱정 많은 여학생"의 모습이다.[52]

홀리(부유층, 젊음, 시드니)는 취업을 한 뒤 자신이 동부 교외의 상류층 전용 학교에서 무의식적으로 일정한 방식으로 말하는 법을 배웠음을 깨달았다고 말했다.

고위 관리자가 내게 와서는 말하던 기억이 나요. "당신 억양 알아보겠어." 난 오스트레일리아 태생이라 억양이 없어요. 그런데 그녀가 말하더군요. "이 방에 와서 (기업의) 이 파트너를 만나야겠어. 당신하고 억양이 같거든." 그 사람들을 만나러 갔는데, 10년 차이로 같은 학교를 다녔더군요. 그 후로 일이 조금 쉬워졌어요. 나하고 함께 시간을 보낸 롤모델이 생겼으니까요.

엘리트 사립학교에 입학해서 특권의 장신구에 익숙해진 대다수 학생들은 자신도 모르게 문화자본을 축적한다. 하지만 아직 익숙하지 않은 이들이 어떻게 처신하는지, 어떤 식으로 편안함과 자신감을 투사하는지를 배우려면 노력이 필요하다. 제인 켄웨이가 지적한 것처럼, 불우한 배경 출신이나 해외에서 온 학생들에게 엘리트 학교가 제공하는 문화자본을 축적하는 것은 좀 더 의식적이고 부담되는 과제가 되기 쉽다.[53] 하지만 어떤 학생들에게 문화자본 획득은 탄탄한 학업 성적에 비해 그렇게 중요하지 않다.[54] 포커스그룹의 한 참가자는 아시아 출신 부모들이 학교 전통에 별로 관심이 없어 보인다는 의견을 내놓았다.

그 사람들은 동문들 간의 유대를 소중히 여기지 않아요. 그 사람들은 가령 (성적을 까다롭게 보는) 멜버른고등학교나 볼윈고등학교같이 높은 대학 입학 등급 지수ATAR로 유명한 학교를 더 높게 치기 때문에 자녀를 오랜 역사를 가진 사립학교보다 그런 곳에 보내요. (패라, 평균 소득, 나이 많음, 멜버른)

이런 이유로 엘리트 학교는 수입을 위해 해외 학생을 유치하려고 하는 한편, 밀접한 공동체를 지탱하는 데 필요한 종족적, 문화적 동질성을 유지하기 위해 받아들이는 학생 수를 제한한다. 한 엘리트 학교는 "백인 학교"를 유지하기 위해 10퍼센트라는 비공식적 제한을 정했다.[55] 일부 학교는 홍보 자료에서 중국을 비롯한 아시아 나라 출신 학생들의 얼굴을 대대적으로 내세우는 한편 다른 학교들은 백인의 얼굴만 보여준다.

도덕적 탁월함

상류층 전용 학교는 학생들에게 더 높은 도덕적 자질을 불어넣는다고 주장한다. 학교 안내서와 웹사이트에서는 학교의 책임에 모범적 인성을 덧붙이겠다고 약속하는데, 이는 일반 대중의 인식에도 각인된다. 엘리트 학교 졸업생이 마약 밀수 범죄로 수감되었다는 내용의 2022년 신문 보도를 보면, 이런 추정이 얼마나 면면히 흐르는지 알 수 있다. 《시드니모닝헤럴드》 기사는 "최고 명문 학교에서 교도소"까지 "긴 추락"이 벌어졌다면서 엘리트 사립학교, 이 경우에는 시드니그래머스쿨 졸업생은 원래 도덕적으로 우월하다고 말한다. 따라서 범죄에 휘말리는 것은 유감스럽게도 유망한 사람이 일탈하는 셈이다.[56] 이 언론은 교외 공립학교에서 교도소까지 이어지는 경로를 "긴 추락"이라고 규정하지는 않을 것이다.

우리가 아는 한, 엘리트 사립학교 졸업생의 종족 기준과 공립학교 졸업생의 그것을 비교한 학문적 연구는 존재하지 않는다. 세간의 이목을 끄는 일화—상류층 전용인 녹스그래머스쿨에 다니는 학생 20명이 채팅방에서 "인종주의적이고 동성애혐오적인 영상과 메시지, 폭력적 여성혐오 내용의 욕설을 공유"해서 징계받은 사건—는 당혹스러울 정도로 빈번하게 일어나는 듯 보인다.[57] 2020년에 벌어진 더욱 악명 높은 사건은 엘리트 학교 문화 내부의 도덕적 탁월함이라는 겉모습 아래서 썩어가는 무언가가 있음을 보여준다.

다음에 이어지는 내용의 배경으로, 오스트레일리아에서 가장 부유한 학교이자 '쇼어'라고 불리는 시드니 성공회 그래머 스쿨에 다니는 한 무리의 남학생들이 틱톡 영상에서 시드니에서 "제일 후진 교외"를 꼽아보라는 질문을 받았다. 고급스러운 교복에 보터 모자를 쓴 학생들은 전부 "서쪽 외곽의" 저소득층 교외인 "뱅크스타운"이나 "마운트드루이트"라고 대답했다─상층 중간계급의 상상 속에서 미지의 '타자'가 거주하는 신비스러운 곳이었다.[58] 그 이유를 묻자 학생들은 그런 교외에는 "약쟁이 druggo"와 "에셰이eshay"가 우글거린다고 답했다. 영국의 '차브'와 비슷한 청소년들의 길거리 하위문화를 지칭하는 에셰이는 운동복과 운동화를 즐겨 걸치고, 피그라틴pig Latin 말장난('eshay'는 대마초 피우는 시간을 뜻하는 'sesh'를 피그라틴 말장난으로 변형한 단어다)을 구사하며, 범죄 성향이 있다고 여겨진다.[59] 영상을 보면 쇼어 학생들이 이런 교외에 사는 아이들은 도덕적으로 타락했다고 배우고 있음이 분명하다.[60] 쇼어 아이들이 다른 엘리트 학교의 경쟁자들보다 자기네 시설이 더 좋다고 흡족해하는 또 다른 영상도 이어졌다─올림픽 수영장뿐만 아니라 회복용 풀도 있고, 항구가 가로질러 보이는 도서관에 5000만 호주달러를 들여 지은 체육관도 있다는 것이다.[61]

같은 해에 쇼어의 졸업반 학생들은 "깽판 치는 날muck-up

day"* 모험을 열거한 비밀 목록을 돌렸다. 장난을 칠 때마다 "트라이위저드 쇼너먼트Triwizard Shorenament** 시합에서 점수를 딴다".[62] 다양한 마약 관련 모험("뚜껑 따기", "코로 한 줄 빨기", "물담뱃대 빨기" 등은 뱅크스타운과 마운트드루이트가 "약쟁이"들이 우글거리는 유일한 교외가 아님을 암시한다) 외에도 취약한 사람들을 모욕하거나 해를 가하는 도전도 들어 있었다. 학생들은 "노숙자에게 침을 뱉"고, 열다섯 살 이하나 몸무게가 80킬로가 넘는 여자와 섹스를 하고, 길거리에서 아무나 고환을 움켜쥐기 위해 용기를 냈다. "기차에서 똥을 싸"거나 비둘기 대가리를 잡아 뜯으면 더 많은 점수를 받았다.[63]

이처럼 세간의 이목을 끄는 스캔들은 미래 지도자들의 인성이 형성되는 장소이자 도덕적으로 우월하다는 엘리트 학교의 담론을 무너뜨린다.[64] 이런 사건들이 생기면 엘리트 학교가 일종의 자격의식을 함양해서 이런 식의 행동을 거침없이 할 수 있는 조건을 조성한다는 의심이 제기되거나 믿음이 강화된다.[65] 인기 팟캐스트이자 웹사이트인 마마미아Mamamia의 편집장 제시 스티븐스Jessie Stephens는 이렇게 말했다. "이 목록은 자격과 특권을 큰소리로 외치며, 전혀 은밀하지 않다. 잔인한 방식이다. 내가 가진 힘을 이용해서 상처와 모욕을 주겠다고 말하는 식이다."[66] 세심하게 관리된 엘리트 학교의 이미지를 망쳐버리는 이

---

* 졸업반 학생들이 짓궂은 장난을 치는 학기 마지막 날.
** 《해리포터》에 나오는 트라이위저드 토너먼트에 '쇼어'를 결합한 표현.

런 사건들은 일회적인 일탈이 아니라 엘리트 학교의 실제 병리를 나타내는 현상임이 거의 확실하다. 나와 견해가 같은 제인 켄웨이는 왜 "쇼너먼트" 같은 불쾌한 사건들이 엘리트 학교에서 계속 벌어지는지 질문을 던진다.[67] 그는 진부한 "썩은 사과" 변명보다는 엘리트 학교의 "지배적 문화와 지배하는 문화"가 더 그럴듯한 설명이라고 주장한다. 특히 인종주의적, 여성혐오적 행동은 학비가 비싼 사립학교 남학생들 사이에서 더 심하다. 그런 행동이 그들의 계급적, 종족적 지위에 새겨져 있기 때문이다. "'트라이위저드 쇼너먼트'는 '우리와 다른' 사람들에 대한 계급적 우월감과 계급적 경멸감을 통해 드러난다."

이 남학생들이 엄청난 부에 둘러싸인 채 그들이 일류 중의 일류이며 사회 지도자가 될 운명이라는 말을 거듭 듣는다면, 과연 어떤 결과를 예상할 수 있을까? 그들에게는 힘이 있고, 그들도 그 사실을 안다. 그렇기 때문에 심각한 폭행을 비롯한 범죄 행위를 저지르려고 마음먹을 수 있다. 가혹한 처벌을 받지 않을 거라는 걸 알고 안심하는 것이다. 법 집행 체계에 대한 약간의 두려움을 함축하는, 체포되어 수갑을 차게 되는 모험을 벌이는 것은 엘리트 학교에서 육성하는 켄웨이의 첫 번째 자격 규칙을 확인해주는 듯 보인다. "너희들은 규칙이나 법률과 특권적 관계를 가질 자격이 있다."[68] 홀름크비스트는 어느 엘리트 공동체에 관한 민족지 연구를 수행한 뒤 지도자들이 스스로 법 위에 있다고 여긴다고 지적했다. 어느 지자체 공무원의 말을 빌리자면, "당신의 이익을 뒷받침하는 한 법은 좋은 것이다".[69]

쇼어 학교는 깽판 치는 날 목록을 학교의 정신을 거스르는 일탈 행동으로 규정하고, 학교가 아니라 관련된 학생들 개인에게 비난이 가해지도록 만들려고 노력했다. 하지만 어느 졸업생이 신문에 밝힌 것처럼, 학교는 도시의 불우한 지역에 사는 주민들에 대한 우월감을 비롯한 엘리트주의적 신념을 적극적으로 부추긴다.[70] 앞의 사건과 같은 기사에 반응하는 온라인 댓글들로 판단할 때, 엘리트 학교가 자리한 교외의 주민들은 누구도 학교와 학생들을 건드릴 수 없다는 듯한 아우라가 풍긴다는 걸 잘 안다. '좋아요'가 많이 붙은 한 댓글은 이렇게 시작했다. "그 학교 근처에 사는데, 개들은 정말 버릇없어도 되는 자격을 받은 패거리다. …… 그러니 훨씬 거대한 버릇없는 녀석들이 된다!"[71] 쇼어 학생이라 자격이 있다는 인식은 앞서 벌어진 사건으로도 나아지지 않았다. 졸업반 학생 10여 명이 나치식 경례를 하고 스와스티카가 그려진 커다란 깃발을 치켜든 사진이 찍힌 사건이었다. 교감이 학생들과 나란히 사진을 찍었다. 교장은 이 사건을 단순한 장난이라며 가볍게 넘겼다.[72]

공립학교에서 똑같은 행동이 벌어질 수도 있다. 하지만 엘리트 사립학교는 학생들에게 우월한 도덕규범을 전수하며, 사회의 지도자인 "인성"을 갖춘 학생들을 만들어낸다고 자부한다. 엘리트 학교의 위계적 권력관계에 관한 분석은 예상치 못한 곳에서도 나왔다. 2017년 왕립위원회가 아동 성폭력에 관해 내놓은 보고서는 또 다른 스캔들에 관해 언급했다. 시드니 성공회 남학교인 트리니티그래머스쿨 학생 몇 명이 학교에서 학생 2명을 상대로 장시간 성폭력을 자행한 혐의로 기소되었다. 학교 목공 수업에서 만든 딜도를 비롯한 목재 도구를 사용해서 피해 학생들을 강간하는 동안, 다른 학생들은 수수방관하면서 응원하고 폭소를 터뜨렸다. 교직원들은 한 학생이 지속적으로 강간당하는 것을 알면서도 한 달이 지나서야 조치를 취했다.[73] 엘리트 학교들이 활용하는 은폐 "공식"에 따라 트리니티그래머는 우선 강간을 단순한 "괴롭힘"으로 뒤바꾸기 위해 홍보 컨설턴트를 고용했다.[74] 법정에서 결국 유죄를 인정했지만, 최고 변호사들을 앞세운 가해자들은 형량을 낮추면서 유죄 선고가 기록에 남지 않는 선행 실천 명령*을 받았다.[75] 왕립위원회는 성폭력 가운데 압도적으로 높은 비율이 사립학교(가톨릭과 개신교 모두)에서 벌어진다고 지적하면서, 특히 "초남성적이거나 위계적인 문화"와 "자신이 우월하고 특권적인 기관의 일원이라는 인식"을 그 원인으로 꼽았다.[76]

학업이라는 허식

흔히 엘리트 사립학교에 다니는 학생들은 공립학교 학생보다

---

*   오스트레일리아 사법 체계에서 선행 실천 명령good behaviour bond은 일정한 기간 선행을 실천해야 하는 비구금형이다. 보통 초범이나 소년범에게 내려지며 준법 외에도 보호관찰, 치료, 재활, 상담 등을 이행해야 한다. 유죄 선고가 기록되기도 하고 기록되지 않기도 한다.

학업 성적이 우수하다고들 믿는다. 확실히 엘리트 학교 자체는 자기 학생들이 경쟁 시험에서 얼마나 좋은 성적을 내는지 세상에 알릴 기회를 놓치는 법이 없다. 하지만 증거는 이런 믿음을 뒷받침하지 않는다. 학비가 비싼 사립학교에서 "조기 영재 교육"을 통해 대학 입학 점수를 밀어 올릴 수는 있지만, 잉글랜드와 오스트레일리아, 미국의 증거를 살펴보면, 입학 점수가 같은 경우를 비교할 때 공립학교를 졸업한 학생이 엘리트 사립학교 졸업생보다 대학 성적이 더 좋다.[77] 더욱이 오스트레일리아에서는 학비가 싼 사립학교 출신 학생들이 학비가 비싼 사립학교 출신 학생들보다 대학 성적이 더 좋다. 무엇보다도, 사회경제적 차이를 고려하면, 공립학교 학생들이 사립학교 학생들보다 주 차원의 시험 성적도 더 좋다. OECD 국가 전체에서도 상황은 똑같은데, 비슷한 사회경제적 배경의 학생들을 놓고 보면 공립학교 학생의 읽기 점수가 더 높다.[78]

엘리트 학교에서는 풍부한 자원을 집중 투입하는 시험 준비를 통해 학생들을 조기 영재 교육하는 것 외에도 학부모의 기대를 충족시키는 결과를 확보하고 학업이 우수하다는 대중적 인상을 유지하기 위해 다른 여러 전략을 추구한다. 홀름크비스트는 자기주장을 하도록 훈련받은 학생들이 교사에게 더 높은 점수를 주도록 압박을 가하는 것을 관찰했다. 부모가 사회에서 유력한 인사라면 더욱 효과적인 전술이다. 한 교사는 자신이 변호사임을 알아볼 수 있게 직장에서 이메일을 보내는 학부모들을 만난 경험이 있다고 언급했다. "많은 학부모가 자기 이익에 따라 주변에 영향력을 행사하는 데 집중하는 직업에 종사합니다. 이런 일에 전문인 사람들이에요."[79] 한 아버지는 "우리는 지휘하는 데 익숙하다"고 인정했고, 교사들은 하위 사회계층으로 여겨진다. 한 교사는 홀름크비스트에게 이렇게 말했다. "학부모와 학생들이 교사보다 심리적으로 우위에 있답니다."

놀랍게도, 유스홀름에서는 난독증을 진단받는 게 이점을 확보하는 또 다른 전략으로 활용된다.[80] 이 고등학교는 난독증을 이유로 점수를 올려주면서 원래 성적이 안 되는 학생들을 입학시킨다. 일단 학교에 들어가면 추가 지원을 받는다. 홀름크비스트가 보고하는 것처럼, 그 결과 성적이 낮은 자녀를 둔 야심 있는 학부모는 난독증 진단을 받게 만든다. 유스홀름에서 난독증은 낙인이기는커녕 대체로 "창의성이나 관심, 리더십과 관련된" 것으로 여겨진다.

"난독증이 학생의 단점에 대한 의료적 해결책을 제공한다"는 홀름크비스트의 결론에서 오스트레일리아에서 값비싼 사립학교에 다니는 학생들이 기말시험을 볼 때 장애인 우대 특별조치를 요구하는 비율이 가장 높다는 2021년 보도로 도약하는 건 어려운 일이 아니다. 사립학교들이 장애 학생을 걸러내는 것이 현실임에도 이런 현상이 나타난다. 따라서 공립학교는 특별조치를 받을 자격이 있으면서도 지원은 한결 적게 받는 학생의 비율이 훨씬 높다.[81] 부유층 학교들이 복잡하고 시간이 소요되는 시스템을 "헤쳐나가는" 데 도움을 주는 직원을 고용하는 능력이 있다는 사실로 이런 이례적 현상이 설명되었다. 대다수 대중에게 이런 상황의 분명한 불공정성은 화가 나는 일이다.《시드니모닝헤럴드》기사에 붙은 '공감 점수가 가장 높은' 댓글은 다음과 같다. "음, 이건 놀랄 일이 아닌가? **천만의 말씀!** 부자들은 어린 시절부터 시스템을 가지고 놀기 시작한다. '시스템을 헤쳐나간다'는 말이다. 누가 생각해낸 걸까? 불평등은 요람에서 시작된다."

공립학교에서 오래 일한 어느 특수교육 교사는 청각과 시각 장애인 학생을 위한 특별조치 신청은 거의 언제나 거부당했다고 말했다. 교사는 씁쓸하게 언급했다. "사립학교들은 극히 사소한 장애도 승인을 받을 수 있는 반면, 공립학교 학생들은 필기와 읽기 도우미 같은 지원을 받는 것도 거부당하고 있다."

영국에서도 엘리트 학교에 다니는 특권층 학생들에게 유리하게 시스템을 작동시키는 일이 보고되고 있다. 엘리트 학교들은 난독증을 비롯한 "특수 요구"가 필요한 자격이 있는 학생을 확인하는 데 많은 자원을 투입함으로써 이런 학생들에게 시험 시간을 25퍼센트 늘려준다.[82] 2017년 BBC에서 분석한 결과, 사립학교 시험 응시자의 20퍼센트가 추가 시간을 받은 반면 공립학교 학생은 그 비율이 12퍼센트였다.[83] 공립학교를 훌쩍 넘어서는 예산을 가진 엘리트 학교는 또한 시험 점수 이의신청을 훨씬 많이 받아서 더 높은 점수를 받을 기회를 준다. 공립학교 학생들은 결국 불리한 상황이다. 한 사립학교 교장은 이렇게 말했다. "우리는 또한 다행히도 (특수 요구가 필요한 학생을 확인하기 위한) 적절한 자원 배분과 전문가 부서가 있습니다. 주에서 운영하는 학교에는 이런 부서가 없을 수 있지요."[84]

국제 바칼로레아International Baccalaureate(IB)는 사립학교 학생들에게 불공정하게 이점을 부여하기 위해 시스템을 가지고 장난치는 또 다른 방식으로 보인다. 엘리트 사립학교들은 국제 바칼로레아 수료증을 대학에 입학하는 대안적 경로로 제공한다. 오스트레일리아에서는 일부 사립학교에서 졸업반 학생의 30~40퍼센트에게 이 수료증을 받게 한다. 국제 바칼로레아 과정 학생은 표준적인 국가 차원의 시험을 치르지 않으며, 대신 IB 교사들이 학생을 평가하기 때문에 점수 인플레이션 과정이 벌어진다. 2022년 보도에 따르면, 그해에 뉴사우스웨일스주에서 600명에 못 미치는 학생들이 IB를 봤는데 모두 사립학교 학생이었다. 그중 41명은 최고 점수(대학 입학 점수로 환산하면 99.95점)를 받았다.[85] 고등학교검정Higher School Certificate(HSC)을 이수한 학생 5만 5000명 가운데 48명만이 최고 점수를 받았다. 다시 말해, IB 학생들은 HSC 학생들에 비해 최고 점수를 받을 확률이 70배 높았다. (장애 진단을 받은 IB 수료 학생들은 주 차원의 시험을 본 학생들에 비해 평가에서 더 너그러운 혜택을 받는다는 사실을 주목해야 한다.)[86] 요컨대, 실제보다 부풀려진 점수를 받은 사립학교 IB 과정 졸업생들이 재능 있는 공립학교 학생 대신 명문대학에서 법학과나 의학과 같은 자리를 차지하고 있다.[87]

하지만 엘리트 학교들이 대학 입학을 위해 여러 방식으로 시스템을 가지고 장난치고 있음에도 일단 사회경제적 차이를 고려하면 여전히 공립학교 학생들을 압도하지 못한다. 그리하여 의문이 제기된다. 학부모들이 자녀를 공립학교보다 뛰어나지 않은 엘리트 학교에 보내기 위해 막대한 비용을 치르고 있다면, 과연 무엇을 위해 돈을 내는 걸까? 우리는 엘리트 사립학교들이 홍보하는 외적인 학업 성취가 그런 학교의 진정한 존재 이유를 위장한다고 지적하고 싶다. 학생들에게 사회자본과 문화자본, 상징자본을 전수하는 것이 그것이다. 네트워크, 친교, 문화 실천, 체제에 관한 지식, 성향, 지위 등은 학교와 대학을 넘어서 인생에서 큰 도움이 될 테고 그들이 열망하는 경력 단절*과 경제적 성공을 안겨줄 것이다. 상류층 전용 사립학교는 바로 이런 역할을 한다. 아이들이 엘리트 가정에 태어나면서 갖는 이점을 공고히 굳히고 재생산하는 것이다. 엘리트 학교가 유명한 동문을 진열하면서 인성을 쌓고, 학생들을 "독특한 사회적 환경"에 노출시키며, 미래 지도자로 키우겠다고 약속할 때, 이는 학부모들에게 자녀가 공립학교는 약속하지 못하고 줄 수도 없는, 눈에 보이지 않는 소중한 자산을 받게 될 것이라고 약속하는 완곡한 방식이다.

---

* 여기서는 언제든 직장으로 돌아올 수 있기 때문에 마음 놓고 출산, 육아 휴가를 갈 수 있다는 좋은 의미로 쓰인 것이다.

글로벌 시민 만들기

세계화된 세상에서 이제 지배 엘리트도 번성하기 위해 새로운 기술과 성향을 습득해야 한다. 미래 지도자들은 "글로벌 시민"이거나 적어도 세계로 나아가는 코스모폴리탄 성향을 지녀야 한다. 여러 나라의 엘리트 학교 6곳을 연구한 애덤 하워드와 클레어 맥스웰은 이 학교들이 어떻게 "글로벌 시민교육을 통해 코스모폴리탄적 주체"를 배출하는지를 탐구했다. 두 사람에 따르면, 오스트레일리아의 한 학교를 비롯한 몇몇 학교에서는 글로벌 리더십을 타인을 위한 리더십보다는 "개인적 권력과 위신의 수단"으로 해석했다.[88] 시드니의 엘리트 학교들을 홍보하는 반들거리는 소책자에서 "글로벌 시민"의 창출은 두드러진 주제다. 가령 킹코펄로즈베이는 학생들이 "글로벌 시민권을 하나의 생활방식으로 끌어안으면서 글로벌한 능력"을 키울 수 있게 힘을 주고자 한다. 그래야 노동시장에서 경쟁력을 갖고 "더 나은 세계를 위한 혁신적 변화를 추동"할 수 있기 때문이다. 퍼스의 스카치칼리지는 "오랜 전통을 글로벌 시민을 양성하는 현대적 교육과 결합한다"고 주장한다.[89]

글로벌한 관점을 독려하기 위해, 그리고 "사회정의에 대한 헌신"의 일부로서 대다수 엘리트 학교들은 학생들에게 국내외에서 "봉사" 프로그램에 참여할 것을 장려한다. 가난한 나라들을 경험하는 이런 여행은 리더십 개발의 일부이자 "불우한 이들을 돌보는" 책임으로 여겨진다.[90] 한 예로, 멜버른의 스카치칼리지는 멜빌섬의 원주민티위칼리지 및 잠비아의 치툴리카 고등학교와 자매결연을 했다.[91] 학교 여행 책임자는 "아프리카는 학생들이 글로벌 시민으로 성장하는 것을 돕는 수많은 매력적인 교육 여행 경험을 제공한다"고 공언했다.[92] 큐에 있는 MLC 스쿨(12학년 연간 학비 3만 4200호주달러) 학생들은 2010년 이래 정기적으로 탄자니아를 방문해서 "가난한 아이들에게 무상교육을 제공하는" 세인트주드학교를 위한 기금 모금을 돕는다. MLC 학생들은 "지역사회 기반 학습 경험에 참여한다".[93] 학생들은 이런 여행에서 돌아오면서 탄자니아나 네팔, 태국에서 겪은 "놀랍고" "눈이 번쩍 뜨이는" 경험에 관해 이야기하며 자신의 성취 목록에 이 경험을 추가한다.

멜버른과 잉글랜드 남부에 있는 엘리트 여학교 2곳에 관한 연구에서 앨런과 찰스는 이 학교들에서는 학생들에게 "자기 포트폴리오"를 만들라고 장려한다고 말한다. 그리하여 모든 활동, 그리고 특히 교과 외 활동이 빈국을 방문해서 "봉사"를 하는 식으로 성공적인 미래를 향해 차곡차곡 쌓인다.[94] (엘리트 여학교들은 남학교에 비해 공감과 돌봄을 배우는 것을 더 강조하는 듯 보인다.)[95] 두 사람은 남반구의 가난한 동네들이 특권층 학생들이 여행 경험을 쌓고 미래 지도자로서 능력을 연마하며 이력서를 돋보이게 만드는 장소로 기능한다고 주장한다. 비슷한 맥락에서 조엘 윈들Joel Windle과 그렉 스트래턴Greg Stratton은 연구에서 엘리트 학교들이 사회정의에 헌신한다는 점을 홍보하는 방식이 "사회적으로 배타적인 입학 정책과 양립 가능하다"고 관찰했다.[96]

켄웨이는 자신이 연구한 멜버른의 엘리트 학교에 식민주의의 유산이 지속되는 것을 간파했다 — 1866년 설립된 때부터 이데올로기와 일상, 건물과 교과과정이 고스란히 유지되고 있었다. 학교의 한 교사는 "식민주의의 유산이 …… 학교의 일부로 여전히 매우 강하다"고 인정했다.[97] 그 결과 학교의 현대식 봉사 활동을 이런 측면에서 해석하지 않기란 쉽지 않다. 앨런과 찰스가 이해하는 것처럼, "비백인인 다른 '착한' 사람들을 돕는 것은 중간계급의 자아에 자원을 제공하는 한 방편"이 된다. 남반구에서 하는 이런 선행은 "규범적인 엘리트 여학생과 원조가 필요한 '타자' 사이의 위계적 구별을 유지하는 작용을 한다".[98]

엘리트 학교에서 진행하는 해외 봉사 프로그램은 갭이어 학생들 사이에 인기가 많은 이른바 "자원봉사 관광volunteer tourism"과 비슷하다. 이런 관광은 종종 "관광객이 현지 지역사회에 '보답'하는 동시에 진정한 여행 경험을 누릴 수 있는 이타적 형태의 관광"으로 포장된다.[99] 연구자들은 이런 식의 관광이 근대 외부에 자리하기 때문에 더 "진정성"이 있다고 여겨지는 지역사회의 빈곤을 낭만화한다고 지적한 바 있다. 관광객의 시선은 "가진 건 별로 없지만 행복한" 사람들을 바라보며 빈곤의 비참함을 회피한다. 제인 갓프리Jane Godfrey와 동료들은 민족지학 연구들을 검토하면서 자원봉사 관광이 현지 지역사회의 "적극적 참여"를 강조하는 식으로 "신식민주의 담론을 영속화"하고 권력 차이를 강화한다는 비판에 주목한다. 자기비판적인 한 학생은 사람들을 돕고 싶다는 생각이 들어야 한다고 배우지만, 이런

교육 때문에 "다른 사람들과 진정으로 공감하기 어렵다"고 인정했다.[100]

앨런과 찰스는 부유층 가정이 어떤 식으로 "선한" 타자와 "악한" 타자의 이미지를 구축하는지에 관해 말한다. 이런 구분은 엘리트 학교들이 대체로 가까운 지역의 불우한 동네보다는 남반구의 가난한 지역에서 봉사활동을 하는 이유를 설명하는 데 도움이 된다. 같은 도시의 불우한 동네에는 쇼어 학생들이 깔보는 서부 교외의 "에셰이"나 "약쟁이" 같은 "악한" 타자들이 살고 있을 가능성이 크다.[101] 선한 타자는 멀리 떨어진 이국적 장소에 거주하며 원조에 감사하는 "무기력한" 사람들이다. 가령 보트피플과 달리, 그들은 "장소에 고정되어 있기" 때문에 부유층이 생활하는 공간을 오염시키지 못한다.

엘리트의 윤곽은 시간이 흐르고 문화에 따라 바뀌기 때문에 엘리트 학교도 부와 권력의 세계화에 적응해야 했다. 재계를 비롯한 여러 분야의 미래 지도자들은 다양한 정치 시스템과 문화적 스타일을 헤치고 나아갈 수 있어야 한다. 급변하는 세계를 위해 "글로벌 시민"을 창출하려는 그들의 욕망은 전통에 대한 몰입과 균형을 맞춰야 한다(그리하여 앞에서 언급한 것과 같은 기묘한 불일치의 언어가 등장한다). 다국적 학생들을 위한 수익성 좋은 시장에 눈길을 고정한 채, 몇몇 인종을 배제한다는 인식을 없애려는 조치는 이른 징후였다. 값비싼 기독교 학교들이 신앙에서 유연해지는 까닭에 오스트레일리아인이든 특히 중국같이 신입생을 공급하는 외국인이든 부유층 학부모를 포기하지 못한다.

멜버른에 있는 웨슬리칼리지는 학부모들에게 학교의 "영성, 기독교를 비롯한 모든 신앙을 끌어안는 영성"을 보증한다.[102] 성공회 사제 5명이 창립한 질롱그래머스쿨은 모든 종교인에게 입학의 문을 활짝 개방하며, 비기독교 학부모들에게 다만 "자녀가 기독교 교육과 계율을 수용적이고 열린 마음으로 받아들이도록 격려해줄" 것을 요청한다.[103] 시드니 성공회 여자그래머스쿨은 학교가 기독교 신앙을 추구한다고 확인하면서도 학생들이 "종교의 자유를 누리며 각자 나름의 영성을 탐구하고 자기만의 답을 얻도록 지원한다"고 말한다.[104]

글로벌 시민이라는 관념은 논쟁의 여지가 있는 개념이다. 켄웨이와 동료들은 엘리트 학교가 두 가지 방식으로 글로벌 시민을 제시한다고 분석한다. 하나는 "우리 모두가 지구 곳곳의 동료 시민들에 대해 갖는 책임"을 배우는 도덕적, 정치적 존재를 배양하는 것이다. 다른 하나는 세계화된 세계에서 성공하는 법을 아는 사업가로서, 그리고 글로벌 노동시장에서 성공하도록 학생들을 가르치는 것이다.[105] 좀 더 일반적으로 말해서, "글로벌 시민 담론은 …… 학생들에게 코스모폴리탄적 교양이라는 품격을 제공한다".[106]

엘리트 학교들이 글로벌 시민을 양성하기 위해 활용하는 다른 수단들로는 국제 바칼로레아와 라운드스퀘어Round Square 가입을 통한 국제적 협력 기회 등이 있다. 각각 살펴보기로 하자.

국가적 관심보다는 "국제적 사고"와 초국가적 이동성을 강조하는 IB 과정은 "글로벌 시민" 형성을 과제로 삼는다.[107] 어디서나 사용 가능한 대학 입학 자격증 이상인 IB는 1960년대에 학생들에게 "글로벌한 능력"을 부여한다는 코스모폴리탄적 꿈으로 개발되었다.[108] 자국의 교과과정이 한계가 있다고 여겨지는 가운데 IB 수료증을 받는 학생은 자신을 위한 "초국가적 미래"를 상상한다. IB는 각 학교가 글로벌하게 연결되고 외부 지향적임을 내세우는 핵심적 요소가 된다. 또한 해외 각국의 시험 성적을 해독하는 데 애를 먹는 세계 곳곳의 최고 대학들에 입학할 수 있는 통로도 제공한다.[109] 시드니 MLC스쿨에서 IB는 "공통의 인류애를 인식하고, 인류 공동의 지구를 수호한다는 사명을 공유하며, 더 평화롭고 더 나은 세계를 만드는 데 조력하는 국제적 사고로 무장한 사람들을 성장시키는 것"을 목표로 삼는다.[110]

1967년 영국 왕족이 선호하는 상류층 전용 사립학교인 고든스턴에서 열린 회의에서 설립된 라운드스퀘어는 세계 곳곳의 엘리트 학교들로 구성된 조직이다. 이 기구가 풍기는 매력은 왕족과의 연계와 어느 정도 관련이 있다. 2011년 엘리자베스 여왕은 버크셔에서 기구 회의의 개회를 선포했고, 민간인 '왕족' 가운데 넬슨 만델라가 후원자였다. 전 세계 회원 학교 200곳 가운데 영국의 고든스턴스쿨과 카범홀, 오스트레일리아의 아이번호그래머와 스카치칼리지, 미국의 홀리이노선트 성공회학교와 호치키스스쿨 등이 있다. 원래 부유층 학교들이 저소득층을 돕기 위해 협력할 수 있는 수단으로 의도된 라운드스퀘어는 국제주의, 리더십, 봉사, 환경주의, 민주주의, 모험 등의 원칙을 내세운다. 이 기구는 현재 "걸출한 초국적 교육단체"로 묘사된다.[111] 라운드스퀘어의 초국적 성격과 활동은 새롭게 등장하는 글로벌 엘리트의 형성을 돕기 위해 전통적인 엘리트 학교의 고루한 민족주의를 초월하는 수단으로 여겨질 수 있다.[112] 켄웨이와 동료들이 볼 때, 라운드스퀘어 같은 단체는 "민족과 문화, 종교에 따른 다양성을 아우르면서도 계급의 다양성은 배제하는 방식으로 가능한 미래를 예측하고, 공통의 초국적 지배계급의 상상을 구축하는 장소"다.[113]

라운드스퀘어의 홍보 영상에는 해외 교류를 통해 얻은 문화적 풍요와 습득한 리더십 기술에 흥분하는 졸업반 학생 10여 명(거의 여학생이다)이 등장한다.[114] 실제로 이 단체는 "용감하고 동정심 많은 지도자들을 위한 플랫폼"을 자처하며 "세계적 수준의 인성 교육"을 진행한다고 자랑한다. 라운드스퀘어는 회원 학교들이 "평등, 공정, 정의"를 장려할 것을 기대하지만, 공립학교 학생들은 여기서 배제된다.[115] 대신 학생들이 접하는 문화적 다양성은 남반구의 이국적인 장소들에서 실천된다.

페터 샌드그렌Petter Sandgren이 말하듯 "보수주의와 진보주의 사이에 균형을 맞추려는 시도"를 보여주는 라운드스퀘어 웹사이트에는 교복 차림으로 청년 기후 시위에서 흔히 볼 수 있는 구호를 그대로 되풀이하는 피켓을 들고 선 행복한 표정의 학생들의 이미지가 담겨 있다―"플래닛B*는 없다", "해수면이 아니

---

*   '플랜B'에 빗댄 말장난.

라 목소리를 높여라". 체제에 도전하는 성난 피켓은 보이지 않는다—"기후변화가 아니라 체제 변화를", "다른 아마존이 불타고 있다", "여러분이 배운 사람의 말에 귀를 기울이지 않는데, 우리가 왜 학교에 가야 하나요?"[116] 엘리트 청소년들 사이에 구축된 피상적 네트워크는 동지애와 운동에 대한 열정을 바탕으로 젊은 기후활동가들 사이에 구축되는 진정한 글로벌 네트워크와 대조를 이룬다.[117]

특권을 정당화하는 전략들

사회정의와 공정, 능력에 따른 성공을 신봉하는 민주 사회에서 국가 엘리트의 권력과 부를 영속화하는 데 기여하는 상류층 전용 사립학교의 존재는 정당성의 문제를 일으킨다. 불평등이 급격하게 고조되고 공립학교를 위한 자원이 감소하는 시대에 한층 더 극심해지는 문제다. 이 학교들은 어떻게 자신의 존재를 정당화할까?

켄웨이와 동료 저자들은 엘리트 학교들이 존재의 정당성을 입증하기 위해 활용하는 정당화 전략들을 설명한다.[118] 하나는 자신들이 누리는 엄청난 특권을 부인하는 것이다. 공적 지원을 받는다는 사실에 비판이 가해질 때 상투적으로 나오는 대응은 재학생 전부가 부유층 집안 출신이 아니라고 주장하는 것이다. "우리는 모든 학생에게 열려 있습니다. 일부 학부모"는 자녀를 이 학교에 보내기 위해 "투잡을 뛰어야 합니다"(절대다수가 최고 부유층 가정에 속한다는 사실을 입증하는 공식 데이터가 있는데도 아랑곳하지 않는다). 시드니 뉴잉턴칼리지(12학년 학비가 3만 9000호주달러) 교장은 모든 학생이 "특권층"임을 인정했다. 하지만 그 학생들은 "교육을 소중히 여기고 커다란 희생을 하는 가정"에서 태어났기 때문에 특권층이다(마치 저소득층 가정은 그렇지 않다는 듯이).[119] 이런 언어 구사는 켄웨이와 동료들이 말하는 이른바 "부유층 피해자 담론"이라는 또 다른 전략으로 변형된다. 누군가 엘리트 학교의 특권에 공개적으로 이의를 제기할 때마다 "우리도 세금을 낸다"거나 "알다시피, 일부 학부모는 희생을 해야 한다" 같은 비유가 동원된다.[120]

오스트레일리아 엘리트 학교들이 구사하는 또 다른 전술은 광범위한 일반 사립학교들 사이에 몸을 숨기는 것이다. 많은 일반 사립학교들은 평범한 가정에 속하는 학생들을 받기 때문이다.[121] 엘리트 학교 로비 집단인 사립학교협회는 언제나 모든 사립학교가 똑같다는 듯이 말하면서 "다양성" 같은 유행어를 구사하며 평균을 사용하는 공공 예산 지원을 거론한다. 마치 엘리트 학교들이 의존하는 부의 위계가 존재하지 않는 듯이.[122] 그 결과, 연간 학비가 4000호주달러인 학교들이 4만 호주달러인 학교들을 정치적으로 엄호해준다. 달리 말해, 조롱받는 서부 교외에서 저소득층 가정 자녀들을 가르치는 사립학교들이 보클루스와 투랙의 최고 엘리트 학교들을 정당화하는 데 활용된다.

원주민 학생을 위한 장학금은 다양성과 사회정의를 위해

노력한다는 것을 보여줌으로써 특권을 부인하는 좋은 수단이 되고 있다. 원주민 학생이 몇 명 다니는 학교들은 사회정의의 모범을 자처할 수 있다. 오스트레일리아에서 가장 비참한 집단의 일부를 '구제'하기 위해 결정적인 아량을 베풀기 때문이다.

하지만 사회정의에 관한 약속을 실천하는 것이 언제나 주요한 동기인 것은 아니다. 어느 원주민 학생은 멜버른의 한 엘리트 기숙학교 교장에게 캠퍼스에 애버리진* 국기를 게양해달라고 요청했다가 거부당한 뒤 3년간 싸웠다고 이야기했다.[123] 오스트레일리아 역사에서 원주민이 차지하는 독특한 자리를 망각한 게 분명한 교장은 그 학생의 요청을 들어주면 다른 학생들도 "각자의 깃발"을 게양하기를 원할 것이라고 말했다. 졸업생 코리 앳킨슨Corey Atkinson은 학교에서 "존중을 받지 못한다"고 느꼈다고 말했다.

마니 오브라이언Marnie O'Bryan은 선구적인 박사논문을 쓰기 위해 사립학교에 장학금을 받고 입학한 원주민 학생 다수와 이 프로그램에 관여한 교사를 비롯한 관계자를 인터뷰했다.[124] 오브라이언은 관련된 많은 사람들이 학교가 교육을 위한 "분명한 조직화 원리"를 개발하는 것보다는 원주민 학생의 존재를 홍보하는 데 더 관심이 많다고 느꼈다고 전했다. 장학금을 받고 졸업한 뒤 명문대학에서 법학 학위를 마무리하는 중인 한 학생은 이렇게 말했다. "내가 이런 성취를 이룰 수 있는 토대를 놓아준

---

* 오스트레일리아의 원주민.

것은 내가 다닌 화려한 백인 학교가 아니라 내가 속한 지역사회와 가족 성원들입니다. 그들에게 나는 축구선수였고, 지역사회에서는 지도자였죠." 오브라이언의 말을 들어보자.

…… 많은 젊은이들이 자신에게 주어진 기회에 "감사"하고 그에 따라 행동해야 한다는 기대를 설명했다. …… 한 교사 참가자는 어떤 (원주민) 학생이 특정한 활동에 참여하기를 내켜하지 않자, "연간 6만 달러 장학금"을 받고 있으니 홍보 영상에 참여하는 건 선택의 문제가 아니라는 걸 기억하라는 말을 들었다고 떠올렸다.[125]

홍보 활동에 참여하라고 원주민 학생에게 가해지는 압박은 "종종 학교를 졸업하고 몇 년이 지난 뒤에도 계속되었다". 한 원주민 졸업생에게 지금도 학교와 연락을 하느냐고 묻자 그는 오브라이언에게 이렇게 답했다. "아뇨. 나는 유명 축구선수도 아니고 예술가도 아니라 학교에 전혀 쓸모가 없거든요." 원주민 학생들은 처음에는 학교에서 주목을 받는 것에 흥분하지만 금세 자신이 어떻게 활용되는지를 알고 냉소적으로 변한다. 어떤 학생은 처음 입학했을 때의 기분을 이렇게 설명했다. "와우! 《오스트레일리언》 1면에 내가 실리다니. …… 와우, 총리에게 묻고 답하기에서 첫 번째 질문을 내가 한다니." 하지만 그는 금세 순진한 마음이 식어버렸다. 그는 "대개 피부가 가장 검은 학생이 무대에 오르는 주인공이 된다"는 사실을 눈치챘다. 그런 학생들도 냉소적으로 변했다.

인터뷰 참가자(교사와 동문) 다수가 학생들이 어떤 식으로 학교나 장학금 제공자의 홍보 기구를 위한 총알받이로 활용되는지 반성했다. 어린 학생의 행복에는 별로 관심을 보이지 않는 것 같았다. 한 참가자는 "500~600명"이 참석한 만찬 자리에서 어떤 어린 학생이 어머니가 자살한 사실에 비춰볼 때 교육의 가치를 어떻게 이해하는지 말해보라는 요청을 받았다고 술회했다.[126]

오브라이언은 이 이야기를 들려준 졸업생이 나중에 자살했다고 알려준다. 신랄한 결론적 언급에서 오브라이언은 이렇게 관찰했다. "오스트레일리아의 엘리트 학교들은 식민지 시대까지 깊숙이 이어지는 뿌리를 갖고 있다. 이런 사회적 장에는 여러 힘이, 거의 힘의 장場이 존재하며, 이 힘들은 물리 법칙처럼 작용한다. 그 힘들이 기능하는 공간을 구부리고 모양 짓는다."[127]

"특권층 기부"의 덜 착취적인 형태는 혜택을 다른 사람들과 공유하겠다고 약속하는 것이다.[128] 한 예로, 시드니 성공회 여자그래머스쿨은 훌륭한 학교 시설을 지역의 기관들과 공유한다. 지역 홈리스 쉼터만이 아니라 시드니실내합창단과 시드니청소년오케스트라 같은 조직과도 같이 쓴다.[129] 2022년, 시드니의 호화로운 부촌 벨뷰힐(2022년 중위 주택 가격이 850만 호주달러)에 있는 크랜브룩스쿨은 1억 2500만 호주달러가 소요된 복합

시설의 문을 열었다. 신축 수영장, 층고를 두 배 높인 오케스트라 공연장, 267석 규모 극장, 지하 주차장 등으로 이루어진 시설이었다.[130] 학교 이사장 존 노스Jon North(본인이 이 사업에 세액 공제가 되는 2500만 호주달러를 기부했다)는 신축 시설에 관해 열변을 토하면서 크랜브룩 학생들이 신축 건물을 "정말 자극이 된다"고 여긴다고 말했다. "원래 25미터 길이의 수영장이 있었는데, 수구를 하기에 썩 좋지는 않았지요. 그래서 제대로 된 수영장과 수영 학교를 짓기로 결정했습니다." 하버사이드 지역 바깥에서 이런 무미건조한 자랑이 어떻게 인식될지를 직감한 학교 대변인은 신축 시설을 "지역사회 일반"에 개방할 것임을 알리고 싶었다. 기념 예배당에서 예배가 열릴 테고, 극장에서 오케스트라 앙상블이 공연을 할 수도 있었다.[131]

이데올로기 작업은 또 다른 정당화 전략이다. 아마 가장 중요한 것이 "선택"에 관한 호소일 것이다. 흔히 학부모가 자녀를 어떤 종류의 학교에 보낼지 자유롭게 선택한다고 말한다. 물론 절대다수의 학부모는 연간 3만 5000호주달러의 학비가 드는 학교에 자녀를 보내는 선택을 할 수 없다. 또한 하루에 두 번씩 엘리트 학교 앞에 줄줄이 늘어서는 고급 승용차를 구매하는 선택도 할 수 없다. "선택"은 개인의 책임과 자기계발, 기업가 정신을 강조하는 신자유주의 혁명 이후 한층 더 강력한 슬로건이 되었다.[132] 공립학교 교육에 대한 지역사회 중심 주장―좋은 교육에 대한 동등한 접근권과 사회적 위계를 가로지르는 혼합의 사회적 혜택―은 오늘날 1970년대에 비해 별로 통하지 않는다.

하지만 사회정의 문제에는 대처해야만 한다. 특권층 학생들에게 사회정의에 관해 적극적으로 가르치는 미국의 이례적인 엘리트 학교에 관한 연구에서 케이티 스월웰Katy Swalwell은 특권의 재생산을 차단하기를 바라는 교사들이 "엘리트의 상식에 깊이 뿌리박은 헤게모니적 성격"을 극복하는 게 어렵다는 걸 깨달았다고 지적했다. 자신의 특권과 기꺼이 대결하려는 학생들을 대할 때도 마찬가지였다.[133] 선량한 시민의 행동은 "개인적이고 특이한 친절한 행동"에 국한되었다. 이력서에는 도움이 되겠지만 사회 변화에 대한 요구에 직면할 때는 유순한 태도를 부추길 뿐이었다.

켄웨이와 동료들은 다양한 엘리트 학교에 다니는 청소년들이 사회정의와 불평등에 관한 질문에 "손쉽게 정중한 대답"을 한다는 것을 발견했다. 마치 평소에 연습이라도 하는 듯 "자신과 학교가 계몽되었다는 인상을 풍기기 위해 계산된" 답변이었다. 다시 말해, 학생들은 일종의 "정신적 맹목"을 실천했다. 자신들이 흠뻑 빠져 있는 "특권 자체를 부정"한 것이다.[134] 그들은 "말 그대로, 자신과 관련된 문제로 빈곤 문제에 관해 이야기하는 언어를 갖고 있지 않았다". 이런 문제에서 학생들은 1980년대와 1990년대에 사회민주주의의 서사를 대체한 신자유주의 서사만을 따르고 있다. 빈곤과 불우한 사정은 사회구조가 낳은 결과가 아니라 개인과 그 가족의 실패와 병리에서 생겨난 결과라는 것이다.

마지막으로, 특권층에 속하지 않으면서도 체제가 지속될

수 있게 만드는 사람들에 관해 말하고 싶다. 어빙 고프먼은 계급의 상징을 부여하는 "큐레이터 집단"의 역할을 설명하면서 사회적 위계의 아래쪽에 속하는 계급 출신으로 엘리트를 위해 일하도록 발탁된 사람들을 언급했다. 태어나면서부터 위신의 상징을 배우지는 못했지만, 그들은 지위가 높은 이들을 위해 이런 상징을 조작해야 한다.[135] 자신이 가르치는 학생과 그 학부모들보다 위계에서 한참 아래에 자리한 엘리트 학교 교사들을 큐레이터 집단에 포함시킬 수 있다.[136] 홀름크비스트는 유스홀름에서 근무하는 교사들이 자신의 종속된 지위를 유감스럽게 곱씹으며 하는 말을 인용했다.

학부모보다 한참 미치지 못할지라도 어지간한 돈을 받을 수 있고 노동조건도 공립학교보다 편하다고 하지만, 사립학교 교사들은 왜 자신이 일하는 학교를 수용하고 전도하는 듯 보일까? 켄웨이는 교사들이 엘리트 학교에서 일한다는 높은 지위를 누리고 학교 공동체의 모든 성원과 나란히 학교의 "성공"에 가담한다고 말한다.[137] 그리고 교사 자녀는 무상, 또는 한참 저렴한 학비로 입학할 수 있기 때문에 아마 그 애들은 부모가 그 밑에서 일하는 부유층 엘리트로 상승할 것이다.

그렇다 하더라도, 조지 베리언George Variyan은 오스트레일리아 엘리트 사립학교에서 일하는 교사들에 관한 연구에서 공립학교에서 발탁된 많은 교사들이 윤리적 불안을 경험한다는 것을 발견했다.[138] 이런 불편을 가라앉히기 위해 교사들은 합리화의 구실을 찾으며 얼마 지나지 않아 학생들과 똑같은 담론을 받아들인다. 그들은 엘리트 학교에서 자신의 지위를 행운으로 설명한다. 특권체제를 영속화하는 데서 "자신들이 행하는 기능을 지워버리는" 담론이다. 이런 학교들이 구현하는 불의에 대한 불편함을 떨쳐버릴 수 없는 이들의 경우에도 학교의 부가 안겨주는 혜택이라는 덫에 걸리거나 유혹된다. 결국 베리언이 말하듯이, "교사들은 죄책감과 도덕, 윤리의 질문에도 불구하고 조직 생활을 받아들이면서 성공을 구가한다".[139]

5장 요약

특권기계의 주요 구동부인 상류층 전용 사립학교는 능력주의의 적이다. 엘리트 학교는 학생들을 특별 클럽으로 인도하며, 이 클럽에서 학생들은 자신이 고귀한 정신적, 도덕적 자질을 지녔다고 배운다는 의미에서 '성화'된다. 학교는 역사와 화려한 부, 장식과 의례, 동문과 독특한 언어를 동원해서 그곳에서 이루어지는 교육의 상징적 힘을 강화한다. 그 결과 대다수 엘리트 학교에 다니는 학생들은 심지어 냉소적인 외부자들에게도 경외의 눈길을 받는다.

실제로 엘리트 학교는 경제자본이 사회자본·문화자본·상징자본으로 성변화되는 장소다. 사회자본은 네트워크의 형성을 통해 구축되는데, 이런 네트워크는 졸업생에게 평생 특권 접근성을 제공할 뿐만 아니라 지배 엘리트를 통합하는 데 도움이 된다. 학생들이 획득한 문화자본은 미묘한 형태의 이해, 태도와 성향, 미래의 성공에 대한 편안함과 자신감 등으로 구현될 수 있다. 엘리트 학교는 우월한 도덕적 자질의 이미지를 투사하지만, 실제로 학생들 사이에 자신이 자격이 있고 특별하다는 인식을 낳는다. 학생들은 자신이 사회의 규범과 규칙 위에 있다고 믿으면서 이런 인식을 공유한다.

오늘날 엘리트 학교는 '글로벌 시민'을 형성하는 것을 대단히 강조한다. 남반구에서 선행을 하는 등의 '봉사'를 장려하는 각종 프로그램은 사실 학생들에게 사회정의 의식을 불어넣는 방편보다는 자기계발의 형태에 가깝다. 저소득층 학생을 위한 장학금 프로그램은 사립학교 엘리트주의에 고유한 불공정성을 감추기 위해 활용된다. 원주민 장학생들은 홍보 가치를 위해 활용된다.

불평등과 특권을 영속화하는 으뜸가는 수단으로 기능한다는 비난에 맞서 변호하기 위해 엘리트 학교는 특권을 부인하고 피해자 담론을 수용하는 등의 정당화 전략을 채택한다. 능력의 증명서 이면에 도사린 계급의 이점을 감추기 위해 엘리트 학교는 탄탄한 성적을 올린다는 평판을 높이려고 노력하면서 스스로 능력주의를 훼손하는 한편에서 능력의 상징을 흡수한다. 실제로 넘쳐나는 자원을 보유하고 시스템을 농락하면서도 엘리트 학교의 학업 성적은 공립학교보다 전혀 우월하지 않다.

6장   특권의 장소들

엘리트 특권의 힘이 커지는 것은 젠더·인종 평등을 가로막는 장애물이 대거 제거되던 시기에 이루어졌다. 물론 아직 장애물을 전부 치우려면 갈 길이 멀다.[1] 앞으로 살펴볼 것처럼, 몇몇 영역에 관한 우리의 데이터를 보면, 젠더와 종족 다양성이 상당히 개선되는 한편, "계급 다양성"에서는 전혀 진보가 이루어지지 않고 있다.

이 현상을 탐구하기 위해 이 장에서 우리는 상류층 전용 사립학교에 입학하는 엘리트 자녀들이 누리는 몇 가지 이점(과 다른 학생들에게 암묵적으로 미치는 피해)에 관한 일부 데이터를 보고한다. 상류층 전용 사립학교 시스템이 제공하는 특권은 사회 전체에 퍼져나가면서 놀랍게도 여러 영역에서 감지된다—젠더·인종 다양성의 눈에 띄는 진전 때문에 대중의 마음속에서는 엘리트 특권의 영향력이 가려지기에 더더욱 놀라운 현상이다. 예전의 방식이 이제 사라지고 있다는 인상과 어긋나는 현상이다.

예술과 스포츠, 특권의 전유물

우리는 프로 스포츠나 대중음악같이 흔히 부유층 자녀의 야심에 미치지 못한다고 여겨지는 경력과 직업이 점점 매력을 끌고 있다고 가정한다. 이런 분야에서 성공을 거두면 오늘날 많은 부와 명성을 얻을 수 있기 때문이다. 오늘날 스포츠에는 돈이 넘쳐나며, 선수들은 두터운 네트워크를 통해 대기업과 마케팅산업, 억만장자 소유주와 미디어에 연결된다.[2] 미디어의 포화 상태와 유명인 문화는 은퇴 후에도 돈벌이가 좋은 기회를 약속해준다.

영국에서 배우와 음악산업은 점차 사립학교 출신의 전유물이 되고 있다. 제임스 블러드워스James Bloodworth는 2011년 영국 음악 차트에 오른 가수의 60퍼센트가 사립학교 출신이거나 상류층 전용 연극학교 졸업생이었다고 보고했다. 지난 20년 동안 비율이 급격하게 늘어났다.[3] 연기자의 경우에 영국 아카데미 수상자의 42퍼센트가 사립학교 졸업생이었다. 미국의 오스카 수상자에 관해서는 비슷한 연구가 진행된 바가 없는 것 같다. 오스트레일리아에서도 체계적인 데이터를 구할 수는 없지만, 가장 성공한 배우 중 사립학교 출신이 얼마나 많은지를 보면 인상적이다. 대부분 최고 엘리트 학교 출신이다. 케이트 블란쳇, 휴 잭맨, 히스 레저, 레벨 윌슨, 에릭 바나, 휴고 위빙, 조엘 에저튼, 사이먼 베이커 등이 모두 사립학교 출신이다(제프리 러시, 로즈 번, 니콜 키드먼은 공립학교를 다녔다).[4]

2021년, 퍼스를 연고로 한 오스트레일리아식 풋볼팀 웨스트코스트 이글스 감독은 공립학교를 나온 한부모 가정 출신 선수는 경기장 밖에서 관리하는 비용이 너무 많이 들기 때문에 안정된 가정 출신에 사립학교를 나온 선수에 집중하는 게 팀에 더 낫다고 말했다.[5] 감독이 이런 발언을 한 것은 의회 조사에서 지난 3년간 엘리트 사립학교 출신이 주 AFL(오스트레일리아 풋볼리그) 신인 드래프트 지명자의 30~40퍼센트를 차지한 사실이 밝혀지고 1년 뒤의 일이었다. 웨스턴오스트레일리아주의 중등학교 300개 중 엘리트 사립학교는 7개에 불과했다.[6] 위원회는 풋볼 발전을 위한 주정부 예산 지원이 엘리트 학교에 압도적으로 집중되어 이 학교 학생들이 "불공정한 이득"을 누린다는 사실에 깜짝 놀랐다. 위대한 원주민 선수 데일 키킷Dale Kickett은 풋볼은 원주민 학생과 비원주민 학생 간의 격차가 좁아지는 몇 안 되는 분야 중 하나라고 지적했다. 최고 수준에서 뛸 기회를 빼앗으면 경쟁은 "부자 아이들끼리 경기를 하는" 결과가 될 것이었다.[7] 다른 이들은 웨스트코스트 이글스에서 약물 문제에 시달리며 악명을 떨친 두 선수가 사립학교 출신이라고 지적했다.

엘리트의 스포츠 지배는 오스트레일리아 풋볼에만 국한되지 않는다. 특권이 스포츠를 잠식하는 현상은 사회적 지위가 높은 스포츠에서 특히 분명하다―럭비(하지만 럭비리그rugby league*는 아니다), 조정, 테니스, 요트, 승마, 크리켓 등이 대표적이다. 잉글랜드에서 전체 고등학교 학생의 7퍼센트를 차지하는 사립학교가 1986~1999년생 테스트매치** 배터의 40퍼센트를 배출했다. 상층계급 배트맨과 노동계급 볼러라는 전통적 구분을 상기시키듯이 사립학교가 배출한 테스트매치 볼러는 "고작" 31퍼센트였다.[8] 두 비율 모두 앞선 20년 동안에 비해 급격하게 높아졌다.[9]

《크리켓 경제학Crickonomics》의 공저자인 스테펀 시맨스키Stefan Szymanski와 팀 위그모어Tim Wigmore가 계산한 이 수치들을 보면, 값비싼 사립 교육의 특권이 스포츠에서의 성공까지 확대되는 걸 알 수 있다. 최고의 감독들은 세계적인 타자가 되는 비결은 10대 시절에 최고 수준의 지도를 받고 좋은 경기장에서 플레이할 기회를 누리는 것이라고 믿는다―정확히 엘리트 학교들이 제공하는 것이다. 상류층 전용 학교들이 고용한 크리켓 감독들은 대개 일류 타자 출신으로 또한 크리켓에서 최고 수준의 네트워크와 연결되어 있기 때문에 학생들도 아카데미 선수 선발 책임자의 관심을 끌 가능성이 크다.

사립학교의 이점은 크리켓에 국한되지 않는다. 지난 20여 년간 엘리트 학교들은 수백만 달러를 쏟아부어 학생들에게 세

---

* 럭비와 룰이 약간 다르고 13명이 뛰는 스포츠. 19세기 말 신사 스포츠 럭비에서 갈라져 나올 때 노동계급 출신의 프로 리그로 시작해서 애호 계층이 미묘하게 차이가 난다.
** 크리켓이나 럭비의 국가 대항전.

계적인 스포츠 시설을 제공하고 있다. 한 예로, 해로스쿨은 올림픽 수준의 러닝트랙과 자체 골프장을 자랑한다.[10] 학교 웹사이트에서 자랑하는 것처럼, "방대한 스포츠 경기장에 둘러싸여 …… 영국 최고 코치진의 지도 아래 우리의 엘리트 선수들은 국제적으로 최고 수준의 성적이라는 인상적인 기록을 보유하고 있습니다".[11] 최고 부유층이 고급문화 취향에서 문화적 잡식성으로 이동하는 현상(3장을 보라)을 반영하듯, 스포츠 성적은 엘리트 학교의 명성을 드높여주며 스포츠 동문들은 그 브랜드에 빛을 내는 데 활용된다. 이 학교들은 점차 스포츠 성적 순위를 지배하고 있다. [영국의 교육 자선단체] 서튼트러스트Sutton Trust와 사회적이동성위원회Social Mobility Commission가 2019년에 펴낸《엘리트주의 영국Elitist Britain》이라는 제목의 보고서에 따르면, 다양한 스포츠에서 진행되는 전국 학교 대항전에 참가하는 공립학교는 전체의 86퍼센트인 데 비해 우승 비율은 53퍼센트였다.[12]

서튼트러스트의 계산에 따르면, 잉글랜드의 국제 크리켓 선수 가운데 43퍼센트가 사립학교 소속이었다(2014년 33퍼센트에서 증가했다). 럭비의 경우에는 37퍼센트였다. (전통적으로 노동계급 스포츠인 축구는 5퍼센트만이 사립학교 소속이었다.) 따라서 전체 학생의 7퍼센트를 차지하는 엘리트 학교들이 점차 영국 프로 스포츠 선수들을 위한 훈련장이 되고 있다. 고위급 판사(65퍼센트가 사립학교 출신), 사무차관permanent secretary***(59퍼센트), 외

*** 내각 부처의 일상 사무를 관리하는 영국 최고위 공무원.

교관(52퍼센트), 신문 칼럼니스트(44퍼센트) 등과 마찬가지로.[13] (블러드워스는 영국에서 드러난 증거를 바탕으로 볼 때, 명망 높은 직업, 군 고위 장교, 각료직 등에서 사립학교를 나온 7퍼센트가 압도적으로 지배하고 있다고 보고했다.)[14] 공저자들이 무미건조하게 말하듯이, "사립학교 출신자들의 전망은 여전히 또래의 다른 사람들보다 굉장히 밝다". 더 직설적으로 말하자면, 권력과 영향력이 가장 많고 존경도 많이 받는 직업들(운동선수와 배우)의 경우에 사립학교 입학이 꼭대기로 올라가는 지름길이다. 물론 이런 추세가 의미하는 바는 엘리트 지도와 세계적 시설을 전혀 이용할 수 없는 저소득층 가정의 아이들이 자신이 처한 환경에서 빠져나오기가 점점 어려워진다는 것이다. 더욱이 정부 스포츠 지원 기관이 메달 유망주로 확인되는 선수들에게 자금을 돌리면, 결국 부유층 가정의 젊은이들이 압도적으로 많은 비중을 받는다.

오스트레일리아인들은 이런 데이터가 잉글랜드의 계급체계를 반영한다고 생각할지 모르지만, 사립학교가 점점 최고 수준의 스포츠를 장악하는 현상은 오스트레일리아에서도 벌어지는 중이다. 애시스Ashes* 크리켓 팀의 사립학교 출신 선수 비율은 1990년대에 급격하게 증가한 뒤 45퍼센트 안팎을 유지하고 있다.[15] 최고 수준의 선수가 10대 시절에 집중 지도를 받아 만들어진다면, 멜버른의 웨슬리칼리지나 17개 경기장을 보유하고 있다고 자랑하는 패라매타의 킹스스쿨 같은 학교의 호화로운 스

---

* 잉글랜드와 오스트레일리아가 2년마다 치르는 크리켓 국가 대항전.

포츠 시설을 볼 때 놀라운 일이 아니다.

오스트레일리아 고등학생의 40퍼센트 정도가 사립학교에
재학 중인 것은 사실이다. 하지만 학비와 시설, 명성에서 최하
(대부분 가톨릭 학교)에서 최고(주로 비복음주의 개신교 학교)에 이르
기까지 편차가 대단히 심하다. 오스트레일리아의 엘리트 사립
학교들—멜버른의 퍼블릭스쿨연합회Associated Public Schools(APS) 소
속 11개 엘리트 학교, 시드니의 그레이트 퍼블릭스쿨Great Public
Schools 소속 8개 학교, 그 밖에 2~30개 학교 포함—은 잉글랜드
의 사립학교에 해당한다. (식민지 시절 잉글랜드 엘리트 사립학교들
을 흉내 낸 오스트레일리아의 이 19개 학교는 자신들을 '퍼블릭스쿨'이라
고 지칭한다.)

한때 모든 계급 장벽을 가로지르는 스포츠로 여겨졌던 오
스트레일리아식 풋볼에서도 엘리트 학교들이 상위 랭크를 지
배하는 것은 웨스턴오스트레일리아주만의 현상이 아니다. APS
11개 학교(빅토리아 주 전체 고등학교 중 약 0.2퍼센트)가 매년 AFL
구단에 드래프트 지명되는 선수의 4분의 1 정도를 차지한다.[16]
2019년 콜필드그래머(12학년 연간 학비 3만 5746호주달러) 한 학교
에서만 AFL 선수 19명을 배출했고, 헤일리베리(3만 5920호주달
러)는 20명을 배출했다. 최고의 시설과 유명 선수 출신으로 구
성된 코치진 외에 성공을 낳은 핵심적 요인 하나는 2000년 무
렵부터 공립학교의 재능 있는 10대를 공격적으로 영입해서 장
학금을 주면서 키우기로 결정한 것이었다. 노동계급 청소년의
재능을 활용해서 특권층 학교의 명성을 드높이는 것은 원주민

장학금의 기능(5장을 보라)과 비슷하다. 실제로 이 둘은 종종 중첩된다.

부유층 부모 **밑에서** 스포츠 재능을 타고난 아이들은 특히 소중히 여겨진다. 녹스그래머는 "뛰어난 스포츠 시설" 외에도 "엘리트 스포츠에서 경력을 쌓고자 하는 뛰어난 학생 선수"를 지원하는 특별 프로그램을 제공한다. 이런 학생들은 뛰어난 코치진의 맞춤형 일대일 멘토링과 개인별 운동 계획, 전문가의 정기 방문 지도 등을 약속받는다.[17]

서민층 학생과 부유층 학생이 각각 이용하는 스포츠 시설의 격차는 점점 확대되고 있다. 돈이 남아도는 사립학교들은 부유한 동문들이 세액 공제를 받고 내는 기부금을 활용해서 최신식 수영장을 짓는 한편, 오스트레일리아 곳곳의 지방의회는 지자체 수영장을 유지할 여력이 되지 않아 속속 문을 닫고 있다.[18]

대부분의 스포츠 종목에서 원주민 선수가 많이 등장하고 전통적으로 남성의 성채였던 크리켓이나 AFL, 럭비 등에서 여성 스포츠가 두각을 나타낸 것은 환영할 만한 일이다. 하지만 엘리트 학교라는 온상을 통과한 젊은이들이 이런 스포츠의 최고 수준을 점점 지배하는 현상을 보면, 젠더 및 종족 다양성 향상이 '계급' 다양성 쇠퇴를 눈가림하고 있음을 알 수 있다.

미국에서도 사정은 비슷하다. 5장에서 우리는 부유층 가정 학생들이 일정 부분 스포츠 능력을 바탕으로 대학 입학에서 압도적인 혜택을 누린다는 것을 살펴봤다. 또 다른 대규모 종적 표본 연구에 따르면, 많은 프로 선수를 배출하는 최고 수준의 대학 스포츠에서 성공하는 것은 신체적 재능만큼이나 가정의 부에도 좌우된다. 특권층 출신 학생들은 가장 불우한 가정의 학생들보다 대학 운동선수가 될 확률이 3배 높다.[19] 부유층 가정의 아이들은 대학에 입학할 만큼 운동을 잘할 가능성이 훨씬 클 뿐만 아니라 개인 전담 코치와 최고의 시설이라는 이점도 누린다. 논문 공저자들에 따르면, "불우한 흑인 청소년이 스포츠에서 성공한다는 서사가 지나치게 관심을 받는다. 하지만 우리가 발견한 내용에 따르면 흑인과 백인 학생 모두 가족의 사회경제적 지위가 높을수록 대학 스포츠에서 뛸 기회가 많아진다". 공저자 중 한 명은 이를 노골적으로 표현했다. "부와 특권은 사회의 다른 분야에서와 마찬가지로 스포츠에서도 성공의 관건이 된다."[20]

특권을 위한 훈장

영국에서 기사 작위보다 사회의 공식적 존경을 더 분명하게 나타내는 것은 없다. 기업 지도자들은 이런 훈장을 갈망한다. 훈장은 존경과 신뢰의 상징이며 가장 유력한 진영으로 통하는 문이기 때문이다. 상징자본이 가장 고도화된 형태인 훈장을 받기 위해 많은 경제자본을 쓸 만한 가치가 있다. 틈새 기업들은 부유층에게 훈장을 받는 가장 좋은 방법에 관해 조언과 지원을 제공하는 것을 전문으로 한다. 하지만 몇 년의 시간이 걸리고 상당한 전략적 투자를 해야 한다. 기업 활동만으로는 결코 충분하지 않다. 문화기관과 자선 활동에 지속적으로 참여하는 식으로 사회적 선행에 진심임을 입증해야 한다. 기부는 훈장으로 가는 문을 여는 열쇠다. 일부 부유층은 기사 작위나 귀족 신분을 돈 주고 사는 식으로 지름길을 시도하고 있다. 지난 시절에는 상당한 액수를 집권당에 기부하거나, 더 좋은 방식으로는, 신고해야 하지만 나중에 탕감할 수 있는 대출금을 제공하는 것으로 충분했다. 공식적 과정을 거치는 지연과 불확실성이 없이 경제자본을 상징자본으로 전환하려 한 최근의 시도는 2021년 사우디의 한 억만장자가 당시 왕세자 찰스가 운영하는 자선재단에 기부를 한 것이다. 그는 그 대가로 기사 작위를 받기를 기대했다.[21] 하지만 특히 블레어 시절에 다양한 "돈 주고 훈장 받기" 스캔들이 폭로되면서 이런 경로가 막혔다.

오스트레일리아에서 가장 순수한 형태의 상징자본인 오스트레일리아 훈장Order of Australia은 1975년 휘틀럼 정부가 제국 훈장 체계를 대체하기 위해서 제정한 것이다.[22] 컴패니언 Companion(AC), 오피서Officer(AO), 멤버Member(AM), 메달Medal(OAM) 순으로 네 등급이다. 컴패니언은 드물어서 보통 한 해에 10명이 채 되지 않기 때문에 많은 이들이 탐을 낸다. 오피서는 많은 존중을 받으며 받기가 어렵다. 매년 100명 내외로 수상한다. 멤버는 특정 분야에서 공헌한 대가로 주어지며 흔한 편이다. 메달은 대개 지역 스포츠클럽이나 청소년 그룹, 자선단체 등에서 자원봉사한 이들에게 주어진다—지역사회를 뭉치게 만드는 아교로서 사심 없이 봉사하는 보통 사람들이 대부분이다(따라서 많은 이들이 볼 때, 메달은 단지 자기 직무를 수행했다는 이유로 위대하고 훌륭한 사람들에게 수여되는 최고 '훈장'보다 더 명예로운 것으로 여겨진다).

존경받는 지역사회 성원과 주정부 대표 등 다양한 인사로 구성된 오스트레일리아 훈장위원회에서 결정이 이루어진다. 훈장 후보자는 존경할 만한 인사 4~5명의 추천과 지지를 받아야 한다. 높은 등급의 훈장을 받으려면 명사의 추천서가 필요하다. 명사가 저명한 사람일수록 성공 가능성이 커진다. 위원회는 같은 분야 사람들에게 독립적인 심사 보고서를 위임하는데, 경쟁자나 비판자가 부정적인 보고서를 내면 신청이 무산될 수 있다. 후보 추천이 제출된 때부터 최종 결정까지 보통 2년 이상 시간이 걸린다. 일정한 직종, 특히 의학 및 과학 연구에서는 자신이 직접 훈장 추천을 하고 지지하는 문화가 존재한다. 훈장 후보 목록 검토에 몇 년이 소요되는 것을 보면 의학 연구자들이 대단히 과잉 대표된 것을 알 수 있다.

오스트레일리아 훈장위원회의 구조상, 그리고 정치권과 거리를 둔다는 점 때문에 '돈 주고 훈장 받기' 사기는 사실상 불가능하다. 하지만 쉽게 훈장을 받는 방법은 여러 가지가 있다. 부유층은 여전히 경제자본을 오피서나 심지어 컴패니언으로 전환할 수 있다. 몇 년간 적절한 대의명분에 자금을 신중하게 할당하는 동시에 비영리기구의 이사회에 참여하면 된다(이 과정은 자선사업에 관한 7장에서 탐구하고자 한다). 고급 훈장을 받으면 곧바로 남들이 바라보는 시선이 바뀌기 때문에 시간과 돈을 쓴 효과가 나타난다. 오스트레일리아 의사협회AMA 회장을 지낸 무케시 찬드라 하이케르왈Mukesh Chandra Haikerwal 박사는 컴패니언 훈장(그렇게 높은 사람들에게는 'C'를 준다)을 받았을 때 이렇게 말했다. "이걸 받을 줄 몰랐는데, 좀 적응할 시간이 필요하겠군요. 이렇게 엄청난 훈장이라뇨 ─ 정말 놀랍습니다."[23]

기업 중역들은 훈장을 받으면 해외를 포함해서 여러 기회의 문이 열린다고 말한다.[24] 《오스트레일리언 파이낸셜리뷰》의 어느 경제 언론인은 이런 훈장이 "부유층 지역에 있는 이사회실을 비롯한 여러 기관에서" 얼마나 높이 평가받는지에 관해 언급했다.[25] 2014년 총리 토니 애벗이 짧은 기간 동안 나이트와 데임 작위를 재도입했을 때, 당시 총독governor-general* 비서에 따르면 많은 컴패니언이 분노했다. "많은 이들이 총독 청사에 연락해서 자신들은 최고 훈장이라고 생각하면서 훈장을 받았다고 신랄하게 쏘아붙였다!"[26] 아주 작으면서도 아는 사람 눈에는 도드라지게 보이는 배지가 훈장과 같이 수여된다. 위원회의 한 내부 인사는 이렇게 말했다. "배지가 물건이죠. 콴타스 체어맨 라운지에 가면 이목이 다 쏠리니까요."[27]

수십 년간 최고 훈장 수상자는 나이 많은 백인 남성이 압도적으로 많았다. 최근 연간에는 여성과 문화적으로 다양한 배경을 지닌 사람들로 성공적으로 다변화가 이루어지고 있다. 오늘날 여성 수상자가 거의 남성과 동수에 육박한다. 하지만 계급

---

* 오스트레일리아의 명목상 군주인 영국 왕의 대리인. 명목상 국가 원수다.

다양성 확대를 주창하는 사람은 아무도 없다. 최하급 훈장인 메달은 보통 지역사회의 노동계급 사람들에게 돌아가지만, 더 높은 수준에서는 특권 네트워크가 누가 최고 훈장을 받을지를 결정할 수 있다. 최고 훈장 후보자가 되려면 고위 심사자 4~5명이 필요한데 컴패니언들이 선호된다. 아무리 이룬 게 많은 사람이라도 기꺼이 추천서를 써줄 만한 명사 5명을 아는 이가 얼마나 되겠는가? 《시드니모닝헤럴드》 기자들이 2021년에 분석한 결과를 보면, 오스트레일리아 최고 부자 200명 중 4분의 1이 훈장을 받은 것으로 드러났다. 고급 훈장이 압도적으로 많았다. 주요 대기업 이사들이 대단히 많았고, 최고 훈장인 오피서와 컴패니언 수훈자는 최고 부유층 교외에 집중적으로 몰려 있었다ー투랙 주민 67명, 모스만 57명, 사우스야라 45명, 큐 34명, 보클루스 39명 등이었다. 기자들은 훈장 시스템은 "여전히 계급에 기반을 두는 게 분명하다"고 결론지었다.[28]

우리는 2019년부터 2022년까지 4년간 오스트레일리아 최고 훈장인 컴패니언을 받은 63명의 교육 배경을 살펴봤다. 고등학교가 확인된 이들 가운데 34명(71퍼센트)이 사립학교를 나왔고 14명(29퍼센트)이 공립학교 출신이었다.[29] 사립학교 출신 가운데는 엘리트 학교가 압도적으로 많았다(34명 중 27명).[30] 특권층 가정에서 태어난 이들이 사회에서 가장 높은 존경의 상징을 독차지한다는 결론을 피하기가 어렵다.

최근 수십 년간 최고 훈장 수훈자 비율에서 엘리트 편향은 개선됐을까 아니면 악화됐을까? 우리는 최근 4년인

2019~2022년과 33년 전인 1986~1989년 시기의 데이터를 비교해봤다. 앞의 시기에는 컴패니언 수훈자가 64명이고, 최근 시기에는 63명이었다.[31] 사립학교 졸업자의 비중은 앞선 시기의 66퍼센트에서 최근 시기의 71퍼센트로 증가했고, 부유층 사립학교 졸업자의 비중은 47퍼센트에서 56퍼센트로 늘어났다. 공립학교 졸업자는 앞의 시기에는 컴패니언 수훈자의 34퍼센트였고, 최근 시기에는 29퍼센트였다. 이런 증거로 판단할 때, 계급 편향은 악화하고 있다.

수십 년간 백인 남성이 지배한 끝에 여성에게 훈장을 수여하는 반가운 경향이 나타나고 있다. 앞의 시기에는 컴패니언 수훈자 64명 중 59명이 남성이었고, 여성은 5명이었다. 반면 최근 시기에는 남성 수훈자가 63명 중 33명에 불과하고, 여성은 30명이다. 우리는 젠더 다양성이 확대된 점에 대해 자축하는 한편, 가장 명망 있는 훈장을 부유층 엘리트가 계속 지배하는 현실에는 주목하지 못한다. 젠더 다양성을 요구하는 목소리는 크지만, 계급 다양성 확대에 대한 요구는 들리지 않는다.

부유층의 장학금 독차지

"세계에서 가장 유명하고 명망 있는 장학금"이라고 치켜세워지는 로즈 장학금은 각국 대통령과 총리의 경력에서 화려한 발판이었다.[32] 옥스퍼드대학교에서 2년을 보냈다는 인장은 정계뿐만 아니라 재계에서도 높이 평가받는다. 로즈 장학금으로 대학을 졸업한 이들은 맥킨지McKinsey and Co.의 주요한 인력 기반이다.[33] 하지만 제국주의자 세실 로즈Cecil Rhodes*의 평판 외에도 장학금은 언제나 이미지 문제에 시달렸다. 2018년 애런 패트릭Aaron Patrick은 이렇게 말했다. "많은 오스트레일리아인에게 로즈 장학금은 지적 엘리트를 상징할 뿐만 아니라 사립학교의 사회적 엘리트와 럭비 경기장, 담배 연기 자욱한 휴게실을 아우르기도 한다."[34] 현재 사립학교 휴게실은 금연 구역이지만 꽤 정확한 묘사라고 할 수 있다.

이 장학금을 받으려는 신청자는 네 가지 기준을 충족해야 한다. 첫째는 물론 뛰어난 학업 성적으로, 거의 유서 깊은 "사암" 대학교에 다니는 학생들만 해당된다. (미국에서 하버드 학생들이 로즈 장학금의 10퍼센트를 받았다. 예일과 프린스턴을 더하면 수치가 23퍼센트가 된다.)[35] 최근까지는 예외적인 스포츠 재능이 필수적이었지만(대학 운동선수가 필수였다), 오늘날에는 음악, 토론, 연극 등의 분야에서 성공을 거두는 것으로 대체할 수 있다. 신청자는 또한 이타심과 "약자를 위한 공감과 보호"뿐만 아니라 "인성의 도덕적 힘과 지도자 본능"을 보여주는 증거를 제출해야 한다.[36]

인성과 리더십을 기르려면 시간과 멘토링이 필요하다. 앞

---

* 1853~1902. 1890년부터 1896년까지 케이프의 식민지 총리를 역임한 영국의 광산 거물이자 제국주의자. 남아공에서 착취와 수탈을 통해 축적한 막대한 부를 바탕으로 외국인 학생의 옥스퍼드대학교 유학을 지원하는 로즈 장학금을 만들었다.

서 살펴본 것처럼, 엘리트 사립학교에서는 이런 자질을 적극적으로 함양하고 제공하면서 부유층 가정의 아이들이 오랜 세월에 걸쳐 흡수한 아비투스를 더욱 강화해준다. 대학에서 학생회나 자선단체에 참여하면서 리더십과 이타적 봉사 노력을 보여주려면 공부 외에도 시간이 필요한데, 저소득층 학생은 파트타임 일자리나 질병이나 장애가 있는 가족을 돌보느라 이런 시간을 써버릴 공산이 크다.

최종 후보자 명단에 오른 이들은 선발위원회에서 면접을 보는데, 오스트레일리아에서는 주지사가 위원장을 맡는다. 물론 엘리트 학교들은 의식적, 무의식적으로 학생들에게 저명인사들로 이루어진 위원회 앞에서 자신 있게 발언할 수 있는 능력을 전수한다. 이렇게 치열한 경쟁에서 지망자들은 기준에 부합하는 세련된 신청서와 나란히 "지적 능력과 인성, 도덕성과 가치관"을 입증하는 추천서 5~8장을 제출해야 한다.[37] 학문적 멘토 외에도 최고의 심사자들은 대개 특권의 세계에서 활동하는 부류다.

미국에서 최종 후보자 명단에 오른 이들은 사교 모임에 초청을 받아 선발 심사위원, 다른 신청자, 로즈 장학생 출신들과 어울린다. 다른 이들의 대화 주제를 익힌 신청자들은 "심사위원들의 기억에 오래 남는 인상을 남길 것"으로 기대된다.[38] 오스트레일리아에서는 희망을 품은 이들이 총독 청사에 저녁이나 점심을 먹으러 간다. 총독 청사는 대부분 도심의 화려한 구역에 있는 거대한 식민지 시대 대저택이다. 저소득층 출신의 최종 후보자들은 총독 앞에서 처신하는 법을 훈련받을 수 있다. 이른바 "은식기 사용법 입문"이다.[39] 물론 일부 젊은이들은 좀처럼 경험하기 힘든 이런 환경에서 처신하는 법에 관한 교육을 흡수하는 데 몇 년이 걸리기 때문에 리셉션 1주일 전에 입문 교육을 받는 것은 흉내 내는 법을 약식으로 익히는 과정일 뿐이다.[40] 요컨대 노동계급 가정 출신 학생들이 로즈 장학생으로 뽑힐 가능성은 희박하다.

데이터는 우리에게 무엇을 말하는가? 우리는 1983~2022년 40년간 오스트레일리아 로즈 장학생들의 출신 학교를 검토했다. 데이터는 3개 주―퀸스랜드, 웨스턴오스트레일리아, 태즈메이니아―에서만 체계적으로 수집된다.[41] 상류층 전용 사립학교들이 다른 지역보다 시드니와 멜버른에서 훨씬 유력하기 때문에 우리는 조사 결과가 편향을 과소평가할 것으로 예상한다.

데이터에서 관찰되는 첫 번째 결과는 젠더 평등이 증대되고 있다는 것이다. 1983~2004년 앞의 20년 동안에는 여성이 수혜자의 28퍼센트였던 반면, 다음 20년 시기에는 여성이 41퍼센트였다.[42]

시기 전체를 볼 때, 로즈 장학생의 31퍼센트가 공립학교 출신이다. 이 수십 년간 3개 주의 중등학생 전체 가운데 약 70퍼센트가 공립학교를 졸업했다. 로즈 장학생의 39퍼센트가 학비가 비싼 학교 출신이고 30퍼센트가 학비가 중하에 해당하는 학교 출신이다.[43] 1983~2004년과 2005~2022년 두 시기를 비교하면, 상황이 나빠졌다. 공립학교 졸업생의 로즈 장학금 수혜 비율은 36퍼센트에서 27퍼센트로 줄어들었다.[44] 전체 학생 가운데 5퍼센트 정도를 차지하는 가장 학비가 비싼 학교 출신 학생들이 장학금을 받는 비율은 33퍼센트에서 45퍼센트로 증가했다.[45]

오스트레일리아의 최고 훈장인 컴패니언 수훈자 통계에서 우리가 발견한 것처럼, 엘리트 사립학교들이 가장 명망 있는 장학금을 지배하는 현상은 지난 40년간 심해졌다. 엘리트 사립학교 졸업생은 공립학교 체계를 통과한 이들보다 로즈 장학금 수혜 가능성이 약 20배 높다. 사회경제적 지위를 고려하면 학업 성적이 높지 않은데도 말이다(5장을 보라). 다시 말하지만, 사회에서 가장 높은 보상이 점차 여성에게 개방되는 한편, 젠더 평등의 개선은 계급 평등의 악화를 감추고 있다. 다음에 살펴볼 것처럼, 오스트레일리아의 최고법원 임명자에서도 똑같은 양상이 나타난다.

저소득층의 삶을 이해하지 못하는 사법부

법조계에서 "특권"은 한 가지 이상의 의미가 있다. 2021년 21세 남자가 술집에서 술에 취해 여자에게 욕을 했다가 여자가 밀치자 여자의 얼굴에 주먹을 날렸고, 결국 법정에 섰다[46](여자를 잡년이라고 부르면서 "그 젖통 좀 치우라"고 말했다). 판사 앞에서 남자를 변호한 시드니 최고의 고급 법정 변호사인 로버트 볼턴Robert Boulton은 뉴사우스웨일스 변호사협회 전 회장이자 도시의 부유층과 권력층이 선호하는 변호사였다.[47] 사건 설명과 남자가 폭행죄 유죄를 인정한다는 말을 들은 뒤, 판사는 조건부 유죄 판결을 선고했다. 판결문에서 판사는 남자가 녹음이 우거진 시드니 북부 교외의 엘리트 학교인 녹스그래머(12학년 연간 학비가 3만 6840호주달러) 출신이라는 사실을 언급했다.[48] 판사의 추론은 처음부터 끝까지 해명으로 일관하면서 "녹스 출신 20세 남자"가 여자의 옷차림을 "도발적으로 받아들였을 수 있고" 여자에게 주먹을 날린 그의 행위가 "일탈 행동"이라고 언급했다. 판사는 피고인에게 행운을 빌면서 "앞으로 점잖게 처신하게, 젊은이"라고 조언했다.

영국에서는 2019년 고위 재판관의 65퍼센트가 사립학교 출신이었다.[49] 미국에서는 대법원 판사가 예일, 컬럼비아, 하버드 등 아이비리그 로스쿨 세 곳 출신이 압도적으로 많다. 세 로스쿨은 입학 과정에서 부유층 가정의 학생들을 선호한다. 2010년 출간된 분석서에 따르면, 재판관 9명 중 8명이 세 로스쿨 출신이었다.[50]

새로운 데이터를 보면, 오스트레일리아에서도 똑같은 엘리트 학교 편향이 우세함이 드러난다. 제2차 세계대전 종전 이래 지금까지 오스트레일리아 최고법원에 40명의 판사가 임명되었다. 각각 20명씩 두 시기로 나눠보면, 다행히도 최고법원의 다양성이 증가했음을 알 수 있다.[51] 처음 시기인 1946~1987

년에는 판사가 전부 남성이었는데, 두 번째 시기인 1987~2022
년에는 20명 중 7명이 여성이다. 하지만 이런 젠더 다양성 확대
는 계급 다양성 감소를 은폐한다. 앞의 시기에 최고법원 판사의
60퍼센트가 사립학교(45퍼센트가 학비가 비싼 사립학교) 출신으
로, 엘리트 사립학교에서 흡수한 세계관을 법원으로 가져왔다.
두 번째 시기에는 80퍼센트가 사립학교 출신이고, 60퍼센트가
최고 특권층 학교에서 배출한 이들이었다. 2009년 이후 최근
임명된 10명은 어떤 개선도 보여주지 않는다. 5명이 여성인 한
편, 10명 중 3명만이 공립학교 출신이고 7명이 엘리트 사립학교
출신이다.

　　판사는 편향이나 편견 없이 판결을 내릴 것이 요구되지만,
그들도 인간이다. 오늘날 판사가 공공연하게 성차별적이거나
인종차별적인 발언을 하거나 판결을 내리면 종종 소동이 일어
나는데, 그렇다고 해서 암묵적으로 성차별적이거나 인종차별
적인 판결을 하지 않는 것은 아니다. 마찬가지로, 그리고 한결
음흉하게 특권층 출신 판사들은 미국의 어느 주임 판사가 말한
이른바 "무의식적인 문화적 엘리트주의"에 빠지기 쉽다.[52] 여러
연구에서 보여주듯이, 판사들은 저소득층보다 부유층 소송 당
사자를 선호한다. 한 가지 이유를 들자면 "저소득층의 삶에 대
해 근본적으로 이해하지 못하기" 때문이다.[53] 여성 판사를 임명
하면 판결에 변화가 생기는지를 물었을 때, 당시 영국 대법원장
레이디 헤일Lady Hale은 이렇게 말했다. "당신이 출발한 지점이 당
신이 다다른 지점에 영향을 미칠 수 있습니다." 젠더와 마찬가

지로 계급에도 적용되는 말이다.[54] 레이디 헤일의 발언은 이 책의 제사題詞로 써도 손색이 없다.

사법부의 다양성에 관한 대부분의 논의는 여성 판사가 여성 소송 당사자에게 더 공감하는지를 묻는다. 설령 그렇다 하더라도 엘리트 출신의 여성 판사가 노동계급 소송 당사자에게 더 공감하는 것은 아니다. 이런 현상은 흑인 여성들이 중간계급 페미니스트를 비판한 오랜 역사를 떠올리게 한다.[55]

법률과 사법의 문화는 나라마다 다르다. 변호사들 사이의 지위의 위계는 특히 "엘리트 로펌들이 엘리트 자격증이 없는 학생들에게 문을 걸어 잠그는 것으로 유명한" 미국에서 노골적으로 나타난다[56]([미국 드라마] 〈굿 와이프〉와 〈베터 콜 사울〉을 비교해보라). 영국에서는 주요 로펌들이 다양성을 위해 노력한다고 공개적으로 밝히면서도 채용 관행에서 강한 계급적 편향을 보여준다.[57]

오스트레일리아 최고법원 판사 가운데 엘리트 사립학교 출신이 우세한 현실을 감안할 때, 한 추산에 따르면 경쟁이 치열한 배석 판사 자리의 3분의 2 가까이가 사립학교 출신 법대 졸업생의 차지가 되는 것도 놀랄 일은 아니다.[58] 불투명한 과정을 통해 판사들이 개인적 추천에 근거해서 임명을 한다.[59] 미국의 경우와 마찬가지로, 사회자본(탄탄한 네트워크)과 문화자본(제대로 된 아비투스)을 높은 수준으로 갖추지 못하면 최고 명문 로펌에 들어가는 게 극도로 어렵다. 내부자들의 말에 따르면, 경쟁이 치열한 인턴으로 채용되려면 "사회적 심사social vetting에 가까운" 면접을 봐야 하는데, 면접에서는 "한 손에 카나페를 들고 다른 손에 음료를 든 채 사교적 한담을 나누는 중간계급의 기술에 가장 정통한" 이들이 유리하다.[60] 부르디외와 파세롱이 말한 것처럼, "인원 전체에 대한 사회적 인식이라는 무의식적 기준"을 활용해서 판단이 이루어진다. "스타일이나 매너, 억양이나 발성, 자세나 흉내, 심지어 복장이나 화장법 등을 미세하게 들여다봄으로써 지원자들의 도덕적, 지적 자질"을 파악한다.[61] 또 다른 면밀한 관찰자가 말하는 것처럼, 순응은 지원자가 "하계 인턴 프로그램을 통해 채용되는 법대 졸업생의 대다수가 특권층 학교와 우편번호를 집중 선별해서 만들어지는" 결과에 "들어맞아야" 하는 요건이 된다.[62] 그렇다고 능력이 아무런 역할도 하지 못하는 것은 아니다. "들어맞는다"는, 위로가 되는 관념과 능력에 대한 과장된 주장이 특권층에 유리한 문화적 편향을 감추기 위해 활용될 뿐이다.

6장 요약

1992년 오스트레일리아 역사학자인 마크 필Mark Peel과 재닛 매캘먼Janet McCalman은 "우리나라의 최상층 사람들은 어디 출신인가?"라는 질문을 던졌다. 이에 답하기 위해 두 사람은 "오스트레일리아 사회 지도층에 관한 상당히 종합적인 안내서"인 1988년 판《후즈후Who's Who》에 실린 인명 전체를 검토했다.[63] 두 사람은 9000명에 육박하는 등재된 사람들이 어느 학교 출신인지 물었다. 그들이 샅샅이 찾아본 결과가 멜버른의 주요 일간지인 《디에이지The Age》 특집 기사에 압축되어 실렸다. 기사는 다음과 같이 시작한다. "오스트레일리아인들은 배타적 엘리트 집단에 의해 통치받고 영향을 받고, 자금을 공급받고 교육을 받으며, 분석되고 설교를 듣는다. 우리는 이 나라의 개신교 사립학교가 배출한 이들에 의해 압도적으로 지배되는 과두 지배층에 의해 통치받는다."[64]

　다른 질문들 외에도 이 책에서는 지난 30~40년간 얼마나 많은 변화가 있었는지 묻는다. 엘리트의 지배에 관해 여기서 찾아본 증거—학비가 비싼 사립학교 졸업생들이 일류 스포츠, 훈장, 로즈 장학금, 사법부 등을 점차 장악하는 현상으로 측정되는 증거—를 보면 큰 변화가 없었음이 드러난다.[65] 실제로 젠더 다양성과 아마 인종 다양성에서 급격한 개선이 이루어진 것과 대조적으로, '계급 다양성'은 악화되고 있다. 최근 수십 년간 부의 불평등이 증대되는 상황에서 그렇게 놀랄 일은 아닐 것이다. 하지만 이런 현실은 신자유주의 시대에 그토록 대대적으로 장려되는 능력주의의 이상과 불편하게 공존한다. 대를 이어 세습되는 이점이 또 다른 방식으로 작동되고 있다.

　여성 평등, 인종 평등, 동성애자 권리 등을 요구하는 여러 사회운동이 1970년대 이래 상당한 진전을 이룬 한편, 부와 권력의 평등을 높이라는 요구는 원하던 성과를 얻지 못했다.[66] 엘리트 특권이 승승장구한 탓에 1992년 연구에서 확인된 "배타적 엘리트" 집단은 남성과 백인의 지배적 성격은 줄어들면서도 여전히 오스트레일리아의 값비싼 사립학교가 배출한 인원들이 "압도적으로 지배하는 과두 지배 집단"으로 남아 있다. 권력과 영향력을 가진 지위에 있는 사람들 사이에 엘리트 세계관이 부상하는 것 외에도 이런 소수 지배가 야기하는 가장 명백한 피해는 특권층 출신이 아닌 다수의 재능 있는 사람들이 점점 낮은 지위로 밀려난다는 것이다.

7장

그들이 기부를
하는 이유

자선사업의 초행위자

앞서 살펴본 것처럼, 부의 힘과 그것에 수반되는 특권은 영향력의 네트워크와 존경의 상징들과 결합될 때 보호되고 극대화될 수 있다. 자선사업은 둘 다를 획득하는 대단히 효과적인 수단이다. 아래에서 검토하는 조사 결과를 보면, 경제 영역에서 권력을 축적한 이들이 자선을 활용해서 사회, 문화, 정치 영역으로 영향력을 확대할 수 있음이 드러난다. 모든 점을 고려할 때, 자선사업은 부유층과 나머지 전부의 권력 격차를 확대한다. 기부를 활용해서 정치인과 정책 결정에 영향을 미치는 현상은 집중적으로 연구되어왔지만, 언론에서 대개 엘리트의 자비심을 보여주는 징후로 소개되는 엘리트 자선사업이 슈퍼리치의 세계관 및 이익과 양립 가능한 방식으로 사회를 바꾸기 위해 어떻게 활용되고 있는지 자세히 들여다본 사례는 거의 없다.

정치적으로 진보적인 자선사업가는 소수이며 거의 일부

특권층만 모인 진영이다. 그들은 때로 보수적 집안의 말썽꾸러기다. 영국에서는 헤지펀드 억만장자 크리스토퍼 혼Christopher Hohn 경이 급진 활동가 그룹 '멸종 반란Extinction Rebellion'에 자금을 지원했으며, 석유 재벌 J. 폴 게티J. Paul Getty의 손녀인 에일린 게티Aileen Getty도 같은 그룹을 지원했다.[1] 오스트레일리아에서는 루퍼트 머독과 친척인 캔터 가문과 관련된 자선재단들이 진보적인 기부로 두드러진다.[2] 몇몇 진보적인 부유층 기부자의 존재는 지나친 일반화를 조심해야 하는 이유가 된다. 하지만 부유층 엘리트가 행하는 대부분의 기부는 극단적인 부를 창출하고 불리한 조건을 굳히는 체제를 강화하는 데 기여한다.[3] 2020년에 오스트레일리아 4대 민간 재단이 상위 50건의 기부의 절반 가까이를 차지했는데, 모두 보수적인 정치적 세계관을 지닌 곳이었다.[4]

언뜻 보기에 엘리트 자선사업가들은 자신이 가진 돈의 일부를 기부하면서 권력과 특권도 일부 내준다. 하지만 실제로 엘리트 자선사업이 이타주의에 따른 행동인 경우는 드물다. 그보다는 금융자본을 다른 형태의 자본으로 전환하는 수단이다. 평판을 높이고 국가로부터 훈장을 받는 것(상징자본) 외에도 기부를 통해 구축된 네트워크 확대(사회자본)는 다시 부와 영향력 증대로 전환될 수 있다. 4명의 전문가는 세금 감면 덕분에 민간 자선사업이 거의 절반을 공적으로 지원받는 점을 주목하면서 이를 "국가가 수여하는 엘리트 특권의 부당한 형태"로 볼 수 있다고 주장한 바 있다.[5]

부유층이 자선 기부를 하는 동기는 일반 시민들이 실천하는 엄청난 수의 소액 기부와는 구별해야 한다. 폴 셔비시Paul Schervish는 10년에 걸친 연구를 요약하면서 초부유층과 일반 기부자가 구별되는 점은 전자는 "자선의 대의를 단순히 지지하기보다는 언제나 그것을 주무르기를 원한다"는 사실이라고 결론지었다.[6] 엘리트 특권의 정의라고 할 수도 있을 텐데, 초부유층은 자신을 **초행위자**hyper-agent로 본다. 초행위성hyper-agency이란 "부유층 개인들이 자신과 다른 사람들이 속해서 살아가는 조건을 확립하거나 상당히 통제할 수 있는 향상된 역량"이다.[7] 대다수 사람들은 자신이 속한 조건 아래서 살아가는 최선의 길을 추구하는 반면, 부유층은 자신이 거주하는 세계를 구축하기 위해 자신이 살고자 선택할 수 있는 가능성의 범위를 확대하려 한다. 셔비시는 초행위성을 "부유층에게 권능을 부여하는 계급적 특성"이라고 설명한다.[8]

우리 포커스그룹의 일부 참가자들이 특권을 일상적 제약에서 벗어나, 즉 "돈 걱정할 필요가 없이" 살 수 있는 능력 이상으로 정의할 때 암시하는 것이 바로 이렇게 세계를 건설하는 역량이다. 그들은 다른 사람들을 제한하는 제약적 경계를 이동시킬 수 있다. 누군가 말한 것처럼, "상위 1퍼센트는 당신이나 나와는 전혀 다른 세계에서 움직입니다. 그런 사람들한테는 다른 규칙이 적용되지요"(루크, 평균 소득, 젊음, 멜버른).

셔비시의 말을 빌리자면, 다른 일련의 규칙에 따라 산다는 것이야말로 "부의 근본적인 자질"이다. 그들은 자신을 일반적 행동의 굴레를 깨뜨릴 수 있는 반인반신으로 여긴다. "부를 가진 사람들의 초행위성은 큰 기대를 제공하는 일군의 정서적, 지적, 도덕적 성향, 이를 추구할 수 있는 자신의 능력에 대한 자신감, 이를 성취하려는 책임감에 좌우된다."[9] 이런 특징은 다른 영역의 슈퍼리치들만큼이나 테크 거물들 사이에서 두드러진다. 초부유층에게 부를 활용해서 자신의 세계를 마음대로 주무르는 것이 자아의 표현이라면, 부를 활용해서 어떤 대의를 지지하는 것 또한 자아의 표현이 될 수 있다. 부를 가진 사람이 기업과 사생활에서 자신만의 의제를 정할 수 있는 것처럼, 대규모 자선 기부는 기부자가 수혜 조직의 의제 — 더 나아가 자선기관의 영역 전체 — 를 정하거나 적어도 영향을 미칠 수 있다는 기대를 동반한다.[10]

메이리 매클린과 공저자들은 학술 문헌을 꼼꼼히 검토한 뒤, 계획적이든 실제로든 엘리트 자선사업은 부와 권력의 폭넓은 격차를 구미에 맞게 정당화한다고 결론짓는다. "자선사업은 엘리트들에게 원래 윤리적으로나 이성적으로 정당화할 수 없는 극단적 불평등을 정당화하는 근거를 제공하면서 적정 수준의 기부라는 감동적인 담론 뒤로 '숨을' 수 있게 해준다."[11] 이런 주장의 진실 여부는 엘리트 자선사업이 불의한 체제를 정당하고 수용 가능한 것으로 만들게 작용하는 과정이 얼마나 성공적인가에 관한 그럴듯한 설명에 달려 있다. 우리는 이 과정에 다음과 같은 것들이 포함된다고 주장한다.

- 공적 토론과 정책 의제의 조건을 정한다.
- 개인의 노력과 선택이라는 이데올로기를 장려한다.
- 사회운동을 더 보수적인 방향으로 이끈다.
- 사회에서 부유층 엘리트의 권력을 확대한다.
- 극단적 부를 자애로운 것으로 보이게 만든다.

자선사업 의제 정하기

세계보건기구WHO에서는 어떤 주요한 결정도 빌과멜린다게이츠재단Bill & Melinda Gates Foundation이 어떤 반응을 보일지를 먼저 물어보지 않고서는 이루어지지 않는다고 한다.[12] 전 세계 보건 공무원들은 재단의 지원을 잃을까 두려워 목소리를 높이려 하지 않는다. "빌 칠Bill Chill(무서운 빌)"이라는 별명이 붙은 현상이다.[13] 게이츠재단은 세계보건기구 예산의 10퍼센트를 제공해서 미국 다음 순위이며, 의심의 여지 없이 많은 좋은 일을 한다. 하지만 조지타운대학교의 로런스 고스틴Lawrence Gostin의 말을 빌리자면, 한 가지 결과는 공익을 위해 국제사회가 만든 기구가 "대체로 책임성이 없는 사적 행위자에게 신세를 진다"는 것이다.[14] 세계보건기구 전 고문인 린지 맥고이Lindsey McGoey는 게이츠재단이 특히 억만장자 자선사업의 혜택을 부각하기 위해 신속하고 측정 가능한 결과를 낳는 프로그램에 자금을 지원함으로써 전 지구적 보건 우선순위를 왜곡하는 현실을 보여주었다.[15]

빌 게이츠는 최고 부유층 가운데 자애로운 축에 속하겠지만(멜린다 게이츠는 더더욱 그렇다), 실리콘밸리의 모든 억만장자들과 마찬가지로 게이츠도 체제 변화보다는 기술적 해법을 선호한다. 게이츠는 "나는 정치학자보다는 공학자처럼 생각한다"고 선언했는데, 마치 정치학으로는 해결할 수 없는 문제들을 공학으로 해결할 수 있다는 듯한 말이다. 초고액 기부자를 대표하는 게이츠는 기업의 방식이 가장 효과가 좋다고 믿는다. 어쨌든 그 자신이 시장에서 혁신가로서 발 빠르고 비정한 방식으로 성공을 거뒀기 때문이다. 어떤 비판자가 말한 것처럼, 보건 분야에서 게이츠가 보이는 태도는 "거대 제약업체Big Pharma가 대단하다"는 것이다.[16] 그의 재단이 대부분의 돈을 투입하는 백신 접종 임무에서 그는 만자리 마하잔Manjari Mahajan이 말하는 대로 "인권과 행동주의 담론보다는 기술관료의 전문성과 권력"을 도입한다.[17] 가령 그는 빈국들이 코로나19 백신을 저렴하게 확보할 수 있도록 백신 특허를 미루려 한 세계보건기구의 계획을 봉쇄하는 데 성공했다.[18]

빌과멜린다게이츠재단은 하나의 극단적인 사례이지만, 초행위자의 권력을 보여주는 전형적인 예다. 게이츠 부부와 워런 버핏이 억만장자들의 기부를 설득하기 위해 세운 '기빙 플레지Giving Pledge'에 자금 지원을 약속한 게이츠 부부와 초부유층은 엘리트 내의 엘리트로 볼 수 있다. 그들의 "권력과 네트워크는 대기업의 경계선을 넘어 사회 일반으로 확장된다"—아니 사실상 글로벌 공동체로까지 확장된다.[19]

주요 기부자들이 자선기관에 가하는 순응 압력은 가차 없이 느껴지지만, 언제나 독립성을 고집하는 자선기관이 존재한다. 일부 엘리트 자선사업가들은 독자적인 기관을 설립하는 식으로 저항을 우회한다. 광산 재벌 앤드루 포레스트(순자산 미화 200억 달러)가 두드러진 사례다.[20] 포레스트를 가까이서 지켜보는 이들은 그가 무엇보다도 돈에 의해 움직이지만 또한 명성도 열망한다는 데 동의한다. 그리고 그는 이미지 관리에 집착한다.[21] 그가 설립한 민더루재단 덕분에 그와 그의 부인 니콜라는 "오스트레일리아에서 가장 유명한 기부자"로 변신했다. (빌과 멜린다와 마찬가지로, 앤드루와 니콜라 부부도 자선 세계의 이른바 '황금 커플'이다. 2023년에 두 사람이 이혼 발표를 하긴 했지만.)

포레스트의 민더루재단이 설립한 워크프리재단Walk Free Foundation은 국제앰네스티와 비슷한 "국제적 인권 그룹"을 표방한다. 재단은 "기업식 글로벌 전략"을 활용해서 "현대 노예제를 종식시키겠다"고 약속한다. 포레스트의 딸 그레이스가 열다섯 살 때 네팔을 방문한 게 재단을 설립하는 계기가 되었다고 한다. 당시 그레이스는 눈으로 보고 귀로 들은 현실에 충격을 받았고, 이후 가족이 저녁식사 자리에서 재단 설립을 논의했다는 것이다.[22] 그레이스 포레스트는 워크프리의 창립 이사이자 전략적 소통 책임자로 홍보된다.

현대 노예제를 종식시키겠다는 약속은 경탄할 만하지만, 반노예제 운동에서 워크프리 캠페인을 비판하는 사람들이 없는 것은 아니다("세금 납부를 회피"한다고 비난받고 있는 포레스트 자신도 비판 대상이다).[23] 워크프리재단은 "800만이 넘는 지역사회 활동가들로 이루어진 글로벌 운동을 구축함으로써" 전 세계의 수많은 노예제 반대 단체들을 떠맡으려고 하는 듯 보였다.[24] 2014년 포레스트의 글로벌프리덤네트워크Global Freedom Network가 세계 종교 지도자들을 바티칸에 모아 현대 노예제를 종식시키자는 서약에 서명을 받았을 때, 프란치스코 교황은 돋보이는 지지자였고, 신문마다 교황과 자선사업가의 이미지가 실렸다. 하지만 1년 뒤 바티칸은 지지를 철회했고, 대변인은 포레스트가 교황을 악용하고 이 네트워크를 활용해서 자신의 사업적 이익을 도모했다고 비난했다.[25]

법학 교수 제이니 창Janie Chuang은 워크프리의 활동 방식에 대해 "노예제를 단순히 자국민을 노예제에서 보호하는 데 실패한 빈국들의 국지적 문제로 묘사하는 식으로 현재 상태status quo를 정당화한다"고 규정했다. 마치 부국과 빈국 사이의 무역과 투자의 흐름이 노예제와 아무 관계도 없는 것처럼 다룬다는 것이다[26](워크프리는 이후 홍보 자료에서 부국들이 노예제에 공모하는 현실을 더욱 강조했다).[27]

법률 전문가 앤 갤러거Anne Gallagher는 "고도로 기업화된 새로운 반노예제 운동"에 관한 논평에서 워크프리재단이 펴낸 《글로벌 노예제 지수Global Slavery Index》가 "계량 중심으로 '문제'를 정의하고 대응의 방향을 정하는 전략적 자선사업"이라고 비판했다[28](포레스트는 빌 게이츠가 해준 조언을 받아들인 듯하다. "측정할 수 없으면 존재하지 않는 겁니다.") 갤러거는 문제의 성격을 왜곡하는 것은 핵심 성과 지표와 측정 가능한 결과라는 기업 중심 접근 방식이라고 말한다. 그러면서 반인신매매 전문가들의 자기검열에 당혹스러워한다. "스타 배우와 대통령까지 아우르는, 재력이 풍부하고 세간의 이목을 끌며 점차 화려해지는 '현대 노예제' 클럽에서 배제되는 것에 대한 두려움이 어느 정도나 역할을 하는 걸까?"[29] 자기검열은 "빌 칠"과 흡사하다.

세계 최대 문제를 해결하는 적임자?

앞선 시대에 엘리트 자선사업은 빈민을 위한 자선의 한 형태였다. 최근 시대에 슈퍼리치들은 자신이 사회문제와 환경문제를 해결하는 독특한 자리에 있다고 믿는다. 이른바 박애자본주의philanthrocapitalism라고 알려진 현상이다. 대기업과 사회적 기업가와 나란히 부유한 자선사업가가 정부를 대신하거나 정부와 함께 세계 최대의 문제를 해결하는 적임자라는 견해가 점차 확산하고 있다. 이런 "임팩트 투자impact investing"*는 시장 기반 사고와 방법을 활용해서 사회악을 해결하며, 이 과정에서 슈퍼리치들의 투자 요령과 사업가 기술에 의지한다. 이는 억만장자들이 한자리에 모여서 세계의 문제들을 검토하는 다보스에서 나온 견해

＊ 투자 수익을 창출하는 동시에 사회문제나 환경문제를 해결하는 것을 추구하는 투자 방식.

다. 자선사업은 인기 있는 대화 주제다.[30] (한 참가자는 이렇게 말했다. "따라서 다보스에서는 착취와 지대 추구, 그 밖에 온갖 방식으로 돈을 번 이 모든 사람을 만날 수 있습니다. 그 사람들은 약간의 자선사업을 하면서 이 모든 사실로부터 관심을 딴 데로 돌리죠.")[31] 박애자본주의는 막대한 돈을 벌 수 있게 해주는 체제에 도전하기보다는 체제의 결함을 고치는 것을 추구한다. 박애자본주의를 옹호하는 이들도 많은 사람이 슈퍼리치들의 "재산 환원을 (자본가) 돼지에 립스틱을 바르려는 홍보 시도"로 본다는 것을 인정한다.[32]

박애자본주의의 주요 주창자 매튜 비숍Natthew Bishop과 마이클 그린Michael Green은 사회의 안녕과 이윤 추구가 조화롭게 공존할 수 있다고 확신하면서 박애자본주의야말로 "불평등 증대와 상위 1퍼센트의 부상으로 높아지는 긴장을 바로잡는 데 필요한 새로운 사회계약의 최소한의 요건"이라고 주장한다.[33] 두 사람은 빈곤, 노예제, 기후변화 등에 대한 효과적 대응은 슈퍼리치들이 보유한 사업 경험과 인생철학으로 해결할 수 있다고 믿는다. 그들은 정부가 할 수 없는 일을 할 수 있다. 이는 종종 투표로 뽑은 정부를 무시하는 세계관이다. 워런 버핏은 게이츠재단이 정부보다 자신의 돈을 더 현명하게 쓸 수 있다고 생각한다.[34] 비판자인 린지 맥고이는 일부 자선사업가들은 자신의 기부가 일종의 "자진세self-tax"이며 따라서 다른 세금을 내지 않아도 된다고 믿는다고 보고한다.[35] 조세 회피에 관해 공개적으로 문제 제기를 받을 때면 부유층은 흔히 자기가 자선 기부를 얼마나 많이 하는지에 관해 이야기한다. 자신이 자발적으로 기부를 하기 때문에 일반적인 시민의 의무를 면제받는다고 확신하는 태도다.[36] 어쨌든 만약 당신이, 제프 베이조스가 산업을 우주 공간으로 옮기려고 계획하고, 일론 머스크가 화성을 인간 정주지로 식민화하려는 시도를 통해 하는 것처럼, 세계를 파국으로부터 구하고 있다면, 일반 시민들보다 한 차원 높은 수준에 있다고 보면 된다.

"탐욕은 좋은 것"*이라는 말을 반복하면서 맥고이는 박애자본가들의 세계관을 다음과 같이 요약한다.

> 새로운 자선사업가들은 박애자본주의를 끌어안음으로써 개인적으로 이룬 경제적 재산을 점점 자랑스러워하며 심지어 의기양양해한다. 이제 이기심을 '변장'하거나 최소화할 필요가 없을 뿐만 아니라 다른 사람을 돕기 위한 최고의 공리라고 이기심을 옹호하기도 한다. 이기심은 이타심과 긴장하며 공존하는 것이 아니라 이타심을 **위한** 선결 조건으로 여겨진다.[37]

정책 분석가 데이비드 리프David Rieff는 이런 "파괴적 박애"가 시민사회와 민주주의에 제기하는 위험을 다음과 같이 설명한다.

---

* 올리버 스톤의 1987년 영화 〈월스트리트〉에서 기업 사냥꾼인 주인공 고든 게코가 한 말.

힘없고 굶주린 이들의 복지와 운명을 맡겨야 할 최고의 적임
자는 사기업―세계에서 실질적 권력과 부를 처리하는 집단
들 가운데 정치적 영향력이 가장 크고, 세금과 규제를 가장
적게 적용받으며, 무엇보다도 민주적 책임성이 가장 적은 부
문―이라는 것이 일반적으로 받아들여지는 지혜가 되었다.[38]

사회 변화 누그러뜨리기

지닌 커닝햄Jeanine Cunningham과 마이클 드라일링Michael Dreiling은
2021년 재단들에 관한 사회학적 연구를 요약하면서 이렇게 결
론지었다. "대체로 대기업과 엘리트가 거느린 재단은 종종 사회
에서 더 커다란 헤게모니적 관계를 보전하는 방식으로 쟁점과
운동을 완화함으로써 사회 변화를 누그러뜨리는 것을 목표로
한다."[39] 박사논문을 위한 연구에서 주리나 심Zurina Simm은 그람시
적 접근법을 받아들여 엘리트 자선 활동의 영향력 구축을 이해
하고자 했다.[40] 부유층 엘리트들은 힘이 아니라 지적, 도덕적 리
더십을 통해 자신들의 견해를 상식으로 일반화함으로써 "헤게
모니"를 달성한다. 자선사업가들은 문화, 학술, 자선 기관과 손
을 잡고 중요한 공적 논쟁에서 도덕적, 지적 리더십을 쥘 수 있
다. 심은 선행연구를 바탕으로 재단들이 "사회운동을 특정한 형
태의 행동과 담론으로 미묘하게 몰고 가는 식으로 운동 활동을
간접적으로 통제"할 수 있고 말한다.[41] 한 가지 효과적인 수단은

자선재단 이사회를 자금을 지원하는 자선사업가들과 같은 세계관을 공유하는 사람들로 채우는 것이다.

슈퍼리치들이 싱크탱크에 기부를 함으로써 공적 토론에 영향력을 미친다는 점에 관해서는 많은 자료가 있으며, 여기서는 이를 검토하지 않을 것이다.[42] 하지만 지난 수년간 오스트레일리아에서 우파 의제를 밀어붙이는 자선사업가들과 대기업이 공공문제연구소Institute of Public Affairs에 돈을 쏟아부었다는 점은 주목할 만하다. 공공문제연구소는 미국의 몽펠르랭소사이어티 Mont Pèlerin Society 같은 싱크탱크들의 시도를 본받아 신자유주의 이념을 홍보하는 데 중심적인 역할을 했기 때문에 돈을 아주 잘쓴 셈이었다. 신자유주의 혁명이 승리를 거둔 뒤, 주류 기업들은 더욱 중도로 이동했다. 이제 주요 대기업과 자선사업가들은 더 이상 공공문제연구소에 재정 지원을 하지 않는다. 연구소가 적응에 실패해서 현재는 루퍼트 머독과 지나 라인하트 같은 극우파 억만장자들만이 지지하기 때문이다.[43] '온건파'는 현재 오스트레일리아에서 가장 영향력이 큰 그래턴연구소Grattan Institute 를 지원한다. 이사회 구성원의 바탕을 이루는 주요 재정 지원자들 가운데는 광물 채굴 업체 BHP그룹, 내셔널오스트레일리아뱅크, 그리고 세 곳의 자선재단ㅡ유서 깊은 마이어재단Myer Foundation, 보수 성향의 스캔런재단Scanlon Foundation, 테크 거물 그랜트 룰Grant Rule이 창설한 재단ㅡ이 있다.[44] 자선 기부자와 대기업 기부자의 세계관과 대체로 일치하는 세계관을 가진 그래턴연구소는 보건, 에너지, 교육, 노동시장 등에 관한 국가 정책을 주무른다.

사회·정치 의제를 주무르는, 유력하면서도 흔히 무시되는 메커니즘은 비영리 부문의 "온건"하거나 체제와 양립 가능한 자선단체들에 자선 지원을 하는 한편 급진적 단체들은 주변으로 밀어내는 것이다.[45] 실제 증거를 보면, 부유한 재단들은 "기성 권력구조를 위협할지 모르는 단체에 대한 재정 지원을 피하거나, 대중의 반대를 누그러뜨리는 방편으로 온건한 단체를 능동적으로 지원한다".[46] 가령 환경 분야에서 증거를 보면, 재단들에서 나오는 자금은 보수단체를 압도적으로 선호한다. 일부 재단의 기부는 비판적인 단체들을 지원하는 한편, "재정 지원은 압도적으로 자연보호, 보전, 개혁 환경주의 같은 주류 환경 담론으로 향한다".[47]

최근 수십 년간 모든 사회운동 가운데 환경운동이 아마 기존 체제에 가장 커다란 위협을 제기했을 것이다. 영향력 있는 사상가들이 생태계 파괴가 산업자본주의 자체에 내장돼 있다고 주장하고, 젊은 기후 시위대가 "기후변화가 아니라 체제 변화를" 같은 구호로 이런 메시지를 되풀이하기 때문이다. 따라서 대부분의 지원금이 부유층 엘리트의 특권적 지위를 유지하는 것과 양립 가능한 이데올로기와 캠페인을 추구하는 단체들로 흘러드는 것도 놀랄 일은 아니다. 그 대부분은 "검은돈"이다.[48] 기후변화 분야에서 아마 재단들은 기후과학 부정론과 화석연료의 이해관계를 위한 캠페인을 공세적으로 지원하는 것으로 가장 유명할 것이다. 커닝햄과 드라일링은 자세한 분석을 통해 기후과학을 받아들이는 이들 가운데 엘리트 자선사업 내부의 복잡한 하위 단체들이 다양한 선호를 나타냄을 보여준다. 하지만 체제에 도전하는 단체들에 지원금을 주는 경우는 드물다. "대규모 엘리트 기부는 사회적, 정치적으로 온건하거나 심지어 보수적인 환경과 동물 단체에 기부하는 형식을 압도적으로 선호한다."[49] 엘리트 자선사업은 재정 지원을 보수 성향의 단체들로 유도할 뿐만 아니라 녹색소비주의 장려 같은 덜 위협적인 영역으로 항의시위를 돌리면서 "청정 석탄" 같은 체제 보전 기술을 지원하고 그린워시greenwashing 활동을 지지한다.[50]

탈세를 위한 자선사업

부유층 엘리트들이 부의 분배를 더 공정하게 만들려는 개혁을 물리치기 위해 단합할 때, 그들은 자신들의 후원을 받은 이들 ─ 정치인, 싱크탱크, 학자, 언론, **그리고** 자선단체 ─ 을 비롯해서 가능한 모든 자원을 동원한다.

2012년 영국에서 보수당 재무부 장관 조지 오스본George Osborne이 부유층이 자선 기부를 통해 받을 수 있는 세액 감면 액수에 상한을 두자고 제안했을 때, 거액 기부자들의 권력이 만천하에 드러났다.[51] 많은 이들이 이런 기부를 자선의 탈을 쓴 탈세로 봤다. 오스본 자신은 수백만장자들이 기부금법의 허점을 활용해서 세금 납부를 회피하는 정도를 보고 충격을 받았다고 말했다. 일부 최부유층은 사실상 세금을 한 푼도 내지 않고 있었다. 이에 대해 한 부유층 기부자는 오스본의 조치를 탈세에 대한 일제 단속이라고 규정하는 것은 "모욕"이라고 불만을 토로했다. 기부의 99퍼센트는 "선한 마음에서 나오는" 행동이라는 것이었다.

메리 매클린과 찰스 하비는 유력한 엘리트들이 이 조치를 무력화하기 위해 벌인 캠페인을 설명했다.[52] 부유층 자선사업가들은 자신의 경제적 이익을 지키려는 시도로 여겨지는 위험을 무릅쓰는 대신 자신들의 캠페인을 "지휘"하기 위해 세 자선단체를 동원했다. 매클린과 하비가 나중에 인터뷰한 한 자선단체 중역은 자선사업가들에게 입을 다물라고 조언한 적이 있다고 인정했다. "자선 부문이 이런 논의를 이끄는 게 훨씬 낫습니다. 자선사업가들이 앞에 나서는 순간 곧바로 부유층의 노리개라고 공격이 들어오거든요."

이런 단체들 가운데 두 곳인 자원봉사단체전국협의회 National Council for Voluntary Organisations와 자선구호재단Charities Aid Foundation 은 좌파 성향으로 여겨졌다. 세 단체는 부유층에 대한 세금 지원에 상한선이 정해지면 빈곤층에 기부하는 자신들의 능력이 크게 제한될 것이라는 점에 초점을 맞추면서 심금을 울리는 캠페인을 진행했다. 그들은 연간 5억 파운드의 손실이 발생할 것이라고 주장했다. 자선구호재단 대표는 오스본의 탈세 비판을 비난했다. "우리는 우리 시대의 위대한 자선사업가들을 인정하고 찬양해야 한다. 그들을 부유층 탈세범이라고 낙인찍는 게 아니라."[53]

평판 좋은 자선단체들이 오스본의 조치 때문에 가장 취약한 사람들이 피해를 볼 것이라고 주장하는 가운데 언론도 넘어가고 결국 오스본은 물러섰다. 매클린과 하비는 냉소적으로 평했다. "사실을 말하자면, 영국 자선 분야가 대동단결한 유일한 사례에서 그들은 빈곤층을 보호하기 위해서가 아니라 부유층을 지키기 위해서 단결했다."[54] 자선단체들 자체가 특권기계를 이루는 바퀴였다.

2008년 재무부가 민간보조기금private ancillary fund(PAF)이라는 유형의 자선재단 운영을 심사했을 때 오스트레일리아에서도 비슷한 이야기가 펼쳐졌다. 엘리자베스 참Elizabeth Cham이 박사논문에서 이 사안을 폭로하고 분석했다.[55] 부유층 집안의 자선사업은 대부분 이런 재단들을 통해 진행된다. 부유층의 기부를 긴밀하게 관리하고 후한 세금 규정을 활용할 수 있기 때문이다.[56] 현재 2000개가 넘는 PAF가 존재하는데, 자산 규모가 76억 호주달러이고 매년 약 5억 호주달러를 자선 지원금으로 지출한다.[57] PAF는 단순히 좋은 대의에 기부하는 대신 부유층 집안이 기부금을 더 긴밀하게 통제하고, 비밀을 유지하며, 세금 혜택을 축적하고, 자녀들에게 모든 것을 양도하도록 해준다.

재무부는 PAF(이전 명칭은 PPF[지정민간기금Prescribed Private Fund]였다)가 기금을 기부하는 데 실패하고 너무 많은 자산을 축적하고 있다고 우려했다. 특히 투명성 부족에 대해 우려를 제기했다. 기금이 얼마나 많이 어디에 지출되는지뿐만 아니라 기금의 명칭과 주소 같은 기본적 사실조차 일반에 공개되지 않았다.[58] 일부 사례에서는 기금이 사업체처럼 운영되면서 설립자와 가족이 세금이 부과되지 않은 자산을 사용해서 주택과 자동차를 구매하기도 했다.[59] 재무부 토론문은 문제점을 다음과 같이 요약했다.

정부가 PPF에 기부되는 1달러당 사실상 45센트의 보조금을 제공하는 상황에서 정부는 이런 예상 수입이 비교적 짧은 시간 안에 자선 부문으로 들어갈 것으로 기대한다. …… 그리고 국민들은 PPF의 실체를 확인하고 PPF가 수용 가능한 투명한 방식으로 운영되는 데 만족할 수 있어야 한다.[60]

재무부는 부유층이 공공의 시선 바깥에서 활동할 "권리"를 얼마나 열정적으로 옹호할지 미처 예상하지 못했다. 엘리자베스 참은 일부 기금 소유주들의 반응이 거의 제정신이 아니었다고 보고했다. 격분한 자선사업가들이 보인 자격의식은 자신들의 기금이 "궁핍한 이들을 도울" 수 있도록 설립된 것이라는 확신 때문에 더욱 거셌다. 자신들의 존재를 공개해야 한다는 발상에 분노가 터져 나왔다. 어떤 이는 "내 연락처를 자세히 공개해야 한다는 당신들의 제안은 전적으로 부당한 것이기도 하다"고 말했다. 많은 이들이 후원 요청이 "쇄도"할 것이라고 불만을 토로했다. (대다수는 신청을 심사할 직원이 없기 때문에 신탁 관리자의 재량에 따라 후원이 이루어진다.) 그들은 자금 지원을 바라는 자선단체들에 대응해야 하는 상황을 원하지 않았다. 그저 자신들의 프라이버시를 원했다.

우리가 예상하는 것처럼, 엘리트 자선사업 주변에 모여서 이를 뜯어먹고 사는 직군은 너 나 할 것 없이 후원자를 지지하고 나섰다. 어느 투자은행가는 일종의 폭로성 발언을 했다. "우리는 자선사업 덕분에 이 집안들 및 후속 세대들과 손을 잡습니다. 우리가 일을 제대로 하면, 자선기금이 있는 한쪽 귀퉁이만이 아니라 그 집안과 자산 전체에 무한할 정도로 관여하게 되지요."[61] 예상한 상황과는 다소 거리가 멀지만, 참은 자선단체들이 자선사업가들 편에 동원되어 재무부와 공익에 맞섰다고 폭로했다. 단체들은 재무부가 제안한 연 15퍼센트 분배율에 반대하면서 기금이 비밀리에 운영되도록 허용하는 규정을 지지했다.[62] 참은 부유층 집안을 대신해 압박을 가한 자선단체들로는 시드니 오페라하우스와 대규모 기독교 자선단체인 미션오스트레일리아Mission Australia와 앵글리케어Anglicare 등이 있다고 지적했다. 일부 예술단체는 후원자를 위해 의견을 개진하라는 압력을 받았다고 인정했다. 몇몇 단체는 재무부가 제안한 15퍼센트 분배율이 시행되면 단기적으로는 이득이 되지만 후원자들이 장기적으로 후원금을 적게 낼 것이라고 설득당했다고 인정했다.

재무부는 캔버라에서 가장 힘센 부처이며 보통 의지를 관철시킨다. 하지만 부유층과, 저소득층을 위한 자선단체들이 일치단결해서 반대하자 물러섰다. 이 일화는 선행에 자금을 지원해서 빈곤층과 취약계층을 돕는다는 취지를 표방하는 엘리트 자선사업이 대개 이기심에 따라 움직인다는 사실을 여실히 보여준다.

계급과 권력이 작동하는 은밀한 방식

매클린과 동료들은 영국과 미국의 엘리트 자선사업에 관한 연구에서 부유층 자선사업가들이 영향력의 생태계 속에서 움직인다는 것을 발견했다.

연구팀은 영국에서 자선 공헌에 대해 작위를 수여하는 것처럼 훈장을 받는 것과 같은 "사회자본 및 문화자본" 축적 등 엘리트 자선사업가들을 자극하는 몇 가지 동기를 확인했다. 이런 점에서 보면, 기부자들은 사실상 돈을 써서 영향력과 네트워크를 보유한 진영으로 들어갈 수 있다. 세금 우대 또한 일조한다.[63]

영향력의 네트워크를 사들이는 한 가지 방식은 유력한 인사들을 자신이 운영하는 자선재단에 임명하는 것이다. 앤드루와 니콜라 포레스트 부부가 운영하는 민더루재단의 이사진에는 컴패니언 앨런 마이어스Allan Myers AC도 있다. 마이어스는 빅토리아 국립미술관 관장, 그래턴연구소 의장, 멜버른대학교 총장 등을 역임했고, 2021년 현재 순자산이 8억 3400만 호주달러였다. 그 외에도 다우케미컬 최고경영자와 오스트레일리아기업협회BCA 회장을 역임하고 2032년 브리즈번 올림픽조직위원장인 오피서 앤드루 리버리스Andrew Liveris AO도 있다. 포레스트는 또한 사우스오스트레일리아주 전 총리(목사이자 세금 관리인인 딸 그레이스도 함께) 등 연줄이 많은 사람들을 직원으로 임명했다.

일부 엘리트 자선사업가들은 유명 지식인들과 어울리고, 돈을 써가면서 중요한 학술기관의 환심을 사려고 한다. 하버드나 옥스퍼드 같은 명문대학에 수백만 달러를 기부하는 것은 영향력이 큰 사상가들의 세계에 들어가는 입장권이다. 한 억만장자 투자자는 자신의 전용 제트기를 타고 돌아다니면서 디너를 즐기며 깊은 사상을 나누는 유명한 천재들을 위해 일종의 살롱을 만들었다. 진화생물학자 리처드 도킨스, 심리학자 스티븐 핑커, 철학자 대니얼 데닛, 하버드의 수학생물학자 마틴 노왁, 하버드 법학교수 앨런 더쇼위츠, 하버드 총장 래리 서머스 등이 대표적인 인물이다.[64]

이 인사들로서는 유감스럽게도, 그들에게 넉넉한 은전을 베푼 억만장자는 바로 제프리 엡스타인Jeffrey Epstein이었고, 그가 사람들을 태우고 돌아다닌 제트기는 악명 높은 "롤리타 익스프레스Lolita Express"였다.[65] 데이비드 월리스-웰스David Wallace-Wells는 이 기묘한 집단에 관해 논평하면서 백인 남성 지식인들이 "자신이 세계사적으로 중요한 인물이라는 의식"에 취해 있다고 썼다. "그들은 특별한 찬사는 물론 특별한 특권을 누릴 자격이 있는 특별한 사람이었다."[66]

엡스타인이 저지른 온갖 범죄에 관한 기사가 나오기 시작했을 때, 그의 지식인 친구들 가운데 일부는 그를 옹호했다. 자기기만에 관한 연구로 유명세를 떨치고 리처드 도킨스와 스티븐 핑커의 영웅이기도 한 저명한 진화생물학자 로버트 트리버스는 2015년에 엡스타인이 결백하다고 주장했다. "그 애들은 열네 살이나 열다섯 살이 되면 마치 60년 전의 성인 여성 같아지죠. 그래서 나는 이런 행위가 그렇게 끔찍하다고 보지 않습니다." 우주론학자 로런스 크라우스는 그의 탁월한 관찰력에 의존했다. "나는 언제나 사물을 경험적 증거에 바탕을 두고 판단하는데, 제프리는 언제나 19~23세의 여자들을 주변에 두고 있습니다. …… 그래서 과학자로서 …… 나는 다른 사람들보다 제프리의 말을 믿습니다."[67]

엡스타인은 대학을 나오지 않았지만, 최부유층 인사로서 그는 "어떤 세계에든 들어갈 자격이 있다고 생각했다."[68] 세계적으로 유명한 지식인들도 예외는 아니었다. "엡스타인은 돈과 영향력을 활용해서 자신을 아방가르드 지식인, 인간 지각의 심원한 극한에 관한 지식을 추구하는 데 몰두하는 빛나는 독학자로 포장했다. 대체로 이런 시도는 대단히 잘 통했다."[69] 다른 몇몇 억만장자들—일론 머스크와 피터 틸이 우선 떠오른다—처럼, 엡스타인은 유전공학과 트랜스휴머니즘에 매료된 사회적 예언자를 자처했다. 이런 사회적 예언자들에게 미래는 "자유"와 기업가 정신, 대담한 기술적 공적으로 이루어진 초자유주의적 세계다. 다시 말해, 그들은 세계를 자신의 이미지대로 만들고자

한다. 자기 같은 사람들이 경제에서 사회·문화적 변화 영역과
이를 넘어서는 영역으로 범위를 확대하는, 초행위자들이 지배
하는 세계다.

과학 저술가 애덤 로저스Adam Rogers는 엡스타인의 자선사업
에 관해 다음과 같이 주장했다.

> 그의 자선사업을 보면, 비교적 소수의 미국 지식인 집단 사
> 이의 연줄 덕분에 그들이 은밀하게 지난 30년간 과학과 기술
> 과 문화를 규정할 수 있었음을 알 수 있다. 그것은 각종 회의
> 와 연구소, 가상의 살롱, 심지어 잡지들로 이루어진 거대사
> 상·산업복합체Big-Ideas Industrial Complex였고, 제프리 엡스타인은
> 돈을 써서 거기에 들어갔다.[70]

엡스타인이 소아성애자였다는 사실을 빼면 슈퍼리치들의
상층부에서 그의 행동 방식은 전혀 이상한 게 아니었고, 그의
범죄 때문에 시작된 이례적인 조사 덕분에 우리는 그 세계에 관
한 보기 드문 통찰을 얻을 수 있었다. 로저스는 엡스타인의 네
트워크에 관한 연구가 다음과 같은 사실을 보여준다고 결론지
었다.

> 미국에서 계급과 권력이 작동하는 난공불락의 은밀한 방식
> 이 낱낱이 드러났다. 자기들만 모인 방에서 값비싼 음식으로
> 가득 찬 테이블 주변에 모인 중년의 백인 남자들이 서로 도

와주기로 뜻을 모은다. 그들은 서로에 대해 칭찬하는 책을 쓰고, 서로 100만 달러 단위의 수표를 쓸 수 있는 사람들에게 소개하며, 다른 훨씬 더 은밀한 방으로 안내하는 초대장을 나눈다. 바로 이런 곳이 미국에서 권력이 배분되는 장소다.[71]

유명인과 흐뭇한 친교를 형성하고 유명 지식인들과 어깨를 부딪치는 것 외에도 기부는 평판 관리와 정치적 보호를 위한 유력한 네트워크를 구축하는 데 활용된다. 정치인과 대학, 자선단체에 기부를 함으로써 엡스타인은 재산을 활용해서 글로벌 파워엘리트들에게 둘러싸였다. 2008년 미성년자 대상 성범죄로 유죄 판결을 받고 징역형을 선고받기 전이나 그 후나 마찬가지였다. 2005년에 그가 적어둔 '비밀연락처black book'를 보면, 토니 블레어, 빌 클린턴, 도널드 트럼프, 멜라니아 트럼프, 앤드루 왕자, 스티브 배넌, 마이클 블룸버그, 리처드 브랜슨, 앤드루 쿠오모, 스티브 포브스, 테드 케네디, 존 케리, 헨리 키신저, 루퍼트 머독, 척 슈머 등의 전화번호를 찾을 수 있다.[72] 그는 이후 빌 게이츠와 친구가 됐는데, 이 관계는 엡스타인의 은행인 JP모건의 고위 중역들이 다리를 놓았고, 엡스타인이 보건 자선단체를 위해 수십억 달러를 모으기 위해 제안한 것이었다.[73] 두 사람은 자선사업을 계기로 친해졌다(멜린다 게이츠는 이 문제가 남편과 결별하게 된 한 이유였다고 말한다). 엡스타인과 접촉한 사람 중 일부는 단순한 지인이었던 반면, 다른 사람들은 그의 뉴욕 자택과 개인 소유 섬, 전용기 등에서 호화로운 환대를 즐긴 친구들이었다. 일부는 그가 저지른 범죄를 무시하거나 정당화했고, 다른 이들은 법적 조사와 언론의 추적으로부터 보호해주는 것처럼 보인다.[74] 스티븐 핑커는 엡스타인의 법률 변호에 의견을 보탰고, 하버드 법학교수 앨런 더쇼위츠가 변호를 이끌었다.[75]

세습되는 문화자본

명문대학과 유명 지식인들 외에도 문화기관은 엘리트 자선사업의 관심이 집중되는 주요 대상으로 손꼽힌다. 예술을 도우려는 진정한 열망이 기부의 동기일 수도 있지만, 예술 분야는 또한 문화자본·사회자본을 축적함으로써 특권을 한껏 채우는 이상적인 장소다. 문화자본은 문화기관과 이를 통과하는 사람들의 "생활세계"에 진입함으로써 얻어진다. 사회자본은 문화기관의 위신과 함께 영향력이 높아지는 새로운 영향력 네트워크에 진입함으로써 축적된다. 주요 예술단체의 이사회나 자문위원회는 부유층과 권력층으로 채워지며, 따라서 엘리트들이 들어가는 가장 배타적이고 보상이 많은 클럽이 된다.[76]

그 정점을 차지하는 오스트레일리아국립미술관의 재단이사회는 엘리트 중의 엘리트들로 빛을 발한다. 패커 가문의 대모 로즐린 패커Roslyn Packer나 페어팩스 언론 왕조의 후손인 팀 페어팩스Tim Fairfax, 언론과 광업 거물인 케리 스토크스 등이 대표적인 인물이다. 이들은 미술관에 수백만 달러를 기부했고, 이런 후한

씀씀이에 대해 국가 최고 훈장인 컴패니언으로 보상을 받았다. 이사들은 미술관 자문위원회와 어울리는데, 이 권력 네트워크에는 맥쿼리은행 최고경영자 출신의 니컬러스 무어Nicholas Moore, ANZ은행과 오리진에너지의 이사이자 기업 규제기관인 오스트레일리아 증권투자위원회ASIC 전 위원장의 부인인 일라나 애틀라스Ilana Atlas, 억만장자이자 유력한 자선사업가인 주디스 닐슨Judith Neilson, 그리고 자유당 총재를 지낸 리처드 올스턴Richard Alston 등이 속해 있다. 편리하게도 오스트레일리아 훈장위원회의 전 서기관 또한 위원이다(위원회는 오피서가 4명이나 된다고 자랑한다). 이 면면을 보면, 미국의 연구에서 드러난 대로 대기업과 정부, 비영리기구 세계의 엘리트들이 서로 맞물려 있는 현실이 부각된다.[77]

국립미술관 자문위원장은 케리 스토크스의 아들 라이언 스토크스Ryan Stokes인데, 오늘날 왕조 계승이 재무 및 경영 기술만이 아니라 탄탄한 네트워크와 문화자본까지 동원해서 "자녀를 준비시킨다"는 사실을 보여주는 사례다.[78] 사업체를 지휘하도록 자녀를 훈련시키는 과정에 관해서는 연구가 많이 되어 있지만, 엘리트 특권을 전수하는 데서 자선사업이 어떤 역할을 하는지에 관해서도 무시해서는 안 된다. 자선재단과 문화기관 이사회에 자녀를 참여시키는 것은 사회자본과 문화자본 획득을 가속화하는 수단으로 볼 수 있다—부모의 문화유산legacy은 막대한 상속재산inheritance보다 더 소중하고 '정당하며' 확실히 쉽게 탕진하기도 어렵다.

주요 문화기관은 기부자들 눈앞에 대고 세액 공제라는 당근을 흔들면서 특권기계가 계속 작동하는 것을 돕는다. 최고 문화기관들은 기부자 서클이라고 알려진 유력한 후원자들의 클럽에 들어갈 수 있는 입장권을 주겠다고 암묵적으로 약속하면서 호객 행위를 한다.[79] 기부자 서클은 엘리트 집단에 소속감을 제공하는데, 그 특별한 성격은 블록버스터 전시회의 상류층 전용 사전 관람 같은 특별 행사로 강화된다.[80] 후원자들을 위한 갈라의 밤 초대권은 인기가 많다. 물론 이 기관들은 이와 같은 체제의 용병이라는 성격 규정을 거부한다. 시드니 오페라하우스 관장인 루이스 헤런Louise Herron은 기부자 서클이 "일종의 헬스클럽 회원권"에 불과한 듯이 거래로 바라보는 관점에 대해 콧방귀를 뀐다.[81] 헤런은 이건 마케팅이 아니라 **자선사업**이라고 일축한다. 분명 시드니 오페라하우스는 전문가를 채용해서 어떻게 해야 잠재적 기부자의 동기를 잘 파악하는지, 그리고 어떤 식으로 그들을 심리적으로 조종해서 기부를 하게 만들 수 있는지에 대해 조언하는 비영리기관들보다는 윤리적으로 한층 수준이 높다.[82] (가족 중에 누군가 세상을 떠나면, 전문가들은 이를 "공감을 표하면서 이 관계가 당신의 기부자에게 무슨 의미인지를 더듬어볼 기회"로 생각해보라고 제안한다.)

부유층의 젊은 자선사업가들은 부모의 돈이나 이른 성공으로 자신이 번 돈을 기부하면서 귀족들이 기득권층 기관에 재산을 기부하는 전통적 이미지를 거부하는 듯 보인다. 현대미술관MCA의 20~40세 기부자 서클은 "자선 기부의 여정을 시작할 준비가 된" 이들에게 "현재 부상하는 현대미술과 미술가들을 처음 발견하는 주인공"이 될 것임을 약속하면서 "떠오르는 미술가들"과 친교를 쌓는 젊은 층의 유행을 제공한다.[83] 비공개 미술관 투어 외에도 생각이 비슷한 사람들과 네트워크를 만드는 등의 혜택이 약속된다. 시드니작가페스티벌Sydney Writers's Festival의 젊은 기부자 서클의 한 창립 회원은 솔직하다. 기부자들은 연줄을 만들기 위해, 즉 사회자본을 쌓기 위해 돈을 낸다는 것이다.

예술 자선사업 세계에서 왕조들이 잇따라 등장하고 있다. 억만장자 투자자이자 자선사업가인 커 닐슨Kerr Neilson("오스트레일리아의 워런 버핏")과 전 부인 주디스 닐슨의 두 딸은 예술 자선사업가가 되었다. 우리는 패리스Paris와 보Beau에게 "이제 그간 받을 것을 돌려줄 때"라는 것을 배운다. 고액 기부자인 진과 브라이언 셔먼Gene and Brian Sherman 부부와 두 자녀 온딘Ondine과 에밀Emile은 가족 재단 대표를 번갈아 맡고 있고 온딘의 남편 드로어Dror도 재단 운영에 참여한다.[84] 몇몇 문화기관은 자녀들이 부모의 방식을 그대로 모방하는 것을 바라지 않을 것이다. 가령 오스트레일리아체임버오케스트라는 "부모가 같이 참석하지 않는 행사를 여는" 식으로 대응한다.

요컨대, 누가 어떤 문화기관에 거액 기부를 했음을 알리는 헤드라인의 이면에는 기부자와 수혜 기관의 복잡하고 미묘하며 점점 진화하는 계산과 전략 수립 과정이 도사리고 있다. 양쪽 모두 수익을 극대화하고 자녀들에게 부의 이점을 전해주기 위해서다.

평판 세탁

매클린과 하비는 초부유층이 어떤 식으로 "자선가 정체성"을 만들어내는지에 관한 연구에서 그들이 선호하는 자기 이미지를 위해 어떻게 윤리를 흡수하는지 말한다.[85] 그들이 내놓는 후한 기부—종종 "유동성 확보 거래liquidity event"*에 의해 촉발된다—는 그들의 고결한 본성을 표현한다. 그들은 기부의 선행을 드러낼 뿐만 아니라 사회정의를 위해 싸우는 십자군이자 자유의 수호자를 자처한다. 이런 이미지 메이킹에서 흔히 구사되는 비유는 우리 모두는 사실 똑같은 존재이며 다만 몇몇 일부가 도움의 손길을 필요로 할 뿐이라는 점을 강조하는 것이다. 매클린과 하비는 이런 자기기획 노력이 "현재 상태를 유지하기 위해 부러움의 정치학을 다루는 대가"인지 묻는다. 이는 부정직한 자선사업의 동기이지만, 토니 블레어는 다음과 같은 말로 이런 동기를 옹호했다. "우리에게 자선사업이 필요한 건 부유층에 대한 반감을 줄이기 위해서입니다."[86] (직관적인 예상과 달리, 불평등이 증대되면 부유층의 자선 기부는 **감소한다**.)[87]

하지만 엘리트 자선사업이 이미지 구축이나 자기향상, 사회보험 납부에 지나지 않는다고 주장하는 것은 무례하고 사실에 부합하지도 않는다. 다른 모든 이들과 마찬가지로, 특권층 엘리트도 결함이 있기는 해도 결국은 도덕적인 "선량한 사람"

---

*   인수합병이나 기업 공개IPO 등 투자 수익을 실현하는 기회.

으로 자기 이미지를 구축한다. 종종 비정한 이들만 살아남는 거친 게임에서 성공한 슈퍼리치 개인들에게 자선가적 자아를 구축하는 것은 구원이 될 수 있다. 죄를 숨기거나 옆으로 밀어내고 새로운 형태의 자아를 구축하는 수단인 것이다. 그들은 고귀한 유산을 남기기를 원한다. 따라서 엘리트 자선사업을 통해 구축되는 정체성은, 자선사업가가 동료들이나 대중에게 너그러움과 선의를 인정받는 사람, 뭐니 뭐니 해도 인류를 진정으로 사랑하는 사람과 동일시된다는 점에서 진정성이 있다.[88]

앤드루 포레스트 자신은 억만장자가 되었다고 해서 크게 바뀌지 않았다. 그는 남을 도우려는 충동이 빼빼 마른 아이였던 학창 시절 괴롭힘을 당한 경험에서 나오는 것이라고 설명했다. "나는 평생 불공정에 반대해온 운동가입니다. 나는 흔히 말하는 자선사업가가 아니라 불공정에 반대하는 운동가예요."[89] 자신의 도덕성을 너무 떠들썩하게 선언하면 자선가 정체성의 진정성이 의심받을 수 있는데, 앤드루 포레스트만큼 뻔질나게 그런 선언을 하는 이는 거의 없다. 민더루재단이 지향하는 가치를 밝힌 선언을 보면 그야말로 성자 같다.

우리가 하는 모든 활동은 사람에 대한 깊은 관심과 미래 세대를 위해 더 나은 세상을 만들겠다는 사명감에서 우러난 것입니다. …… 서로를 용서하고 지지하며, 언제나 친절하세요. …… 당신이 대우받고 싶은 대로 남을 대우하세요. 언제나 존중을 보이고 다른 사람의 차이를 포용하세요.[90]

재단이 지향하는 가치 목록은 "겸손, 용기, 결단"으로 시작된다. "앤드루와 니콜라는 하느님이 보시기에 여러분은 다른 누구보다도 더 소중하지 않으며 덜 소중하지도 않다"고 믿는다. 누군가 그들의 진정성을 의심할까봐 재단은 약속을 하나 하며 마무리한다. "우리는 모든 가치를 보여줄 때 언제나 진심으로 행동합니다." 포레스트는 콧대 높은 기업가 중에서도 자신이 가장 콧대가 높다고 자부하지만, 그의 자선가 페르소나는 새로운 시대의 지혜로 생기를 얻은 영감 가득한 연사의 세계에 속한다. 그는 우리에게 "당신이 될 수 있는 최고의 사람이 되려고" 노력하라고 촉구한다. "인간관계에서 대담하고 취약해지세요. ......사랑을 행동으로 옮기세요."

포레스트의 회사가 채굴하기를 원한 땅의 전통적 소유자인 인지반디족Yindjibarndi은 행동하는 사랑을 경험하지 못했다. 적절한 보상금을 지불하고 싶지 않았던 포레스트의 회사는 일단 채굴부터 하고 법정에서 전통적 소유자들과 싸웠다. 결국 패하긴 했지만. 포레스트의 회사는 원주민 공동체를 분열시키려고 적극적으로 공작한 사실이 드러나서 많은 냉소적인 반응을 초래했다.[91] 회사는 부끄러운 줄도 모르고 여전히 채굴을 계속하면서 전통적 소유자들의 보상 요구에 맞서는 등의 법정 싸움을 이어갔다.[92] 다른 엘리트 기부자들이 대개 그렇듯이, 포레스트의 무자비한 사업 관행은 그의 자선가 페르소나와 불편하게 공존한다.

워크프리재단의 창립 대표인 그레이스 포레스트는 아버지

에게 겸손을 배운 듯하다. 어느 기자에게 자신은 엘리트주의를 진하게 풍기는 "자선사업가"라는 용어를 혐오한다고 말한 뒤, 24세의 대표는 말을 이었다. "뉴욕 출신의 이 놀라운 미술품 수집가와 함께 며칠 전 밤에 열린 행사에 참여했는데, 그분이 말하더군요. '아 그레이스, 당신 얘기는 들었어요. 글로벌 노예제 아가씨라고요? 보노한테서 당신 얘기 들었어요.'"[93] 그레이스가 하버드에서 MBA 과정을 밟기를 원했다면 보노는 분명 추천인이 되어주었을 것이다. 그레이스는 기자에게 억만장자의 대저택에서 자란 성장기에 별로 영향을 받지 않았다고 말했다. "나는 지금도 고등학생 때 다니던 알뜰 가게에서 옷을 전부 산다고요."

엘리트 자선사업은 때로 순수한 냉소주의다. 오늘날 엘리트 자선사업은 망신을 당한 대기업이나 유명인, 기업 중역들이 눈길을 사로잡는 거액을 자선단체에 기부하도록 주선하는 홍보 대행사가 짜놓은 각본의 일부다.[94] 런던의 어느 홍보회사는 러시아에서 도망친 도둑정치인kleptocrat들이 평판을 세탁하는 것을 도와주는 틈새시장을 공략하고 있다.[95] 채텀하우스Chatham House(왕립국제문제연구소)는 세 가지 전술을 설명한다. 첫째, 정당에 기부하면서 유력한 친구를 사귄다. 둘째, 법적 위협을 가하면서 비판자들의 입에 재갈을 물린다. 셋째, 자선단체에 기부해서 도덕적 지위를 높인다. 올리가르히들은 케임브리지 같은 명문대학교에 기부하는 것도 효과가 있음을 깨닫고 있다.[96]

유명인과 슈퍼리치들이 통 크게 기부한다는 화려한 헤드

라인 덕분에 기부자들은 대중들에게 호의를 얻고, 정치 진영에서도 지위가 향상되며, 결국 세법 개정같이 자신들이 반대하는 조치에 대해 순조롭게 로비를 할 수 있다. 하지만 도덕적 관심을 과시하는 이들은 또한 면밀한 조사를 받을 수밖에 없다. U2의 프런트맨 보노는 라이브에이드Live Aid* 자선 행사를 주도하면서 마땅한 찬사를 받았다. 하지만 오언 존스Owen Jones 같은 냉소주의자들은 그의 밴드가 아일랜드에서 네덜란드로 근거지를 옮기면서 탈세를 했다고 지적했다. 보노 본인이 국제탐사보도언론인협회ICIJ가 전 세계 부유층과 비밀스러운 인물들이 보유한 역외 은행 계좌를 폭로한 파라다이스 페이퍼스Paradise Papers에 등장했다. 그 자체로는 범법 행위가 아니지만, 어떤 이들은 의문을 던졌다. 순자산만 7억 달러를 보유하고 있다는 보노가 빈곤층에게 그렇게 관심이 많으면서 왜 자기 몫의 공정한 세금을 내지 않는가? 존스의 보도에 따르면, 보노는 U2의 세금 회피 사건에 대해 "우리와 일하는 똑똑한 사람들이 …… 우리에게 부과되는 세금에 대해 합리적으로 대처하려고 노력하고 있다"고 말했다. 인지 부조화를 넘어서는 또 다른 사례다.[97]

초부유층에 속하는 어떤 이들은 돈벌이에 몰두하는 자아와 좋은 사람이 되려는 욕망을 화해시켜야 한다고 생각하지 않는다. 그들이 볼 때, 큰돈을 버는 행위는 그 자체로 선한 것이기

---

* 1985년 아프리카의 대규모 빈곤 사태에 대한 인식을 높이고 추가 사망을 방지하기 위한 기금 모으기를 목표로 한 음악회.

때문이다. 이따금 솔직하게 그렇게 말한다. 2021년, 제프 베이조스는 55억 달러가 소요되는 11분짜리 지구 저궤도 여행을 마치고 착륙한 뒤, 적은 급여를 받는 휘하 직원들과 아마존 고객들에게 덕분에 "인생 최고의 날"을 보냈다며 감사의 말을 전했다. "여러분이 비용을 내준 겁니다." 베이조스는 사실상 세금을 한 푼도 내지 않는다는 이유로 거센 비판을 받았는데, 자신이 창설한 "용기와 존중Courage and Civility" 상의 일환으로 [컨트리 가수] 돌리 파튼에게 1억 달러를 주면서 내키는 자선단체에 기부하라고 하자 일각에서 조롱이 쏟아졌다.[98]

루벤 가스탐비데-페르난데스와 애덤 하워드는 선의에 따라 행동하지 않는 사람들에게 빈곤층은 엘리트가 자신의 자애로움과 선량한 시민성을 보여줄 수 있는 대상으로 기능할 수 있다고 주장한 바 있다.[99] 이런 전시를 위한 한 기회는 세인트빈센트드폴소사이어티St Vincent de Paul Society가 노숙인들에 대한 인식을 높이고 기금을 모으기 위해 해마다 개최하는 '최고경영자 야외취침CEO Sleepout' 행사다. 이 행사의 천재성은 기업 지도자들에게 한데서 하룻밤을 자는 "진짜" 희생을 요청함으로써 진정한 헌신을 보여주는 반면, 손쉬운 기부는 단순히 특권의 표현일 수 있다는 것이다. 모든 최고경영자가 부유한 것은 아니며, 일부 참가자들에게 야외취침 참여는 진정한 동정심의 표현이다.[100]

그렇다 하더라도 어떤 이들에게 자선 행사는 또한 일정한 이데올로기를 확립하고 사회자본을 구축할 기회를 제공하는 기능을 한다. 야외취침에 참여한 한 최고경영자는 정신질환을 앓던 젊은 시절에 자기도 노숙 생활을 한 적이 있다고 고백했다.[101] 그는 "누군가 친절한 행동으로 명료한 깨달음의 순간을 주면서 한 가지 좋은 선택", 즉 숙소를 찾게 해주었을 때 노숙 생활에서 구제되었다. 그는 "만약 충분히 그릇된 선택을 하면" 거리로 돌아갈 수 있었다고 말했다. 이 이야기는 고무적이긴 하지만 개인의 "선택"의 결과로 성공과 실패가 갈리는 신자유주의 모델을 재확인해준다. 이런 관점에서 보면, 최고경영자들의 야외취침은 노숙 생활이 거대한 부의 집중과 공존하게 해주는 체제에 도전하는 대신, 노숙인들이 "인생에서 더 나은 선택을 하"거나 불운을 극복하도록 돕는 행동이다. 캐머런 파셀Cameron Parsell과 베스 와츠Beth Watts는 노숙 생활에 관한 민족지 연구에서 이동 목욕탕과 세탁 서비스 같은 서비스를 제공하는 것은 득보다 실이 많다고 결론짓는다. 노숙인들의 자발성 결여를 굳히고, 자신들의 결함에 대한 인식을 강화하며, 사회가 체제 차원의 불평등을 회피하게 해주기 때문이다.[102]

'최고경영자 야외취침' 행사의 주요 후원자는 주요 경제 신문인 《오스트레일리언 파이낸셜리뷰》의 소유주다.[103] 이 신문의 기자인 애런 패트릭은 '최고경영자 야외취침' 행사가 "경영진 일정표의 새로운 주요 일정"이 되었다고 지적했다. "참가를 인정받을 수 있는, 평상시보다 좋은 기회를 참가자들에게 제공하는" 행사이기 때문이다.[104] "재계에서 내로라하는 인물들 사이에 흥분감이 퍼져 있었다. 오늘 밤 그들은 전국 곳곳에서 침낭을 펼쳤다. …… 휴 마크스(언론계의 재벌 최고경영자)는 '이날을 네트워킹 행사라고 부르고 싶지 않다'고 말했다. '경제계 사람들을 일부 알긴 하지만 …… 도울 수 있는 일이 무엇이든 하고 싶습니다.'"

은행장 닉 리드Nick Reade 또한 부수적 혜택에 민감했다. "우리 모두 지역사회에 보답할 책임이 있습니다. 여러분의 사업에도 좋을 수 있고요."[105] 하지만 "네트워킹과 술잔치, 부동산이라는 시드니의 겸손한 척 자랑하기 3종 경기"의 우승자는 핀스트라이프미디어Pinstripe Media의 알렉산더 코크Alexander Koch였다. "우리는 바다 건너편 바랑가루의 백만 달러짜리 뷰를 보며 침낭에서 잤습니다. 내일은 친구들과 저녁을 먹으며 프랑스 샴페인을 마시겠지요. 하지만 그 사람들은 여전히 거리에서 살 겁니다."

7장 요약

엘리트 자선사업은 경제자본을 사회·상징자본으로 전환하고 이를 활용해서 더 많은 부를 축적하는 효과적인 현장이다. 소액 기부자들과 달리 부유층 자선사업가들은 대체로 자신들이 기부하는 자선단체의 활동을 주무르려고 한다. 일부는 보건과 환경 같은 세계무대의 의제를 정하는 것을 목표로 삼는다. 오늘날 슈퍼리치들은 자신의 사업 경험과 인생철학 때문에 자기가 세계의 산적한 문제를 해결할 수 있는 독보적인 자리에 있다고 믿는다. 박애자본주의라는 이데올로기다. 그 효과는 그들을 부자로 만들어준 체제를 강화하고 불평등을 더욱 구미에 맞게 만드는 것이다.

이런 새로운 현상은 시민사회를 위협한다. 빈곤층과 취약계층의 복지가 점점 부유하고 무책임한 이들에게 맡겨지기 때문이다. 더욱이 사회운동이 추구하는 목표가 이따금 부유한 기부자들의 체제 보전 목표에 맞게 왜곡된다. 부유층 기부자들은 '온건한' 단체를 지지하고 비판적인 그룹들을 주변으로 밀어내는데, 이런 추세는 특히 환경운동에서 뚜렷하다. 부유층 기부자들은 빈곤층을 위한 자선단체를 자신들의 세금 혜택을 보호하기 위한 캠페인에 동원하는 것으로 알려져 있다.

부유층 엘리트들이 기부를 활용해서 영향력을 지닌 유력한 집단에 진입하고, 다시 이를 통해 사회를 주무르는 능력을 향상시키는 것은 드문 일이 아니다. 존경받는 자선단체와 재단의 이사회는 종종 전임 장관과 고위 공무원, 그리고 기업과 싱크탱크 출신 유력인사를 임명한다. 일부 부유층 기부자는 명문대학과 선호하는 연구 프로그램에 기부하는 식으로 거대 사상의 세계에 들어서는 것을 좋아한다.

국립미술관 같은 저명한 문화기관은 거액 기부자들을 유력한 네트워크를 구축하고 훈장 같은 존경의 상징을 획득할 수 있는 그들만의 '클럽'에 들여보냄으로써 엘리트 특권을 살찌우는 장으로 기능한다. 그리고 이런 기관은 특권을 다음 세대로 전수할 수 있는 장소로 기능한다.

일부 슈퍼리치들에게 기부는 세금을 내지 않는 정당한 이유가 된다. 다른 이들에게 자선 기부는 더럽혀진 평판을 세탁하는 확실한 수단이다. 비영리 부문은 또한 슈퍼리치들이 이타적인 선행의 이미지를 창조하고 지저분한 행동을 은폐하는 유산을 구축하는 장소로 기능한다.

8장 　　　　　　　特권의 네트워크

자본이 자본을 낳는 상층부의 네트워킹

우리 애들은 아주 좋은 학교를 다녔는데, 학부모들끼리 네트
워킹을 하는 게 눈에 보이죠. 학교에서 만나는 사람은 전부
판사나 의사, 또는 이런저런 전문직이에요. 그리고 아이들은,
음 어떻게 말해야 할까요? …… (아버지) 동료가 자기 로펌에
졸업생 대여섯 명 정도는 넣어줄 수 있기 때문에 채용 추천을
받아요. 남들과는 달리 문이 활짝 열리는 셈이지요. (패라, 평
균 소득, 나이 많음, 멜버른)

일부 학부모들에게 자녀를 엘리트 학교에 보내는 데 드는
높은 학비는 자녀의 가능성에 대한 투자일 뿐만 아니라 자신들
의 사회자본 비축량에 대한 투자이기도 하다. 한 포커스그룹 참
가자가 말한 것처럼, "일부 학부모는 실제로 기업과 정치 등등
의 상층부에 진입하고 영향력을 얻기 위해 돈을 지불한다"(패트

리샤, 평균 소득, 나이 많음, 시드니). 본인이 오스트레일리아에서 가장 학비가 비싼 학교에 다닌 다른 이는 부모들이 자녀의 학교를 자신의 네트워크를 구축하기 위한 통로로 본다고 이야기했다.

우리 회사 부장 아들은 …… (회사에 다니는) 모든 직원의 자녀가 다니는 그 학교에 다닙니다. 그러니 가령 어쩌다가 생일파티에라도 참석하면 거기서 꽤 많은 사람들을 만나고 자기로서도 기회가 열리는 셈이죠. 그 학교에 다니면 애들만 이득을 보는 게 아니라 부모들도 네트워크를 형성할 기회가 생겨요. **어떤 종류의 기회냐고요?** 독점적인 투자 기회와 사모펀드 거래 기회죠. (클리프, 부유층, 젊음, 시드니)

관계 네트워크를 만들려면 일정한 투자가 필요하고 따라서 의식적으로 실행하든 아니든 간에 투자 전략도 필요하다. 누구랑 친해지는 게 제일 유용한지 알아낸 다음 관계 자체를 형성하고 유지하기 위해 시간과 에너지를 투입해야 한다. 효과적인 네트워킹에는 일정한 종류의 능력과, 부르디외가 지적한 것처럼 "끊임없는 사교성"이 필요하다.[ ] 릴라(평균 소득, 나이 많음, 시드니)는 오스트레일리아와 미국에서 자기표현대로 엘리트 언론 임원진에서 일했다.

부와 권력, 영향력과 서로에 대한 접근성을 통해 같은 수준의 특권을 지닌 사람들을 만나 연줄을 만들고 싶어서 사람들이 열심이었습니다. 아주 광범위한 각기 다른 부문을 가로질러 폭넓은 네트워크를 형성할 수 있으니까요. 금융, 언론, 정보통신, 은행 등 광범위한 각기 다른 부문을 가로질러 서비스와 사회자본, 의사결정을 교환하는 게 어느 정도 호혜적으로 이루어지죠. 그래서 그 사람들은 기본적으로 오스트레일리아에서 이런 더 높은 수준의 영향력을 창조합니다.

우리는 사회적 네트워크를 구축하는 데서 냉정한 계산이 어떤 역할을 하는지를 과도하게 강조하려는 것이 아니다. 그런 계산은 대부분 무의식적으로나 반사적으로 이루어지며, 일부는 순수한 사교성이나 "감정 투자" 등의 이유로 이루어진다. 다만 그런 이유로 얻어진 관계의 일부는 좀 더 물질적인 방식으로 성과를 거두는 게 분명하다.[2] 물론 관계를 구축하는 데 투입되는 시간과 노력이 언제나 성과를 거두는 것은 아니다. [그 이유는] 부정직함이나 자기기만, 오인 등 "사회적 교류의 필수적인 모호성" 때문이다.[3]

다른 한편, 어느 내부 관찰자에 따르면 억만장자들이 사는 동떨어진 세계에서는 물질적 이익의 상호 향상에 레이저처럼 초점을 맞추는 것이 일반적인 작동 절차라고 한다. 브렌던 오섀너시Brendan O'Shannassy는 초부유층이 소유한 슈퍼요트 선장으로 20년간 일한 덕분에 억만장자들이 어떻게 생각하고 행동하는지에 관한 조감도를 갖고 있었다. "억만장자들이 만나는 건 자신들이 지닌 지식과 정보, 접근성의 태양계가 뒤얽혀서 자라나

게 만들려는 겁니다. 모든 교류에는 정보를 공유하면 양쪽 모두에게 이익이 된다는 암묵적인 약속이 존재하죠. 억만장자들은 서로 부탁을 들어주는 것에 강박적으로 집착합니다."⁴ 슈퍼요트를 소유하는 이유는 오로지 "손님들을 대접"하기 위해서다. 손님들은 억만장자들이 모두 고르고 고른 이들인데, 그들의 존재가 억만장자 소유주에게 도움이 될 수 있기 때문이다. 막대한 비용에 관해서 한 억만장자 손님은 이렇게 말했다. "선상에서 거래 한 건을 확보하면 몇 배나 남는 장사죠."⁵

매클린과 하비, 클링은 수십 년에 걸친 연구를 인용하면서 사회적 네트워크의 형성과 활용이 현대 대기업 경제 지도부의 핵심에 자리하고 있음을 확인한다.⁶ 세 사람은 다양한 차원의 "권력장"—즉 개인적 장을 초월해서 "지배적 행위자들이 경쟁하는 메타장"으로 기능하는 사회 영역—을 가로질러 퍼져나가는 네트워크를 가진 이들이야말로 권력 엘리트 가운데서도 가장 유력한 사람들임을 확인한다. 그들은 종종 경쟁하지만, 또한 과세에 영향을 미치는 법률이나 기업의 책임성 같은 상호이익의 문제가 눈앞에 생기면 연합을 형성한다.

매클린과 동료들은 이런 엘리트 중의 엘리트들에게 "초행위자"라는 용어를 사용한다. 7장에서 다른 사람들을 제한하는 경계 안에서 특권을 누릴 뿐만 아니라 자신들을 위해 경계를 이동시킬 수 있는 사람들을 묘사하기 위해 사용한 것과 같은 용어다. 이 지배적 행위자들은 "게임의 규칙에 영향을 미치고 권력을 축적하는 데 필요한 자본을 소유한다".⁷ 가장 강력한 초행위자들은 가장 큰 대기업과 가장 명망 있는 비영리기관—주요 미술관, 심포니 오케스트라, 유서 깊은 대학 등등—의 이사회에 초대받는다.

기업과 금융 분야의 상층부에 자리한 이들에게 비영리기구 이사회를 비롯한 이사회는 아마 사회자본을 강화하기 위한 가장 중요한 장소일 것이다. 클레어 라이트Claire Wright는 서로 맞물리는 이사회에 관한 연구에서 네트워크 분석을 활용해 "아주 조밀하게 연결되는 작은 집단들"과 한 중심을 다른 중심과 연결하는 이사들을 확인했다.[8] 이 초행위자들은 기업을 초월하며, 정부 결정을 바꾸고, 여론을 주무르고, 자원의 흐름을 돌리기 위한 엘리트들의 노력의 중심부에 자리한다. "집단적 의미 체계에 영향을 미치기 위해 고안된 정당화 서사의 조달업자"인 그들의 역할은 특히 내구성이 강하다. 예를 들어, "부의 창조자"이자 "고용 제공자"라는 기업주의 현대적 정의가 기존의 "착취자"와 "자본가"라는 언어를 대체하고 있다. 이 서사는 엘리트들을 탐욕스럽고 이기적인 존재가 아니라 공적 시민의식을 갖춘 존재로 정당화하는 데 기여한다. 따라서 그들은 문화, 교육, 스포츠 기관의 이사회에 참여하는 것과 같은 사심 없는 활동에 관심이 있다.[9]

실제로 매클린 등은 엘리트 기업 네트워크에 관한 법의학적 연구에서 권력장 내부의 지위를 확보하고 유지하기 위해서는 대기업뿐만 아니라 명망 있는 비영리단체 이사회에도 임명됨으로써 사회자본을 쌓는 것이 가장 효과적인 전략임을 확인한다.[10] 이사회 성원, 그리고 의장 역할은 더더욱 상징자본으로 기능할 수 있다. 다른 이점들로 활용될 수 있는 존경의 표지가 되어 자본을 한층 더 쌓아준다. 다시 말해, 자선사업을 검토하면서 살펴본 것처럼, 주는 것이 받는 것이다.

초행위자들의 네트워크는 정치, 행정, 언론, 사립학교, 대학교, 자선사업 등의 장으로 넘어간다. 오스트레일리아에서 가장 영향력 있는 초행위자 중 한 명인 데이비드 곤스키David Gonski는 가장 유력한 재계와 언론계 거물들과 가까운 동료이자 주총독과 총리의 친구다.[11] "모든 곳의 의장"으로 알려진 이 능숙한 네트워커는 오스트레일리아 최대의 몇몇 대기업뿐만 아니라 엘리트 사립학교, 뉴사우스웨일스 미술관 재단, 시드니 극장 재단, 오스트레일리아 증권거래소, 오스트레일리아 국부펀드 등의 이사회 의장을 역임했다.[12] 또한 명문대학의 총장에 임명되고, 최고 훈장을 받았으며, 노동당에 의해 획기적인 학교 예산 심사 책임자로 선택되었다. 곤스키의 권력과 영향력의 상징들은 그의 깊은 네트워크 및 그가 보유한 부와 교배된다. 그가 이처럼 엘리트들을 **소집하는 권력**을 갖고 있기 때문에 경제 언론에서 "오스트레일리아의 기업 생활과 문화 생활의 레버를 당기는 이사, 중역, 정치인, 자선사업가의 네트워크에서 키플레이어"라고 묘사하는 것도 놀랄 일은 아니다.[13]

《포춘》 선정 500대 기업의 중역들에 관한 연구에서 이타이 스턴Ithai Stern과 제임스 D. 웨스트팔James D. Westphal은 인기 있는 이사 자리를 얻으려면 동료들의 환심을 사는 능력이 있어야 하지만, 냉소적 반응을 초래하지 않도록 미묘한 방식으로 그렇게 해야 한다는 것을 발견했다.[14] 상층계급 가정 출신의 고위 중역들은 이런 전술에 더욱 유능하다. 특권층의 양육은 대기업 네트워크를 형성하는 능력에 간접적으로 강력한 효과를 발휘한다. 가정과 엘리트 교육기관에서 획득하는 문화자본은 명망 높은 비영리기관 이사회에 초대받을 가능성을 높여준다.[15] 엘리트 네트워크와 나란히, 권력의 아비투스—즉 인생에서 성공한다는 자신감과 기대를 내면화하면서 생겨나는 성향—는 권력 엘리트 성원이 되기 위한 왕도다.[16] 현대의 정실주의는 이런 식으로 작동한다.

영국 기업 엘리트들에 관한 연구에서 밝혀진 것처럼, 스포츠, 클럽, 예술 자선단체를 통해 구축된 네트워크의 발전이 핵심적인 역할을 한다.[17] 흥미롭게도, 하비와 매클린은 (프랑스와 대조적으로) 영국의 맥락에서는 "스포츠의 중요성을 아무리 강조해도 지나치지 않다"고 결론짓는다. 오스트레일리아의 파워 엘리트 사이에서 그해에 가장 인기 있는 표는 AFL 그랜드 파이널(우승팀을 가리는 시즌 최종 경기)이 열리는 멜버른 크리켓 경기장 올림픽 룸에서 경기 전에 즐기는 오찬 티켓이다. 이 자리는 "손님 명단이 극도로 빡빡하다"고 한다. 한 면밀한 관찰자에 따르면, 손님 명단에 한자리를 얻는 것은 "기업과 스포츠, 정치 등 과시되는 영역에서 해마다 소개되는 위계와 지위 순위에 포함된다".[18] 2022년 오찬에서는 총리와 주총독 등이 라클란 머독 Lachlan Murdoch과 케리 스토크스 등 금융, 기간산업과 언론 등의 대기업 거물들과 네트워크를 쌓았다.

노동계급 출신 성공자가 나올 수 있을까?

기존 틀을 깨는 것으로 유명한 슈퍼리치 테크 기업가들의 부상
은 학연과 서로 맞물리는 이사회, 스포츠클럽 등에 의해 형성되
는 폐쇄된 사회적 집단이라는 고정관념이 이제 유효성을 잃었
다는 의미일까?

마이크 캐넌-브룩스 Mike Cannon-Brookes는 소프트웨어 부문에
서 200억 호주달러를 벌었고, 오스트레일리아가 녹색에너지로
전환하는 것을 재촉하는 캠페인으로 가장 유명하다. 긴 머리와
청바지, 검은색 티셔츠, 야구모자(앞챙) 등의 일상복이 트레이드
마크인 그는 지극히 평범한 억만장자와 스스로 구별짓는다. 트
위터 계정에서 그는 자신의 이산화탄소 연령(338.96 ppm)을 기
록해두며 동네에 있는 퇴역군인 클럽에서 아이들과 슈니첼을
먹는다고 밝힌다.[19] 요컨대 그는 잘난 체하지 않는 친구다.

하지만 캐넌-브룩스는 오스트레일리아에서 가장 부유한
동네에서 자랐다. 아버지는 국제적인 금융사의 중역이었고, 그
는 학비가 무척 비싼 크랜브룩스쿨을 다녔다. 아버지에 관한 소
개에 따르면, "저녁식사 자리에서 글로벌 쟁점이 화제였고, 자
녀들은 방학 때마다 지구 곳곳을 돌아다니는 데 익숙했다".[20] 그
는 부모로부터 "글로벌리티globality"(아버지가 쓰는 용어)를 배웠다.

그에게 진짜 스타트업 자본을 제공한 것은 바로 어린 마이클이 가정에서 흡수한 이런 세계관과 자기이해였다.

반제도권적 옷차림에도 불구하고 캐넌-브룩스는 시드니에서 가장 인기 있고 가격도 비싼 대저택을 사들이는 성향이 있으며, 사업 파트너와 나란히 "시드니에서 가장 비싼 하버사이드 교외에 군림하는 왕족"이라는 별칭을 얻었다.[21] 그는 또한 개인 소유 섬, 전용 제트기, 서던하이랜드의 굽이치는 구릉지대에 광활하게 뻗은 토지 등에 돈을 아끼지 않는다. 캐넌-브룩스는 신사 클럽에서 위스키를 홀짝이는 귀족의 이미지와는 전혀 동떨어진 최고경영자라고 자신을 소개하지만, 그의 아비투스나 특별한 네트워크를 보면 부자 명단에 오른 다른 사람들과 별로 다르지 않다. 이 네트워크에는 아버지의 글로벌 투자은행 연줄만이 아니라 일론 머스크와 빌 게이츠도 들어 있다. 마지막으로, 그는 할리우드 배우 러셀 크로, 전 카지노 거물 제임스 패커와 함께 화려한 풋볼 클럽을 공동으로 소유하고 있다. 경제 언론에서 말하는 "돌발적인 억만장자"와는 거리가 멀다.

전형적인 테크 기업가의 가난뱅이에서 부자가 된 이야기—영리한 아이디어로 시작해서 차고를 사무실로 쓰는 무일푼의 스타트업에서 아이디어를 발전시키고, 투지와 자신에 대한 믿음, 행운으로 힘을 얻고, 마침내 수십억 달러를 번다는 이야기—는 꼼꼼히 조사해보면 허구임이 드러난다. 차고에서 성공한 스타트업은 대개 일을 시작하기 전부터 많은 이점을 갖고 있다. 빌 게이츠와 일론 머스크 같은 상징적 인물들은 전폭적으로 지원해주는, 연줄이 좋고 부유한 가족이 있었다. 흔히 스타트업 초기 단계의 자금 동원은 가족 구성원과 친구들에게서 나온다. 한 연구에서 밝혀진 것처럼, "부모의 소득이 기업가 정신과 가장 상관관계가 많은 요인이며, 재산이 많을수록 스타트업 창립자가 될 가능성이 커진다".[22] 실제로 부모의 소득은 수학 실력보다 테크 세계에서 성공을 결정하는 더 중요한 요소다. 다시 말해 물려받은 이점이 능력을 압도한다.

영국에서 한 스타트업 창립자는 처음에는 집에서 일을 해야 했다고 이야기했다. 공교롭게도 그의 가족이 사는 집은 II등급으로 등재된 대저택*이었고, 그의 가족과 친구들은 그에게 120만 파운드를 빌려주었다. 테크 거물들은 흔히 사립학교를 졸업하고 옥스브리지나 러셀 그룹Russell Group** 소속 대학을 다녔거나 해외 유학 경력이 있다.[23] 앨런 슈거Allan Sugar의 사례같이 노동계급의 기업 성공담이 신문의 헤드라인을 장식하지만, 사실 노동계급 젊은이들 가운데 상층 중간계급 가정교육에 수반되는 특권과 경쟁할 수 있는 이는 거의 없다.

니콜 코비Nicole Kobie는 《와이어드Wired》 잡지에서 여러 스타트업을 꼼꼼하게 살펴보면서 "격차는 돈이 아니라 역할모델에

---

* 영국의 역사유적기구Historic England에서 관리하는 등재 건물listed building은 건축적, 역사적으로 특별히 보호하고 관심을 기울여야 하는 문화재급 건물의 목록이다. 중요도에 따라 I등급, II*등급, II등급으로 나뉜다.

** 영국의 24개 공립대학교가 협력하기 위해 모인 협회. 연구 기금을 많이 유치하는 명문대학들로 손꼽힌다.

서 생긴다"고 말한다. "저소득층 사람들은 기업가나 투자자, 스타트업 창립자를 많이 알지 못하기 때문에 자녀들도 그런 경로가 가능하다는 걸 알지 못한다." 그들은 또한 좋은 아이디어를 생명력 있는 사업으로 성공적으로 전환할 수 있는 사람들과 쉽게 어울리면서 깊은 인상을 줄 만한 문화자본이 부족하다.

부유층 백인 남성들로 가득한 방에서 당신만 여성이거나 흑인, 장애인, 또는 그들과 다른 어떤 존재인 경우에는 아이디어를 권유하는 게 쉽지 않다. "만약 당신이 노동계급 출신으로 전부 같은 대학교, 심지어 고등학교도 같은 곳을 다닌 사람들에게 뭔가를 홍보하고 권유해야 한다면, 전부 남자뿐인 무리에서 같은 시도를 하는 젊은 여자처럼 자기만 소외되는 경험이 될 것"이라고 클리퍼드는 말한다.[24]

젠더냐 계급이냐

런던의 엘리트들에 관한 흥미진진한 민족지 연구에서 루나 글룩스버그Luna Glucksberg는 계급과 젠더의 구별되면서도 상당히 엄격한 위계를 분석했다.[25] 그는 축적된 자본의 세대 간 이전에서 성별화된 노동이 어떤 역할을 하는지, 특히 부유층 남성의 부인들이 엘리트 특권과 권력을 재생산하는 데서 어떤 역할을 하는지를 폭로했다. 그러면서 부인이 경력을 희생하고 자녀를 낳으면서 가사 등의 "여성의 일"을 하고 자녀가 최선의 교육을 받도록 집약적인 노력을 기울이는, 오래 지속되는 좋은 결혼이 남편에게 지속적인 자본 축적을 할 수 있는 공간을 제공하는 데 결정적으로 중요하다고 주장했다. 더욱이 이런 가정은 "자녀가 돈을 물려받게 준비시킴"으로써 왕조를 형성하기 위한 조건을 창출한다. 유력한 남자의 부인 노릇은 감당하기 쉽지 않은 일인데, 직장에서 유능한 직원들에게 둘러싸인 남편이 가정에서도 똑같은 유능한 부인을 기대하기 때문에 더욱 그렇다.

수전 오스트랜더도 "부자 부인"이라는 모순적 범주를 검토하면서 (글룩스버그의 말을 빌리자면) "젠더 해방을 향한 압력은 남편의 가부장적 규범 옹호에 도전하면 계급적 지위를 잃을 수 있다는 우려를 극복할 만큼 강했던 적이 없다"고 결론지었다.[26] 요컨대, 엘리트 특권의 매력은 여성 자신의 권력 증대를 추구하기 위해 포기할 만한 게 아니었다. 남성의 억압은 재산 축적이라는 가족적 기획에 따르기 위해 치르는 대가다. 맥락은 다르지만, 애슐리 미어스Ashley Mears는 남성이 압도하는 VIP 순회 파티에서 신체자본으로서 "젊은 여자"의 역할에 관한 연구에서 비슷한 결론에 도달했다. "엘리트 남성들의 사회적 공간에서 여성성은 문화적으로 양립 불가능하다"는 것이었다.[27] 이런 연구자들의 작업이 갖는 한 가지 함의는 가부장적 태도와 행동이 사회 위계의 하층보다 상층에서 더 확고하다는 것이다.

남성이 지배하는 세계에서 자신의 경력을 희생하기보다는 재능을 발전시키려는 여성들은 어떨까? 여기서 그들은 남성 네트워크의 힘과 직면한다.

연구자들은 남성들이 자기들만의 네트워크에서 사람을 뽑는 것을 선호하는 이유에 대해 두 가지 설명을 검토한 바 있다. 사회적 정체성 이론은 자신과 비슷한, 즉 젠더, 종족, 사회·문화적 배경이 비슷한 사람을 선호하는 경향인 "동종선호homophily"를 강조한다.[28] 우리의 포커스그룹 참가자들은 종종 특권층 사람들이 어떻게 다른 특권층 사람들을 찾아내는지를 언급했다. "그 사람들은 공통점이 더 많"기 때문이거나 자기 부류와 어울릴 때 더 편안하게 느껴지기 때문이다. 연구 결과에 따르면, 동종선호는 이사 임명뿐만 아니라 채용 결정에도 때로 크게 영향을 미치기 때문에 "적임자가 아닌" 사람들은 배제된다.[29] 남성이사들은 자기 같은 이들과 함께 일하는 걸 편하게 느끼기 때문에 여성은 이사회에 임명될 때도 불편함을 느낀다.[30]

이런 설명에 대항해서, 또는 어쩌면 보완하면서 사회적네트워크 이론은 학교와 직장 생활, 클럽, 기타 이사회 등등에서 구축되는 사람들의 네트워크가 선별을 좌우한다고 주장한다. 이런 네트워크에는 공식적이거나 비공식적인 젠더 분리가 존재한다. 최근의 한 빈틈없는 연구에서 이사벨 알르망Isabelle Allemand과 공저자들은 사립학교 동문 네트워크가 실제로 "여성들이 이사회에 참여하는 비중이 낮은 주요한 이유"임을 발견했다.[31] 연구 결과에 따르면, 여성의 네트워크는 힘이 없을 뿐만 아니라 도덕적 이유와 "젠더화된 겸손" 때문에 개인적 이득을 위해 자신들의 네트워크를 활용하기를 꺼린다.[32] 따라서 네트워킹의 힘은 여성을 이사회에서 배제하는 작용을 한다. 규제 때문에 대기업이 더 많은 여성을 이사회에 임명해야 하는 경우에도 여성들은 배제되거나 주변화된다고 느낀다.[33] 데브 버호벤Deb Verhoeven과 동료들은 법 규정에 따라 여성의 이사 임명을 늘린다고 해서 중요한 네트워크에서 여성의 영향력이 커지거나 남성의 권력이 약해지지 않음을 발견했다.[34] "그냥 여성을 추가하고 휘젓는" 식의 젠더 형평 접근법은 효과가 없다.

　젠더가 아니라 특성에서 남성 이사와 닮은 여성들이 선호될 것이라고 가정하는 것은 타당하다. 다시 말해, 동종선호가 작동한다. 하비와 매클린은 여성들이 "조직에서 문화 재생산의 위력, 즉 종종 명백한 변화 앞에서도 사회적, 문화적 양상이 다시 고개를 내미는 현상에 지속적으로 직면한다"고 말한다.[35] 여기서 알 수 있듯이, 네트워킹이 엘리트 특권 재생산의 중심을 차지한다면, 더 많은 여성을 네트워크에 포함한다고 해서 엘리트 특권이 바뀔 것 같지는 않다. 실제로 연구 결과에 따르면, 더 많은 여성을 이사회에 임명하는 것 자체로는 조직의 문화와 성격이 쉽게 바뀌지 않는다.[36]

　상층부에서 젠더와 계급의 교차를 살펴보는 또 다른 방법은 엘리트 기업가와 그들이 자신의 성공을 어떻게 구축하고 이해하는지를 연구하는 것이다. 마리아 애덤슨Maria Adamson과 마자나 조핸슨Marjana Johansson은 독특한 접근법을 시도했다. 굉장한 성공을 거둔 영국의 여성 사업가 4명이 쓴 베스트셀러 자서전을 놓고 담론 분석을 한 것이다(인물 연구prosopography라는 연구 방법론이다).[37] 그들이 말하는 "유명인 사업가 자서전이라는 새로운 문화 장르"에 기여하는 이런 자서전들은 대중적 논의에서 "성공"이 어떻게 규정되는지를 잘 보여준다.[38] 두 사람은 (남성과 여성이 쓴) 이런 책들을 통해 대기업 중역들이 정치와 정책 입안뿐만 아니라 부와 불평등과 특권에 관한 문화적 이해에까지 영향력을 확대하는 것을 보여주는 연구를 참조한다. 다시 말해, 그들은 "대기업 지도부가 사업만이 아니라 삶의 모든 영역을 바꾸기 위한 모델이 되는 사회"를 만드는 데 일조한다.[39]

다음 장에서 이런 자서전들에서 발견되는 정당화 전략 몇 가지에 관해 더 이야기할 것이다. 고된 노동과 결단이 어디서나 성공의 토대로 치켜세워지지만, 여기에는 젠더화된 측면이 존재한다. 네 여성 모두 자신들이 사회적, 문화적 장벽을 극복해야 했다고 강조하기 때문이다. 애덤슨과 조핸슨이 말하는 것처럼, 가족의 의무, 일과 삶의 균형 등등의 악전고투가 압도적으로 많은 여성 독자에게 "나도 당신과 다르지 않은 여성이다"라는 메시지를 전달하는 중요한 방식이다. 두 연구자는 노동계급 출신과 중간계급 출신의 유명인 사업가를 각각 2명씩 선택했다. 전자의 경우에 초라한 출발점이라는 주제를 활용해서 출신 배경을 벗어나기로 한 결단력을 설명할 뿐만 아니라 자신이 이룬 부를 정당화하기도 한다. 누군들 찢어지도록 가난한 삶을 벗어나고 싶지 않겠는가? 그들은 태어나면서부터 마주한 불리한 조건을 극복하기 위해 **비범한** 노력을 기울여야 했다. 중간계급 여성들은 이런 접근법을 그럴듯하게 채택할 수 없었다.

애덤슨과 조핸슨이 말하듯이, "노동계급과 달리, 중간계급 배경을 활용하는 것은 적절하지 않다. 자신이 이룬 업적의 정당성에 의문을 제기할 수도 있기 때문이다. 따라서 이 경우에는 비범한 노력을 강조하기보다는 **평범성**을 구축한다는 비유가 우세하다".[40]

중간계급 성공담 중 하나는 자신의 초라한 출신에 의지할 수 없기 때문에 어머니와 아버지의 초라한 출신까지 기억을 더듬었다. 자신이 사립학교에 입학한 것은 부모님이 "중노동"에 시달린 결과였다. 자신이 평범하다고 또 다른 주장도 했다 — 자라면서 특별한 재능이 아무것도 없었고 어느 것 하나 특별히 잘하지 못했다는 주제는 다른 중간계급 성공담에서도 되풀이된다. 애덤슨과 조핸슨은 이런 서술을 비범한 성취와 여성적 겸손의 균형을 맞추려는 시도로 읽는다.

두 접근법, 즉 노동계급의 고된 노동과 중간계급의 평범성 모두 계급을 지워버리는 효과를 발휘한다.

계급은 (이야기에서) 다른 방식으로 삽입되고 제외된다. ……계급적 배경은 의지할 자원(하지만 결국은 버려야 한다)으로 구성되거나 별 의미 없는 것으로 규정된다. 두 경우 모두 개인에게 바탕을 둔 특징이나 노력이 성공의 핵심 조건으로 알려지기 때문이다.[41]

성공담 전체에서 여성들은 그들이 공유하는 젠더 경험에

호소하면서 계급의 차이를 아우른다. 여성들이 추구하는 정치는 페미니즘 **임파워먼트**의 정치인데, 이는 성공의 책임을 여성들의 개인적 노력에 할당하면서(자매들의 도덕적 지지가 동반되기는 한다) 그들이 거쳐온 폭넓은 젠더와 "계급" 질서에 도전하지는 않는다.

이렇게 높은 성취를 이룬 여성들이 자신의 특권을 정당화하는 최종 수단은 부를 위한 부의 중요성을 부정하는 것이다. 한두 명은 살면서 전에 돈에 집착하고 돈을 마구 썼다고 인정한다. 하지만 그들은 그런 미숙하고 위험한 생활방식에서 벗어나면서 결국 행복은 가족을 사랑하는 데서 온다고 생각하며(어떤 이는 "마음 쓰는 데는 돈이 안 든다"고 말했다), 부와 함께 살아가는 더 적절한 방식을 발견했다. 이런 식으로 그들은 천박한 이유로 부와 명성을 추구하는 여성들(킴 카다시안*을 생각해보라)과 자신을 가르는 상징적, 도덕적 경계선을 그을 수 있다. 따라서 그들이 부자라고 해서 독특한 것은 아니다. 자기들도 다른 여자들과 똑같기 때문이다. 부유층 엘리트와 나머지 사람들 사이의 계급구분이 거짓임을 보여주는 주장이다.

애덤슨과 조핸슨이 말하는 것처럼, 결국 "평범함, 보편적인 젠더 투쟁, 부의 사소함 등의 두서없는 레퍼토리"가 모두 합쳐져 이 여성들의 이야기에서 계급을 지우며, 분투와 성공을 개인

---

* 세계 최고의 인플루언서 중 한 명. '돈이랑 인기만 얻을 수 있다면 무슨 일이든 다하는 사람'으로 알려져 있다.

의 노력의 산물로 봐야 한다는 것을 사회에 다시 기입한다.

"여성혐오의 파이프라인"

2020년, 시드니의 부촌인 동부 교외의 상류층 전용 여학교를 나온 샤넬 콘토스Chanel Contos는 같이 학교를 다닌 몇 명이 자신과 마찬가지로 인근의 사립 남학교 학생들에게 성폭력을 당했다는 사실을 알게 되었다.[42] 1년 뒤 콘토스가 온라인에서 다른 여성들도 자신이 겪은 경험을 들려달라고 요청하자 수많은 경험담이 쇄도했다—3주 만에 6000건의 증언이 쏟아져 나온 것이다. 콘토스는 학교에서 성적 동의에 관한 교육을 시행하라는 민원을 시작했고, 엄청난 지지가 쏟아지자 정치 지도자들도 곧바로 행동에 나섰다.

이 일화는 엘리트 특권이 남성 특권과 어떻게 교차하고 강화하는지를 여실히 보여준다. 엘리트 여학교 문화 내부의 젠더 평등과 여성의 임파워먼트, 그리고 상층 중간계급 출신 여성의 인생 기회 확대에 대한 찬양은 그들이 같은 계급의 남학생들에 의해 겪는 폭력의 현실과 맞닥뜨린다.[43] 물론 강간 문화는 엘리트 사립학교에만 국한되지 않는다. 하지만 엘리트 사립학교라는 환경(5장에서 살펴봤다)에는 이런 문화를 특히 유해하게 만드는 특징들이 존재한다—남학교에서 자연스럽게 만들어지는 자격의식, 자신이 특별하고 힘이 있다는 학생들의 건방진 생각,

자신들에게는 규칙이 적용되지 않으며 일종의 도덕적 면책을 누린다는 믿음 등이 그것이다.

콘토스는 자신의 특권적인 성장기(그녀는 보클루스에 살면서 캠벌라스쿨을 다녔다)와 녹음이 우거진 교외에 거주하는 부, 친구들과 가해자들이 다닌 화려한 학교(크랜브룩과 스코츠칼리지가 두드러졌다)를 알고 있다. "우리는 특히 사립학교 남학생들에게 그들이 누리는 자격이 타인에 대한 공감보다 더 중요한 상황을 조성해주었다"[44](엘리트 남학교 학생들의 어머니가 모인 어느 페이스북 그룹은 "이 버릇없는 년이 감히 내 아들을 무너뜨리려고 하다니"라고 불만을 토로했다).[45]

엘리트 학교의 남학생들은 대학교에 진학하면서 자격의식과 여성혐오라는 가연성 높은 혼합물을 그대로 가져간다. 이는 제인 켄웨이가 말하는 "여성혐오의 파이프라인", 즉 기업과 전문직, 정치, 또는 특권이 틈을 발견하는 모든 곳에서 유력한 지위로 이어지는 파이프라인에서 결정적인 한 단계다.[46] 켄웨이는 상류층 전용 사립학교 남학생들이 유난히 유독한 행동을 하는 것은 그들의 여성혐오가 권력의식과 자격의식으로 한층 강화되기 때문이라고 주장한다. 어느 킹스스쿨 9학년생 아버지의 말은 이런 주장을 뒷받침한다. 엘리트 학교는 자격과 특권의 문화를 양성하며 이는 타인에 대한 민감성의 부족으로 이어진다는 것이다. "그들은 이 아이들에게 너희는 최고이고 선택받은 자이며, 오스트레일리아를 이끌고 나아가 세계를 정복할 동량이라고 가르칩니다."[47] 이는 자기 계급의 여성들과 그 바깥에 있는 모든 이들에 대한 멸시로 표현된다. 켄웨이는 엘리트 학교들이 특히 스포츠를 통해 만들어내는 데 일조하는 "헤게모니적 남성성"에 관한 다양한 연구를 참조한다.

켄웨이는 이 엘리트 남학교들이 여성혐오를 강화하지 않으면서도 계급 특권을 지탱할 수 있는지 묻는다. 그 답은 아니요, 인데, 학교의 고객인 부유층 학부모들이 그걸 허용하지 않기 때문이다. 학부모들이 아들을 그 학교에 보내는 건 자격의 규칙이 자신에게 유리하게 작동하게 만드는 법을 배우게 하기 위해서다.[48] 학생들의 비행이 공개적으로 드러나는 경우에 이 학교들 자체가 학교의 "가치"를 다시 강조하면서 적발된 개인을 징계하겠다고 발표하는 식으로 대응한다. 징계는 종종 범죄에 상응하지 않으며, 학교들은 문화 개혁보다는 피해 수습에 더 많은 노력을 기울인다.

오스트레일리아의 대학교, 특히 시드니대학교 기숙제 칼리지에서 두드러지는 성폭력과 성적 괴롭힘에 관해 조사한 반성폭력 활동가들은 이런 행동을 낳는 문화가 엘리트 사립 남학교에서 확고하게 굳어진다고 결론지었다. "시드니의 특정한 사립 남학교들과 일부 칼리지 사이에는 밀접한 유대관계가 존재한다. 예를 들어, 세인트폴칼리지에는 트리니티그래머, 킹스스쿨, 세인트조셉칼리지, 크랜브룩스쿨 같은 학교 졸업생이 굉장히 많다."[49]

2017년, 성추행과 성폭행 사건이 잇따라 벌어지면서 평판이 나빠지자 겁에 질린 시드니대학교와 산하 칼리지들은 전 성차별 감독위원장* 엘리자베스 브로더릭Elizabeth Broderick에게 검토를 의뢰했다.[50] 기숙제 칼리지의 문화에 관한 보고서에서 브로더릭은 여성혐오 문화와 자격의식보다는 알코올에 비난의 화살을 돌렸다. 그러자 보고서가 눈가림에 불과하다는 비난이 일었다. 언론인이자 반성폭력 활동가인 니나 퍼넬Nina Funnel은 이렇게 말했다. "사실상 계급에 관한 논의가 전무하며, '특권' '부' '자격' 등의 단어가 한 번도 등장하지 않는다."("엘리트"라는 단어가 나오기는 하지만, "엘리트 스포츠"와 관련된 논의일 뿐이다.) 대학과 관련된 종교에 관한 논의도 전혀 이루어지지 않는다.[51]

　세인트앤드루칼리지에 관한 별도의 보고서도 마찬가지였다. 보고서는 지리, 섹슈얼리티, 장애, 인종 등 학생들의 다양한 성격을 검토하면서도 사회계급에 관해서는 한마디도 하지 않았다.[52] 브로더릭(본인이 상류층 전용인 메리던스쿨의 학교 대표 여학생이었다)[53]은 이 칼리지가 "탄탄하고 자부심 높은 유산을 보유하고 있으며, 많은 성취를 이룬 활력 있는 공동체를 자랑한다"고 강조하는 쪽을 선택했다.

　영국의 엘리트 학교에 관해서도 비슷한 관찰 결과가 나왔다. 이튼과 해로에 이어 입학하기가 가장 어려운 학교로 꼽히는 런던 웨스트민스터스쿨 학생들은 "이 나라의 일류 중의 일류"라는 말을 듣지만, 학교는 인종차별과 강간 문화로 악명이 높다. 한 여성 졸업생은 이렇게 말했다. "학교에서 나는 계급 특권

---

*　1984년 성차별특별법의 시행을 감독하기 위해 연방정부에서 임명한 직책.

이 남성의 자격의식과 가장 유독하고 파괴적인 방식으로 결합되는 것을 경험했다. 성차별주의와 괴롭힘이 기승을 부렸다. 학교 화장실에서 걸핏하면 코카인을 흡입했고, 똑똑하기로 둘째 가라면 서러울 정도에 에너지가 넘치는 여학생들 사이에 과식증과 거식증, 자해가 만연했다."[54]

《더타임스》는 엘리트 학교 출신 남학생들이 "부유한 성적 포식자 동맹을 결성"하는 온상이 되는 "사립학교 거품"에 관한 주장들을 폭로했다.[55] 이는 아무 처벌도 받지 않는다는 문화, 즉 법률과 규범은 남들에게 적용될 뿐 부잣집 남학생들은 면제받는다는 믿음의 문화다. 한 학생이 말하는 것처럼, "이런 행동은 학교에서 남학생들에게 가르치는 서사에서 암시된다. 그들이 최고이고 가장 똑똑하며 장래의 세계 지도자이고, 따라서 아무도 건드릴 수 없다는 서사가 그것이다". 학교가 의뢰한 공식 심사를 수행한 이들은 학교 안에 "강한 사회적 위계의식이 존재한다"고 결론지었다. 이 위계에서 "일부 남학생들의 지위는 가족이 보유한 부와 학문적 성공, 카리스마에 좌우되었다".[56]

켄웨이의 여성혐오 파이프라인은 미국의 사립학교에서도 분명히 드러난다. 2018년 크리스틴 블레이지 포드Christine Blasey Ford가 대법관 지명자 브렛 캐버노Brett Kavanaugh가 상류층 전용 사립학교인 조지타운예비학교 학생일 때 자신을 강간하려 했다고 고발하면서 이런 현상이 공적 조사를 받게 되었다. 블레이지 포드가 증언을 하면서 남성 권력과 부의 특권, 엘리트들은 다른 윤리 규칙에 따라 산다는 사실에 관한 격렬한 논쟁이 벌어졌다.

블레이지 포드가 다닌 조지타운예비학교의 자매 학교를 나온 한 여성은 엘리트 남학교 학생들이 특권층일수록(즉 아버지가 가진 재산과 권력이 많을수록) 여학생을 더 성적 대상으로 취급한다고 말했다.[57] 또 다른 상류층 전용 학교를 나온 남성은 "누구도 자기에게 책임을 묻지 못할 것이라는 확신 덕분에 취약한 아이들을 괴롭히면서 잘난 체할 수 있다"고 이야기했다.[58] 다른 이는 대부분의 엘리트 대학은 "정부 관리, 기업 지도자, 어쩌면 대법관"이 되기 전에 여학생을 괴롭히고 성폭력을 자행하는 남학생을 환영하며, 이런 남학생들과 더불어 사립학교 문화에서 만들어진 태도와 행태, 기억까지 받아들인다고 말했다.[59]

엘리트 백인 남성의 특권

2003년 영향력 있는 개입에서 낸시 프레이저Nancy Fraser는 불평등을 둘러싼 투쟁이 지난 30~40년간 **재분배**—즉 소득 관련 불평등과 그 치유책—에 초점을 맞추는 것에서 **인정**—즉 젠더, 종족, 섹슈얼리티와 관련된 정체성에 기반한 불평등과 그 치유책—으로 옮겨갔다고 주장했다.[60] 프레이저는 "평등의 사회정치학"과 "차이의 문화정치학"(지금은 정체성 정치라고 언급된다)을 구별하는 한편, 양자(경제학과 문화)가 실은 복잡한 방식으로 연결되어 있다고 주장한다. 오큐파이 운동과 1퍼센트에 대한 격렬한 비난이 잠시 꽃을 피우긴 했지만, 오늘날 정체성 정치가 재분배의 정치를 지배한다.

일부 학자들은 백인이나 남성을 비롯한 정체성에 기반한 특권을 분석할 때 사용하는 것과 같은 틀을 활용해서 엘리트나 계급 특권을 분석한다.[61] 이는 마치 사회경제적 위계에서 한 사람이 차지하는 지위를 일종의 정체성으로 이해할 수 있다는 듯이 불평등의 사회정치학을 차이의 문화정치학으로 환원하는 경향이 있다. 우리가 볼 때, 이는 범주의 오류다. 부와 영향력에 기인하는 엘리트 지위는 연속선상에 자리한다. 이 지위는 수정되거나 향상되거나 축소될 수 있는 반면, 젠더와 인종은 사람들이 할당되는 범주를 가리킨다.[62] 그리고 "정상성" 개념은 남성, 백인, 이성애 등등에 부착되는 반면, 부유층 엘리트는 비엘리트들을 판단하는 기준이 되는 "정상"이 아니다.

그럼에도 앞서 살펴본 것처럼 두 종류의 불평등은 실제로는 서로 뒤섞인다. 지금까지 우리는 주로 부나 영향력과 연결된 특권에 초점을 맞췄고, 그런 의미에서 재분배 시대의 핵심 과제들로 돌아가고 있지만, 포스트정체성적인 방식임이 중요하다. 부나 영향력과 관련된 특권이 종종 젠더화되거나 인종적인, 또는 다른 형태의 불이익과 교차한다는 것을 인식한다는 의미다. 다시 말해, 경제적 차이로부터 문화적 차이로 강조점이 옮겨간 뒤, 우리는 다시 경제적 차이에 스포트라이트를 돌리고 있지만, 문화적으로 굴절된 방식을 구사한다.

인정 정치에 관한 학문적 연구가 급증한 덕분에 우리는 더 깊은 통찰력으로 무장한 채 재분배의 정치로 돌아갈 수 있다.

특히 엘리트 특권의 **실행**을 강조하면서. 우리는 그 특권의 간개인적|interpersonal 측면을 더 분명하게 이해한다. 보브 피즈가 말하는 것처럼, 우리는 엘리트-비엘리트 지배의 구조가 정신에 한 층위로 들어 있어서 "구조적, 문화적 변화와 나란히 심리사회적인 개입을 검토할 필요가 있음"을 인식한다.[63] 마찬가지로, 지금 우리는 지배가 "세 차원, 즉 개인, 문화, 구조의 차원에서 작동한다"는 것을 이해할 수 있는 더 나은 위치에 서 있다. 부유층 가정의 백인 소년은 의심의 여지없이 문화적, 구조적으로 지배하는 위치를 차지하지만, 그래도 어떤 측면에서 다른 존재라면 여전히 엘리트 사립학교에서 괴롭힘을 당할 수 있다. 그러므로 피즈와 마찬가지로 "거의 모든 사람이 인생 경험의 어떤 시점에서는 특권과 억압을 둘 다 경험한다"고 말하는 게 정당하다.[64]

최근 수십 년간 몇몇 사회의 사회운동은 일정한 부류의 지배 집단들이 배타적으로 누리는 특권에 성공적으로 이의를 제기했다.[65] 특히 6장에서 살펴본 것처럼, 여성운동은 중요한 승리(고용권, 이혼법, 재생산 권리, 여성을 위한 각종 서비스, 정치적 대표성 등등)를 여럿 거두면서 남성이 누리는 특권의 일부를 잠식했다. 그리고 앞선 세대의 시민권·원주민 권리 활동가들이 중요한 업적을 이룬 이후, 이제 백인에게만 부여하는 특권을 옹호하기가 한층 더 어려워졌다. 하지만 실제의 증거를 보면, 이런 식의 사회 진보가 부유층 엘리트가 누리는 특권을 잠식하거나 훼손하지는 못했음이 드러난다. 실제로는 정반대의 일이 벌어지고 있다. 그 결과 부유층 백인 남성의 특권적 지위는 백인이나 남성과 관련해서는 감소할지 몰라도 이를 상쇄하는 사회적, 경제적 변화 때문에 오히려 향상되고 있다. 신자유주의 혁명의 효과는 1퍼센트의 부와 권력과 영향력을 향상시킴으로써 이 엘리트층이 차지하는 특권적 지위를 높이는 것이었다.

1950~1960년대와 비교할 때, 아직 갈 길이 멀기는 해도 오늘날 남성 특권과 백인 특권은 크게 감소했다. 다른 한편, 어떤 기준에서 보더라도 엘리트 특권은 그 시절에 못지않게 만연해 있다. 시장 자유주의의 지배가 초래한 변화를 고려할 때, 엘리트 특권은 아마 50년 전보다 더욱 굳건할 것이다. 확실히 부유층은 그전보다 더 부유하고 더욱 힘이 세다. 일부 자본주의 사회는 인종차별과 가부장적 태도가 다른 사회들에 비해 상당히 줄었지만, 부유층 엘리트가 상당한 권력을 휘두르고 많은 특권을 누리지 않는 자본주의 형태를 상상하기는 쉽지 않다. 설령 사회민주주의적 형태의 자본주의가 일정한 소득 재분배를 강제한다 하더라도 말이다. 사실 서방 나라들에서 부유층 엘리트는 여전히 백인 남성이 지배하고 있지만, 지구 전체로 볼 때는 사정이 다르다. 전 세계 억만장자의 40퍼센트 정도가 미국과 유럽 이외의 나라, 그중에서도 중국과 인도 출신이다. 세계 억만장자의 약 13퍼센트는 여성이다.[66]

8장 요약

파워엘리트 사이에서는 네트워크가 모든 것이다. 대기업과 비영리기구의 이사회는 사회자본을 구축하기 위한 으뜸가는 장소로 손꼽힌다. 이런 초행위자들의 네트워크는 기업을 넘어 정치, 언론, 대학, 스포츠클럽, 문화기관으로 확장된다. 강력한 네트워크를 구축하는 데 필요한 미묘한 기술은 보통 상층계급 가족의 삶과 엘리트 학교 교육을 통해 전수된다. 테크 거물들은 통상적인 기업 성공 방법을 거부하는 듯 보이지만, 똑같은 규칙이 적용된다. 성공한 스타트업 창립자들은 보통 연줄이 많은 부유한 가정에서 나온다.

가부장제와 엘리트 특권은 복잡한 방식으로 뒤얽힌다. 슈퍼리치 남성들의 부인이 하는 "여성의 일"은 종종 남편의 성공에 결정적으로 기여한다. 유력한 남성들의 영역에서 성공하기를 원하는 여성들은 네트워크의 힘이 약한 탓에 저지된다. 기업 생활의 젠더 포용성은 엘리트 특권을 희석시키지 못한다. 여성 최고경영자들은 자기가 이룬 성공을 설명하면서 자신의 사회 경제적 배경을 도외시하며 대신 고된 노동과 결단을 강조한다.

제인 켄웨이는 부유층 가정의 소년들을 상류층 전용 사립 학교를 통해 이동시키는 "여성혐오의 파이프라인"을 설명한 바 있다. 이런 학교의 문화는 자격의식과 특권을 한껏 충전시키면서 특히 유독한 형태의 남성성을 창출한다.

백인, 남성, 그 밖에 여러 정체성에 기반한 특권 형태를 이해하는 데 사용되는 틀을 약간 개조해서 엘리트나 계급 특권을 분석하기는 쉽지 않다. 다만 전자의 통찰이 엘리트 특권을 비추는 데 도움이 되기는 한다. 서방 사회에서 (아직 갈 길이 멀기는 해도) 남성과 백인의 특권에 도전하는 데 상당한 진전이 이루어진 한편, 부유층 엘리트들이 누리는 권력과 영향력은 최근 수십 년간 줄곧 확대되고 있다.

9장

특권을 감추고
정당화하기

사회학자들은 불평등하고 정의롭지 못한 사회가 어떻게 "시간이 흐르면서 스스로 안정되게 재생산"할 수 있는가라는 문제를 놓고 숱하게 많은 잉크를 썼다.[1] 지난 수십 년간에 비해 오늘날 부와 삶의 기회가 더욱 불평등해졌지만 어떤 심각한 반발도 나타나지 않은 가운데 이 수수께끼는 더욱 깊어졌다. 소셜미디어에서 사람들은 이 주제를 놓고 분통을 터뜨리지만, 아무 성과도 보이지 않는다. '오큐파이 월스트리트' 운동은 언제나 언제든 흐지부지될 것처럼 보였다. 오히려 정의롭지 못한 현실에 대한 반발은 엘리트 특권의 인식에 대한 일종의 반응인 트럼프주의의 형태로 나타났다. 2019년, 오바마 대통령 비서실장을 지낸 시카고 시장 람 이매뉴얼Rahm Emanuel은 "엘리트와 그들이 비축한 특권에 맞선 중간계급의 전면적 반란"이야말로 우리 시대의 가장 중요한 정치 동학이라고 말했다.[2] (미국에서 "중간계급"은 대개 대학 학위가 없는 사람들을 가리킨다.) 이매뉴얼이 계속해서 말하는 것처럼, 엘리트들이 모든 행운을 독차지하고 자신에게 유리하게 체제를 작동시키는 법을 안다는 인식은 존재하지만, "보통 사람들은 모든 걸 감당할 수밖에 없다". 억만장자 유명인이 반란을 이끌었다는 사실이 경제 문제를 문화 문제로 뒤바꾼 트럼프의 능력을 보여주는 증거다.

　여기서 우리는 특권의 지속적 재생산과 전시가 이른바 능력주의 사회에서 왜 거의 저항에 부딪히지 않는지 그 이유를 탐구하면서 세 가지 메커니즘—자연화, 위장, 정당화—에 초점을 맞춘다. 이 메커니즘들은 거대한 부를 용인하고 덜 가시적인 형태로 만드는 작용을 한다. 부의 격차와 비교할 때, 특권은 추가적인 자연화와 위장, 정당화를 필요로 한다. 남들은 얻지 못하는 권리와 혜택을 상류층만 누리는 것은 더욱 정의롭지 못하게 보이기 때문이다. 우리는 또한 엘리트들이 어떻게 자신의 부와 특권을 스스로 정당화하는지를 검토한다.

특권을 불변하는 특징으로 인정하기

자연화naturalisation란 엘리트 특권을 사회적 삶의 자연스럽고 불변하는 특징으로 규정하는 것을 가리킨다. 부르디외는 "역사적 투쟁과 인간 발명의 산물인 것을 자연스럽고 불가피하며 따라서 정치와 무관한 것으로 보이게 만드는 능력"에 대해 언급했다.[3] 이와 관련된 정상화normalisation 개념은 어떤 사회적 맥락에서 엘리트 특권이 수용된 상태, 즉 정상적 상태가 되는 과정을 가리킨다. 엘리트 특권이 정상화될 때 그것에 대한 항의는 돈키호테적 행동처럼 보인다.

몇몇 메커니즘이나 과정이 불평등과 특권을 자연화, 또는 정상화하는 데 기여한다. 자신을 둘러싼 세계에 관한 사람들의 이해를 모양 짓는 이데올로기와 믿음, 가치관이 우세한 권력구조를 정당화하고 강화하는 데 활용된다. 자유시장과 제한 정부에 관한 신자유주의 이데올로기가 확산되면서 사람들이 자유시장에서 자유롭게 이기심을 추구할 때 가장 재능 있고 열심히 일하는 개인들이 최고의 자리로 올라간다는 믿음을 갖게 되었다. 이런 믿음은 능력주의라는 오래된 관념과 긴밀하게 연결된다. 능력주의 사회란 물려받은 역할이나 구조적 장벽보다는 개인의 능력에 따라 성공이 결정되기 때문에 결과의 불평등이 재능과 추진력의 차이에서 생겨나는 사회를 가리킨다. 우리는 이 책 전체에서 엘리트에게 유리하면서도 실체가 가려지고 잘 드러나지 않는 차별적 관행의 사례를 숱하게 봐왔다. 그러면서 성공과 실패가 이의를 제기할 수 없는 어떤 주어진 요소들 때문이라는 인상을 받았다.

문화 규범 또한 불평등과 특권을 자연화할 수 있다. 남성과 여성에 역할을 할당하는 젠더화된 규범은 페미니스트들에 의해 철저하게 해체되었고 지금은 모든 곳에서 도전받고 있다. 자연적인 인종적 위계에 관한 믿음도 마찬가지다. [반면] 불평등,

그것도 심각한 불평등으로 귀결되는 위계에 대한 믿음은 더욱 끈질기게 버티고 있다. 실제로 사회민주주의가 쇠퇴하면서 부의 위계를 당연하게 여기는 태도가 더욱 굳건하게 뿌리내렸다. 불평등과 엘리트 특권을 낳는 체제를 비판하는 언어와 주장을 갖춘 성인이 점점 줄어드는 가운데 아이들은 어릴 때부터 불평등과 특권을 정상으로, 즉 사회의 특징이자 자신의 역할을 정의하는 기준으로 받아들이도록 배운다. 으리으리한 건물과 광활한 운동장을 갖춘 호화로운 사립학교를 차를 타고 지나치면서 뒷자리의 아이가 "왜 나는 저 학교에 못 가요?"라고 물을 때, 평범한 부모들은 뭐라고 대답할까? 부르디외가 말한 것처럼, 사람들은 주관적 기대를 객관적 가능성에 맞추는 것을 배운다.

언론에서 정치인들에 이르기까지 공적 담론은 주변부를 제외하면 사회가 구조화되고 권력이 분배되는 방식이 이미 주어진 것이며 바꿀 수 없다는 견해를 일상적으로 강화한다. 예를 들어, '경제'는 자체의 무자비한 논리에 따라 사람들의 운명을 결정하는 거대하고 동떨어진, 자동적 제도로 제시된다. 그리고 신자유주의가 '선택'을 물신화하자 개인의 선택에 대한 요구가 교육이나 보건 같은 비시장 영역에도 침투한 결과 사람들은 선택할 능력은 무시한 채 선택할 '자유'만 외친다.

이런 메커니즘을 자세히 살펴보기 전에 대중적 사고에서 자연화가 어떤 윤곽을 그리는지를 파악할 필요가 있다. 포커스 그룹 대화에서 알 수 있듯이, 불평등과 불공정을 용인하면 쓰라린 상처가 누그러진다. 한 참가자의 말을 들어보자. "라디오를

켜면 그 이야기를 들을 수 있죠. 어디서나 볼 수 있어요. 그건 그냥 우리가 살아가는 체제라고요. 그리고 오늘날 우리의 생활방식에서 생겨나는 현실의 일부에 불과하다고요. 우리는 모두 거기에 익숙해지고 그냥 안고 가는 겁니다"(토니, 부유층, 나이 많음, 시드니).

엘리트들이 누리는 특권이 자연적이거나 정상적인 세상 질서의 일부라고 여겨질 때, 거기에는 자체적인 정당화가 담겨 있다.[4] 필립(평균 소득, 나이 많음, 멜버른)은 록다운 규정을 어기고도 처벌받지 않은 어느 부유층 사람에 관해 언급한 뒤 체념한 듯 말했다. "특권층이면 그런 식의 대접을 받기 때문이죠." 딜런(부유층, 젊음, 멜버른)은 사회적 위계의 상층부와 하층부가 서로 나뉘어 있다는 데 동의하면서 한마디를 보탰다. "원래 그런 거예요. 현실적으로 사회가 그렇게 운영되는 거죠."

당연시 여기는 태도의 차이를 보면, 한 사회에서는 높은 수준의 불평등이 광범위한 항의를 촉발하는 한편, 다른 사회에서는 똑같은 수준의 불평등이 정상적인 것으로 받아들여지는 이유를 알 수 있다. 경제학자들은 "불평등의 용인"을 측정해서 일부 사회는 왜 다른 사회에 비해 높은 수준의 불평등을 너그럽게 받아들이는 듯 보이는지를 설명하고자 한다.[5] 하지만 대다수 사람들은 일정한 소득 격차, 심지어 큰 격차를 받아들이지만, 불공정을 받아들이는 사람은 거의 없다. 엘리트들이 남들과 다르게 특권을 누릴 때, 대다수 사람들은 이를 불공정하다고 느낀다.

우리가 진행한 국민 여론조사와 포커스그룹 결과를 보면,

오스트레일리아 사회는 불평등과 특권이 사회를 잠식하고 불공정하다고 보는 사람들과 이를 자연적 질서의 일부로 받아들이는 사람들이 선명하게 구분된다는 특징이 드러난다. 우리는 여론조사에서 다음의 진술 중 어떤 것이 자신의 견해를 더 잘 반영하는지 물었다.

오스트레일리아에서는 부유층과 나머지 전체에게 적용되는 규칙이 다르다.

전체적으로 볼 때, 오스트레일리아에서는 규칙이 공정하게 적용된다.

응답자의 51퍼센트가 첫 번째 진술을, 37퍼센트가 두 번째 진술을 선택한 한편, 12퍼센트는 응답하지 않았다. 남성이 여성에 비해 규칙이 공정하게 적용된다고 생각하는 비율이 상당히 높았다. 남성은 첫 번째 답과 두 번째 답 사이에 8퍼센트가 차이나는 반면(49 대 41), 여성은 차이가 19퍼센트(53 대 34)다. 주도에 거주하며 소득수준이 높은, 대졸에 상시 고용된 남성은 다른 사람들보다 전반적으로 규칙이 공정하게 적용된다고 믿는 경향이 강하다. 다시 말해, 체제의 수혜자들은 규칙이 공정하게 적용된다고 말할 가능성이 다소 높고, 반면 여성, 저소득층, 고졸 이하의 사람들은 부유층과 나머지 계층에 각기 다른 규칙이 적용된다고 믿는 경향이 강하다. 그리고 공립학교 졸업자의 54

퍼센트가 "부유층에게는 다른 규칙이 적용된다"고 생각하는 한편, 비가톨릭계 사립학교 졸업자는 42퍼센트만이 이런 견해에 동의한다. 그렇지만 체제에서 이득을 보지 못하는 이들 가운데 상당한 비율의 소수가 규칙이 공정하게 적용된다고 생각한다.

국민 여론조사에서는 또한 부유층이나 유명인이 특별대우를 받는 것에 대해 얼마나 자주 분노나 억울함을 느끼는지 물었다. 46퍼센트가 전혀(15퍼센트) 또는 가끔만(31퍼센트) 분노나 억울함을 느낀다고 말한 한편, 49퍼센트는 이따금(28퍼센트) 또는 자주(21퍼센트) 그런 감정을 느낀다고 말했다. 이런 비율은 젠더와 소득, 교육 수준과 나이에 따라 크게 다르지 않았다(그런 감정을 느끼는 비율이 약간 적은 65세 이상은 예외다). 유일하게 두드러지는 구분은 일반인 집단과 학비가 비싼 사립학교 졸업자 사이에 나타난다. 사립학교 졸업자는 특별대우에 대한 불만을 경험할 가능성이 낮다 — 24퍼센트는 그런 감정을 느낀 적이 없고(일반인 집단은 15퍼센트) 17퍼센트는 가끔만 그런 감정을 느낀다(일반인 집단은 31퍼센트)고 말했다.

소셜미디어와 신문의 댓글 사이트를 보면 종종 엘리트 특권에 대한 감춰진 격렬한 불만이 드러난다. 일부는 엘리트들이 누리는 특권에 대해 자연화의 시각으로 바라보며 냉소적으로 분개한다. 이런 긴장은 포커스그룹 대화에서도 드러났다.

······ 사회는 그런 사실에 그냥 눈을 감고 있고, 이 부유층 사람들은 그저 특권층의 삶을 계속 살고 있죠. 정말, 정말 좋지

않은 거라고 생각해요. (나오미, 부유층, 나이 많음, 시드니)

일상적인 기준에서 보면, 특권층이 끼리끼리 형성하는 연줄과 사회적 연줄, 네트워크 때문에 …… 일반인들이 특권층 집단의 사람들과 같은 수준으로 사회에 접근하고 영향력을 행사할 수 있으려면 엄청나게 넓은 격차를 가로질러야 합니다. (릴라, 평균 소득, 나이 많음, 시드니)

다른 견해를 표명하는 사람도 있었다. "스스로 노력해서 올라간 사람이라면 큰 성공을 거뒀다고 해서 뭐 잘못된 건 아니라고 봐요. …… 그게 중요하죠." (리네트, 부유층, 나이 많음, 시드니).

엘리트의 막대한 혜택 감추기

특권과 그것에 수반되는 혜택을 자연화하는 만연한 한 가지 수단은 엘리트 승격이 레인 안쪽으로 달리기나 강력한 네트워크, 문화적 친연성에 따른 특별대우가 아니라 타고난 능력이나 고된 노동에서 생겨난다고 주장하는 것이다. 예를 들어, 우리의 포커스그룹 대화에서 일부 부유층 참가자는 "쉽게 주어진" 것을 받아먹는 것과 반대로 "열심히 일해서" 얻은 것이라면 부를 "특권"이라고 비판해서는 안 된다고 말했다. 고된 노동으로 부를 얻으면 정당성이 생긴다는 것이다.

리아는 "정말로 성공한 한 남자" 밑에서 일한 적이 있다고 말했다.

그래서 그 사람은 굉장한 특권층이고 아주 호화로운 생활을 하고 있죠. 하지만 그는 열심히 일합니다. 그냥 주어진 게 아니에요. …… 그러니까 이야기의 양면을 보게 됩니다. 물론 특권을 누릴 수도 있지만, 일을 많이 하기도 하고 모든 사람이 다 물려받는 게 아니에요. 결국 관점의 문제예요. …… 정말 특권인 걸까요, 아니면 하는 일을 그냥 잘하는 걸까요? (리아, 부유층, 젊음, 시드니)

의사인 피터는 특권과 부가 동반한다고 믿는다. 하지만 "나는 사회 상층부에 있는 사람들을 시기하지 않습니다. 누구랄 것 없이 그들이 이룬 것을 얻기 위해 열심히 일했으니까요. 그 사람들은 자기 일에 집중할 뿐만 아니라 개인적인 생활도 많이 희생했을 거예요. 그래서 나는 못마땅해하지 않아요"(피터, 부유층, 나이 많음, 시드니).

신자유주의 이데올로기가 사회민주주의를 대체함에 따라 열심히 일하기만 하면 누구든 성공할 수 있는 사회에 살고 있다는 견해가 점차 사회적, 문화적 담론을 지배하게 되었다.[6] 하지만 앞서 살펴본 것처럼, 출신 가정과 엘리트 학교에서 획득한 사회자본과 문화자본이 거의 모든 영역에서 성공에 유리한 조건을 만들어낸다. 대니얼 마코비츠는 《엘리트 세습》에서 미국의 증거를 수집한 뒤 능력주의가 애초에 자신이 맞서 싸우려 했던 적으로 변신했다고 주장한다. "세대를 가로지르는 부와 특권의 집중과 세습을 대대손손 유지하는 메커니즘이자 원한과 분열을 낳는 카스트 질서가 되어버린 것이다."[7] 능력주의는 비록 이따금 원한과 분열을 낳기는 하지만, 기회 균등이라는 외관 뒤에 도사린 엘리트 지위의 막대한 혜택을 감추는 경우가 더 많다. 이 경우에 원한과 분열은 다른 더 어두운 형태로 표현을 찾아야 해서 다른 사람들에게 불만의 원인을 돌리려고 한다.

스포츠 스타들은 종종 누구든 열심히 노력하기만 하면 꿈을 이룰 수 있다고 선언한다. 이런 비유가 워낙 흔한 까닭에 우리는 이것이 얼마나 불합리한 것인지 잊어버리기 쉽다. 하지만 개인적 노력 덕분에 성공한다는 이데올로기는 가장 높은 수준에까지 침투한다. 오스트레일리아 최고법원 수석재판관을 지낸 수전 키펄Susan Kiefel은 고등학생들에게 이렇게 말했다. "여러분은 대개 어떤 목표를 세우든 간에 할 수 있습니다. 한 사람의 인생과 경력을 가로막는 제약이나 제한은 보통 그들 자신에게서 나오는 겁니다."[8] 개인적 성취에 관한 키펄의 신자유주의 이데올로기는 가령 원주민에 대한 체제 차원의 억압을 전혀 고려하지 않는다. 또한 개인들이 정치 투쟁으로 힘을 얻을 수 있다는 점도 무시한다. 키펄 자신은 여성운동에 편승해 성공을 거두면서 최고법원 최초의 여성 판사인 메리 고드론Mary Gaudron이 개척한 길을 밟았다. 고드론은 페미니즘이 수년간 선동한 데 영향을 받은 노동당이 1987년 임명한 인물이다. 우리는 키펄이 열다섯 살에 공립학교를 졸업해서 법률 비서가 된 뒤 다시 야간학교와 대학에 진학했음을 안다. 《시드니모닝헤럴드》는 이에 자극받아 "키펄 판사가 거둔 성공은 모든 아이들, 특히 여자아이들에게 대단한 본보기다. 어떤 장벽이든 극복할 수 있다"고 단언했다. 이런 개인적 승리의 서사에서 어려운 상황을 극복한 사람에게 경탄하는 다른 모든 이들은 자신의 실패를 온전히 책임져야 한다. 이렇게 되면 젠더와 인종, 계급의 차별적 구조는 보이지 않는다.

이런 능력주의 서사는 포커스그룹 대화에서 특히 나이 많고 부유한 참가자들 사이에서 뚜렷이 드러난다. 성공을 능력의 소산이라고 보면 부와 그것에 수반하는 특권은 자기 **노력으로 얻은** 결과다. 이런 주장을 살펴보면 실제로 성공한 사람들을 "특권층"이라고 제대로 설명하지 않는다. [그들에 의하면] 특권층은 노력하지 않고 부를 획득한 이들을 가리키는데, 부유층 자녀들이 여기에 해당된다.

> 특권층은 부모가 실제로 열심히 일해서 자녀가 그 혜택을 받고, 그중 일부는, 저속한 말을 써서 미안한데, 특권층이라는 이유로, 그러니까 엄마와 아빠가 돈이 있다는 이유로 완전히 버릇없는 새끼가 될 때 하는 말이죠. 그러니까 엄마와 아빠가 번쩍거리는 차를 사주고 어떤 사람들은 심지어 애들한테 집 같은 것도 사주잖아요. **그런 사람들**이 특권층이에요. (나오미, 부유층, 나이 많음, 시드니)

9장. 특권을 감추고 정당화하기

한때는 빈곤과 실업, 불우한 처지가 사회 변화를 필요로 하는 구조적 문제로 여겨진 반면, 요즘은 대체로 당사자 개인이나 가족의 피해로 간주된다. 포커스그룹의 한 참가자는 직설적으로 말했다. "내가 볼 때 최악의 문제는 사람들이 이런 식으로 말한다는 겁니다. '글쎄, 이 나라에서는 누구나 무엇이든 할 수 있는데, 당신은 그냥 변명이나 늘어놓는 거요.'"(글렌, 평균 소득, 나이 많음, 멜버른). 성공이 오로지 개인의 노력 덕분이 되고 위계를 낳는 구조가 가려질 때 능력주의 담론은 사회 개념에 놀라운 영향을 미친다. 지배 엘리트의 관점이 지배적인 관점이 된다.[9]

특권에 내재된 불공정 잊어버리기

풍부한 특권을 누리는 이들에게 거기서 생겨나는 이점은 그들이 속한 사회 환경 안에서 너무도 정상화되기 때문에 그들은 거기에 내재된 불공정을 잊어버리기 쉽다. 2022년 인터뷰에서 ABC의 신임 보도본부장 저스틴 스티븐스Justin Stevens는 "누구도 어떤 일을 할 타고난 자격이 있다고 생각해서는 안 된다"고 언급했다.[10] 시드니 레인코브에 있는 상류층 전용 학교 세인트이그네이셔스칼리지를 나온 "럭비광" 스티븐스는 계속해서 자신이 어떻게 언론계에 비집고 들어왔는지를 설명했다. 그는 열네 살에 채널나인의 유명한 앵커 피터 오버턴Peter Overton과 1주일 동안 일하는 기회를 얻었다. 종양전문의인 아버지가 같은 병원에서 역시 종양전문의로 일하는 오버턴의 아버지와 카페에서 우연히 만났는데, 그가 자기 아들을 좀 도와줄 수 없느냐고 물었던 것이다. 거기서부터 모든 게 시작되었다.

의료 분야는 특권층이 서로 신세를 주고받는 온상으로 보인다. 유명한 럭비리그 감독 필 굴드Phil Gould는 억만장자 친구 닉 폴리티스Nick Politis에게 한밤중에 미친 듯이 전화를 건 이야기를 털어놓았다. 어머니가 중병으로 병원에 입원했기 때문이다. 자동차 판매로 큰돈을 벌어 "대부"로 알려진 폴리티스에게는 신세를 진 사람이 여럿이다. 그는 오스트레일리아에서 내로라하는 어느 신경외과 의사에게 연락했고, 의사는 잠자리에서 일어나 잠옷도 갈아입지 않고 병원으로 가서 그 환자를 돌봐주었다.[11] 굴드는 후에 적절한 질문을 던졌다. "도대체 무엇 때문에 일류 의사가 닉 폴리티스에게 '그럼요'라고 말하는 걸까?"

업무 경험과 인턴십은 오늘날 직업 전망에서 필수로 여겨지기 때문에 경쟁이 치열하다. 2022년, 보스턴컨설팅그룹의 시니어 파트너들은 자녀를 런던에서 진행되는 "아무나 이용할 수 없는 1주일 업무 경험 프로그램"에 보냈다.[12] 이 소식을 들은 직원들은 "초정실주의super-nepotism"에 대해 불만을 토로하면서 "상사 자녀들의 베이비시터" 노릇을 해야 하는 상황에 반발했다. 직원들은 회사에서 진행하는 모든 인턴십마다 40명의 신청자가 몰린다고 지적했다. 그러자 회사는 업무 경험 프로그램은 "(고위 관리자의) 자녀들이 교육과 직업의 폭넓은 경험을 돕도록 하기 위해 고안된" 것이라고 답했다. 자녀를 참가시킨 한 시니어 파트너는 특권을 행사한다는 비판에 귀를 막은 채 말했다. "만약 자녀들을 보내고 싶으면 우리는 남에게 의지하지 않습니다."

여러 해 동안 영국에서 부와 소득의 불평등이 악화되고 "긴축" 때문에 밑바닥 사람들이 곤경에 빠졌지만, 《파이낸셜타임스》는 [자사에서 발행하는] 《하우 투 스펜드 잇 How to Spend It》이라는 사치품 소비 잡지의 제호가 어떤 모욕을 야기했는지 잊어버린 듯 보였다. 팬데믹이 2년째로 접어들고 우크라이나에서 전쟁이 맹위를 떨치던 2022년 5월, 편집인은 전용 제트기, 슈퍼요트, 초호화 휴가지 등의 광고가 빽빽해서 한때 "하드코어 돈 자랑 포르노"라고 불린 잡지의 명칭을 변경할 예정이라고 발표했다. 보아하니 ['어떻게 사용할까'라는] 잡지 제호에 담긴 "아이러니가 ······ 간혹 독자에게 가닿지 못하기" 때문에 이제 《HTSI》로 바꾼다는 것이었다.[13] 그렇다 하더라도 잡지는 쾌락주의와 "약간 도피적인 라이프스타일"을 계속 장려할 것이었다. "《HTSI》는 과거에나 미래에나 고행자를 위한 잡지는 결코 아니기" 때문이다.[14] 편집인의 세계에서는 슈퍼요트의 대안이 고행자인 듯 보인다.

특권을 위장하는 수단

어빙 고프먼은 언젠가 한 사회의 **집단적 상징**은 "모든 범주의 성원들이 단일한 도덕 공동체임을 확인하면서 하나로 뭉치도록 하기 위해 범주들 사이의 차이를 부정하는 기능을 한다"고 언급했다.[15] 이런 통합적 상징들은 본래 차별적이고 불공정한 사회를 구조화하는 특권의 역할을 위장하는 데 도움이 된다.

오스트레일리아에서 종종 자랑스럽게 내세우는 평등주의, 우정mateship, 모두에게 공정한 대우a fair go for all 등의 가치(이 셋을 뭉뚱그려서 '오스트레일리아 정신Anzac spirit'이라고 한다)는 사회적 차이를 은폐하고 억누르는 경향이 있다. 정부 스스로가 잠재적 이민자들에게 이 나라는 "자유와 존중, 공정과 기회 균등"의 가치로 정의되고 모양 지어진다고 선언한다.[16] 몇몇 포커스그룹 참가자들은 이처럼 특권을 위장하는 수단을 언급했다. "그게 악전고투하는 사람의 신화죠. …… 우리는 모두 오스트레일리아 사람이고, 건국기념일에 우리 모두 바비큐를 구워 먹으며, 우리 모두 해변에 간다는 신화 말입니다. …… '우리는 모두 오스트레일리아를 집이라고 부른다'는 정서는 그저 수많은 마케팅일 뿐입니다"(조시, 부유층, 젊음, 시드니). 멜버른의 사무 변호사solicitor*인 글렌은 이를 더 예리하게 표현했다. "그런 사실을 감추는 한 가지 방식은 평등주의와 평등의 신화를 영속시키는 겁니다. 내가 볼 때 그건 배제되는 사람들한테 더 잔인한 짓이에요. 그들은 자신들이 실제로 무엇을 놓치는지 알지 못해요"(글렌, 평균 소득, 나이

---

* 법정 변호사와 달리 법정에 서지 않으며, 주로 개인과 기업의 법률 자문, 소송 준비를 맡는다.

많음, 멜버른).

콴타스항공의 천사 같은 어린이 합창단이 부르는 "나는 지금도 오스트레일리아를 집이라고 불러요"에서부터 피찬차차라족pitjantjatjara 여성 한 무리가 어런더 지방의 멋진 협곡에 서서 "나는 오스트레일리아 사람이라네"라고 노래하는 ABC 방송의 홍보 영상에 이르기까지 공유하는 국가 문화에 의해 한 국민으로 통합된다는 의식을 떠받치는 마케팅 메시지가 어디에나 울려 퍼진다.

우리는 하나이지만, 또한 다수이며
지구상의 모든 땅에서 와서
하나의 꿈을 공유하며 한목소리로 노래하니
나, 너, 우리는 오스트레일리아 사람이라네.[17]

노래는 흐뭇한 미소를 자아내며 나라에 대한 사랑으로 가슴이 부풀어 오르기 쉽지만, 객관적으로 보면, 이런 정서는 진실이 아니고 원주민 여성들이 표현할 때는 특히 가슴 아프다. 우리는 "우리는 하나"라는 메시지와 코로나19 록다운 시기의 사회적 차별이라는 가혹한 현실 사이의 괴리를 떠올렸다. 초기에는 록다운이 획기적인 사회적 평등의 기제라는 인식이 널리 공유되었다. 조지아(평균 소득, 젊음, 시드니)는 낙관적이었다. "2020년에 팬데믹이 처음 강타했을 때, 좋아, 이 전염병은 위대한 평등의 기제가 될 거야, 라는 생각이 들었죠. …… 우리 모두 팬데믹을 겪고 있고, …… 부나 다른 모든 것의 균형이 더 공정해질 것이기 때문에 일정한 수준에서 이런 일이 벌어지는구나, 라고요." 그런데 얼마 지나지 않아 환멸이 자리를 잡았다. "결국 특권층이 모든 면에서 아주 다른 경험을 하게 되리라는 걸 실제로 느꼈다는 의미에서 나는 금방 잘못된 생각을 했다는 게 드러났어요. 특히 경제적 특권층은요. …… 내 순진한 생각이 틀렸음이 금세 드러났죠."

특권층이 부를 감추는 이유

우리에게 일종의 외래종으로 소개되는 슈퍼리치의 소비 관행은 끝없는 매혹을 불러일으키는 원천이다. 경탄이나 시기심, 혐오감이나 경멸 어떤 반응을 보이든 간에 우리가 그들에게 끌리는 건 그들의 라이프스타일을 도저히 따라잡지 못하기 때문이다.

이렇게 다양한 반응이 존재하는 탓에 슈퍼리치들이 지위를 활용해서 특권에 대한 접근성을 확보하려고 할 때 문제가 생긴다. 한편으로 그로테스크하게 과시하면서 돈을 펑펑 쓰는 것은 무척 흔한 일이다. 상위 1퍼센트가 라스베이거스에서 여는 비공개 파티에 친구들을 비행기로 실어 나르고, 비욘세나 로드 스튜어트에게 거금을 들여 공연을 의뢰하는 목적은 깊은 인상을 주기 위해서다. 하지만 콜드플레이나 셀린 디옹 같은 가수의 공연 예약 책임자는 이렇게 말했다. "그 사람들은 용의주도하게 30~50명의 친구를 위해 예약을 하는데, 유명 셰프가 디너를 준비하기 전에 100만 달러짜리 가수가 45분간 공연을 하게 합니다. 점점 더 이런 경우가 많아지고 있지요."[18]

공연자들은 엄격한 비밀 유지 동의서에 서명을 하고, 일부 주최자는 영상이 찍히는 일이 없도록 손님들에게 입구에 휴대전화를 맡기라고 한다. 대중들이 슈퍼리치에게 반발하는 세계에서 이미지가 유출되지 않도록 이런 전시는 바람직한 소수에게만 과시된다.[19] 파파라치들은 슈퍼요트를 소유한 억만장자들의 삶을 괴롭히는 골칫거리다. 이 사진기자들이 사회에 소중한 기여를 한다고 볼 수도 있다.[20]

역설적이게도, 이런 식으로 부와 특권이 감춰지기는 하지만 또한 부와 영향력의 이점을 활용해서 특권을 부여받을 때 어쨌든 지위를 전시해야 하는 것도 사실이다. 웨스트와 지머먼은 남성 특권의 전시가 "상황에 적절하게 맞춰지거나 필요에 따라 수정 또는 변형되어야 한다"고 이야기했다.[21] 마찬가지로, 엘리트 특권을 실행할 때도 상황에 맞게 신호를 미묘하게 관리해야 한다.

특권을 은폐하는 한 가지 이유는 부유층이 자신의 특권적 지위를 드러내기를 꺼린다는 것이다. "내가 당신보다 낫다"는 신호를 보내면 급격한 반발을 부르기 쉬운 사회, 즉 평등주의 신화가 굳건한 사회일수록 더욱 그렇다. "은밀한 부stealth wealth"는 적어도 일정한 상황에서는 스스로를 감춘다. 에마 스펜스는 박사학위 연구 과정에서 플로리다주 팜비치에서 열리는 요트쇼에서 슈퍼요트 판매를 중개하는 회사에 취직하기도 했다. 그가 맡은 일은 건널 판자 끝에 자리를 잡고서 해외로 나가기 위해 요트를 살펴보러 오는 사람들이 잠재적 고객인지 아니면 재정적 수준이 낮은 사람인지를 판단하는 것이었다. 스펜스는 최부유층의 미묘한 기호학을 배워야 했다. "옷차림만 가지고 슈퍼리치를 확인하는 게 얼마나 어려운 일인지를 거의 알지 못했다"는 스펜스는 상관의 지침을 따랐다. "내 자리로 다가오는 모든 사람을 한껏 존중하는 태도로 대해야 했다. 의도치 않게 잠재적 고객을 모욕하거나 물리치는 일이 없어야 했기 때문이다."[22] 스펜스는 트레이닝 바지에 청재킷을 걸친 중년 여성과 다정하게 잡담을 나누면서 상대가 부자 테스트에서 떨어졌다고 판단했다. 하지만 다음 날 그 여자가 요트를 살펴보러 왔을 때 알고 보니 요트쇼 참석자 가운데 가장 부유층에 속하는 사람이었다.

스펜스의 상관은 요트 승선 허가를 받은 한 남자의 명함을 건네주었다. 금속제 명함은 유광 검은색이었다. 에마는 깊은 인상을 받았다. "흉측하군요." 상관이 목소리를 높였다. "너무 과시적이에요. 참 당혹스럽군요." 명함은 남자를 두드러지게 해주면서도 자신의 부를 과장하고 싶다는 신호를 보냈는데, 진짜 부자들은 굳이 그럴 필요를 느끼지 않았다. 편한 옷을 입으면 원치 않는 관심을 피할 수 있으면서도 자신의 지위를 다른 방식으로 알리기도 한다. 별 특징 없는 다른 남자가 어슬렁거리자 경험 많은 스펜스의 동료가 냅다 달려와서 망원경으로 보니 남자가 10만 달러짜리 시계를 차고 있더라고 말했다. 그러고는 잠재적 고객인 남자의 움직임을 주시했다. 그런 시계가 인정받고 평가받는 영역에서 움직여야 하는 것이다.

특권층이 자신의 출신을 감추는 이유

엘리트 특권체계를 보호하는 세 번째 전략인 정당화는 몇 가지 방식으로 얻을 수 있다. 몇몇 슈퍼리치는 자신의 특권층 가문을 인정하는 것을 당혹스러워한다. 오스트레일리아의 광산 억만장자 앤드루 "트위기Twiggy" 포레스트는 통나무집 이야기를 들려준다. 제인 캐드조Jane Cadzow의 꼼꼼한 인물 소개를 인용하자면, 그는 "언제나 자신을 거친 떠돌이로 살다가 성공한 사람이라고 소개했다". 어쩌다 무심코 억만장자가 되었다는 것이다.[23] 포레스트는 자신을 평범한 남자라고 세심하게 포장해서 소개하지만, 그는 웨스턴오스트레일리아주의 명문 목장주 집안 출신이다. 포레스트 집안은 다수의 하원의원과 초대 주총독(앤드루 포레스트의 종증조부[증조부의 형제])을 배출했다. 포레스트 본인은 퍼스에서 가장 명문으로 꼽히는 사립학교인 크라이스트처치 그래머스쿨과 헤일스쿨을 다녔지만, 그는 학창 시절을 괴롭힘을 당한 피해자 시절이자 그것을 능력으로 딛고 일어선 경험으로 포장한다. 언젠가 그는 부자가 된 뒤로 생활방식이 전혀 바뀌지 않았다고 말했다. "나는 아내나 집, 자동차를 바꾼 적이 없어요."[24]

샘 프리드먼Sam Friedman과 동료들은 영국의 중간계급 출신 전문직과 관리자에 관한 연구에서 많은 이들이 자신의 출신을 노동계급이나 빈곤층으로 오인한다는 점에 주목했다.[25] 그들은 자신의 특권적 지위를 평범한 사람의 이야기로 정당화할 필요성을 느낀다. "그들 삶의 궤적에서 핵심적 순간들을 모양 지은 구조적 특권"을 지우기 위해서다. 공저자들은 왜 그들이 이런 식으로 느끼는지에 관해 세 가지 설명을 제시한다.

첫째, 노동계급의 뿌리나 평범한 사람임을 주장하면 허세와 우월감에 대한 비난을 받아넘길 수 있다. 둘째, 자신의 특권적 배경을 경시하면 부당한 이점을 누린다고 비난할 사람들을 무장해제시킬 수 있다. 그들은 재능과 고된 노동을 통해 얻은 것이기 때문에 성공의 자격이 있다. 셋째, 사회학자들은 대체로 사람을 가까운 원가족에 따라 분류하는 한편, 사람들은 종종 부모 세대 전으로 거슬러 올라가는 인생 이야기를 들려준다. 부유층과 성공한 사람들은 여러 세대를 아우르는 서사를 이용해서 뿌리 깊은 빈곤의 계급적 역사에 바탕을 둔 가족 정체성을 구축한다.

마지막 부분은 일부 오스트레일리아인이 범죄자 조상에 대해 갖는 자부심을 설명해준다. 식민지 강제 추방이라는 영국 제도의 가혹함과 불의에서 자신의 진정한 자아를 일부 찾을 수 있다는 식이다. 최근 이민 온 사람의 후손들은 전쟁에 유린된 유럽에서 무일푼으로 도착하거나 몇 주간 조각배를 타고 표류하다가 온 부모나 조부모가 얼마나 곤경을 겪었는지에 관한 이야기로 거대한 부를 정당화한다. 그들이 거둔 성공은 투지와 결단력, 자기희생과 고유한 재능 등의 가족 서사를 상향 이동의 원재료로 낭만화한 결과다.

프리드먼 등의 연구에서 초라한 출신 이야기를 들려주는 주체들은 "종종 자신을 이방인 계급으로 소개했다. 엘리트 직업 환경 내부에서 상당한 장애물을 극복했다는 것이다".[26] 그들은 사투리 억양이나 옷 입는 방식, 세련되지 않은 예절이나 투박한 구석 등 일정하게 분류되는 특징을 유지하거나 드러낼 수 있다. 일부는 "자신이 노동자와 똑같다"는 것을 드러내기 위해 육체노동자에게 친밀한 태도를 보인다.

요컨대, 프리드먼과 공저자들이 결론짓는 것처럼, 특권적 양육을 모호하게 가리거나 무시하는 출신 이야기를 늘어놓는 사람들은 자신이 이룬 직업적 성공을 "역경에 맞서" 일어난 일이자 개인적 헌신성과 고된 노동을 반영하는 것으로 제시할 수 있다. 이런 이야기 때문에 다른 사람들이 그들의 출신을 제대로 알기 어려울 뿐만 아니라 특권층 스스로도 자신에게 유리한 양육을 무시해버린다. 흥미롭게도 공저자들은 이런 말을 덧붙인다. "이런 설명이 솔직하지 못하다거나 냉소적인 전략일 뿐이라고 말하려는 것은 아니다."[27]

2015년 실시된 한 여론조사에 따르면, 오스트레일리아인 10명 중 4명이 자신을 "노동계급"이라고 봤고, 절반(52퍼센트)은 "중간계급"이라고 했다. 2퍼센트는 자신이 "상층계급"이라고 말했다.[28] 상층 중간계급과 하층 중간계급 범주를 포함하면, 75퍼센트가 "중간계급"이 된다. 하지만 부유층 엘리트들은 초라한 출신 이야기를 늘어놓으려는 충동을 이기기 어려워 보인다. 오스트레일리아의 보수정당 총리를 지낸 맬컴 턴불은 이따금 심지어 자당 인사들에게도 "미스터 하버사이드 맨션"이라고 불렸다. 유력한 친구들의 네트워크를 보유한 투자은행가이자 벤처 자본가인 그는 부유층 유권자를 대표해서 의원으로 선출되었다. 따라서 총리가 된 그는 이미지 문제를 겪었다. 그가 자신의 성공을 정당화하는 서사는 특권을 부인하는 교과서적 본보기다. 의회에서 야당 노동당의 공격을 받자 그는 자신의 부를 인정했다. "다들 제가 부자라는 걸 압니다." 그는 솔직하게 인정한 다음 자신의 아내를 이야기에 동원했다. "사실 루시하고 저는 인생에서 아주 운이 좋았습니다. …… 우리는 열심히 일했고 성실하게 세금을 납부했습니다. 우리는 받은 걸 돌려줬어요. 제가 쌓은 부는 …… 순전히 고된 노동이 낳은 결과입니다."[29]

그는 계속해서 명백한 비판을 사전에 차단하기 위해 열심히 일하면서도 큰돈을 벌지 못하는 택시 운전사나 환경미화원이 있다는 걸 인정했다. "이 나라는 고된 노동과 기회에 도전하는 사람들, 기업을 바탕으로 세워졌습니다. 우리 가운데 일부는 남들보다 더 성공할 겁니다. …… 인생에는 많은 운이 작용하지요." 물론 고된 노동에 운이 겹친다는 담론은 특권의 역할을 지워버린다—턴불이 10대 때부터 자신감과 권위의 아비투스로 무장하고, 성인기 초기부터 유력한 사람들의 이례적인 네트워크를 발전시킬 수 있었던 사실에 반영되는 특권 말이다. 하지만 그는 평범한 환경에서 감정적 고난을 겪었다는 출신 이야기를 읊었다 ― 아홉 살 때 어머니가 가족을 버리고 떠난 뒤 시드니의 녹음이 우거진 동부 교외에서 아버지의 보호 아래 자랐다는 것이다.[30] (어머니 코럴 랜즈버리는 후에 럿거스대학교의 석좌교수가 되었다.) 한동안 부자父子는 의자가 없어서 상자에 앉아 밥을 먹었다고 한다. 그는 일부 장학금을 받고 기숙학교에 들어갔다 ― 사실 명문으로 손꼽히는 시드니그래머스쿨에 들어갔는데, 이 학교는 총리 3명, 최고법원 판사 7명, 로즈 장학생 28명을 배출했다.[31] 시드니대학교에서는 학문적 능력을 비롯한 자질을 보여준 덕분에 로즈 장학생으로 선발되었다.

부유층의 도덕적 분투

백인과 남성의 특권을 연구하는 학자들은 많은 이들, 심지어 선의를 품은 이들도 자신의 특권을 인식하고 인정하는 게 얼마나 어려운지를 고찰했다. 엘리트 특권의 경우도 같은 현상이 나타난다. 사실 우리가 볼 때는 특권을 인정하는 게 더 어렵다. 엘리트 지위는 대체로 백인이나 남성에 비해 덜 자명하며 부정하기가 쉽기 때문이다. 다른 한편, 부유층 엘리트들 가운데 자신의 특권을 인지하고 갈등을 느끼는 이들도 일부 존재한다. 그들은 부유층이 미화되는 동시에 경멸의 대상이 된다는 걸 안다. 빈곤과 불우한 상황 앞에서, 그리고 특권 자체가 전시될 때는 더더욱 그렇다. 부 자체가 오래전부터 대중의 마음속에서 도덕적 부패와 연결되었다. "더러운 돈"은 성경에서도 찾아볼 수 있으며, 오늘날 우리는 어떤 사람을 "더러운 부자"라고 지칭한다. 셰익스피어는 황금으로 도덕적 부패를 감추는 행태를 혹평하면서 황금이 어떻게 "검은 것도 희게, 추한 것도 아름답게 / 틀린 것도 옳게, 비천한 것도 고귀하게, 늙은 것도 젊게, 겁쟁이도 사나이로" 만드는지 개탄했다.

부유층 엘리트들 가운데 일부에게는 여기서 난제가 던져진다. 어떻게 "좋은 사람"이라는 인식을 지킬 것인가?[32] 부유층의 도덕적 분투는 사회학 연구의 주제였다. 케이티 스윌웰은 노스캐롤라이나의 진보적인 엘리트 학교에 다니는 특권층 학생들이 사회정의 프로젝트에 참여해달라는 교사의 요청에 어떻게 대응하는지 연구했다.[33] 자신들이 받는 엘리트 교육을 어떻게 옹호할 것인지 질문을 받은 한 학생은 이렇게 대답했다. "장기적으로 보면, 우리는 특권이 있기 때문에 (공동선을 위해) 여러 일을 할 수 있을 겁니다. 선생님도 알다시피 다른 공동체의 아이들은 이룰 수 없는 일들이지요."

이런 믿음은 학비가 비싼 대다수 사립학교가 선량한 시민을 양성하려는 학교의 헌신적 노력을 입증하기 위해 자신들이 운영하는 "봉사" 프로그램을 강조하는 이유를 설명해준다. 하워드와 켄웨이가 지적한 것처럼, 사회정의를 위한 노력은 "대다수 엘리트 교육기관의 공적 이미지와, 엘리트들이 자신의 '선량한 품성'을 보여주는 데서 결정적으로 중요하다".[34] 따라서 학교는 여유 있는 부모를 둔 학생들의 학문적, 사회적 요구뿐만 아니라 도덕적 요구까지 들어준다.[35] 이런 봉사 프로그램들은 선량한 시민으로서 자아를 구축하는 데 기여하며 우수한 인성을 증명하는 이력서를 보강해준다. 스월웰이 검토한 증거를 보면, 선량한 시민을 정의하는 성격적 특성의 함양은 특권이 어떻게 가족 환경과 제도에서 나오는지에 관한 비판적 고찰을 무시한다는 걸 알 수 있다. 다시 말해, 인성 함양은 현재 상태status quo의 유지에 봉사한다.

몇몇 부유층 명문가의 후손들에게는 그런 식으로 사실을 은폐하는 게 가능하지 않다. 가령 카릴로 베일리유 갠트너Carrillo Baillieu Gantner는 대형 소매 체인점 창립자인 시드니 마이어Sidney Myer의 손자다. 누구나 그가 멜버른 기성 체제의 중심부에서 움직인다는 걸 안다. 그는 자신이 특권층 집안에서 태어났음을 인정하며 자신은 "봉사를 통해 그런 특권을 되갚을 책임"이 있다고 말한다.[36] 그는 이런 의무를 자선사업과 예술 행정에서 "돋보이는 경력"으로 전환했다. 갠트너는 "자선사업가"라는 단어는 "형편없다"면서 좀처럼 입에 올리지 않는다.

루벤 가스탐비데-페르난데스와 애덤 하워드는 어쩌면 조금 지나칠 정도로 냉소적으로 자애로운 기부를 이런 용어로 소개한다. "능력주의 논리는 자선 행위를 통한 해법의 일부로 자리매김하면서 다른 사람들의 고통을 자아를 구축하기 위한 방편으로 동원한다. 이 자아는 남을 살뜰히 돌보고 식견이 있으며

코스모폴리탄적인" 자아다.[37]

'수수한 소비자'로 감추기

엘리트들은 소비를 대하는 태도를 포함해서 여러 면에서 다양
하다. 낭비와 방종한 사치는, 유명인과 인플루언서, 셀피의 시
대에 찬미하는 논조든 나무라는 논조든 상관없이, 더 증폭된 언
론 기사의 먹잇감이 된다. 진보 성향의 엘리트들에게 "부유층과
유명인의 라이프스타일" 이미지는 도덕적 문제나 적어도 인식
의 문제를 제기한다. 슈퍼리치의 숫자가 홈리스의 숫자와 맞물
려서 증가함에 따라 더더욱 문제가 된다. 그리고 세계가 기후붕
괴 시대로 접어듦에 따라 오늘날 부유층 소비자의 압도적인 책
임이 공적 대화의 일부가 되었다.

앞서 살펴본 것처럼, 막대한 부의 소유를 도덕적으로 정당
화할 수 있는 수단에는 자선사업과 봉사를 통한 "돌려주기", 초
라한 출신 이야기 구축, 고된 노동 담론 등이 있다. 뉴욕의 부유
층 소비자에 관한 매혹적인 연구에서 레이첼 셔먼Rachel Sherman은
또 다른 전략을 설명한다 ─ "합리적"이고 심지어 "평범한" 라이
프스타일을 의식적으로 채택함으로써 "악당 부유층"과 자신을
구별하는 것이다.[38] 부유한 뉴요커 50명 ─ 대체로 고학력이고
정치적으로 진보 성향이며, 대부분 뉴욕시에서 상위 10퍼센트
의 소득수준에 속한다 ─ 을 심층 인터뷰하는 방식으로 셔먼은

부유층 소비자들이 자신의 소비 습관에 관해 어떻게 이야기하고 자신의 욕구를 어떻게 이해하는지를 검토했다.

셔먼은 부유층 소비자들이 자신과 도덕적으로 정당하지 못하다고 여기는 이들 사이에 어떻게 상징적 경계선을 긋는지를 설명한다. 악당 부유층은 과시적이고 천박하며 낭비하는 생활방식 때문에 대중적 악평을 불러일으키는 이들이다. 인터뷰 대상자들은 악당 부유층과 동일한 사회경제적 집단에 속할지 모르지만, 그들 자신은 다른 상징적 집단에 속한다고 본다.

실제로 셔먼이 연구한 부유층 뉴요커들은 상당히 많은 돈을 쓰지만, 때로는 자신이 가진 특권과 습관에 대한 불편을 해결하기 위해 정교한 자기대화self-talk를 수행하면서 자신의 소비를 특별할 게 전혀 없는 평범한 것으로 규정하기 위한 담론을 활용한다. 그저 자신들이 기본적 욕구만을 채우며 신중하게 지출한다고 말했다. 그들은 과시를 경멸하며 자신의 삶을 평범한 중간계급 가정과 무척 흡사하다고 묘사했다. (셔먼은 미국에서 "중간계급" 망토를 받아들이는 것은 계급과 무관하다는 것, 즉 무정형의 대중에 속하는 것을 의미한다고 논평한다.)

그들은 선량한 사람이 되어 사회에 어떤 식으로든 돌려주기를 원했고, 자신을 악당 부유층의 사치와 차별화하기 위한 방식으로 거듭 이야기했다. 5000만 달러가 넘는 자산을 가진 한 아버지는 자신이 정신없이 바쁘게 살고 있으며 "땅콩버터와 잼을 바른 샌드위치를 직접 만든다"고 이야기했다. 한 여성은 수수하게 산다고 이야기했다. "그러니까, 보석 같은 건 없어요.

…… 우리는 그냥 평범하답니다."

셔먼은 또한 인터뷰 대상자들에게 라이프스타일 서비스를
제공하는 30명을 인터뷰했다. 부동산 중개업자나 인테리어 디
자이너 등이었다. 어느 인테리어 디자이너는 부유층을 위해 디
자인을 할 때 항상 이케아나 크레이트앤드배럴의 제품을 몇 개
포함시킨다고 말했다. "그 사람들이 좋아하거든요. 한결 기분
좋게 만들어주죠." 값비싼 품목들의 경우에는 가사도우미가 보
지 못하게 가격표를 확실하게 제거한다. (어느 부유층 인터뷰 대상
자는 육아도우미가 값을 알지 못하게 물건을 살 때 가격표를 뗀다고 인
정했다.) 인테리어 디자이너는 "터무니없는" 부자 고객들이 그것
을 창피해한다고 말했다.

셔먼은 불안해하는 부유층의 경우에는 돈이 많은 게 전혀
문제가 되지 않는다고 결론지었다. 중요한 것은 '돈을 어떻게
쓰는가'이다. 자신이 합리적이고 신중하며 세심한 소비자라고
스스로 설득할 수만 있다면, 그가 가진 경제적 특권은 중요하지
않다는 것이다.

뉴욕의 부유층으로부터 끌어낸 결론을 다른 곳의 부유층
에게 얼마나 적용할 수 있을지는 답이 정해지지 않은 질문이지
만, 셔먼의 결론은 다른 서방 나라들의 일부 부유층에게도 해당
되는 것처럼 들린다. 경계선 긋기에 관한 셔먼의 연구는 같은
해에 발표된 연구와 유용하게 비교할 수 있다. 핀란드의 상위
0.1퍼센트 소득자, 또는 적어도 그 일부 집단—스스로 창업해
서 기업가로서 큰돈을 번 이들—의 엘리트 도덕성에 관한 연구

다. 아누 칸톨라Anu Kantola와 한나 쿠셀라Hanna Kuusela는 이 초부유층 엘리트들이 "악당 부자들"과 자신을 구별할 뿐만 아니라 다른 모든 이들보다 도덕적으로 우월하게 해주는 도덕적 경계선에 근거해서 어떻게 자기정체성을 구축하는지에 관심이 있었다.[39] 역사적으로 평등과 사회적 연대를 위해 대단히 노력하는 핀란드 같은 나라에서 초부유층 엘리트들이 자신의 지위를 정당화하는 것은 특히 어려운 과제다. 그렇더라도 정당화 방식은 미국에서 사용되는 방식과 무척 흡사하다.

칸톨라와 쿠셀라가 인터뷰한 28명은 대부분 초고액의 순자산, 즉 3000만 달러가 넘는 자산을 보유한 계급에 해당했다. 테크산업을 비롯한 분야의 현대 기업가의 이미지는 고된 노동과 위험 감수로 점철되어 있으며, 인터뷰에서도 이는 아주 두드러지는 주제다. 고된 노동과 위험 감수는 기업가들의 도덕적 가치에서 강한 함의를 가지며, 이런 위치에서 그들은 "게으른" 임금 소득자와 공무원, 복지 수혜자들을 가혹하게 비판했다. 셔먼의 인터뷰 대상자들과 마찬가지로, 핀란드 부유층도 대부분 안정된 중간계급 출신이었지만, 그들은 자신의 초라한 출신과 평범한 삶을 산다는 사실을 계속해서 강조했다. 한 인터뷰 대상자는 이렇게 말했다. "나는 집 청소를 함께합니다. 장작을 나르기도 하고요." 또 다른 이는 "나는 그냥 평범한 사람이에요"라고 말했다. 그들은 "진짜 부자들"과 자신들을 구별했다. 고된 노동의 서사와 정반대로, 칸톨라와 쿠셀라는 그중 일부는 오래전부터 일을 쉬면서 한가로운 생활을 하고 있음을 발견했다. 그들

말에 의하면 그들은 전에 열심히 일했고 세금을 냈으니, 자신이 "노력해서 얻었다"고 할 수 있다. 두 저자는 자신들의 연구를 다음과 같이 요약했다.

> 전반적으로 기업가들은 열심히 일하고 위험을 감수하며, 자신의 부를 과시하지 않는 겸손하고 평범한 사람으로 상징적 자아와 도덕적 자아를 창조한다. 이런 도덕성 덕분에 그들은 남들과 구별되며, 점점 늘어나는 자신의 부를 정당화하는 경계선을 긋기도 한다. 하지만 그들의 실제 삶은 이런 도덕적 자아와 모순된다.[40]

9장 요약

불평등과 엘리트 특권에 근거해서 세워진 사회들은 어떻게 사회적 소요를 회피하는가? 우리는 특권기계가 자기 나름의 자기 정당화 수단을 낳는다고 주장한다. 이 수단은 불평등과 불의 때문에 생기는 정치적 감정을 진정시키는 데 기여한다. 우리가 능력주의 사회에 산다는 믿음은 신자유주의 이데올로기의 부상과 딱 들어맞으면서 사회적 차이를 서로 다른 재능과 개인의 고된 노동에서 생겨나는 것으로 자연화한다. 예를 들어, 몇몇 성공한 여성은 자신이 이룬 성취를 자신의 노력 덕분으로 돌리면서 수십 년에 걸친 여성운동 덕분에 자신에게 기회가 열렸음을 인정하지 않는다. 오늘날 젠더 및 인종 위계가 자연 질서의 일부라고 말한다면 강한 반발에 부딪힐 테지만, 부와 특권의 위계는 세상이 원래 그런 거라고, 만장일치는 아니더라도 널리 받아들여진다.

또한 이데올로기적 차원에서 민족이나 민족적 특성이 담긴 한 사회의 집단적 상징은 사람들을 하나로 단합시키지만, 차이를 위장하는 데 일조하기도 한다. 엘리트들은 특히 광고와 마케팅에서 이런 서사를 장려한다.

이데올로기 외에도 특권기계는 더욱 실용적인 방식으로 자신의 작동을 숨긴다. 부의 과시적 전시는 어디에나 존재하는 것 같지만, 원치 않는 관심을 피하기 위해 부의 전시는 종종 자신이 속한 사회집단에만 국한된다.

엘리트들이 자신에 관해 들려주는 이야기는 종종 오도하기 위해 정교하게 만들어진 것이다. 엘리트들이 자신의 출신을 오인하면서 초라한 배경에 관한 이야기를 들려주는 것은 흔한 일이다. 그들의 '평범함'은 그들이 앞서 나가는 데 도움을 준 물려받은 이점을 지워버린다. 엘리트 특권은 또한 봉사 활동을 통해 정당화된다. 부유층은 봉사를 활용해서 자신이 '선량한 사람'이라는 인식을 지킨다. 자신을 평범한 생활을 하는 사람으로 소개함으로써 그들은 자신과 '악당 부유층' 사이에 상징적 경계선을 긋는다.

10장   계급 사이를
가르는 감정

계급과 미세차별

우월감, 존중, 수치, 죄책감, 시기심, 원한, 오만, 경멸, 공포, 불신, 또는 단순한 상호 몰이해와 회피 등은 상이한 계급의 사람들 사이의 관계를 상징한다.[1]

특권은 종종 공적 토론에서 언급되지만, 엘리트들이 자신의 사회적 지배를 행사할 때 반대쪽 끝의 사람들이 특권의 행사를 어떻게 **경험**하는지에 관해서는 좀처럼 듣기가 어렵다. 우리의 결론은 소수가 높은 수준의 특권을 누린다는 사실로 특징되는 사회에서 그런 특권에 따른 행동은 다른 사람들의 감정적 삶에 깊은 자국을 남긴다는 것이다. 직접적 상호작용에서 생겨나는 것 외에도, 정신적 피해는 특권에 맞춰진 체제로 인해 발생하는 경우가 더 많다.[2]

감정사회학의 역사는 1970년대까지 거슬러 올라간다. 에 두아르도 베리카트Edurado Bericat는 감정사회학 연구를 검토하면서 사회학은 "**사회적 삶의 감정적 본성**, 즉 연구 대상이 되는 사회 현상에 나타나는 **감정적 구조와 동학**을 이해"하는 것을 목표로 삼아야 한다고 말했다(강조는 원문).[3] 감정을 연구하는 이유는 목격되거나 경험되는 현상에 대한 개인의 감정적 반응을 면밀하게 연구함으로써 사회적 과정과 긴장을 독해할 수 있기 때문이다.[4] 우리가 진행한 포커스그룹과 여론조사가 특권의 표명에 대한 감정적 반응 정보를 이끌어내기 위해 고안된 것도 이 때문이다.

2005년 영국에서 진행된 중요한 연구에서 다이앤 레이는 계급의식이 실종되기는커녕 "계급으로 구분되는 데 따른 감정적 경험"이 사회적 구별짓기의 정신적 풍경을 규정한다고 주장했다.[5] 일상적인 사회적 소통에는 정서적 의미가 가득하기 때문에 "계급과 계급 불평등에 대한 감정과 정신적 반응은 계급의 형성에 강력하게 기여한다".[6] "계급"은 오늘날 정치적 현상을 이해하는 데는 많이 활용되지 않지만, 사회적 위계 내의 경계선을 강화하는 심리적 과정은 가시적이면서도 여전히 강하다. 이 책에서 우리는 '엘리트'와 '사회적 계층화'라는 용어를 선호하면서 '계급'을 잘 거론하지 않지만, 앞의 여러 장에서 이미 계급화의 감정적 경험 ― 다른 계급의 사람들과 어울릴 때나 어떤 장소에서 배제될 때, 당신과는 달리 다른 사람만 혜택을 받을 때, 불공정한 대접을 받을 때, 모욕을 당할 때 어떤 느낌이 드는지 ― 에 관해 많은 관찰을 했다.

이런 정신적 풍경을 연구하는 것은 그 자체로 소중하지만, 우리는 이 연구가 또한 특권의 구조와 작용에 관한 통찰을 제공한다고 주장한다. 우리는 연구자들이 엘리트들이 세계에서 자신이 차지하는 자리에 대해 느끼는 편안함과 자격의식, 우월감과 자연스러운 자신감의 태도를 연구한 것에 대해 언급했다. 이런 태도가 일상생활에서 드러날 때, 반대편에서는 사회계층의 반대쪽 끝이나 심지어 중간에 있는 사람들도 "일상적 굴욕, 수모, 바보 취급, 모욕"을 경험하게 된다.[7] 주로 인종·젠더 지배의 일상적 표현을 이해하기 위해 사용되는 **미세차별**microaggression 개념은 계급과 사회적 차이에도 적용될 수 있다. 대개 언뜻 보면 사소하고 의도치 않은 인종 및 젠더로 굴절된 미세차별이 피해자 입장에서는 모욕적이고 자신을 깔보는 듯해 화가 날 수 있는 것처럼, 계급으로 굴절된 바보 취급과 모욕 또한 그 대상에게는 감정적 고통을 야기한다. 이는 또한 사회 세계─그 구조와 동학, 정의justice─에 대한 피해자의 이해를 모양 짓는다.

저소득층 수치심 주기

5장에서 우리는 학비가 비싼 쇼어스쿨 학생들이 마운트드루이트를 시드니에서 "최악의 교외"로 꼽으면서 그곳에 사는 사람들을 깔보는 현상에 대해 보고했다. 이 사례는 엘리트들이 자신보다 아래에 있는 사람들을 멸시하는 것이 사회적 위계에 관한 폭넓은 믿음을 반영하는 현상임을 여실히 보여준다. 하지만 마운트드루이트 고등학교 학생들의 시험 성적이 공개된 뒤 그들이 공개적으로 수치를 당한 데서 알 수 있듯이, 계급의 정신적 풍경에서 가장 깊은 상처는 최고 특권층이 최하층에게만 가하는 것이 아니다. 머독 소유의 어느 타블로이드 신문은 1면 기사에서 이 학교를 뉴사우스웨일스주 최악의 학교로 낙인찍으면서 승인도 받지 않고 졸업반 사진을 게재했다―사실상 주 최악의 학교에 다니는 학생들을 공개한 것이다. 엄청난 논란이 벌어졌지만 금세 지나갔고, 학생들만 고통과 수치를 당하고 낙인이 찍혔다.

　그로부터 몇 년 뒤, 사진에 등장한 한 학생이 그때 일을 곱씹었다. "그 끔찍한 날의 기억과 그때 느낀 상처를 절대 잊지 못할 겁니다." 다른 이도 입을 열었다. "사람들이 실제로 손가락질을 하고 등 뒤에서 수군대는 걸 들을 수 있었습니다. …… 마음속으로는 내가 루저가 아니라는 걸 알았기 때문에 정말 상처받았습니다."[8] 또 다른 학생은 너무 부끄러워서 직장으로 돌아갈 수 없었다고 고백했다. "나는 실망스러운 사람이었고, 가족을 곤란하게 만들었죠. 내 사진이 신문에 실리다니 너무 부끄러워서 직장으로 돌아갈 수 없었어요." 2010년 마운트드루이트 고등학교의 어느 교사가 그때 겪은 트라우마에 관해 말했다. "그때 우리가 느낀 분노와 격분, 상처, 거기서 회복되는 게 얼마나 어려웠는지 차마 말하기 어렵군요. …… 그 학생들이 겪은 수치는 끔찍했어요."[9] 마운트드루이트 고등학교 출신은 모두 낙인이 찍혔고 교외 자체도 마찬가지였다. 고용 전망도 나빠졌다. "나는 실제로 마운트드루이트 출신이라고 이야기하지 않습니다." 어떤 졸업생의 말이다. "옥슬리파크 출신이라고 말하죠. 알다시피 옥슬리파크가 어디에 있는지 아무도 모르거든요. 그냥 약간 거짓말을 하는 거죠."[10]

일부 기자들이 걱정하는데도 기사를 승인한 해당 타블로이드 신문 편집인 콜 앨런Col Allen은 마운트드루이트 고등학교와 학교 교육의 열악한 질에 대한 관심을 환기시킴으로써 학생들에게 오히려 득이 되었다고 주장했다. 자신이 공공서비스를 수행했다는 것이었다. 앨런은 오스트레일리아에서 가장 유력한 신문의 편집인으로서 이후 《뉴욕포스트》 편집장으로 임명되었다. 불우한 지역의 학생들이 공개적으로 모욕당한 것을 옹호하는 일은 특권의 거품 속에서 사는 사람만이 할 수 있는 주장이었다. 몇몇 학생들은 신문사를 명예훼손으로 고소하기로 결정했다. 많은 이들이 고소를 만류했다. 최고의 변호사들을 거느린 강력하고 비정한 대기업인 머독의 뉴스코퍼레이션을 상대로 싸움을 벌이는 것은 너무도 위험하다는 것이었다. 패소하게 되는 경우에 심각한 결과가 생길 터였다. 하지만 학생들은 굴하지 않았다. 결국 학생들이 승소했다. 신문사의 사과를 받아냈고, 피해 보상까지 받아 조금이나마 존엄을 회복했다.[11]

마운트드루이트 고등학교의 이야기는 일상적으로 벌어지는 수치스러운 경험의 두드러진 한 사례일 뿐이다.[12] 높은 수준의 사회적 불이익에 시달리는 지역들이 언론에서 "수치스러운 교외"로 묘사되면서 그곳에 사는 모든 이들이 오명에 시달린다.[13] 다른 사람들이 그 지역의 생활 상태를 평가할 때, 사람들이 수치심을 느끼는 것은 그들이 어떤 잘못을 했기 때문이 아니라 자신이 열등한 존재로 간주된다는 걸 알기 때문이다. 저소득층 동네에 사는 사람들은 자신들이 겪는 곤경이 물질적 박탈만이 아니라 모욕까지 가져온다는 사실에 관해 이야기한다. 그들은 자신이 작고 무기력하다고 느낀다고 말한다. 이런 경험 속에서 그들의 자아는 "고통스럽게 조사당하고 부정적으로 평가받는다."[14] 광범위한 감정이 수치심에 뒤따를 수 있다―슬픔, 우울, 고립감 등. 이런 감정들은 자아에 파괴적인 영향을 미칠 수 있다.[15]

아마 가장 빈번하게 일어나는 계급이나 지위의 미세차별은 공공연하든 암묵적이든 간에 한 사람이 사회적 위계에서 어떤 지위에 있는지를 확인하려는 질문들일 것이다. 출신 학교나 거주 지역, 직업에 관한 직접적 질문은 우위를 확립하기 위한 수단이 될 수 있다. 전국적으로 시행한 조사에서 우리는 응답자들에게 사는 지역이나 출신 학교, 부모의 직업 때문에 수치심을 느낀 적이 있는지 물었다. 수치심을 느꼈다고 인정하는 것은 쉽지 않지만, 오스트레일리아 성인의 31퍼센트가 주거지나 학교, 부모의 직업 때문에 수치심을 느낀 적이 있다고 인정한다.[16] 젊은 성인(18~34세)이 나이 든 성인(50~64세 사이에서는 22퍼센트, 65세 이상은 겨우 10퍼센트)에 비해 수치심을 느낀 적이 있다(49퍼센트)고 말할 확률이 훨씬 높다. 이는 청소년이 성인보다 수치심을 더 강하게 느끼고,[17] 거주 지역이나 학교, 부모와 관련된 무시와 모욕의 기억이 나이가 들면서 옅어지기 때문일 것이다. 어떤 집단에 끼어야 한다는 감정적 부담이 특히 학교 운동장에서 극심하다는 점을 염두에 두면, 자녀와 함께 사는 부모들은 수치의 감정을 인정할 가능성(44퍼센트)이 자녀가 없는 성인(26퍼센트)보다 훨씬 높다.

포커스그룹 참가자들은 수치심과 당혹감이 어떻게 펼쳐지는지에 관한 통찰을 제공했다. 서로 모르는 5명이 모인 한 포커스그룹은 강한 감정을 표현할 만한 장소는 아니지만, 우리가 관찰한 바로는, 불평등과 학교, 거주 지역 등등에 관해 대화를 하면서 마음의 준비를 하면 사람들이 수치심의 감정을 인정하는 성향이 높아진다. (만약 그렇다면 조사 결과는 수치심을 느낀 적이 있는 사람의 비율을 과소평가하는 것일 수도 있다.)[18] 그리하여 어린 시절 자신이 원래는 평범한 줄 알았는데, 누군가 자기가 사는 거주 지역이나 다니는 학교를 폄하했을 때 어떤 생각이 들었는지를 털어놓는 몇몇 사람들의 발언은 통렬하다. 예를 들어 루크는 이렇게 말했다. "내가 푸츠크레이 출신이라는 걸 알면 어떤 부모도 놀이 약속을 잡지 않더라고요."

사회적 위계의 하층에 있는 사람들은 어디에 살며 어느 학교를 다녔는지를 감춘다는 걸 인정한다. [자신에 대한] 부정적인 반응이 돌아오기 때문이다. 루카(평균 소득, 젊음, 시드니)의 말을 들어보자. "내가 시드니 서부 교외 출신이라고 말하면 사람들이 움찔하죠. 그래서 가끔 다른 교외 이름을 대면 그런 반응이 없더군요." 같은 포커스그룹의 드루도 회계법인에서 같이 일하는 동료에게 자신이 다닌 공립학교를 이야기했을 때, "그가 흠칫 놀라면서 …… 다른 눈으로 나를 봤다"고 말했다. **동료가 흠칫 놀랐을 때 기분이 어땠나요?** "정말 실망스러웠지만 놀랍지는 않았습니다."

학창 시절에 해나(부유층, 나이 많음, 멜버른)는 투랙에 있는 어느 가정에서 하룻밤을 보냈다. 저녁식사 자리에서 아버지 직업이 무언지 질문받았을 때 해나는 포드에서 "생산직"으로 일한다고 말했다. "그 순간 갑자기 이 가족은 생산직으로 일하지 않는다는 걸 깨달았어요. 참 난처했죠." 요즘에 해나는 위를 보면서 부유층을 존경한다고 말했다.

로즈는 사람들한테 어디 사는지 이야기를 하지 않는다고 말했다. "내가 사는 곳에 관한 정보가 많거든요." 애슐리도 이런 사실을 인정했다. "캠벨타운에서 어린 시절을 보냈다고 이야기하지 않아요." 그곳 출신에 대한 사람들의 견해가 확고하기 때문이다. 4장에서 우리는 패트리샤가 들려준 이야기를 소개했는데, 부유층 교외에 사는 패트리샤가 민간 은행에서 같이 일하는 동료에 관해 한 이야기였다. 상관과 고객들이 그 동료가 마운트드루이트 출신인 걸 알았을 때, 그들은 패트리샤를 우호적으로 대한 한편 좋지 않은 동네에 사는 동료는 무시했다. 사실상 사람 취급도 하지 않았다.

위를 보기, 아래를 보기

사회 사다리의 상층과 하층에 속한 사람들 간의 관계는 감정적 노력과 내적 혼란으로 가득하다. 포커스그룹 참가자들에게 부유층과 영향력 있는 사람들을 다르게 대하는지 물었을 때, 반사적으로 나오는 대답은 모든 사람을 똑같이 대한다는 것이었다. 어떤 이는 자신은 사람들을 능력에 따라 대한다고 자부심을 나타냈다. 계속 질문을 던지자 몇몇은 자신을 되돌아보면서 자기가 볼 때 부유하거나 영향력 있다고 여겨지는 이들에게 더 관심을 기울인다고 인정했다. 해나(부유층, 나이 많음, 멜버른)는 "그러고 싶지는 않지만" 그래도 그런 사람들을 우러러보게 된다고 말했다. 같은 포커스그룹의 리디아는 누군가 돈이 많다는 걸 알게 되면 "다른 사람보다 그의 말에 더 귀를 기울이게 된다는 걸" 인정한다. 폴(평균 소득, 나이 많음, 시드니)은 누군가 파티에 온 억만장자를 지목하면 "사람들이 약간이라도 그를 존경하게 된다고 생각한다"고 말했다. 이 모든 언급은 어느 정도 수줍은 듯이 나온 것이다. 부유층과 권력자를 우러러보는 것이 자신의 내적 원칙에 어긋나거나 존엄을 조금이라도 희생시키는 듯이 말이다.

제시카(부유층, 젊음, 시드니)는 누군가 새로운 사람을 만날 때 그가 자신과 같은 수준이고 동일한 힘을 갖기를 원한다고 말했다. 그래서 술집이나 레스토랑에서 부유층이나 특권층 사람을 소개받으면, 버릇이나 억양, 언어를 바꾼다. 애슐리(평균 소득, 젊음, 시드니)는 특권층 출신 사람은 "인생 경험이 판이하게 다르기" 때문에 자신과 공통점이 많지 않을 것이라고 생각한다. 루크(평균 소득, 젊음, 멜버른)도 견해가 비슷했다. "물론이죠. 그러니까, 사회에는 상층 카스트나 계급이 있어서 우리 평민들은 꿈도 꾸지 못하는 방식으로 움직이고 작동합니다." 같은 포커스그룹에 속한 모니크는 계급들 사이를 가르는 심연이 존재한다고 생각했다. "어떤 사람은 상층에 속하고 어떤 사람은 저소득자에 속하죠. 양쪽은 전혀 만날 일이 없어요."

위계에서 상층을 차지하는 어떤 사람이 아래쪽에 있는 사람들과의 관계에서 상대를 존중하고 친절하게 대하려고 할 수 있지만, 거들먹거리거나 무례하거나 쓸데없이 친한 척한다고 보일 위험이 있다. 제시카는 상향 조정에 관해 말한 반면, 상류층 전용 학교를 나온 벤(부유층, 젊음, 멜버른)은 조정이 반대 방향으로 작동하기 때문에 "급수를 한두 단계 낮춰야 한다"고 말했다. 하지만 그는 또한 엘리트와 일반인 사이의 심연이 이따금 아래쪽 사람들이 경멸하는 형태를 띤다는 것을 발견했다. "다른 사람하고 정말 잘 지내다가 어느 순간 상대가 무서운 질문을 던집니다. '어디 살아요?' '어느 학교를 다닙니까?' 대답을 하는 순간 실망한 표정이 드러나죠." "급수를 한두 단계 낮추"면서 친해지려는 벤의 시도는 자신이 손댈 수 없는 계급 구분선에 다리를 놓으려는 좋은 의도에서 나온 행동일 것이다. 레이는 교만과 만족, 경멸과 자부심의 조합이 우세한 **배타주의적인** 중간계급의 입장과 죄책감과 방어적 태도, 공감과 화해가 뒤섞인 **평등주의**

적인 중간계급의 입장을 구별했다.[19]

여기서 우리는 위로부터의 경멸과 아래로부터의 경멸이 동등하다고 말하는 게 아니다. 스테파니 라울러Stephanie Lawler가 말하는 것처럼, 아래쪽 사람들이 엘리트를 무시하는 것은 중요하지 않다. "그들은 자신들의 판단을 유효하게 만들 수 있는 사회적 권위가 없기" 때문이다. 라울러는 "혐오 전쟁은 사회적 특권이 부족한 사람들이 좀처럼 이길 수 없는 싸움"이라는 캐스린 에이브럼스Kathryn Abrams의 논평을 인용한다.[20]

혐오는 지나친 단어이지만, 살기 불편한 교외에 사는 사람들을 대하는 부유층의 태도에는 경멸도 포함된다. 시드니의 호화스러운 동부 교외 출신인 리아(부유층, 젊음)는 몇몇 교외에 사는 사람들하고 "엮이기 싫다"고 말했다. 자신은 집 주소로 사람을 판단한다고 말하면서 굳이 한마디 덧붙였다. "오해하지 마세요. 나는 점잖은 사람이에요." 그런 식의 노골적인 경멸은 부유층 포커스그룹에서 보기 드물었는데, 우리가 생각할 때 한 가지 이유는 신뢰하는 사람들만 모인 곳이 아닌 자리에서 공개적으로 표명하는 게 용납되지 않는 발언이었기 때문이다. 엘리트 사립학교 학생들 사이에서도, 집값이 비싸지만 "가장 좋은 교외" 축에 끼지 못하는 교외에 사는 학생들은 무시를 당하며 "싹싹하면서도" 조롱을 받는다고 말했다.

무시당하는 교외에 사는 사람들만 자기가 어디 사는지에 대해 거짓말을 하는 것은 아니다. 우리는 부유층 교외에 사는 일부 사람들이 사는 곳에 대해 거짓말을 한다고 인정하는 것을 발견했다. 시드니에서 가장 호화로운 교외로 손꼽히는 보클루스에 사는 홀리는 거두절미하고 말한다. "내가 사는 교외 이야기는 안 해요." 에이미는 엘리트 사립학교 출신의 사회복지사다. 에이미의 말에 따르면, 자주 어울리는 사람들한테 자기가 집값이 비싼 교외에 산다고 말하면, 사람들은 그가 은수저를 물고 태어났다고 생각한다. "나에 대한 신뢰가 사라져버리죠." 이웃한 엘리트 교외에 사는 제시카는 사람들한테 저소득층 교외에 산다고 말한다. "그냥 대화를 피하려고요. 그런 주제로 이야기하고 싶지 않아서요." 이렇게 자기가 사는 곳을 부정하는 건 수치심보다는 당혹감 때문이다.

일부 사람들은 상류층만 사는 교외에 산다는 사실에 대해 거짓말을 하기보다는 대개 자기가 엘리트 교외에 살긴 하나 그래도 전형적인 상류층은 아니라는 신호를 보낸다. 한 참가자는 사람들에게 말한다. "난 원래 모스만 출신이 아니라 어쩌다가 그냥 거기 사는 거예요." 멜버른의 부유층 교외에 사는 매디슨은 거기 사는 건 인정하면서도 아파트에 산다고 덧붙인다. "처음 파트너를 만났을 때 내가 사는 곳을 이야기했더니 '오오' 하더군요. 그이는 우리가 잘 어울릴 거라고 생각하지 않았어요."

운동장의 특권

사회계급의 상처는 종종 학교 운동장에서 가장 고통스럽게 느껴진다. 아직 사회적 금지 규칙, 아니 사실 차이에 대한 존중을 배워야 하는 아이들 사이에서 이런 일이 벌어진다. (상류층 전용 학교의 기능 중 하나는 학생들에게 미묘한 방식으로 자신의 우위를 표현하는 법을 가르치는 것이다.) 다이앤 레이는 영국 학교에 관한 폭넓은 연구에 근거해서 학교 교육이 "계급으로 구분되는 정체성의 정신적-사회적, 감정적 측면을 탐구하기 위한 비옥한 토양"이라고 말한다.[21] 학교에서 학생들 사이에, 그리고 학생과 교사 사이에 이루어지는 상호작용은 사회적, 경제적 차이와 관련된 일상적 무시와 모욕에 시달린다. 레이는 오늘날 학교 교육의 담론이 일상적으로 성차별주의와 인종주의를 질책하지만 "계급주의classism"를 다루기 위한 규범은 존재하지 않는다고 지적한다.[22] 계급의 미세차별을 모면하기 위한 언어조차 존재하지 않는다.

아이들은 성차별주의와 인종주의를 "정치적으로" 이해하라고 배우지만, 학생들에게는 계급적 수치에 대응하기 위한 언어적 도구가 없다. 한 예로, 돈 많은 부모들이 학생을 학비가 비싼 사립학교로 보내는 것으로 유명한 평이 좋은 공립 초등학교에서 열 살짜리 학생의 부모가 윤리적 이유에서 아이를 공립 중고등학교로 보내기로 결정하자 같은 반 친구 하나가 "똥통 학교"에 갈 거라고 말했다. 사립이 아니라는 게 그 이유였다.[23] 소년은 인종주의에 대해서는 언제든 목소리를 높일 수 있었지만 자신이 수치를 당하는 데는 반박하지 못했다. 교실에서 가르치는 담론에는 그런 내용이 없었기 때문이다.

학교 환경 안에서 아이들이 다른 이들에게 수치를 당하는 것만이 문제가 아니다. 엘리트 학교의 존재와 행태는 다른 학교들에 먹구름을 드리운다. 엘리트 사립학교에 공공 예산이 지급된다는 뉴스 기사에 대해 '좋아요'를 많이 받은 댓글 두 개는 다음과 같다.

하지만 내가 다니는 공립학교에서는 지붕에 구멍이 나서 교실에서 복사기와 책상을 옮겨야 한다. 웃을 일이 아니다.

글쎄, 이건 오스트레일리아 교육이 어떻게 돌아가는지를 보여주는 소우주다. 특권의 자격이 있으면 더 많은 자격이 생긴다. 자격 있는 다음 세대가 특권을 유지하기 위해 어떻게 살아야 하는지 확신할 수 있게 해준다.[24]

으리으리한 건물과 세계 수준의 스포츠 시설에 수백만 달러를 지출하는 엘리트 학교에 관한 기사가 나올 때마다 공동체 전체에서 혐오와 분노의 물결이 솟구치고, 오스트레일리아가 부유층을 위해 돌아가는 심각하게 불공정한 나라라는 믿음이 깊어진다. 5장에서 우리는 2022년 크랜브룩스쿨에서 고등학교 신축 건물이 문을 열었다고 언급했다. 크랜브룩은 시드니에서 "최고 명문" 학교로 손꼽힌다. 분명 학비가 가장 비싸고 부유층 학부모가 우글거린다. 신축 건물에 소요된 비용은 1억 2500만 호주달러였다.[25]

이런 호화로운 신축 건물들이 들어설 때마다 그런 시설을 꿈도 꿀 수 없는 많은 공립학교 학부모와 학생들은 뺨을 맞는 기분이다. 교사노동조합 위원장은 사립학교들은 "터무니없는 신축 건물"에 투자를 하는 반면 공립학교 학생들은 "조립식 건물과 시급하게 리모델링이 필요한 과밀한 학교"로 버텨야 했다고 말하면서 광범위한 여론을 표현했다. 크랜브룩 학교 지도자들이 시설을 자랑할 때 사람들은 한층 더 격하게 모욕감을 느꼈다. 크랜브룩 교장은 학교 건물이 "학생들의 대입 준비와 학교 문을 나선 뒤의 삶에 도움이 될" 것이라고 말했고, 학교 운영위원장은 부모가 매년 4만 호주달러의 학비를 납부하는 크랜브룩 학생들이 "이를 대단히 고무적으로 받아들일 것"이라고 단언했다. 시드니 서부에서 여름 내내 조립식 교실에서 땀을 뻘뻘 흘리는 학생은 어젯밤에 뉴스에 나온 크랜브룩의 신축 건물을 곱씹으면서 불의한 현실의 고통을 느낄 것이다. 하지만 이내 자신의 운명이라고 체념하고 교과서로 눈길을 돌린다.

10장 요약

특권의 실행은 다른 사람들에게 지속적인 감정적 피해를 일으킬 수 있다. 다이앤 레이는 사회계급의 정신적 풍경에 관해 이야기하는데, 이 개념은 위계적 사회에서 특권에 따른 행동에 적용될 수 있다. 엘리트들이 하위 사회계층에 가하는 일상적인 무시와 수모는 의도적이든 아니든 간에 미세차별로 이해할 수 있다. 소셜미디어와 뉴스 댓글 사이트는 엘리트 특권에 대한 광범위한 분노를 보여주는 증거다.

사는 곳과 출신 학교, 부모의 직업을 근거로 사람들에게 수치를 안겨주는 일이 흔하다. 한 조사에서는 젊은 성인의 절반이 수치심을 느낀다고 인정한다. 일부 성인들은 자기가 사는 지역이나 졸업한 학교를 언급할 때 상대가 "움찔한다"고 말하며 무시당할까 두려워서 어디 사는지를 감춘다고 인정한다.

포커스그룹 참가자들은 부유층과 영향력 있는 사람들을 더 존중한다고 부끄럽게 인정했다. 다른 이들은 엘리트 성원과 같은 수준에 도달하려고 하면서 언어와 행동을 맞춘다고 이야기했다. 일부 부유층의 경우에는 사회계층에서 아래에 있는 사람들과 이야기할 때 "급수를 한두 단계 낮춘다". 엘리트 교외에 사는 일부 주민들은 수치심보다는 당혹감 때문에 자신이 어디에 사는지에 대해 거짓말을 한다.

엘리트 학교의 사치스러운 지출은 광범위한 분노와 도덕적 격분을 일으킨다. 젊은이들은 특히 학교와 사는 지역을 둘러싼 모욕에 민감하다. 학교 안에는 인종주의와 성차별주의에 대응하는 지침이 존재하지만, 계급의 미세차별에 대한 지침은 없다. 특권의 정신적 풍경을 이루는 마루와 골은 청소년의 마음에 깊이 새겨진다.

11장   경제적 피해와
사회적 피해

경제적, 사회적 피해를 검토하기 전에 엘리트 특권 때문에 생겨나는 피해를 경제적 불평등에 따른 피해와 어떻게 구별할 수 있는지 물어볼 필요가 있다.[1] 사고 실험 하나가 도움이 될 수 있다. 사실상 모든 사람은 일정한 수준의 불평등이 필요하고 합리적이라고 받아들이기 때문에 우리는 만연한 불평등 수준이 받아들일 만하면서도(가령 1960년대의 스웨덴) 많은 이들이 부유층과 영향력 있는 시민이 특권을 향유하는 것에 분노를 느끼는 사회를 상상할 수 있다. 어쩌면 이는 부와 특권을 구별하는 것이 실제로 얼마나 어려운지를 여실히 보여줄 뿐이다. 부유층은 언제나 자신의 지위를 활용해서 이점을 누리려고 하기 때문이다. 그럼에도 우리는 불평등 수준이 같으면서도 특권을 억제하려는 노력은 서로 다른 두 사회를 상상할 수 있다. 12장에서 우리는 특권 행사를 제한하기 위한 몇몇 조치를 검토할 것이다.

특권이 경제에 미치는 영향

2021년 [국제탐사보도언론인협회가 폭로한] 판도라 페이퍼스Pandora Papers는 억만장자, 기업주, 고위 정치인, 유명인 등이 역외 조세 피난처에 막대한 규모의 은밀한 자산을 감춰두었다고 폭로했다. 많은 이들이 자산 역외 이전을 단속할 것을 요구했다. 미국 의원 2명도 "미국에 적대하는 이들이 보유한 더러운 돈 수십억 달러"가 이런 계좌를 통해 세탁된 뒤 "미국으로 쏟아져 들어오고 있다"고 선언했다.[2] 오스트레일리아에서는 세무법인 넥시아Nexia의 파트너인 토니 왓슨Tony Watson이 일찍이 이 모든 사태를 내다보았다. "이런 일이 벌어질 때마다 많은 이들이 분노하면서 행동에 나서라고 떠들썩하게 요구한다. …… 하지만 우리의 관심이 다른 데로 향하는 즉시 기득권 세력은 법률의 힘과 집행 과정의 유효성을 잠식하는 작업에 착수한다."[3] 그의 말에 따르면, 로비스트들이 첫 번째로 하는 행동은 형사 기소가 지나치며 바람직하지 않다고 의원들을 설득하는 것이다.

부유층이 가장 몰두하는 문제는 아마 자신이 내는 세금을 줄이는 일일 것이다. 이를 돕기 위해 온갖 산업이 생겨나고 있다―세무 전문 변호사, 세무사, 로비스트, 막대한 순자산을 보유한 개인들을 전담하는 은행 부서, 조세 피난처에 페이퍼컴퍼니를 설립해주는 대행사 등이다. 부유층이 이렇게 탈세에 성공하면, 다른 시민들이 세입 공백을 메워야 한다. 전문가의 조언을 받는 특권을 누리지 못하거나 자기 몫의 공정한 세금을 납부하는 것은 문명사회에서 생활하기 위해 치러야 하는 대가라고 받아들이는 시민들 말이다. 부유층 전부는 아닐지라도 압도적 다수는 미디어 억만장자 케리 패커 Kerry Packer가 표명한 것과 같은 견해를 가진 것으로 보인다. "내야 하는 세금을 최소한으로 줄이지 않는 사람은 본 적이 없습니다." 그가 진실을 말하며 한마디를 덧붙였다. "이 나라에 세금을 최소한으로 줄이고 싶지 않은 사람이 있다면 정신 감정을 받아야 합니다."[4] 물론 패커의 공격적인 세금 최소화는 일반적인 납세자들이 새 컴퓨터 구입 비용을 환급받을 때 하는 방식과는 다르다.

경제적 피해는 엘리트들이 다양한 형태의 자본을 활용해서 경제에서 부당한 이득을 획득함으로써 다른 사람들에게 비용을 부과하는 방식을 가리킨다. 앞서 살펴본 것처럼, 엘리트들은 학교, 가족, 사교 집단을 통해 얻은 '문화자본'과 네트워크를 활용해서 인턴십이나 일자리, 이사직 등 선호하는 자리를 얻는다. 이 모든 자리는 재정과 삶의 기회에 도움이 된다. 이런 식으로 엘리트 특권은 인턴십과 일자리를 얻을 재능이 있으면서도 자신보다 능력이 떨어지지만 더 나은 네트워크와 "문화적 적성"을 지닌 사람에게 자리를 빼앗기는 이들에게 피해를 끼친다. 이는 경제적인 동시에 사회적인 피해다.

경제적으로 보면, 최근 수십 년간 경제학자들은 생산성 향상 저하라는 주제에 집중적으로 관심을 기울이며 온갖 추측을 쏟아냈다. 노동 생산성 극대화는 시장이 노동자를 각자의 기술에 가장 적합한 일자리에 순조롭게 할당하는 것에 좌우되지만,

재능이 아닌 다른 근거로 엘리트를 선호하는 특권의 논리에 따라 이런 할당이 이루어진다. 네트워크나 "문화적 적성"이라는 차별적 관념에 따른 엘리트 선호는 이 과정에 개입함으로써 생산성 증대를 저하하는 요인으로 작용하는 듯 보인다.[5] 이런 효과가 어느 정도인지를 단언하기는 어렵지만, 엘리트 특혜가 우세한 현실에 대한 우리 포커스그룹의 보편적인 견해만 놓고 보자면, 상당한 정도임이 분명하다.

엘리트 특권이 경제에 미치는 영향에 관해 다른 방식으로 생각해보자면, 부르디외의 자본 전환 이론에 근거한 우리의 특권 재생산 분석을, 부자 나라에서 부와 소득의 불평등이 어떻게 나타나며 전수되는지에 관한 토마 피케티의 세습자본주의 분석과 결합해볼 수 있다. '부록 3'에 그 결과가 실려 있다. 요컨대, 피케티는 소득 불평등에 기여하는 요인과 자산 불평등에 기여하는 요인을 검토한다. 소득 불평등 증대는 주로 상층에 있는 사람들에게 지급되는 이례적으로 높은 연봉에 의해 추동된 것이었다. 엘리트 네트워크와 아비투스는 그런 최고 소득 직종에 종사하는 엘리트들의 지배를 증대하는 작용을 한다. 자산 불평등과 관련된 증거를 보면, 부유층 부모가 부유층 자녀를 배출하는 경향이 있음이 드러난다. 하지만 이는 많은 유산을 남기는 식이 아니라 자녀의 사회자본과 문화자본에 투자를 하는 식으로 이루어진다. 따라서 자녀가 부모의 자산을 물려받을 때쯤, 그러니까 50세 정도가 되면 이미 높은 급여를 받는 직업과 투자 덕분에 부유한 상태다. 그리하여 엘리트 특권에 관한 부르디

외의 이야기는 피케티가 확인한 불평등 증대를 피드백 고리를
통해 설명하는 데 도움이 된다.

계급에 감춰진 감정들

엘리트들이 인턴십과 일자리 등 온갖 자리를 재능 있는 이들에
게서 가로채는 탓에 생겨나는 사회적 피해의 경우에, 피해자들
은 부당한 관행 때문에 자신이 손해를 본다는 걸 아는 만큼 자
연스럽게 원한과 환멸이 생겨난다. 그 정도를 측정하기는 어렵
지만, 개인 간에 체계적으로 부당한 이득이 발생하는 현상이 워
낙 광범위하고 이 때문에 사회 전체가 뒤바뀐 탓에 사회계층 간
이동성이 약해진다고 가정하는 게 합리적으로 보인다. 그에 따
른 소득과 자산, 삶의 기회의 불평등하고 불공정한 분배는 냉소
와 소외감을 낳는다. 이는 가령 오스트레일리아인의 절반이 우
리 사회의 특징을 정확하게 규정하는 서술이 "규칙이 공정하게
적용된다"(3분의 1을 약간 넘는 비율이 찬성했다)가 아니라 "부유층
과 나머지 전체에 적용되는 규칙이 다르다"고 믿음을 보여주는
우리의 조사 결과에서도 분명히 드러난다.
　계급의 정신적 풍경을 모양 짓는 것은 보통 사람들이 직접
적으로 느끼는 특권의 미세차별만이 아니다. 엘리트 특권에 대
한 대중의 반응을 보면, 소셜미디어에서 걸핏하면 억울함이 쏟
아지는 데서도 분명히 드러나듯이, 이것이 권력의 체제에 대한

대중의 분위기와 인식에 뚜렷한 영향을 미치는 사회적, 정치적 현상임을 알 수 있다. 억울함은 특권의 오만과 대척점에 자리한다. 실제로 잭 바벌릿Jack Barbalet은 정치적 감정에 관한 연구에서 "억울함은 자격 없는 이들이 이점을 누리는 현실에 대한 감정적 우려로 간주된다"고 말한다.[6] 특권층에 대한 억울함이 엘리트들에게 배타적 혜택을 부여하는 체제에 대한 억울함으로 확대될 때 이는 정치적 감정이 된다.

몇몇 논평가들은 "억울함의 정치학"에 관해 폄하하듯 말한다. 하지만 분노와 나란히 억울함은 온갖 종류의 사회 혁명을 부추기는 감정적 연료였다. 억울함의 표현은 불의하다고 느끼는 특권에 대한 자연스러운 반응이다. 사람들이 권력의 남용과 엘리트 특권의 지속적인 활용에 분노를 느끼지 않는다면 이상한 사회일 것이다. 특권체계가 너무도 뚜렷하게 보일 때, 엘리트에 대한 만연한 분노 감정이 생겨난다. 엘리트들과 그들을 위해 일하는 사람들이 특권을 감추기 위해 노력을 기울이는 것은 현재 상태에 대해 대중이 얼마나 분노하는지를 반영한다. 만연한 자격의식은 사회 일반에 심리적 피해를 가하면서 분노와 억울함, 그리고 극단적으로 우울과 무력감, 아노미 상태를 유도한다.

사회의 지속적인 특징으로서, 견고한 특권 앞에서 느끼는 억울함과 시기심, 무력감 등의 억눌린 감정은 복수하려는, 또는 사회적 위계를 무너뜨리려는 심층적인 욕망인 르상티망ressentiment을 낳을 수 있다.[7] 미국에서 르상티망이 고조되는 현실은 트럼프주의의 부상을 설명하는 데 도움이 된다.

특권기계가 사회에 가하는 가장 유해한 효과의 하나는 온갖 방식으로 사회적 위계를 굳히고 강화하면서 사회의 유동성을 약화한다는 것이다. 이런 사회에서는 이동성이 제한되고 사회적 분열이 심화된다. 상류층 전용 사립학교는 이런 계층화를 위한 주요한 수단의 하나이며 공립학교와의 평판 격차가 점점 커진다. 엘리트 학교의 우월성에 관한 믿음이 굳어지는 것은 사립학교가 능력에 따른 선발을 훼손하는 방식뿐만 아니라 공립학교를 나온 이들이 이를 언급할 때 상대가 "움츠러들거"나 "움찔한다"는 사실에서도 드러난다. 공립학교 출신이라는 사실이 점점 부끄러운 일이 되고 있다.

다시 말해, 엘리트 특권은 능력주의의 장점이라고 공표되는 것―재능이 있고 노력하는 사람이 자신의 잠재력을 온전히 실현할 수 있다―을 오염시킨다. 성차별주의 때문에 여성이 잠재력을 온전히 실현할 수 없는 것처럼. 심리적 비용의 하나는 엘리트들이 특권을 행사하는 탓에 인생에서 기회를 놓치는 사람들―인턴십을 얻지 못하거나 일자리를 빼앗기거나 대학교 과정을 놓치는 등―이 자신이 성공하지 못한 것을 체제가 특권층에게 유리하기 때문이 아니라 자신의 결함 때문이라고 보는 것이다. 리처드 세넷Richard Sennett과 조너선 코브Jonathan Cobb는 실망과 실패, 그리고 궁극적으로 체념의 감정을 계급의 감춰진 상처로 설명했다.[8] 능력주의 이데올로기의 천재성은 개인들이 성공하지 못한 것을 자기 탓으로 돌릴 때 특권의 구조가 무사하게 유지되고 억울함이 정치적 발판을 얻지 못한다는 데 있다.

누가 담론을 통제하는가

언어를 바꾼다는 것은 세계를 이해하는 방식을 바꾸는 것을 의미한다. 부유층 엘리트들은 다른 서사가 들리지 않게 만드는 방식으로 공적 담론을 주무른다. 가장 극적으로, 이런 담론 권력은 자유를 개인의 선택으로 재정의하고, 사회민주주의에 대한 호소력을 약화시키며, 경쟁적 개인주의를 지배적인 사회 모델로 만드는 식으로 활용되었다. 지식인과 싱크탱크, 로비스트, 언론을 동원하는 식으로 자유시장 자유주의를 예시하려 한 오랜 캠페인을 입증하는 자료가 많이 있다.[9] 2007년, 조지 몬비오 George Monbiot는 자유시장 자유주의의 언어가 사회의 모든 부분에 침투한 사실로 입증되듯 성공을 거두었다고 평했다. "요즘은 진보적인 친구들조차 부의 창조자, 조세 감면, 큰 정부, 소비자 민주주의, 관료적 형식주의, 보상 문화, 구직자, 복지수당 부정 수령 등에 관해 이야기한다. 하나같이 신자유주의자들이 고안하거나 장려하는 이런 용어들이 너무도 흔해진 나머지 이제 거의 중립적으로 들릴 지경이다."[10] 담론을 통제하는 사람이 논쟁에서 승리하는데, 부유층이 대체로 담론을 통제한다.

신자유주의 개념들은 원자화 효과를 미치는 한편 엘리트들이 사회적 경계선을 긋는 것을 돕는다. 칸톨라와 쿠셀라의 말에 따르면, 핀란드의 부유한 기업가들은 자신을 사회 전반과 분리하는 언어를 갖고 있다.[11] 소비자의 자기만족과 결합된 고된 노동 이데올로기는 "엄격한 규율의 담론을 활용해서 소득 격차를 정당화하고 일체의 도덕적 의무나 타인과의 유대를 부정하는 엘리트를 배출할 것이다". 불평등과 사회계층화를 개인적 책임에 따른 자연스러운 결과로 정당화하는 신자유주의 서사를 고수하는 것은 북유럽 나라들에서도 분열을 심화한다. "부유한 기업가들이 불우한 이들을 게으르고 혜택을 누릴 자격이 없는 존재로 낙인찍음으로써 구축하는 도덕적 경계선은, 모든 시민이 사회적 혜택을 누릴 자격이 있으며 불우한 개인들은 게으른 게 아니라 사회적 약자일 뿐이라고 보는 북유럽 모델을 뒷받침하는 도덕과 모순된다."[12] 이런 식으로 도덕적 경계선을 긋는 것은 사회계층화를 인정하고 부와 권력의 불평등한 분배를 정당화하는 데 사용된다.[13]

엘리트 사립학교를 둘러싼 담론도 동일한 효과를 발휘하지만, 그 역할과 대중적 인식은 나라마다 다르다. 오스트레일리아에서는 신자유주의가 '학교 선택권'이라는 종교적 수사를 강화하고 일반화하면서 정치인들을 설득해 엘리트 학교를 비롯한 사립학교에 더 많은 공적 자금이 투입되게 만든다. 사립학교 교육이 확대됨에 따라 자녀를 사립학교에 보내는 많은 유권자들이 빈부를 막론하고 한때 누구나 동의하던 사고, 즉 공립학교 체계가 분파적이지 않은 능력주의 사회의 기반이며 이런 지위를 유지해야 한다는 사고를 밀어내고 있다.

종종 언론이 주도하는 가운데 끊임없이 공립학교가 폄하되면서 도덕적으로나 교육적으로나 엘리트 학교가 우월하다는 평판이 높아진다.[14] 우리 포커스그룹의 참가자들은 학비가 비싼 사립학교가 "좋은 학교"라고 거듭 언급했다. 공공 예산을 대대적으로 빨아들이고 재능 있는 교사와 똑똑한 학생, 그리고 점차 유망한 운동선수까지 독식하는 것 말고도 엘리트 학교는 이런 식으로도 공립학교를 착취한다.[15] 이 모든 상황 때문에 학비가 비싼 사립학교의 평판이 더욱 높아진다. 경제적으로 감당할 수만 있으면 자녀를 엘리트 사립학교에 보내는 게 최선의 길이 되는 것이다.[16]

그들은 다른 규칙을 적용받는다

엘리트 특권은 다양한 상황에서 자신이 바라는 것을 얻을 수 있음을 의미한다. 피에르 부르디외는 귀족적 엘리트들은 자유를 얻기 위해 "사소한 규칙과 규정"을 면제받는다고 말했다.[17] 미카엘 홀름크비스트는 스톡홀름 인근의 어느 엘리트 교외에 관한 연구에서 부유층 주민들이 규칙과 규정이 다른 사람들에게만 적용된다고 보는 경향이 있음을 발견했다. 그들은 자격의식과 자존감 때문에 자연스럽게 제한을 극복해야 하는 장애물로 보기 쉽다. 장애물을 우회하는 재능은 기업 세계에서 존경받으며, 기업인들은 회계사와 변호사 집단을 고용해서 우회에 도움을 받는다. 통상적인 경로를 이용하는 것은 성가시고 시간이 들며 심지어 자존감에도 맞지 않는다. 그들은 책임자와 직접 접촉하는 데 익숙하다.

적어도 우리 포커스그룹의 일부 참가자들에 따르면, 위계의 상층에 자리한 사람들은 다른 일련의 규칙에 따라 움직인다는 인식이 확실히 널리 퍼져 있다.

(록다운 시기에) 특권층과 초부유층은 뭐랄까 이런 식이었죠. "규칙을 구부릴 수 있다면, 그냥 해보는 거지 뭐." 그 사람들은 처벌을 아랑곳하지 않았습니다. 재산이 워낙 많아서 거리낄 게 없으니까요. (벤, 부유층, 젊음, 멜버른)

내가 볼 때, 상위 1퍼센트는 여러분이나 나하고는 전혀 다른 세계에서 움직입니다. 그러니 그런 사람들한테는 다른 규칙이 적용되지요. 정말이에요. (루크, 평균 소득, 젊음, 멜버른)

법의 지배에 따라 다스려지는 사회는 규제기관에 대한 대중의 신뢰에 사회의 안정이 좌우된다. 법 앞의 불편부당과 평등은 모든 사람이 재산이나 지위, 영향력에 상관없이 법을 어기면 책임을 져야 한다는 것을 의미한다. 하지만 엘리트들은 종종 책임지지 않는다. "법을 어기고도 무사한" 것이다—이런 불의는 민주주의에 대한 신뢰를 잠식한다. 미국의 어느 부동산 거물은 막대한 재산 덕분에 민주적인 규제 체계를 우회할 수 있다고 자랑했다. "나는 전화를 집어 들고 내 이름을 아는 하원의원한테 전화할 수 있고, 전화 한 통으로 어떤 문제에 대해 100만 표의 영향력을 행사할 수 있다. …… 내가 어떤 걸 원하면, (정치인들이) 여기로 와서 나하고 아침을 먹는데, 그때 원하는 걸 이야기한다."[18] 일종의 자기과시를 감안하면, 이런 식의 정직한 발언은 일반 대중에게 냉소와 환멸의 유산을 남긴다.

부유층 엘리트들은 자신이 사회의 법 위에 존재한다고 생각할 뿐만 아니라 사회에 강하게 결속되어 있지도 않다. 빗장단지gated community에 관한 연구들을 보면, 일반 사회와 거리가 멀수록 타인에 대한 도덕적, 사회적 책임감이 줄어드는 것을 알 수 있다. "엘리트 동네는 그런 사회적 거리를 창출하기 위한 효과적인 기제"라고 일런 위젤은 결론지었다.[19] 학자들은 대다수 사람들을 동네와 도시, 국가에 묶어두는 유대에서 어느 정도 떨어진 채 이동하는 삶을 사는 "글로벌 주체"들의 사회적 철수를 연구하고 있다 — 그들이 사는 집과 정원, 애완동물과 동네, 친구와 자녀 친구들, 그들이 의존하는 가게, 일상적인 운동 방식, 의료서비스 등이 모두 연구 대상이다.[20]

일부 슈퍼리치들에게는 이런 결속이 너무도 미약해서 며칠 전에 주변에 알리고 세계 반대편에 있는 요트로 훌쩍 옮겨가는 걸 생각할 수도 있다. 2020년 초에 팬데믹이 발발했을 때, 요트를 소유한 이들은 요트에 몸을 실었다. 영국 부유층들은 슈퍼요트를 전세 내서 록다운을 피해 해상에서 몇 주나 몇 달을 보낼 계획을 세웠다.[21] (크루즈 선박용 항구는 폐쇄되었지만, 요트 정박지는 여전히 문을 열었다.)

슈퍼요트는 특권적인 정신 상태를 즐기기에 완벽한 수단이다. 대양에 나가는 순간 요트 주인은 보통 사람들의 삶을 지배하는 온갖 자잘한 규칙과 규정을 벗어난다. 슈퍼요트는 일반적인 법 집행의 범위 바깥에서 많은 시간을 보낸다. 보통 공해를 순항하며, 정박할 때도 현지 경찰이 보통 넓은 정박지를 제공한다. 요트는 대개 사생활을 보장해주며, 소유주가 총리와 친한 경우도 많다.[22]

'오프쇼어링offshoring(역외 이전)'이라는 용어는 마땅히 내야 하는 돈을 내지 않기 위해 조세 피난처에 자산을 예치하는 관행을 설명하는 데 사용되지만, 일종의 정신 상태로 간주할 수도 있다. 일반 시민들을 장소에 묶어두는 유대가 허약한 상태 말이다. 언제든 마음 놓고 입항했다 출항하는 시민들, 즉 한 사회 안에서 살아가는 의무 — 다시 말해 자신이 속한 사회의 법률과 규정을 준수하면서 공동체를 지탱하고 당연히 내야 하는 돈을 내는 의무 — 를 자유롭게 회피하는 이들의 정신 상태다.

요컨대, 일부 부유층 엘리트 집단이 사회규범에서 벗어나고 일반 사회에서 철수할 때, 그들은 사회의 파편화에 기여하면서 소수 특권층과 일반 시민의 분열을 심화한다. 시민의 신뢰와 사회의 응집성은 공유된 가치와 규범 및 상호 책임감에 의지하며, 따라서 엘리트들이 이런 규칙이 적용되는 공간에서 철수하면 제도에 대한 신뢰가 잠식되고 불공정하다는 감각이 확산된다.

11장 요약

엘리트들이 특권을 행사하면서 그 비용을 다른 사람들에게 부과할 때 경제적 피해가 발생한다. 엘리트들이 공정한 몫의 세금을 내지 않으려고 법률을 개정하거나 술책을 부릴 때 다른 사람들이 내야 하는 세금이 늘어나는 경우가 이런 경제적 피해에 속한다. 다른 이들도 이런 행태를 모방하면, 더 많은 유권자들이 개혁에 반대하게 된다. 엘리트들이 영향력을 활용해서 인턴십이나 일자리, 이사직 같은 자리를 확보하면 다른 사람들이 피해를 본다. 가장 적합한 기술을 가진 노동력을 고용하는 시장 할당에 특권이 간섭하면 경제의 생산성이 감소한다. 사회적, 경제적 피해는 불평등과 함께 생겨나는데, 우리의 특권 분석은 자산과 소득의 불평등이 어떻게 악화되는지를 설명하는 데 도움이 된다.

엘리트들이 부당한 혜택을 받기 위해 활용하는 불공정한 관행은 사회적 위계를 강화하면서 자격 있는 다른 사람들에게 기회가 돌아가는 것을 막는다. 능력이 성공으로 가는 경로가 되는 것을 잠식하면 사회적 억울함과 환멸이 생기면서 부유층은 다른 규칙을 따른다는 견해가 굳어진다. 엘리트들은 담론을 통제함으로써 권력을 유지한다. 사회를 이해하는 데 사용되는 언어를 둘러싼 경쟁에서 엘리트들이 승리하면, 도시 광장에서 그들의 목소리가 다른 사람들의 목소리를 압도한다. 엘리트들이 능력의 언어를 활용해서 자신의 부와 영향력을 설명하면, 성공

덕분에 그들이 도덕적으로 더 우월해 보인다.

엘리트들이 스스로 법 위에 있으며 사회의 규칙을 적용받지 않는다고 여기면, 시민적 피해가 발생한다. 엘리트들이 규칙을 구부리거나 무시하는 것을 당국이 허용하면, 규제기관과 민주주의에 대한 대중적 신뢰가 손상된다. 냉소가 자리를 잡는다. '정신적 오프쇼어링'을 위한 도구인 슈퍼요트를 타고 부유층 엘리트 집단이 극단적으로 사회와 공동체에서 철수하면, 사회적 응집력이 훼손된다.

12장 특권에 이의 제기하기

토마 피케티는 1970년대 이래 부유한 나라들에서 자산과 소득 불평등 상황이 악화되는 것을 분석하면서 소득 증가 속도보다 자산 증가 속도가 빠르고, 무엇보다도 상속세를 삭감하거나 폐지함으로써 새로운 세습자본주의가 등장할 수 있었다고 말했다. 이 책에서 우리는 경제학의 차가운 법칙―피케티가 말하는 자본 축적의 "거대한 동학"―만이 아니라 우리가 말하는 이른바 특권기계도 세습자본주의의 등장을 추동했다고 주장했다. 특권기계는 경제자본만이 아니라 사회자본과 문화자본의 세대 간 전수도 유발한다. 상류층 전용 학교를 중심으로 한 사회자본, 문화자본의 축적은 새로운 종류의 족벌주의를 떠받치는 토대다. 이 족벌주의는 부와 영향력을 보유한 이들이 자녀를 비롯해 자기들끼리 일자리와 이사직, 내부 정보, 그 밖에 많은 것들을 불공정하게 독차지하는 관행을 말한다. 실제로 우리는 사회자본, 문화자본의 세습이 자산 상속보다 더 중요할 수 있다고 믿는다. 그리고 모든 사람이 이 체제에 연루되어 있다.

엘리트 특권은 심리적, 사회적, 경제적, 시민적 피해를 야기하지만, 그 지속적인 재생산과 향상에 이의가 제기되는 경우는 드물다. 그렇다면 특권기계를 저지하고 그 속도를 늦추며 피해를 경감하기 위해 무엇을 할 수 있을까? 이 장에서 우리는 세 가지 형태의 세습—자산 상속뿐만 아니라 특권기계의 작동을 통해 다음 세대로 전수되는 사회자본과 문화자본에 의해 부여되는 불공정한 이점—을 억제하는 몇 가지 조치를 제안한다.

엘리트 특권의 증대를 강화하고 가능케 한 으뜸가는 요인은 아마 지난 40년간 이루어진 소득과 자산 불평등의 급격한 증대일 것이다. 따라서 자연스러운 첫 번째 대응은 부유층에 대한 과세를 늘리고 소득과 자산 등급의 아래쪽에 있는 사람들의 권리와 보호를 향상시킴으로써 소득과 자산 분배의 균형을 바로잡는 것이다.

토마 피케티는 1970년대 이래 OECD 국가들에서 소득세의 최고 한계세율이 급격하게 감소한 것이 불평등 악화에 중요하게 기여했음을 보여준 바 있다.[1] 재산세 또한 계속 감소해서 사회적 화합에 한층 악영향을 미치고 있다. 일부 나라에서는 상속세의 폭락이 특히 두드러졌다. 미국에서는 최고 구간 상속세율이 1980년 70퍼센트에서 2013년 35퍼센트로 감소했다.[2] 오스트레일리아에서는 아예 상속세가 폐지되었다.[3] 상속세는 자산과 특권의 세대 간 이전에 불리하게 작용한다. 영국의 경제학자

토니 앳킨슨Tony Atkinson은 대규모 자산에 대한 최고 세율을 65퍼센트로 하는 누진 상속세 제도를 제안했다. 이 세입을 활용해서 성인이 되는 시점에 모든 시민에게 최소한의 상속 재산을 지급하자는 내용이다.[4] OECD는 상속세가 형평성과 유효성에서 매우 긍정적인 작용을 한다는 데 동의한다.[5]

급진적 세제 개혁은 특히 슈퍼리치의 정치 권력을 약화하는 데 필요하지만, 이 책 앞부분에서 살펴본 것처럼 엘리트의 특권을 이루는 것은 단지 그들이 보유한 자산 때문만이 아니라는 것도 분명하다. 다양한 사회적 관행과 과정이 엘리트들의 부와 영향력과 권력을 지탱하고 정당화하며 재생산한다. 다시 말해, 특권의 재생산은 특권층 가족의 세대 간 부의 이전만이 아니라 특권층 가족 내부와 그 가족들 사이에서 인생 초반에 시작되는 사회자본과 문화자본의 전달에도 의존한다. 게다가 특권의 재생산은 폭넓은 특권기계, 즉 은밀한 방식으로 작동하면서 교육, 정치, 법률, 문화, 공공 부문 기관에 스며들어서 엘리트 특권을 보존, 재생산, 향상시키는 일련의 사회적, 간개인적 관행에 의존한다. 이 모든 것을 볼 때, 엘리트 특권의 풍경을 개조하기 위한 창의적인 방안이 여럿 가능하다. 다음에서 우리는 특권의 재생산을 교란하기 위한 몇 가지 조치를 제안한다.

상류층 전용 학교와 일반 학교 간 자원 격차를 축소하는 것만큼 엘리트 특권의 만연한 영향력을 약화하는 방법은 없을 것이다. 엘리트 자녀들은 인생에서 숱하게 많은 이점을 누리기 때문에 사회정의를 이루기 위해 노력하는 정부라면 상류층 전용 학교에 공적 예산을 지원해서는 안 된다. 말할 필요도 없겠지만, 대다수 나라에서 정부는 부유층 학부모가 자녀가 다니는 학교에 낸 기부금에 대해 세금 공제를 받는 것을 허용함으로써 많은 공공 보조금을 엘리트 학교에 투입한다.

세금 공제란 이미 많은 특권을 누리는 극소수 아이들을 위해 호화로운 시설을 짓는 데 사용되는 자금의 절반가량을 공공이 부담한다는 뜻이다. 영국에서는 엘리트 학교들이 세금 공제 기부금을 사용해서 지은 시설을 일반인이 사용하도록 개방해야 한다는 규정에 따라 작은 보상이 제공된다. 하지만 이런 시설의 혜택은 여전히 학교 부지에 체육관과 수영장, 극장이 지어진 학생들이 대부분 향유한다. 엘리트 학교를 위한 세금 공제는 특권에 보조금을 제공할 뿐으로, 공립학교의 재정 부족이라는 상처에 윤리적 모욕을 더하기 때문에 사립학교의 자선단체 지위를 박탈해서 없애야 한다. 또는 기부금 상한선을 1000호주달러로 정하면 공립학교(또는 학비가 싼 사립학교)에 자녀를 보낸 학부모들이 부유층 학부모만큼 세금 공제 혜택을 누릴 수 있다.

이런 수단은 부유층 엘리트들이 상류층 전용 학교를 만들어서 특권을 자녀에게 전수하는 능력에 약간의 영향만 미칠 뿐이다. 영국노동당 연례회의에서 제안한 대로 사립학교를 완전히 폐지하는 것이 한결 효과적이다. 물론 미카엘 홀름크비스트가 서술한 스웨덴의 경험이 보여주듯, 이런 방안조차도 완전한 해법은 되지 못한다. 부유층이 모여 사는 교외에 있는 공립학교들이 부유층 아이들을 위한 교육기관이라고 내세우는 평판만으로도 조만간 '상급' 학교로 부상하기 때문이다. 그렇다 하더라도 사립학교를 폐지하면, 능력에 따라 삶의 기회를 부여해야 한다는 원칙과 일관되는 방식으로 교육 자원이 한결 균등하게 분배될 것이다.

대학교는 능력주의를 추구한다고 주장하지만, 명문대학교와 학위 프로그램에서 엘리트 자녀들이 압도적으로 많은 자리를 차지한다.[6] 대학교는 학생을 선발할 때 호화로운 시설과 소규모 학급, 정선한 교수진, 개인별 멘토링, 자격 문화 등이 없는 학교 출신을 선호해야 한다. 한 가지 선택지가 있다면, 교육적으로 불우한 배경 출신의 학생 전용 정원을 늘리거나 상류층 전용 사립학교 졸업생의 입학을 전체 학생 대비 비중에 맞게 제한하는 것이다.

로즈 같은 장학금에도 같은 방식을 적용할 수 있다. 현재의 선발위원회는 젠더 및 인종 다양성을 보장하려고 노력하지만, 엘리트 사립학교 졸업생을 대단히 선호한다—다시 말해, 선발위원회에 좋은 인상을 남길 수 있는 뛰어난 자질과 기술을 훈련받은 학생들을 선호한다. 특권에 더 많은 특권을 보상으로 주는 위원회에 문제를 제기해야 한다.

엘리트 편애는 공적 토론에서 걸핏하면 불쑥 튀어나오지만, 그 결과—일부 조직이나 직업, 부문에서 나타나는 제한된 '계급 다양성'—는 거의 인식되지 않으며 이에 대응하려는 시도도 전혀 없다. 공공기관과 사기업의 지도자들은 젠더 및 인종 다양성을 증진하라는 압력에 부응하면서 여성과 다양한 문화권 출신 사람들에 대한 차별에 대응하기 위한 조처를 하고 있다. 그 결과 이런 조직에서 남성과 백인의 특권은 감소하는 한편 엘리트 특권은 어느 때보다도 확고하다.

사회정의를 위해 노력한다고 공언하는 민간기관과 공공기관은 기관 전체에서 엘리트 특권이 미치는 영향력을 드러내기 위한 **검토위원회**를 설치하는 것으로 변화 과정을 시작할 수 있다.[7] 일자리와 인턴십 채용에서 이런 영향력은 종종 제대로 된 연줄이나 '문화적 적성'을 지닌 지원자를 무의식적으로 선호하는 형태를 띤다. 니콜라 잉그램Nicola Ingram과 킴 앨런Kim Allen은 이 과정을 "주관적 판단을 외견상의 객관적 평가로 변형시키는 사회적 마술"이라고 설명했다.[8] 편견은 종종 그들이 다닌 학교에 바탕을 둔다. 채용 관행은 이미 조직 내에서 고위층에 있는 이들의 엘리트 문화적 성향을 강화한다. 검토위원회, 또는 특권 심사위원회는 흔히 말하는 '계급 다양성'을 증진하는 것뿐만 아니라 채용, 승진, 실적, 급여, 기회 접근성 일반에 관한 과정과 결정이 공평하고 투명하도록 보장하는 것에 초점을 맞출 것이다. 검토위원회는 상류층 전용 사립학교 졸업생을 선호하는 관행같이 엘리트들이 불공정한 이점을 누리는 것을 확인하고 지목할 것이다. 효과적인 검토위원회는 '계급 다양성'을 장려하는 것 외에도 불공정한 채용 및 승진 관행 때문에 사기가 떨어진, 조직에 속한 모든 노동자의 사기를 높여줄 것이다.

부유층과 권력층이 다른 규칙을 적용받는다는 인식만큼 정부에 대한 대중의 신뢰를 훼손하는 것은 없다. 하지만 공공

행정에서 특권의 행사가 만연해 있다. 부유층과 영향력 있는 이들은 종종 특별대우를 받는다. 적절한 사람과 아는 사이이고, 법률과 규정의 허점과 예외를 활용하는 법을 알기 때문이다. 문화적 변화 때문에 젠더 및 인종 차별이 급격하게 줄어들 수 있다면, 부유층과 권력층에 대한 특별대우를 선호하는 무의식적 편향도 도전받을 수 있다. 검토위원회는 정부의 채용 및 승진 관행 외에도 엘리트에게 유리한 규칙과 절차를 심사하고, 조직 내에서 부당한 관행을 낳는 의식적, 무의식적 편향과 엘리트 특권에 관한 대화를 개시할 수 있다. 이런 문화적 변화에는 부유층과 권력층에 특별대우를 제공하라는 압력에 저항하는 방법에 관한 공무원 훈련도 포함된다. 그러려면 우선 처벌을 받기는커녕 기관이 추구하는 가치를 지지한 것에 대해 칭찬을 받을 것임을 **보장해**주어야 한다.

영국과 오스트레일리아의 데이터를 보면, 너무 많은 고위 판사들이 특권층 출신임을 알 수 있다. 이런 판사들은 자연스럽게 무의식적으로라도 엘리트적 세계관으로 무장한 채 재판에 임한다. 종종 고위 법률가들로 이루어진 위원회의 조언에 따라 상급 법원에 판사를 임명할 때, 정부는 '계급을 무시해야' 하는데, 이는 실제로 비엘리트 출신 지원자들에 대한 차별을 철저히 경계해야 함을 의미한다. 실제로 편향에 도전하는 것은 법원 서기와 배석 판사 채용에서 시작되어야 한다. 화려한 경력이 첫걸음을 떼는 곳이 바로 이런 자리이기 때문이다.

그토록 많은 최고 훈장—영국의 기사와 오스트레일리아

의 컴패니언ー이 대개 자신이 물려받은 자산의 일부를 기부하는 것에 불과한 부유층에게 주어지는 이유는 무엇일까? 이런 기부 자체에는 칭찬할 만한 점이 전혀 없다. 그들이 한 일이라곤 자신이 가진 특권을 행사하는 것뿐이며, 그것도 평판이 좋아지고, 돈벌이에 유리한 네트워크가 생기며, 수혜자들이 알랑거리는 등 넉넉한 대가를 받는 방식으로 이루어진다. 어떤 보상도 기대하지 않은 채 오랫동안 지역사회를 위해 헌신적으로 일하는 평범한 시민보다 왜 그들을 더 존경해야 할까? 이런 평범한 시민이 인정받는다고 해도 그들은 최하위 훈장을 받는 반면, 자신의 부를 이용해서 전략적으로 목표를 정한 기부로 비위를 맞추는 왕가의 후손은 최고 훈장을 받는다. 이렇게 사용되는 부 자체가 오염된 것이고, 이런 부를 세탁하는 수단으로 자선사업이 활용될 수 있다. 공식 훈장은 이 세탁 과정에 표백제 한 컵을 추가한다. 특권적 지위에 비해 자선사업 영역에서 성과가 낮은 부유층에게 **벌점**을 부과해야 하는 것 아닐까?

부유층 자선사업가 외에도 대다수 최고 훈장은 과학자, 의학 연구자, 기업 중역, 예술계 고위 인사, 공무원, 판사 등에게 주어진다. 앞서 살펴본 것처럼, 상당수가 특권층 출신으로 직업생활에서 오래전부터 유리하게 출발한 이들이다. 검토위원회가 최고 훈장 후보자 추천 과정(런던에서는 내각사무처 훈장임명사무국, 캔버라에서는 훈장사무국에서 이루어진다)에 개입해서 후보자들이 **지금까지 누린 특권을 감안할 때** 정말로 공동체에 두드러진 봉사를 하고 있는지 물을 수 있다. 실제로 특권에 존경의 상징이라는 상을 주기를 꺼리는 사회에서는 연례 훈장 수여자 명단의 순서가 정반대여서 지칠 줄 모르는 지역사회 자원봉사자가 상위에 있고, 그저 자신의 직무를 수행할 뿐인 자선사업가, 기업 거물, 전문직 등이 하위에 있다.

코로나19 록다운 시기 동안 대중매체는 일반인은 각종 제한 조치를 감내하던 시기에 부유층과 유명인은 엄청나게 많은 배타적인 혜택을 누린 몇 가지 지독한 사례를 폭로하는 기사로 독자의 관심을 끌었다. 그럼에도 파워엘리트가 소유한 대다수 신문과 방송사는 엘리트 특권을 가능케 하고 정당화하는 사고와 믿음을 일관되게 강화한다. 이런 언론들은 가정된 능력주의로 정당화되는 개인주의적 세계관을 장려한다. 또한 순응주의적 정치인을 지지하고 급진 정치인을 조롱한다. 그리고 심각한 불평등을 옹호하고, 부유층에 대한 세금 인상을 요구하는 이들을 "계급 전사"로 치부하며, 빈곤과 불우한 상황을 개인의 결함 탓으로 돌린다. 때로 언론매체는 불우한 공동체 출신의 사람들을 조롱하고 모욕하며 비인간화한다. 다른 나라와 마찬가지로, 영국의 신문 편집 규약은 기자와 편집자에게 "개인의 인종이나 피부색, 종교, 성별, 젠더 정체성, 성적 지향에 관해, 또는 신체적, 정신적 질병이나 장애에 관해 편견이 담기거나 경멸하는 언급을 피할" 것을 요구한다.[9] 개인의 '계급'이나 교육적 배경에 관해 편견이 담기거나 경멸하는 언급을 피하거나 사회경제적 지위를 근거로 어떤 공동체를 비난하는 것을 피해야 한다는 요건은 없다. 오스트레일리아의 윤리 규범에 그런 조항이 삽입된다면, 마운트드루이트 고등학교(10장에서 설명) 학생들에 대한 비난을 우려한 기자들이 편집자들에게 승리를 거두어 심각한 잘못이 벌어지는 사태를 막을 수 있었을 것이다.

위에서 제안한 제도적 변화들은 개인 간 차원에서 특권에 이의를 제기하기 위한 토대를 제공할 것이다. 사기업과 공공기관 직원들은 종종 엘리트들에게 배타적 혜택을 부여하는 데 협력하면서 이런 특권을 부여한다. 습관적으로 그러기도 하고, 기분 나쁜 상황을 피하기 위해서나 단순히 부유층과 권력층에게 존경심을 느끼기 때문이기도 하다. 엘리트 특권에 진지하게 반대하는 사회에서는 직원들이 엘리트에게 불공정한 혜택을 부여하는 것을 자제하기 위한 사회적 언어를 갖게 될 것이다. 제도적 변화는 또한 엘리트 미세차별을 정면에서 마주하는 이들에게 반발할 수 있는 자신감을 불어넣어줄 것이다.

성차별주의와 인종주의를 지목하기 위한 언어가 개발된 것처럼, 단어의 힘을 활용해서 엘리트의 권력에 반대할 수 있다. 우리는 이 책이 엘리트 특권에 관한 건강한 공적 토론을 재촉하면서 땅 밑에 잠복해 있는 불만의 소리가 사회적 비판으로 표면에 등장할 것을 기대한다. 다시 말해, 엘리트 특권의 표명이 개인적 불만에서 공적 관심사로 전환되기를 기대한다.

조사는 2021년 12월 옴니폴_{OmniPoll}에서 실시했으며, 오스트레일리아의 18세 이상 성인 1229명이 대표 표본으로 포함되었다. 응답자는 옴니폴의 온라인 파트너인 라이트스피드리서치 Lightspeed Research에서 관리하는 온라인 패널에서 모집했다. 성별과 나이 외에도 주, 도시, 지역별로 표본 쿼터를 정했다. 전체 인구 분포를 반영하기 위해 조사 결과에 오스트레일리아 통계국의 나이, 성별, 지역, 최종 학력(학교 유형별 데이터는 아님) 데이터에 맞춰 가중치를 두었다.

조사에서 응답자의 주거지, 나이, 성별, 가계 구조, 혼인 여부, 고용 지위, 최종 학력, 세전 가계소득 등에 관한 데이터를 수집했다. 대표성을 확보하기 위해 여러 조처를 하긴 했지만, 실제 데이터와 비교하면 사립학교 출신 응답자들이 표본에서 과대 대표된다는 점을 유의해야 한다.

인터뷰 항목

1. 고등학교에서 보낸 마지막 해를 생각해보세요. 당신이 다닌 고등학교는 공립학교나 가톨릭 학교, 그 밖의 사립학교 중 어디입니까? (답을 하나 고르세요.)

   ○ **공립학교**　　○ **가톨릭 학교**　　○ **기타 사립학교**

2. (가톨릭 학교나 그 밖의 사립학교를 나왔다면) 다른 가톨릭 학교/ 사립학교와 비교할 때, 당신이 아는 한 고등학교 시절에 낸 학비가 다른 가톨릭 학교/사립학교보다 비쌌나요, 쌌나요, 비슷했나요?

   ○ **비쌈**　　○ **쌈**　　○ **비슷함**　　○ **모르겠음**

3. 다음의 진술 각각에 대해 동의합니까, 동의하지 않습니까?

   · 코로나19 록다운 시기에 부유층과 유명인은 규칙을 회피하기 위한 방법을 찾았다.

   ○ **매우 동의**　　○ **어느 정도 동의**　　○ **어느 정도 동의 안함**
   ○ **매우 동의 안함**　　○ **모르겠음**

   · 연줄을 활용해서 코로나19 록다운 규칙을 회피해도 괜찮습니까?

   ○ **매우 동의**　　○ **어느 정도 동의**　　○ **어느 정도 동의 안함**
   ○ **매우 동의 안함**　　○ **모르겠음**

**다음은 당신이 인생에서 경험하거나
경험하지 못했을 일들에 관한 질문입니다.**

---

4. 첫째, 부유층이나 유명인이 특별대우를 받는 것에 관해 분노하거나 억울한 감정을 느낀 적이 있습니까? 있다면 얼마나 자주 그랬습니까?

○ 전혀 없다   ○ 아주 가끔 있다   ○ 가끔 있다   ○ 종종 있다
○ 모르겠음

5. 당신이 사는 곳이나 다닌 학교, 부모의 직업 때문에 수치심을 느낀 적이
    있습니까? 있다면 얼마나 자주 그랬습니까?
    ○ 전혀 없다   ○ 아주 가끔 있다   ○ 가끔 있다   ○ 종종 있다
    ○ 모르겠음

6. 당신이 다닌 학교에 관해 생각해보세요. 과거에 구직을 할 때, 당신이
    나온 학교를 언급하는 게 취직에 도움이 되었나요, 아니면 해가
    되었나요? 또는 아무 차이가 없었습니까?
    ○ 도움이 되었다   ○ 해가 되었다   ○ 아무 차이가 없었다
    ○ 모르겠음

7. 오스트레일리아에 관한 다음 두 진술 중 어느 쪽이 당신의 견해를 잘
    반영합니까?
    ○ 오스트레일리아에서는 부유층과 일반인에게 각각 다른 규칙이
      적용된다.
    ○ 오스트레일리아에서는 전반적으로 규칙이 공정하게 적용된다.
    ○ 모르겠음

8. 오스트레일리아에서 학비가 비싼 사립학교에 관해 생각해볼 때, 다음
    두 진술 중 어느 쪽이 당신의 견해를 잘 반영합니까?
    ○ 학비가 비싼 사립학교는 교육 선택권을 증진시킨다.
    ○ 학비가 비싼 사립학교는 사회의 불평등을 강화한다.
    ○ 모르겠음

2022년 5월과 7월에 포커스그룹 8개를 구성해서 75~90분간 대화를 진행했다. 대화는 그룹별로 진행자 1명과 참가자 5명으로 온라인에서 진행되었다. (한 명은 나중에 빠짐.) 참가자는 여론 조사 기업 스테이블리서치Stable Research에서 18세 이상 성인으로 구성된 온라인 패널에서 모집함. 스테이블리서치의 이중 선택 등록 과정을 통해 온라인 조사에 정기적으로 참여를 권유받기로 의식적으로 결정한 사람들임. 패널은 오스트레일리아 인구를 폭넓게 대표하도록 조정되었다. 참가자들은 125호주달러(이하의 모든 달러는 호주달러임)의 참가비를 받았다. 참가자들의 동의를 받기 위해 익명성 보장 절차 등 일반적인 과정을 따랐다. 포커스그룹 대화는 지은이들이 진행했다.

4개 그룹은 멜버른 거주자로 구성, 4개 그룹은 시드니 거주자로 구성되었다. 각 도시에서 참가자를 심사해서 다음의

4개 그룹으로 구성했다.

> 나이 많음(50~65세), 소득/자산 많음
> 나이 많음(50~65세), 평균 소득/자산
> 젊음(25~40세), 소득/자산 많음
> 젊음(25~40세), 평균 소득/자산

전체 참가자 중에 여성은 21명, 남성은 18명이었다.

평균 소득/자산 참가자는 연간 가계소득이 7만~15만 호주달러이고, 주거용 주택을 제외한 자산이 100만 호주달러 이하에 해당한다. 소득/자산이 많은 참가자는 연간 가계소득이 25만 호주달러 이상이고, 주거용 주택을 제외한 자산이 300만 호주달러 이상에 해당한다. 최부유층은 스테이블리서치의 패널에 참여하지 않으며 참가를 지원하지도 않았다.

예상한 대로, 젊고/자산이 많은 2개 그룹의 참가자를 모집하는 데 어려움이 있었다. 젊은 성인들은 보통 많은 유동 자산을 축적할 시간이 충분하지 않고, 대체로 많은 유산을 상속받을 만큼 나이가 많지 않기 때문이다. 따라서 우리는 다른 심사 과정을 적용해서 젊은 성인들에게 학비가 비싼 사립학교를 나왔는지 질문했다. 지원자가 거주하는 교외뿐만 아니라 소득과 자산도 고려했다. (두 지원자는 배제되었다. 확인해보니 그들이 지명한 사립학교가 학비가 비싸지 않았기 때문이다.)

대화 사본은 AI 기술을 이용해서 작성됐으며, 편집 과정을 거쳐 오기를 비롯한 오류를 바로잡았다. 이 책에 사용된 인용문은 약간의 편집을 통해 동어반복과 "알다시피" "뭐랄까" 등의 허사를 삭제했다.

해석에 관한 노트

셰이머스 칸과 콜린 제롤맥은 〈능력주의를 말하고, 특권을 실천하다〉라는 논문에서 엘리트들이 자신의 행동에 관해 말하는 내용을 해석하는 문제의 함정을 논한다. 칸은 자신이 연구한 엘리트 학교에서 이 특권층 학생들의 말과 행동이 종종 모순된다는 것을 눈치챘다. 학생들은 마치 인터뷰를 위한 페르소나를 구축하는 법을 직관적으로 아는 듯했다. "학생들이 인터뷰에서 구축하는 서사는 특정한 상황에 놓여 있는 그들의 행동과 충돌한다."[1] 두 사람은 "인용 중심의" 민족지학을 구성하는 것에 대해 경고한다.

우리는 두 사람의 경고를 염두에 두고서 포커스그룹 참가자들, 특히 4개 부유층 그룹에 속한 이들의 말을 해석했다. 견해와 경험을 꾸미는 경우를 몇 차례 감지했고, 때로는 자신의 행동에 관해 얼버무릴 때도 있었다. 다른 이들은 부유층으로서 자신이 누리는 혜택과 자녀들에게 부여하는 이점에 대해 변명하지 않았다.

어쨌든 우리의 부유층 그룹 참가자들은 우리 연구의 주

요 초점인 '부유층 엘리트'에 속하지 않았다. 우리가 가진 정보에 따르면 누구도 보유 자산이 1000만 호주달러가 넘지 않았다. 하지만 일부 참가자는 최부유층과 정기적으로 또는 주기적으로 접촉하고 있었다—엘리트 학교와 상류층 전용 동네, 일류 로펌과 회계법인, 자선재단 등에서 또는 직접 초부유층 가족을 위해 일하면서. 우리의 정보원 몇 명은 통찰력 있고 냉소적인 관찰자였다.

부록 3. 피케티, 부르디외, 그리고 특권

《21세기 자본》에서 토마 피케티가 내놓은 주장은 지난 200년에 걸친 선진국들의 불평등 역사를 두 힘의 경쟁으로 설명할 수 있다는 것이다.[2] 첫 번째는 자산이 소득보다 빠르게 증가하는 "자연스러운" 경향으로, 따라서 자산이 많은 이들이 훨씬 더 부유해질 것이다. 이 경향은 이제 유명해진 피케티의 정식 'r〉g'로 포착된다. 다시 말해 부유한 나라들에서 대체로 매년 세전 4~5퍼센트인 자본(또는 자산)성장률이 대체로 1~2퍼센트에 불과한 소득성장률보다 높다는 것이다.[3]

두 번째 힘은 첫 번째 경향을 상쇄하는 경향이 있는데, 자산의 가치를 일부 쓸어버리면서 경제 체제에 미치는 충격으로 이루어진다. 20세기에 벌어진 전쟁이나 불황, 자본에 대한 노동의 교섭력을 강화함으로써 임금과 연봉 소득이 한층 빠르게 증가하게 해주는 획기적인 정치적 변화 같은 충격이 그것이다.

상속세나 자본이득세 같은 자본에 대한 세금 인상 또한 이렇게 반작용하는 힘으로 중요하다. 제2차 세계대전 이후 30년간 노동의 힘의 증대와 자본에 대한 세금 인상이 작용한 것이 평등이 증대된 변화를 설명해준다. 이런 변화는 오랜 역사적 추세에 역행했지만, 결국 지난 40~50년간 세습자본주의의 새로운 형태가 복귀했다.

피케티는 충격을 논외로 하면 자산 증가(r)와 소득 증가(g)는 독립적인 과정들에 영향을 받는다고 주장한다. 소득 증가는 주로 경제의 구조적 특징 — 인구학적, 기술적 변화 — 에 의해 결정된다. 자본 증가는 "많은 기술적, 심리적, 사회적, 문화적 요인들에 좌우된다".

다음에서 우리는 이 각각의 과정에서 특권이 어떤 역할을 하는지 검토하면서 여러 종류의 자본의 성변화를 통한 엘리트의 재생산에 관한 피에르 부르디외의 분석과 앞에서 요약한 불평등에 관한 피케티의 설명을 결합하고자 한다.

소득 불평등

피케티는 표준적인 신고전파 이론을 활용하면서 임금과 연봉 단계의 일정한 지점에 이르기까지 노동자들의 상이한 한계 생산성으로 불평등을 잘 설명할 수 있으며, 이 한계 생산성은 다시 "기술과 교육의 경쟁"에 좌우된다고 주장한다.[4] 변화하는 기술을 채택하는 고용주의 수요를 충족하기 위한 숙련 노동력의 공급은 대체로 교육 체계가 제대로 된 숙련을 갖춘 노동자를 충분히 공급할 수 있는 능력에 달려 있다. 하지만 또한 정부가 정한 "노동시장의 규칙"과 노동자와 고용주의 상대적 교섭력도 고려해야 한다.

물론 유력한 엘리트들은 고용주에게 유리하게 규칙을 바꾸도록 정부에 영향을 미칠 수 있으며, 1980년대에 신자유주의가 사회민주주의적 사고를 대체했을 때 이런 일이 벌어졌다. 단체교섭을 제한하는 법률이 제정되어 노동조합과 노동자들이 약해졌고, 아웃소싱, 단기 계약, 피고용인 보호 축소 등의 범위가 확대되었다.[5]

피케티는 임금과 연봉 단계 불평등에 관한 자신의 설명이 소득 분포의 최상층에서는 통하지 않는다고 강조한다(상위 10퍼센트. 상위 1퍼센트는 확실하고 소득자의 0.1퍼센트는 훨씬 심하다). 최상층에서 이루어진 막대한 보수 증가는 단순히 고위 경영자의 생산성이 더 높다는 사실로 설명되지 않는다. (이런 추세는 다른 나라들보다 일부 나라에서 더 강했다.) 고위 경영자나 최고위 경영자 연봉이 폭발적으로 증가한 것은 "경영자의 노동에 대한 보상 패키지가 극도로 높고, 역사적으로 전례가 없음"을 의미하며, 이는 제도적 요인들로만 설명할 수 있다. 특히 영어권 나라들에 집중된 신자유주의 혁명이 대기업 내에서 고위 경영자에게 이례적으로 높은 연봉 패키지를 지급하는 것에 대한 제약을 느슨하게 만든 방식이 중요하다.[6]

피케티에 따르면, 이런 규범이 정확히 왜, 어떻게 바뀌었는
지는 "경제학 자체만큼이나 사회학, 심리학, 문화사, 정치사, 믿
음과 인식 연구의 문제"다. 그는 "능력주의적 극단주의"(일종의
승자 숭배)[7]와 기업 거버넌스의 실패, "1980년 이후 영어권 나라
들에서 최고 한계세율의 대폭 감소" 등을 언급한다. 매우 높은
소득은 최고 소득자들의 정치적 영향력("정당, 압력단체, 싱크탱
크"에 대한 기부금을 통해 행사된다)을 높여주었고, 이 덕분에 그들
은 자신들의 세금을 인하하기 위해 로비를 벌일 수 있었다.[8]

분명 여기서 특권이 작동한다. 높은 보수를 받는 몇몇 직
업―대기업 고위 경영자, 금융 딜러, 외과의사나 마취과의사
등 전문의, 고위 변호사, 판사, 엔지니어―을 생각해보라. 이런
자리를 누가 채우는가?―가장 자격이 있는 사람들 또는 연줄
이 좋고 체제 안에서 출세하는 법을 아는 사람들이다. 모든 사
람이 자신의 재능을 개발할 기회를 얻어서 이런 자리를 놓고 동
등한 기반에서 경쟁할 수 있는 것은 아니다. 특권층 가정의 아
이들이 종종 남들보다 앞서는 건 엘리트 학교를 다니고, 연줄이
좋고, 체제가 작동하는 방식을 아는 가정(부르디외가 말하는 여러
형태의 자본을 보유한 가정)에서 자랐기 때문이다. 요컨대, 엘리트
출신은 아비투스와 사회자본의 형태로 이런 혜택을 누리기 때
문에 보수가 가장 좋은 직업을 둘러싼 경쟁에서 뚜렷한 이점을
갖는다. 앞서 살펴본 것처럼, 일류 기업의 채용 관행에 관한 몇
몇 연구는 이런 사실을 뒷받침하며, 우리의 포커스그룹 대화에
는 특권층이 남들을 딛고서 자신의 지위를 높이기 위해 연줄과

아비투스를 활용한 사례가 넘쳐난다.

피케티가 말하는 "슈퍼경영자super-manager", 즉 이례적으로 높은 연봉을 받으면서 전체 소득자의 1퍼센트나 0.1퍼센트를 차지하는 이들이 이미 특권적인 엘리트 출신이 무척 많은 것도 이해가 된다. 게다가 규범의 붕괴와 기업 거버넌스의 실패, 그리고 사회에서 신자유주의 담론이 확고히 자리를 잡으면서 부유층 엘리트가 선동하고 로비를 벌인 결과로 슈퍼경영자들이 등장할 수 있게 해준 최고 세율 인하 등도 작용했다.

따라서 우리는 소득 불평등 증대가 숙련의 공급과 수요의 불균형 때문일 뿐만 아니라 엘리트 특권체제가 작동한 결과이며 이런 요인이 훨씬 크다고 말하고자 한다.

자산 불평등

어떻게 해서 일부가 다른 이들보다 훨씬 많은 자산을 획득하는 걸까? 또는 피케티식으로 말하자면, 자산 축적이 의존하는 "기술적, 심리적, 사회적, 문화적 요인들"은 무엇인가? 이는 매우 복잡한 질문이지만, 확실히 "자본의 본원적 축적"이 무엇보다도 정치 권력의 보유에 의존하는 것은 분명하다(포스트소비에트 러시아가 교훈적인 사례를 제공한다). 우리는 테크 부문에서 이루어진 엄청난 부가 오로지 선견지명과 좋은 아이디어로 무장한 기업가가 이룬 것이라고 생각하는 성향이 있는 게 사실이다. 하지만 8장에서 말한 것처럼, 뜻밖의 혁신은 대개 중간계급 기업가들이 기대할 수 있는 네트워크와 종자자본, 아비투스의 도움을 받아야만 사업적 성공으로 전환된다.

소득이 자산보다 훨씬 느리게, 즉 1~2퍼센트와 4~5퍼센트 증가할 때, 많은 자산을 보유한 이들은 소득을 절약해서 축적하려고 노력하는 이들을 빠르게 앞지를 것이다. 피케티가 말하는 것처럼, "과거에 축적된 자산은 경제가 성장하는 것보다 훨씬 빠르게 재자본화된다".[9] 자산이 자산을 낳는다. 많은 자산과 엘리트 특권이 동행하는 정도만큼, 우리는 특권이 특권을 낳는다고 말할 수 있다.

피케티는 양차 세계대전과 1930년대의 심각한 공황으로 막대한 양의 자산이 파괴되면서 제2차 세계대전 이후 각국에서 더 평등한 사회가 등장했음을 보여준다. 전쟁 이후 30년 동안 자본에 대한 역사적으로 높은 세율 덕분에 자본 수익이 경제성장률과 비슷하게 유지되면서 더 평등한 사회가 도래했다. 하지만 1980년대와 그 후 신자유주의 혁명이 일어나고 금융 세계화와 결합되면서 정치적 균형이 바뀌었고, 그 결과 상속세 인하나 폐지 등 자본에 대한 세금이 급격하게 감소하면서 자산 증가율과 소득 증가율의 격차가 확대되었다.[10]

자산은 세대를 가로지르는 높은 상관관계가 있다. 피케티가 보여주듯이, 2010년 프랑스에서 보유 자산의 3분의 2가 상속되었는데, 이 추세는 계속 높아지고 있다.[11] 미국에서는 지난 30년간 고소득 가구의 자산이 2배로 늘어난 반면, 저소득 가구의 자산은 감소했다.[12] (부유층에서는 자녀의 수가 감소함에 따라 자산 집중이 점점 심해지고 있다.) 자세히 들여다보면, 상속이 세대 간 자산 불평등에 미치는 효과를 측정하는 것이 복잡한 문제임이 드러난다. 자녀가 부모에게 유산을 받는 시점이 되면 대부분 중년으로 50세 전후인데, 몇 년간 학교를 다녔는지에 따라 다르지만, 20~30년간 일하면서 자신의 자산을 쌓은 상태다. 부모가 사망할 때, 자산이 거의 없는 저소득층은 상대적 자산이 크게 증가하는 반면(가령 5만 호주달러에서 50만 호주달러로), 이미 부유층인 사람들은 훨씬 많은 상속 자산을 받지만 상대적 자산 증가율은 낮다(가령 1000만 호주달러에서 3000만 호주달러로). 하지만 이는 상속 즉시 늘어나는 자산이다. 향후 몇 년간 저소득층은 상속받은 돈을 소비에 지출할 가능성이 큰 반면, 부유층은 많은 비율을 투자할 가능성이 크다. 따라서 10년 뒤가 되면 자산의 변화가 아주 다를 것이다.

하지만 자녀는 부모에게 자산보다 많은 것을 물려받는다. 부유층 부모는 교육 자격 취득과 평판, 네트워크, 노동과 돈을 대하는 태도, 아비투스 일반의 형태로 많은 양의 (부르디외적인) 사회자본, 문화자본을 전수한다. 이런 형태의 자본은 사용하면 경제자본으로 전환될 수 있는데, 부유층 가정의 자녀들이 부모에게 유산을 상속받을 때 이미 종종 막대한 액수의 자기 자산을 갖고 있는 것도 이 때문이다.

세대 간 효과를 이해하기 위해 경제학자들은 부모의 사회적 지위가 자녀의 사회적 지위에 어떻게 영향을 미치는지, 사실상 자산이 얼마나 많은 자산을 낳는지를 측정하는 방법을 개발하고 있다. "세대 간 자산 지속성intergenerational wealth persistence"이라고 알려진 이 방법은 부모의 자산 증가가 자녀의 자산 증가에 미치는 효과를 측정한다. 이 방법이 부상한 것은 사회적 이동성이 감소했다는 의미다. OECD 나라들에서 진행된 연구 결과, 세대 간 자산 지속성의 약 3분의 1에서 3분의 2가 자산 상속에 따른 결과임이 밝혀졌다.[13] 자산 지속성의 나머지 부분은 부르디외적 요소라고 부를 수 있는 것―즉, 자녀가 어릴 때 부모가 자녀의 사회자본, 문화자본에 들이는 투자와 이런 자본이 자산 자체를 축적하는 데 제공하는 기회―의 결과다. 블랙과 공저자들이 말하는 것처럼, "부유층 부모는 자녀의 인적 자본에 더 많이 투자하거나, 경제적 선물을 주거나, 자녀의 선호나 태도에 영향을 미친다".[14] 이것이 우리가 피케티의 세습자본주의 개념을 재가공한 결과다.

감사의 말

우선 자신의 전문 분야와 관련된 초고의 여러 장을 읽고 소중한 길잡이와 격려를 제공한 전문가 3명 — 제인 켄웨이, 엘리자베스 참, 일런 위젤 — 에게 감사의 뜻을 표하고 싶다. 제인 켄웨이가 우리의 사고에 폭넓게 영향을 미쳤다는 점은 독자 여러분도 분명히 알게 될 것이다.

피터 손더스와 마크 에번스는 너그럽게 시간을 내서 초고 전체를 읽고 광범위한 논평을 해주었다. 그 덕분에 여러모로 우리의 논증을 다듬을 수 있었다. 폴리티 출판사에서 초고를 검토하도록 선정한 익명의 두 독자에게도 마찬가지로 감사한다. 그들의 전문적 논평 덕분에 우리는 원고를 대대적으로 수정하고, 바라건대 더 탄탄하게 만들 수 있었다.

일찍부터 이 프로젝트를 지지해준 피터 크리스토프와 크리스티 브레이크스피어에게 고맙다고 말하고 싶다. 피터 카노

스키는 소중한 데이터와 배경 정보를 제공해주었다.

늘 그렇듯 이 책에 어떤 오류나 그릇된 해석이 남아 있을지라도 이 학자들 가운데 누구의 책임도 아니다. 모두 우리 두 사람의 책임이다.

우리는 또한 조사 응답자들과 포커스그룹 참가자들에게 감사한다. 그들이 자신의 시간과 시각과 경험을 공유해준 덕분에 특권에 대한 우리의 이해가 굉장히 풍부해질 수 있었다.

마지막으로, 전문적 역량을 갖추고 기꺼이 이 프로젝트를 처음부터 끝까지 인도해준 존 톰프슨과 폴리티 출판사의 출판팀에 감사하다고 말하고 싶다.

1장. 서론: 특권은 어떻게 유지되는가

1　Rupert Neate, 'Super-rich jet off to disaster bunkers amid coronavirus outbreak', *The Guardian*, 12 March 2020; Jessica Green, 'Farewell poor people: how the rich are fleeing London — as millionaires offer up to £50,000-a-month to rent rural retreats', *Daily Mail*, 24 March 2020.

2　Lynsey Hanley, 'Lockdown has laid bare Britain's class divide', *The Guardian*, 7 April 2020.

3　Joshua Chaffin, '"The rich shouldn't feel like the enemy": is New York turning on the wealthy?', *Financial Times*, 6 April 2021.

4　Australian Bureau of Statistics, 'ABS releases measures of socio-economic advantage and disadvantage', 16 March 2008, https://tinyurl.com/52ht8b3h를 보라.

5　Sarah McPhee, 'Schools email parents about "significant" increase in students attending class', *Sydney Morning Herald*, 1 August 2021.

6　'A unique outdoor education exclusive to Scots', https://scots.college/visit-scots/campuses/glengarry/; Michael McGowan, 'Students from exclusive Sydney school relocate to regional NSW campus during lockdown', *The Guardian*, 14 July 2021 등을 보라.

7　이 책을 쓰는 시점에서 화폐 가치는 대략 미국 달러 100=호주달러 150=영국 파운드 80이다[2025년 2월 현재 호주달러 100=약 92,000원, 미국 달러 100=약 144,000원, 영국 파운드 100=약 181,000원.-옮긴이].

8   Jordan Baker, 'Redlands students escape lockdown for Snowy Mountains ski school', *Sydney Morning Herald*, 19 July 2021.

9   Sam Clench, '"People just don't care": Australians stranded overseas come to terms with their own country "abandoning" them', News.com. au, 13 July 2021.

10   Tiffany Wertheimer, 'India Covid pandemic: Girl, 5, reunited with mother in Australia', *BBC News* online, 18 June 2021; Herlyn Kaur, 'Six-year-old girl stuck in India amid COVID pandemic leaves Perth family with nervous wait', *ABC News* online, 9 July 2021.

11   Caitlin Fitzsimmons, '15,000 rich foreigners given visas to Australia during the pandemic', *Sydney Morning Herald*, 1 August 2021; Bryant Hevesi and Andrew Prentice, 'Australia's richest man is allowed to skip quarantine in notoriously strict Western Australia despite the billionaire mining mogul having tested positive to coronavirus', *Daily Mail*, 21 January 2021; Carrie Fellner and Nigel Gladstone, 'Thousands enter Australia for "holidays and business" as wait drags for stranded locals', *Sydney Morning Herald*, 1 July 2021; Caitlin Fitzsimmons, 'Pandemic no barrier to private jet arrivals in Australia', *Sydney Morning Herald*, 30 May 2021.

12   Alan France, Steve Roberts and Bronwyn Wood, 'Youth, social class and privilege in the antipodes: towards a new research agenda for youth sociology', *Journal of Sociology*, 54/3 (2018): 362~80, 특히 370쪽.

13   Thomas Piketty, *Capital in the Twenty-First Century*. Cambridge, MA: Belknap Press, 2014. (한국어판: 토마 피게티, 《21세기 자본》, 장경덕 옮김, 글항아리, 2014.)

14   같은 책, 173쪽.

15   Nancy Fraser and Axel Honneth, *Redistribution or Recognition? A Political-Philosophical Exchange*. London: Verso, 2003. (한국어판: 낸시 프레이저 · 악셀 호네트, 《분배냐, 인정이냐?》, 김원식 · 문성훈 옮김, 사월의책, 2014.)

16   우리는 약간 차이는 있어도 우리의 주장이 모든 자유민주주의 사회에 적용된다고 믿는다. 우리는 여러 다른 종류의 사회에 이를 어떻게 적용할 수 있는지에 관해 언급할 만큼 전문가는 아니다. 전후 수십 년간 능력주의가 더 평등한 사회를 건설하기 위한 수단으로 열정적으로 장려된 것과 비교하면, 오늘날 능력주의는 곤란한 현실을 가리기 위한 일종의 무화과 나뭇잎으로 기능하는 경우가 많다.

능력주의가 불평등을 옹호하기 위한 수단으로 동원되기는 하지만, 진심에서 우러난 주장은 아니다. 아마 더 공정한 사회에 대한 요구가 신자유주의 시대에 그 열정을 많이 상실했기 때문일 것이다. 자유주의적 자본주의에 대한 강력한 대안이 부재하다는 뜻이다.

17 6장 주석 1을 보라.

18 실제로 영국의 사립학교에 초점을 맞춘 책에서 프랜시스 그린과 데이비드 키내스턴은 이 학교들을 "특권의 엔진"이라고 지칭한다(Francis Green and David Kynaston, *Engines of Privilege: Britain's Private School Problem*. London: Bloomsbury, 2019).

19 William Harvey, 'Strategies for conducting elite interviews', *Qualitative Research*, 11 (2011): 431~41쪽.

20 Rachel Sherman, '"A very expensive ordinary life": consumption, symbolic boundaries and moral legitimacy among New York elites', *Socio-Economic Review*, 18/2 (2018): 411~33, 인용문은 415쪽.

21 Adam Howard and Jane Kenway, 'Canvassing conversations: obstinate issues in studies of elites and elite education', *International Journal of Qualitative Studies in Education*, 28/9 (2015): 1005~32쪽, 인용문은 1007쪽.

22 Emma Spence, 'Eye-spy wealth: cultural capital and "knowing luxury" in the identification of and engagement with the superrich', *Annals of Leisure Research*, 19/3 (2016): 314~28쪽, 인용문은 315쪽.

23 Shamus Khan and Colin Jerolmack, 'Saying meritocracy and doing privilege', *Sociological Quarterly*, 54/1 (2013): 9~19쪽, 인용문은 11쪽.

24 같은 책, 12쪽.

25 Howard and Kenway, 'Canvassing conversations', 1008쪽.

26 같은 책, 1015쪽에서 재인용.

27 France, Roberts and Wood, 'Youth, social class and privilege in the antipodes', 370쪽.

2장. 엘리트 특권 이해하기

1 Erzsébet Bukodi and John Goldthorpe, 'Elite studies: for a new approach', *Political Quarterly*, 92/4 (2021): 673~81쪽을 보라.

2 Michael Gebicki, 'Qantas Chairman's Lounge: inside the invite-only

club that rejected Jacqui Lambie', *Traveller*, 31 May 2021.

3 같은 글. 피에르 부르디외는 이렇게 말했다: "평판이 좋지 않은 사람을 자기 자리에 들이면 자신이 평판을 잃을 수밖에 없다." Bourdieu, 'Symbolic capital and social classes', *Journal of Classical Sociology*, 13/2 (2013): 292~303, 인용문은 295쪽.

4 'Inside the secretive Qantas Chairman's Lounge, Australia's most exclusive club', *Business Insider*, 25 January 2017.

5 Samantha Hutchinson and Stephen Brook, 'Qantas flyers see red over Chairman's Lounge snub', *Sydney Morning Herald*, 28 September 2021.

6 Chris C. (원문 그대로), 'Inside the secret world of VIP travel and invitation-only lounges', *Executive Traveller*, 28 May 2015.

7 Ingrid Fuary-Wagner and Ayesha de Kretser, 'What exactly is the Qantas Chairman's Lounge, and how do you join?', *Australian Financial Review*, 23 August 2023. 2023년 상원의원들이 콴타스 최고경영자 앨런 조이스에게 해명을 압박하자 그는 이렇게 말했다. "어떤 사람들이 라운지를 이용하는지 어떤 기준으로 라운지 이용권을 주는지 언급할 생각이 없습니다." Stephen Johnson, 'Astonishing moment Qantas boss Alan Joyce refuses to answer five questions from senators … ', *Mail Online*, 28 August 2023, https://tinyurl.com/9scw6e2a.

8 때로는 "순자산이 엄청나게 많은 개인들"에 초점을 맞춘다. 대개 3000만 US 달러 이상의 자산을 보유한 이들로 정의되는 집단이다. 오스트레일리아에서는 2021년에 그 수가 2만 1000명에 약간 못 미친다고 알려졌다(Tom Burroughs, 'Australia's UHNW population keeps growing, shrugs off pandemic', *Wealth Briefing Asia*, 2 March 2022). 스컬리 등은 미국에 관한 연구에서 부유층 가구를 순자산 기준 상위 5퍼센트로 정의한다. Maureen Scully, Sandra Rothenberg, Erynn E. Beaton and Zhi Tang, 'Mobilizing the wealthy: doing "privilege work" and challenging the roots of inequality', *Business and Society*, 57/6 (2018): 1075~113쪽, 인용은 1076쪽.

9 Thomas Piketty, *Capital in the Twenty-First Century*. Cambridge, MA: Belknap Press, 2014, 278쪽과 여러 곳.

10 피케티는 상위 1퍼센트를 "지배층", 그 아래의 9퍼센트를 "부유층"이라고 지칭하면서 전자가 "소득 분배만이 아니라 사회적 풍경에서도 두드러진 자리를 차지한다"고 말한다. 같은 책, 252, 254쪽.

11 저명한 학자 존 히글리는 정치 권력의 맥락에서 엘리트를 "조직적 결과에

규칙적이고 진지하게 개인적으로 영향을 미칠 수 있는 권력을 가진 사람"으로 다소 협소하게 정의한다. John Higley, G. Lowell Field and Knut Grøholt, *Elite Structure and Ideology: A Theory with Applications to Norway.* New York: Columbia University Press, 1976, 17쪽.

12   Alison Bailey, 'Privilege: expanding on Marilyn Frye's "Oppression"', *Journal of Social Philosophy*, 29/3 (1998).

13   Bob Pease, *Undoing Privilege: Unearned Advantage in a Divided World.* London: Zed Books, 2022.

14   Claire Maxwell and Peter Aggleton, 'The reproduction of privilege: young women, the family and private education', *International Studies in Sociology of Education*, 24/2 (2014): 189~209쪽, 인용문은 194쪽. 두 사람은 또한 이렇게 말한다. "(특권) 개념은 이 특정한 집단이 가질 수 있는 물질적, 문화적, 이데올로기적 자원과, 사회적 차별화와 위계화 과정에서 그 자원의 역할을 잘 포착한다."

15   같은 글.

16   예를 들어 Karl Maton, 'Habitus', in Michael Grenfell (ed.), *Pierre Bourdieu: Key Concepts.* 2nd edn, Abingdon: Routledge, 2014를 보라.

17   "보건Bogan"은 경멸적이면서도 오스트레일리아에서 점점 널리 쓰이는 표현으로, "교양 없고 세련되지 못한 사람; 상스럽고 무례한 사람"(Australian National Dictionary)을 가리킨다.

18   팅클러에 관해서는 David Nichols, 'Review — boganaire: the rise and fall of Nathan Tinkler', *The Conversation*, 19 November 2013을 보라. "벼락부자 보건cashed up bogan"이라는 표현은 보건이 원래 가난한 출신이라는 가정을 반영한다. 니콜스는 광산 재벌 지나 라인하트Gina Rinehart와 클라이브 파머Clive Palmer 또한 보건 억만장자로 볼 수 있다고 말한다.

19   Dylan Riley, 'Bourdieu's class theory', *Catalyst*, 1/2 (2017): 111쪽.

20   Alan France, Steve Roberts and Bronwyn Wood, 'Youth, social class and privilege in the antipodes: towards a new research agenda for youth sociology', *Journal of Sociology*, 54/3 (2018): 362~80쪽, 인용문은 370쪽.

21   Claire Maxwell and Peter Aggleton, 'Becoming accomplished: concerted cultivation among privately educated young women', *Pedagogy, Culture & Society*, 21/1 (2013): 75~93쪽.

22   Michelle Lamont, *Money, Morals, and Manners: The Culture of the French and the American Upper-Middle Class.* Chicago: University of

Chicago Press, 1992, 370쪽, 주석 2.

23 Aaron Reeves, Sam Friedman, Charles Rahal and Magne Flemmen, 'The decline and persistence of the old boy: private schools and elite recruitment 1897 to 2016', *American Sociological Review*, 82/6 (2017): 1139~66쪽, 1145쪽.

24 엘리트의 사회학을 개관하는 글에서 칸은 다음과 같이 말한다. "그렇다면 엘리트를 연구한다는 것은 자원에 대한 통제, 자원의 가치와 분배를 연구하는 것이다. 간단하게 말해, 이는 권력과 불평등을 위에서부터 연구함을 의미한다." Shamus Rahman Khan, 'The sociology of elites', *Annual Review of Sociology*, 38 (2012): 361~77쪽, 인용문은 362쪽.

25 Pierre Bourdieu, 'The forms of capital', in J. G. Richardson (ed.), *Handbook of Theory and Research for the Sociology of Education*. New York: Greenwood Press, 1986, 241~58쪽, 인용문은 250쪽. 그는 비경제적 형태의 자본들이 경제자본으로 "완전히 환원되는 일은 결코 없"으며, 보유자들을 포함해서 부에 뿌리를 둔다는 점이 완전히 감춰질 때 가장 효과적이라고 덧붙였다.

26 같은 글, 249쪽.

27 Hutchinson and Brook, 'Qantas flyers see red over Chairman's Lounge snub'.

28 Bourdieu, 'The forms of capital', 243쪽.

29 Rob Moore, 'Capital', in Grenfell (ed.), *Pierre Bourdieu*, 98~113쪽을 보라.

30 칸과 제롤맥은 미국에서 "먹는 방법을 아는 것은 여러모로 무엇을 먹을지를 아는 것보다 쉽지 않다"고 말했는데, 디너파티나 미술 화랑, 사무실 등에서 어떻게 처신할지에 관해서도 똑같이 말할 수 있다. Shamus Khan and Colin Jerolmack, 'Saying meritocracy and doing privilege', *Sociological Quarterly*, 54/1 (2013): 9~19쪽, 인용문은 16쪽.

31 Maxwell and Aggleton, 'The reproduction of privilege'.

32 같은 글, 194쪽.

33 같은 글, 198쪽.

34 Bourdieu, 'The forms of capital', 253쪽.

35 Patricia Thomson, 'Field', in Grenfell (ed.), *Pierre Bourdieu*, 70쪽.

36 어떤 이들은 상징자본을 자본의 또 다른 유형이라기보다는 일종의 메타자본으로, 즉 경제자본·사회자본·문화자본의 보유와 동반하는 평판과 정당성에서 생겨나는 자본으로 이해한다. 부르디외 자신은 상징자본에 관해 "유능하다는 평판의 습득이자 훌륭함과 명예로움의 이미지"라고 말했다(Pierre Bourdieu,

Distinction: A Social Critique of the Judgement of Taste. London: Routledge & Kegan Paul, [1979] 1984, 291쪽). 여기서 우리는 상징자본을 위신과 권위의 신호를 보내는 모든 인식 가능한 표지(상, 작위, 자격증, 명예직)로 해석한다. (한국어판: 피에르 부르디외, 《구별짓기》, 최종철 옮김, 새물결, 2005.)

37 Moore, 'Capital', 100~1쪽.

38 Frank Bongiorno, 'I get by with a little help from my friends', *Inside Story*, 23 May 2013.

39 셰이머스 칸은 더 협소한 그람시적 용어로 지식자본에 관해 이야기한다: "관념, 지식, 이데올로기는 엘리트 권력을 유지하는 데서 중심을 차지하는 것으로 보인다." Khan, 'The sociology of elites', 370쪽.

40 Faisal Devji, 'Celebrity academics', blogpost *Hurst*, 29 May 2020; Richard Miles, 'The rise of the super profs: should we be worried about celebrity academics?', *The Conversation*, 15 November 2012.

41 Candace West and Don Zimmerman, 'Doing gender', *Gender & Society*, 1/2 (1987): 125~51쪽, 인용문은 125, 126쪽.

42 어느 엘리트 여학교에 관한 연구에서 맥스웰과 애글턴은 특권 개념이 "이 특정 집단에 접근할 수 있는 물질적, 문화적, 이데올로기적 자원과, 사회적 차별화와 위계화 과정에서 각 자원이 하는 역할을 잘 포착한다"고 말한다. Maxwell and Aggleton, 'The reproduction of privilege', 190쪽.

43 '특권의 구조'나 '구조적 힘'을 지나치게 강조하는 것은 특권의 실천, 즉 특권의 **수행**을 강조하는 우리의 논의와 위배된다. 구조는 언제나 존재하지만, 지상에서 벌어지는 일을 넘어서고, 신적인 힘을 떠맡으면서 아래에서 벌어지는 일을 조종하는 독립적 존재로 여겨진다. 우리는 '두 차원' 구성, 즉 모호한 외부의 힘 — 이 힘이 과학이나 경제, 계급, 사회, 신 등 어떤 것이든 — 이 현실 세계 위에 자리하면서 사건들을 조종한다는 식의 구성에 대한 브뤼노 라투르의 비판에 동의한다. 우리는 구체적 제도, 굳게 뿌리박힌 믿음, 규범과 습관에 근거한 행동 양태 등의 측면에서 사고하는 쪽을 선호하지만, 집합적 총계를 가리키기 위해 '체계'에 관해 이야기하기도 한다.

44 이런 접근법은 부르디외가 아비투스를 사용하는 방식에 관한 비판과 같은 맥락에 있다. 그는 아비투스를 행위자가 "엘리트 구별짓기의 수행에 따라붙는 상황적 우연성"에 직면해서 "공공연하고 암묵적인 기대를 헤쳐나가는 데 활용할 수 있는" 성향과 자질을 제공하는 게 아니라 그 자체로 **결정하는** 실천으로 소개한다. 인용한 구절은 맥스 퍼슨의 흥미진진한 논문에서 가져온 것이다. Max Persson, 'Contested ease: negotiating contradictory modes of elite distinction in face-to-face interaction', *British Journal of Sociology*, 72/4 (2021):

930~45쪽.

45 피케티는 그들을 부유한 "9퍼센트"로 규정했다. 노동자들이 가장 많은 보상을 받는 경우는 직관적 문제 해결 같은 분석 기술을 활용할 때 생겨나는데, 이런 기술은 애당초 엘리트 교육에서 시작된다. Y. Liu and D. B. Grusky, 'The payoff to skill in the third industrial revolution', *American Journal of Sociology*, 118/5 (2013): 1330~74쪽.

46 가이 스탠딩은 "자신의 삶에 부여할 직업적 정체성이나 서사가 전혀 없는" 프레카리아트의 존재론적 불안정에 관해 이야기한다. (Guy Standing, 'Meet the precariat, the new global class fuelling the rise of populism', *World Economic Forum* blogpost, 9 November 2016, https://tinyurl.com/3nxs6h7x).

47 Mairi Maclean, Charles Harvey and Gerhard Kling, 'Pathways to power: class, hyper-agency and the French corporate elite', *Organization Studies*, 35/6 (2014): 825~55쪽, 인용문은 834쪽 (어떤 사람들이 "노동자"에 속하는지는 말하지 않는다).

48 Lee Drutman, *Political Divisions in 2016 and Beyond: Tensions between and within the Two Parties*, Research report from the Democracy Fund Voter Study Group, June 2017. 폴 크루그먼의 트위터(X) 글타래도 보라: https://tinyurl.com/59j6ja4b (16 April 2019).

49 Diane Reay, 'Beyond consciousness? The psychic landscape of social class', *Sociology*, 39/5 (2005): 912쪽 (강조는 덧붙임).

50 Mel Campbell, 'So, you think you're middle class ⋯', *Crikey*, 11 December 2014.

51 〈상징자본과 사회계급〉에서 부르디외는 순전히 객관주의적이거나 순전히 주관주의적인 설명을 거부한다.

52 미국과 영국에서 '중간계급'의 의미가 아주 다르다는 점에 관해서는 Daniel Markovits, *The Meritocracy Trap*. London: Penguin, 2019, 297쪽을 보라. (한국어판: 대니얼 마코비츠, 《엘리트 세습》, 서정아 옮김, 세종서적, 2020.)

53 Mike Savage, 'From the "problematic of the proletariat" to a class analysis of "wealth elites"', *Sociological Review*, 63 (2015): 223~39쪽.

54 같은 글, 230쪽.

3장. 엘리트 특권의 미시정치

1   Candace West and Don Zimmerman, 'Doing gender', *Gender & Society*, 1/2 (1987): 125~51쪽, 인용문은 126쪽.
2   이 구절은 부르디외가 아비투스를 설명하기 위해 사용한 것이다. David Swartz, *Culture & Power: The Sociology of Pierre Bourdieu*. Chicago: University of Chicago Press, 1997, 103쪽을 보라.
3   지위 상징과 구별의 신호는 비슷하지만 똑같지는 않다. 지위 상징은 특정한 사회나 사회집단에서 높이 평가받는 소유물이나 특징이며, 한 사람의 사회적 지위나 경제적 지위의 지표로 여겨진다. 구별의 신호는 개인들이 자신의 사회적 지위나 특정 집단의 일원임을 보여주기 위해 사용하는 문화적 표지나 상징이다. 둘 다 사회적 지위를 전달하고 자신을 남들과 차별화하기 위해 사용되지만, 지위 상징은 대개 물질적 소유물이나 특성인 반면, 구별의 신호는 물질적일 수도, 문화적일 수도 있다. 문화적 신호는 진정성을 얻기 위해 시간을 들여 획득해야 하기 때문에 돈을 주고 사기가 어렵다.
4   Erving Goffman, 'Symbols of class status'. *British Journal of Sociology*, 2/4 (1951): 294~304쪽, 인용문은 294쪽.
5   'Staffer "crumbled" under pressure to change Iguanas story', *Sydney Morning Herald*, 23 June 2008. '"Don't you know who I am": MP forced to apologise after tirade', *Sydney Morning Herald*, 1 October 2009도 보라.
6   Goffman, 'Symbols of class status', 300쪽.
7   같은 글, 297쪽.
8   같은 글, 303쪽, 주석 2.
9   West and Zimmerman, 'Doing gender', 136쪽.
10 Dee Michell, Jacqueline Wilson and Verity Archer (eds), *Bread and Roses: Voices of Australian Academics from the Working Class*. Rotterdam: Sense, 2015.
11 Karl Maton, 'Habitus', in Michael Grenfell (ed.), *Pierre Bourdieu: Key Concepts*. 2nd edn, Abingdon: Routledge, 2014, 57~8쪽.
12 게임의 규칙을 헤쳐나가는 기술은 문화자본의 한 요소다.
13 Swartz, *Culture & Power*, 100쪽.
14 Megan Blaxland et al., 'From being "at risk" to being "a risk": journeys into parenthood among young women experiencing adversity', *Families, Relationships and Societies*, 11/3 (2021): 321~39쪽.

15   Karl Maton, 'Introducing LTC', https://tinyurl.com/mvy6ufyt.

16   대사와 개인적으로 나눈 대화.

17   'NSW COVID-19 lockdown laws tightened, restricting travel from Greater Sydney after crisis Cabinet meeting', *ABC News* online, 13 August 2021.

18   2022년 2월 24일 정보공개법에 따라 뉴사우스웨일스 보건부가 지은이들에게 제공한 문서. Jordan Baker, 'Redlands students escape lockdown for Snowy Mountains ski school', *Sydney Morning Herald*, 19 July 2021도 보라.

19   스카치칼리지의 생각이 다른 한 학부모는 이렇게 말했다. "스카치칼리지 운영위원회에 속하는 이 사람들은 자기들이 귀족 혈통이고 남들보다 우월하다고 생각해요. 규칙은 남들이 따라야 하는 거고, 모든 사람이 자기네 집단에 양보를 해야 한다는 겁니다. 그들은 자기들만의 사회를 만들고 이 협회를 자기네 전용 클럽으로 운영하는 걸 즐겼죠." (Stephen Brook, 'Mother wages four-year battle against Scotch College parents' association', *The Age*, 26 June 2022).

20   스카치칼리지는 이렇게 말한다. "학부모들에게 최대한 빨리 신청할 것을 권합니다. 예비생, 4학년, 7학년은 주로 처음 신청서를 접수하는 시점의 학생의 나이에 따라 결정됩니다." (학교 시설 안내에 관해 학부모에게 보내는 편지, https://tinyurl.com/mwctctwb).

21   "요령 있는 학부모"의 출처는 개인적으로 나눈 대화.

22   그린과 키내스턴의 설명에 따르면, 영국에서 손꼽히는 상류층 전용 학교들에서는 "학부모들이 아이가 태어난 직후에, 때로는 태어나기도 전에 가장 이른 기회에 자녀를 등록시키려고 서두른다". Francis Green and David Kynaston, *Engines of Privilege: Britain's Private School Problem*. London: Bloomsbury, 2019, 121쪽.

23   이 모든 것이 "우리는 모든 일을 기독교의 가르침에 따라 수행한다"는 스카치칼리지의 선언과 어떻게 들어맞는지 영 판단이 서지 않는다(스카치칼리지 학교 안내, https://tinyurl.com/y9hdz7k9).

24   개인적으로 나눈 대화.

25   이름 흘리기는 모르는 상대한테 더 효과적이란 게 드러났다. 상대의 실제 지위에 익숙하면 그 효과가 줄어들기 때문이다. Thorn-R. Kray, 'On namedropping: the mechanisms behind a notorious practice in social science and the humanities', *Argumentation*, 30/4 (2016): 423~41쪽, 인용문은 432쪽.

26   2022년 12월 7일 정보공개법에 따라 웨스턴오스트레일리아주 보건부가

지은이들에게 제공한 문서. Hamish Hastie and Nathan Hondros, 'Billionaire Kerry Stokes exempted from strict quarantine rules after arriving in Perth from Aspen by private jet', *WAToday*, 23 April 2020; Hamish Hastie, 'Cleared for landing: Stokes' political clout unveiled as federal minister, premier discuss hotel lockdown exemption', *Sydney Morning Herald*, 23 July 2020; Hamish Hastie, 'McGowan dodges more questions over billionaire's hotel quarantine exemption', *Sydney Morning Herald*, 24 July 2020; Hamish Hastie, 'McGowan "doesn't recall" if he tried to influence Stokes' anti-Palmer law coverage', *Sydney Morning Herald*, 3 August 2022. 마지막으로 언급한 것에 관한 "가장 높은 평가를 받는" 논평은 다음과 같았다: "주정부와 세븐웨스트미디어Seven West Media의 관계는 8월의 크리스마스 햄보다 더 지독한 냄새를 풍긴다. 누구나 아는 사실이다."

27 라인하트가 보유한 300억 US달러와 포레스트가 보유한 200억 US달러에 비하면 스토크스의 4억 US달러 자산은 초라하지만, 여론을 통제할 때는 정치인이 훨씬 주목을 받는다. 스토크스의 친구들 가운데는 시진핑도 있다 (Clive Hamilton, *Silent Invasion*. Melbourne: Hardie Grant, 2018, 271쪽).

28 개인적으로 나눈 대화.

29 Rebecca Trigger, 'Texts between Mark McGowan and Kerry Stokes revealed in Clive Palmer defamation case', *ABC News* online, 9 March 2022; Andrea Mayes, 'WA Premier Mark McGowan's texts with billionaire media mogul Kerry Stokes a revealing insight into power and politics from Palmer defamation case', *ABC News* online, 12 March 2022.

30 Australian Miliary Medicine Association, 'Andrew Robertson', www. amma.asn.au/members/andrew-robertson/.

31 Caitlyn Rintoul, 'Kerry Stokes praises West Australians' immense generosity after bumper Telethon', *West Australian*, 28 October 2019.

32 지은이들과 개인적으로 나눈 대화.

33 Ilan Wiesel, *Power, Glamour and Angst: Inside Australia's Elite Neighbourhoods*. Singapore: Palgrave Macmillan, 2019, 59쪽.

34 Jean-Pierre Daloz, 'Elite (un)conspicuousness: theoretical reflections on ostentation vs. understatement', *Historical Social Research*, 37/1 (2012): 209~22쪽, 인용문은 216쪽. 부르디외는 "여봐란 듯한 신중함과 침착함, 자제"를 구별짓기의 한 양식이라고 말했다. (*Distinction: A Social Critique*

of the Judgement of Taste. London: Routledge & Kegan Paul, [1979] 1984, 249쪽).

35 Pierre Bourdieu, 'What makes a social class? On the theoretical and practical existence of groups', Berkeley Journal of Sociology, 32 (1987): 1~17쪽, 인용문은 11~12쪽.

36 Daloz, 'Elite (un)conspicuousness', 210쪽, 주석 1.

37 같은 글, 211쪽.

38 같은 글, 216쪽.

39 Mikael Holmqvist and Ilan Wiesel, 'Elite communities and polarization in neoliberal society: consecration in Australia's and Sweden's wealthy neighbourhoods', Critical Sociology, 49/4-5 (2023): 767~82쪽.

40 Daloz, 'Elite (un)conspicuousness', 220쪽.

41 Mikael Holmqvist, Leader Communities: The Consecration of Elites in Djursholm. New York: Columbia University Press, 2017, 31~2쪽.

42 Swartz, Culture & Power, 107쪽.

43 Lidia Katia Consiglia Manzo, 'Naked elites: unveiling embodies markers of superiority through co-performance ethnography in gentrified Brooklyn's Park Slope', Urban Geography, 40/5 (2017): 645~64쪽.

44 같은 글, 657쪽.

45 같은 글, 659, 660쪽.

46 계관시인 사이먼 아미티지Simon Armitage는 〈기다려 주셔서 감사합니다Thank you for waiting〉라는 시에서 항공사가 꼼꼼하게 정하는 구별을 비틀어 묘사한다.

47 Bourdieu, Distinction.

48 Rob Moore, 'Capital', in Grenfell (ed.), Pierre Bourdieu, 105쪽.

49 "실제로 행위자는 분류되는 동시에 분류하는 사람이지만, 계층화 안에서 자신이 차지하는 위치에 따라(또는 그 위치에 근거해서) 분류한다." Pierre Bourdieu, 'What makes a social class? On the theoretical and practical existence of groups', lecture at the University of Chicago, 9-10 April 1987, 2쪽.

50 Bourdieu, Distinction, 272쪽과 여러 곳.

51 같은 책, 282쪽.

52 Mark Brown, 'Saatchi's scathing portrait of the art world: "Vulgar, Eurotrashy, masturbatory"', The Guardian, 3 December 2011.

53 Richard A. Peterson and Roger M. Kern, 'Changing highbrow taste: from snob to omnivore', American Sociological Review, 61/5 (1996): 900~7쪽.

54 같은 글.

55 Vegard Jarness, 'Cultural vs economic capital: symbolic boundaries within the middle class', *Sociology*, 51/2 (2017): 357~73쪽, 인용문은 362~9쪽.

56 Rob Beckett, 'Chavy B*stard!', https://tinyurl.com/44ttxafk, minute 2:30.

4장. 특권의 지리학

1   Mike Donaldson and Scott Poynting, *Ruling Class Men: Money, Sex, Power*. Oxford: Peter Lang, 2007, 164쪽.

2   Melbourne Cricket Ground, 'Private suites', https://tinyurl.com/3d9bubzd.

3   Sarah Lyall and Christina Goldbaum, 'When V.I.P. isn't exclusive enough: welcome to V.V.I.P.', *New York Times*, 30 November 2022.

4   Evan Osnos, 'The haves and the have-yachts', *New Yorker Magazine*, 25 July 2022.

5   같은 글.

6   같은 글.

7   Howard Walker, 'James Packer Gets the Keys to His New 108-Metre Benetti Gigayacht', *Robb Report*, 28 July 2019.

8   Jonathan Beaverstock, Philip Hubbard and John Rennie Short, 'Getting away with it? Exposing the geographies of the super-rich', *Geoforum*, 35/4 (2004): 401~7쪽.

9   Donaldson and Poynting, *Ruling Class Men*, 240쪽.

10 Knight Frank, 'Australia's "Harbour City" — the new mecca for the super-rich', https://tinyurl.com/mryjubk5.

11 Lucy Macken, 'Sydney private schools go on $100 million buying bonanza', *Sydney Morning Herald*, 6 August 2022. Jonathan Chancellor, 'The schools that ate Sydney: no stopping prestige school expansion as they buy up the neighbourhoods', 7 December 2020, https://tinyurl.com/2p96y64v도 보라. 크랜브룩스쿨은 시드니 동부 교외에서 부동산 값이 가장 비싼 벨뷰힐에서 4.34헥타르를 차지하고 있다(Cranbrook School Redevelopment, July 2020, https://tinyurl.com/9vvhba65).

시드니 성공회 그래머스쿨(쇼어)은 시드니하버를 가로지르는 탁 트인 경관과 노스시드니 업무지구 근처에 자리한 9헥타르 넓이의 운동장을 자랑한다. 2022년, 같은 재단의 여학교인 달링허스트는 학교 옆에 있는 테라스하우스를 300만 달러에 육박하는 가격으로 매입했다. 학생들을 위한 '복지 허브'로 활용하기 위해서였다.

12 예외적인 연구로 다음을 보라. Aidan Davison, 'The luxury of nature: the environmental consequences of super-rich lives', in I. Hay and J. Beaverstock (eds), *International Handbook of Wealth and the Super-Rich*. Cheltenham: Edward Elgar, 2016, 339~59쪽.

13 Elisa Savelli et al., 'Urban water crises driven by elites' unsustainable consumption', *Nature Sustainability*, 10 April 2023.

14 'Australia's super-rich exposed among world's worst climate emitters', *New Daily*, 7 November 2022, https://tinyurl.com/4h4vyutv; Beatriz Barros and Richard Wilk, 'The outsized carbon footprints of the super-rich', *Sustainability: Science, Practice and Policy*, 17/1 (2021): 316~22쪽. 2022년 억만장자와 유명인이 소유한 전용 제트기의 탄소 배출 추정치는 https://climatejets.org/에서 볼 수 있다. 가장 낭비가 심한 이들은 전용 제트기만으로도 평균적 미국인보다 200배, 심지어 300배 더 많은 탄소를 배출한다.

15 Rowland Atkinson, Simon Parker, and Roger Burrows, 'Elite formation, power and space in contemporary London', *Theory, Culture & Society*, 34/5-6 (2017): 179~200쪽. Rowland Atkinson et al., 'Minimum city? The deeper impacts of the "super-rich" on urban life', in Ray Forrest, Sin Yee Koh and Bart Wissink (eds), *Cities and the Super-Rich: Real Estate, Elite Practices and Urban Political Economies*. New York: Palgrave Macmillan, 2017, 253~71쪽도 보라.

16 예를 들어 올리버 불로우의 저서를 보라: Oliver Bullough, *Moneyland: Why Thieves and Crooks Now Rule the World and How to Take it Back* (London: Profile Books, 2018); *Butler to the World: How Britain Became the Servant of Tycoons, Tax Dodgers, Kleptocrats and Criminals* (London: Profile Books, 2022).

17 Ilan Wiesel, *Power, Glamour and Angst: Inside Australia's Elite Neighbourhoods*. Singapore: Palgrave Macmillan, 2019, 2쪽. (적어도 부동산 중개인들이 구사하는 언어에 따르면, 부유층은 교외에 **거주**하는 반면 다른 사람들은 교외에 산다.)

18 같은 책, 29~30쪽.

19 Mikael Holmqvist, *Leader Communities: The Consecration of Elites in Djursholm*. New York: Columbia University Press, 2017, xviii쪽.

20 Wiesel, *Power, Glamour and Angst*, 18쪽.

21 Holmqvist, *Leader Communities*, 3장.

22 개인적으로 나눈 대화. 이 책의 지은이 중 한 명은 새로 이사 온 영국 외교관과 이야기를 나눈 적이 있다. 그는 외교관 주택이 자리한 캔버라 거리가 도시에서 가장 비싼 곳이라고 이야기해주었는데, 이런 대답이 돌아왔다. "좋군요."

23 부동산 홍보물: https://tinyurl.com/2p9ek93w; https://tinyurl.com/296dr4fb. "투랙에서 가장 유명한 건축가가 설계한 독특한 고전적인 현대식 주택을 이 매력적인 폐쇄적 공간에서 바로 구입할 수 있는 드문 기회입니다." "대지의 아름다운 식물과 웅장한 외부 미학은 줄줄이 이어지는 잊지 못할 공간으로 안내하는 놀라운 서곡입니다."

24 Holmqvist, *Leader Communities*, 5쪽.

25 같은 책, 3쪽.

26 Wiesel, *Power, Glamour and Angst*, 118~19쪽.

27 같은 책, 88쪽.

28 같은 책, 83쪽.

29 Holmqvist, *Leader Communities*, 4~5, 7~8쪽.

30 같은 책, 9쪽.

31 Wiesel, *Power, Glamour and Angst*, 114쪽.

32 흥미롭게도, 위젤은 인터뷰를 한 엘리트 교외 주민들 사이에 "불안감"이 널리 퍼져 있음을 눈치챘다. 특권적 지위를 누리고 동네가 다양한 종류의 자본을 추가로 축적할 기회를 제공함에도 종종 "낙원이 사라졌다는 이야기"가 흘러나왔다. 주민들은 정치와 경제 영역에서는 승승장구할지 몰라도 "오스트레일리아 도시의 일상생활 영역에서 엘리트들은 혼잡과 소음, 공해에 시달리는 거의 무기력한 피해자 경험을 한다". 위젤은 이런 현상을 "자신들이 가진 객관적 특권에 눈감는 태도"로 해석한다. 같은 책, 167, 172쪽.

33 같은 책, 116쪽.

34 같은 책, 51~2쪽.

35 같은 책, 48~9쪽.

36 같은 책, 20쪽.

37 같은 책, 103쪽.

38 Holmqvist, *Leader Communities*, 5쪽.

39 Wiesel, *Power, Glamour and Angst*, 54~5쪽.

40 같은 책, 47~8쪽.

41 같은 책, 53~4쪽.

42 좀 더 일반적으로 로라 와인리브는 다음과 같이 말한다. "혐오는 계급 구분선을 가로질러 사회적 관계를 구조화하는 역할을 한다." Laura Weinrib, 'Class and classification: the role of disgust in regulating social status', in Zoya Hasan et al. (eds), *The Empire of Disgust: Prejudice, Discrimination, and Policy in India and the US*. Delhi: Oxford Academic, 2018.

43 Benita Kolovos, 'Victorian Liberal MP Wendy Lovell chastised for saying children in social housing "cannot mix" in wealthy areas', *The Guardian*, 24 March 2022. 아이러니하게도 로벨이 이런 말을 하고 난 지 두 달 뒤, 황폐한 교외의 공영주택에서 싱글맘 밑에서 자란 앤서니 앨버니즈Anthony Albanese가 총리가 되었다.

44 Stephanie Lawler, 'Disgusted subjects: the making of middle-class identities', *Sociological Review*, 53/3 (2005).

45 Kolovos, 'Victorian Liberal MP Wendy Lovell …' (강조는 덧붙임).

46 William Reilly, 'On the state of waiting.' Online notes (날짜 없음), Faculty of History, University of Cambridge.

47 Javier Auyero, 'Patients of the state: an ethnographic account of poor people's waiting', *Latin American Research Review*, 46/1 (2011): 5~29쪽, 인용문은 6쪽.

48 Barry Schwartz, 'Waiting, exchange, and power: the distribution of time in social systems', *American Journal of Sociology*, 79/4 (1974): 841~70쪽, 인용문은 841쪽.

49 같은 글, 849쪽.

50 Pierre Bourdieu, *Pascalian Meditations*. Stanford, CA: Stanford University Press, 2000, 228쪽. (한국어판: 피에르 부르디외, 김웅권 옮김, 《파스칼적 명상》, 동문선, 2001.)

51 Danièle Bélanger and Guillermo Candiz, 'The politics of "waiting" for care: immigration policy and family reunification in Canada', *Journal of Ethnic and Migration Studies*, 46/16 (2020): 3472~90쪽.

52 Brendan O'Shannassy, *Superyacht Captain*. London: Adlard Coles, 2022, 178쪽.

5장. 특권 복제하기

1   이는 Francis Green and David Kynaston, *Engines of Privilege: Britain's Private School Problem* (London: Bloomsbury, 2019)의 결론이기도 하다.

2   Pierre Bourdieu, *Distinction: A Social Critique of the Judgement of Taste*. London: Routledge & Kegan Paul, [1979] 1984, 72쪽.

3   Mikael Holmqvist, *Leader Communities: The Consecration of Elites in Djursholm*. New York: Columbia University Press, 2017, 171쪽.

4   Sutton Trust and Social Mobility Commission, *Elitist Britain 2019: The Educational Backgrounds of Britain's Leading People*. London: Sutton Trust and Social Mobility Commission, 2019, 12쪽. Independent Schools Council, *ISC Census and Annual Report 2022*. London: Independent Schools Council, 2022와 Sally Weale, 'Britain's top jobs still in hands of private school elite, study finds', *The Guardian*, 25 June 2019도 보라.

5   Green and Kynaston, *Engines of Privilege*, 20, 15쪽.

6   'How much does private school cost in the UK? Guide for 2023', https://tinyurl.com/3ru9tpet를 보라.

7   'England school fees by grade (2023)', www.edarabia.com/england-school-fees/. 주: 잉글랜드의 엘리트 사립학교는 '퍼블릭스쿨public school' 이라고 불린다. 역사적으로 해당 지역이나 일정한 전문직 이외의 학생들에게 학교를 개방했기 때문이다.

8   Council for American Private Education, 'The voice of America's private schools', https://tinyurl.com/3yu3mb53을 보라.

9   Shamus Rahman Khan, *Privilege: The Making of an Adolescent Elite at St. Paul's School*. Princeton, NJ: Princeton University Press, 2011, 4쪽. (한국어판: 셰이머스 라만 칸, 강예은 옮김, 《특권》, 후마니타스, 2019.)

10 Raj Chetty, David Deming and John Friedman, *Diversifying Society's Leaders? The Determinants and Causal Effects of Admission to Highly Selective Private Colleges*, Working Paper 31492, National Bureau of Economic Research, July 2023 (https://tinyurl.com/yj54yhbx). Aatish Bhatia, Claire Cain Miller and Josh Katz, 'Study of elite college admission data suggests being very rich is its own qualification', *New York Times*, 24 July 2023도 보라.

11 한 수혜자는 《뉴욕타임스》에 동문 자녀 특례 입학legacy admission이 "부유층을

위한 소수 집단 우대 정책affirmative action for the rich"이라고 말했다(https://
tinyurl.com/fxnz42a9).

12   Emma Rowe, 'Counting national school enrolment shares in Australia:
      the political arithmetic of declining public school enrolment',
      Australian Educational Researcher, 47 (2020): 517~35쪽, 〈표 2〉, 527쪽.

13   Rachel Brown, 'Means test selective parents', *Sydney Morning Herald*, 4
      March 2012.

14   Futurity Investment Group, 'The top ten most expensive schools
      in Australia', blog post, 날짜는 없지만 2022년 데이터임, https://tinyurl.
      com/4t9tns8h를 보라.

15   존 브룸필드John Broomfield에 대한 답변, 'The public cost of private schools',
      The Conversation, 27 June 2022 (https://tinyurl.com/3ahb4cbr)를
      보라. 다른 곳에서 보던과 동료들은 잉글랜드와 웨일스의 조세와 자선사업법의
      역사를 면밀히 연구한 뒤 19세기에 엘리트 학교에 내는 기부금에 세금 공제를
      제공한 것은 "계급 특권을 수호하기 위해 지배 엘리트가 의도적으로 개입한
      행동"이며 엘리트 학교와 관련된 이들이 권력을 행사해서 개혁을 봉쇄하고
      있다고 결론짓는다. Rebecca Boden, Jane Kenway and Malcolm James,
      'Private schools and tax advantage in England and Wales — the longue
      duree', *Critical Studies in Education*, 63/3 (2022): 291~306쪽. 영국에서
      사립학교에 대한 세금 혜택의 현대적 정치학에 관해서는 Sean Coughlan,
      'Labour has backed plans for private schools to lose tax benefits and
      be "integrated" into the state sector', *BBC News* online, 30 September
      2019를 보라. 노동당 대변인은 다음과 같이 말했다. "물론 기성 체제는 특권을
      수호하려 할 겁니다."

16   Susan Ostrander, *Women of the Upper Class*. Philadelphia: Temple
      University Press, 1984, 85쪽.

17   Ilan Wiesel, *Power, Glamour and Angst: Inside Australia's Elite
      Neighbourhoods*. Singapore: Palgrave Macmillan, 2019, 86쪽.

18   Ostrander, *Women of the Upper Class*, 85쪽.

19   Jane Kenway, Johannah Fahey, Debbie Epstein, Aaron Koh, Cameron
      McCarthy and Fazal Rizvi, *Class Choreographies: Elite Schools and
      Globalization*. London: Palgrave Macmillan, 2017, 5쪽.

20   같은 책, 244쪽.

21   Mike Donaldson and Scott Poynting, *Ruling Class Men: Money, Sex,
      Power*. Oxford: Peter Lang, 2007, 85, 209쪽에서 재인용.

22   파헤이, 프로서, 쇼는 엘리트 학교의 "'복잡한 감각적, 미학적 환경'과 교문
      안팎에서 이루어지는 특권의 구축 사이의 관계"를 고찰했다. Johannah Fahey,
      Howard Prosser and Matthew Shaw (eds), *In the Realm of the Senses:
      Social Aesthetics and the Sensory Dynamics of Privilege*. Singapore:
      Springer, 2015.

23   Jasmine Andersson, 'When my best friends went to private school,
      our relationship changed forever', *Refinery29*, 4 November 2019에서
      재인용.

24   Holmqvist, *Leader Communities*, xvii쪽.

25   Kenway et al., *Class Choreographies*, 81쪽. 시드니 서부 교외에 있는
      등록금이 저렴한 사립학교와 명문 엘리트 학교로 손꼽히는 학교의 남학생들을
      모아놓고 성적 동의sexual consent에 관한 공동 수업을 한 교사는 등록금이 저렴한
      학교의 학생들이 엘리트 학교 학생들을 "경외의 눈길"로 바라봤다고 말했다.
      (개인적으로 나눈 대화).

26   Green and Kynaston, *Engines of Privilege*, 117쪽.

27   Christopher Harris, '"Most schools would be quite scared": inside
      Sydney's competitive debating scene', *Sydney Morning Herald*, 14
      August 2023.

28   Sue Saltmarsh, 'Elite education in the Australian context', in Claire
      Maxwell and Peter Aggleton (eds), *Elite Education: International
      Perspectives*. Abingdon: Routledge, 2016.

29   Erving Goffman, 'Symbols of class status', *British Journal of Sociology*,
      2/4 (1951): 294~304쪽, 인용문은 302쪽.

30   Kenway et al., *Class Choreographies*, 14, 80쪽.

31   https://scots.college/about-scots/our-heritage-and-faith/를 보라.

32   예를 들어 Old Geelong Grammarians, 'OGG mentoring', https://tinyurl.
      com/yu7pzs99를 보라.

33   Donaldson and Poynting, *Ruling Class Men*, 85~6쪽. 호크스는 1999년
      학교 예배당에서 발언하면서 한 남학생이 언어 구사력이 더 뛰어난 여학생에게
      "주먹을 날린" 이야기를 들려주었다. 그는 실망한 남학생을 "젠더 평등의 제단"에
      희생양이 된 "비범한 피해자"라고 묘사했다. 같은 책, 88쪽.

34   'Tim Fairfax receives medal for service to society', https://tinyurl.
      com/2p89vadu를 보라.

35   '2022 independent schools guide', *Sydney Morning Herald*, 삽입 광고지,
      날짜 없음. 학생들 자체가 획일적으로 매력적이고 서글서글한 얼굴에 행복한

모습으로 묘사된다. 학생들은 대개 흡족한 표정으로 과학 실험에 몰두하거나 사교적이고 협력적인 방식으로 어울리는 모습으로 보여진다. 고학년 학생들은 에이트 보트[8인승 보트-옮긴이]의 노를 젓거나 잔디 관리가 잘된 럭비 구장에서 높이 뛰어오르는 모습으로 등장한다. 야외 사진에는 광활한 운동장과 넓게 그늘을 드리우는 나무들, 기념비적인 건물을 둘러싼 잘 관리된 정원이 묘사된다. 가능한 곳에서는 언제나 시드니 하버브리지가 배경에 등장한다. 드루와 동료들은 "오스트레일리아 엘리트 사립학교들에서 펴내는 홍보 문서들이 이상적 학창 시절의 상업화된 특징으로 나타나는 아동기의 행복에 관한 담론적 구성에 어떤 식으로 의지하고 여기에 기여하는지를 고찰한다". Christopher Drew et al., 'The joy of privilege: elite private school online promotions and the promise of happiness', in Aaron Koh and Jane Kenway (eds), *Elite Schools: Multiple Geographies of Privilege*. London: Routledge, 2016.

36 Alexandra Allan and Claire Charles, 'Cosmo girls: configurations of class and femininity in elite educational settings', *British Journal of Sociology of Education*, 35/3 (2014): 333~52쪽, 인용문은 348쪽.

37 Kenway et al., *Class Choreographies*, 84쪽.

38 같은 책, 91쪽.

39 Petter Sandgren, *Globalising Eton: A Transnational History of Elite Boarding Schools since 1799*. Thesis, European University Institute, 2017, 214쪽.

40 Wiesel, *Power, Glamour and Angst*, 118쪽에서 제기하는 논점이다.

41 Warilla High School, *Parent Newsletter*, May 2007, https://tinyurl. com/2tzwnbce.

42 웨슬리칼리지 동문회Old Wesley Collegians(www.owca.net/)는 옥스브리지 칼리지들의 전통적 저녁식사를 본떠 학교의 대식당에서 검은 넥타이를 매고 모여 저녁식사를 한다. "회원이 2만 2000명이 넘는 웨슬리칼리지 동문회는 하나의 거대한 네트워크다. 웨슬리 동문들이 다시 만나거나 처음으로 모임을 가질 때 동문회는 문호를 열어준다. OW커넥트OWConnect는 웨슬리 동문 연락망 핸드폰 앱으로서, 동문회의 사고에 일대 변화가 일어났음을 보여준다. 모든 동문을 온라인으로 연결하는 혁신적인 방법이다. OW커넥트는 동문회 공동체에 연결되고, 그 혜택을 극대화하며, 네트워크를 형성하고, 동문 사업체나 서비스를 찾기 위한 최선의 방법이다. 무료이고 GPS 기능이 있으며 글로벌한 앱이다."

43 Wiesel, *Power, Glamour and Angst*, 86쪽.

44 Tom Ball, 'Online (old boy) networks just the job for top private schools', *The Times*, 5 October 2019에서 재인용. 티드마시는 한마디

덧붙였다. "나 자신이 과거에 부동산 거래를 했는데, 전부 말버러 동문들과 관련된 거였어요. 신뢰가 공통분모죠." 기사는 "30곳의 엘리트 퍼블릭스쿨"을 언급한다.

45   Wiesel, *Power, Glamour and Angst*, 119쪽.

46   https://scots.college/about-scots/our-heritage-and-faith/를 보라.

47   Jackie Camilleri, 'Young minds, but a global outlook', Independent Schools Guide, *Sydney Morning Herald*, 29 July 2023. 교감은 한마디를 덧붙였다. "국제적 사고로 무장한 현재의 학생이 미래의 세계를 이끌 것입니다."

48   www.youtube.com/watch?v=lg6QwH5xSHU에서 볼 수 있다(이따금 '눈뜨고 못 볼 지경'이다).

49   Jane Kenway, Diana Langmead and Debbie Epstein, 'Globalizing femininity in elite schools for girls: some paradoxical failures of success', in Agnes van Zanten et al. (eds), *World Yearbook of Education 2015: Elites, Privilege and Excellence: The National and Global Redefinition of Educational Advantage*. Abingdon: Routledge, 2015, 153~66쪽, 인용문은 155쪽과 여러 곳.

50   같은 글, 163~4쪽.

51   Allan and Charles, 'Cosmo girls', 346쪽.

52   Kenway, Langmead and Epstein, 'Globalizing femininity in elite schools for girls', 160쪽.

53   Jane Kenway, 'Travelling with Bourdieu: elite schools and the cultural logics and limits of global mobility', in L. Adkins, C. Brosnan and S. Threadgold (eds), *Bourdieusian Prospects*. London: Routledge, 2017, 31~48쪽, 인용문은 40쪽.

54   이 복잡한 문제에 관한 토론으로는 Kenway et al., *Class Choreographies*, 174~8쪽을 보라.

55   Kenway, 'Travelling with Bourdieu', 33쪽.

56   Sally Rawsthorne and Jenny Noyes, 'From Sydney Grammar to Silverwater: the criminal life and lonely death of Bennet Schwartz', *Sydney Morning Herald*, 25 March 2022. 주: "긴 추락"이라는 표현은 인쇄판 신문의 헤드라인에서 사용된 것이다.

57   Lucy Carroll and Jordan Baker, 'Boys and girls at other schools "involved" in Knox Grammar scandal', *Sydney Morning Herald*, 6 September 2022.

58   Josh Hanrahan and Louise Ayling, 'Boys at $33k-a-year Sydney school mock "poor" suburbs full of "druggos" in another TikTok atrocity', *Daily*

Mail, 23 September 2020. 쇼어 남학생들 가운데 모스만을 꼽은 소수 의견도 한 명 있었다. "부잣집 애들이 전부 거기 산다"는 이유에서였다.

59   "싸나이 말lad-speak에는 'shank'(칼로 쑤시기)나 'eshays' 같은 단어들이 포함되며, 따라서 하위문화의 싸나이들은 범죄와 연결된다." Stephen Pham, 'Mundane glories', *Going Down Swinging*, 40 (2019): 31~40쪽, 인용문은 32쪽. Rachel Fenner, 'What is an eshay and why would a Perth nightclub ban them?' *Perth Now*, 9 January 2023도 보라.

60   하지만 스티븐 팜Stephen Pham은 이 싸나이들이나 에셰이들이 미치는 효과에 관해 말한다. "2000년대 말에 싸나이처럼 옷을 입기 시작한 사립학교 아이들이 생각난다. 이 부잣집 아이들은 싸나이처럼 거칠다고 이름을 날리면 자기도 공공장소에서 무모하게 행동할 수 있는 면허를 받은 셈이라고 생각했다." Pham, 'Mundane glories', 32쪽.

61   Alexis Carey, 'Shore School's disgusting past revealed amid muck-up day list scandal', News.com.au, 28 September 2020.

62   Fergus Hunter, '"Spit on homeless man": Shore School year 12s plan crime-filled muck-up day', *Sydney Morning Herald*, 22 September 2020,

63   모험 목록 전체는 www.mamamia.com.au/shore-school-muck-up-day/ 에서 찾아볼 수 있다.

64   Sue Saltmarsh, 'Disrupting dominant discourses of private schooling', paper presented to the AARE annual conference, Parramatta, 2015를 보라.

65   쇼어의 전임 교장은 부가 성격 결함을 야기한다는 견해에 반박했다. "이 아이들은 특권층이지만, 그게 아이들 잘못은 아닙니다. 내가 볼 때 사람이 책임져야 하는 것은 인생에서 주어진 기회를 가지고 자신이 하는 행동입니다." Jordan Baker, 'Shore headmaster: "The boys are privileged, and it's not their fault"', *Sydney Morning Herald*, 18 August 2019.

66   Jessie Stephens, '"Spit on homeless man": buried in that vile muck up day checklist is a sad grain of truth', www.mamamia.com.au/shore-school-muck-up-day-checklist/.

67   Jane Kenway, 'Rolling in it: the rules of entitlement at wealthy schools for boys', *Gender and Education*, submitted 2023.

68   제시 스티븐스는 이렇게 말했다. "쇼어에 다니는 학생들에게 …… 깽판 치는 날의 일부로 체포되는 것은 일종의 농담이다. 25년 뒤 중역 회의실 테이블 주변에 앉은 동료들에게 들려줄 재미난 이야기인 것이다." Stephens, '"Spit on homeless

man"'.

69   Holmqvist, *Leader Communities*, 51쪽.

70   Hunter, 'Spit on homeless man'.

71   Hanrahan and Ayling, 'Boys at $33k-a-year Sydney school mock "poor" suburbs', comments.

72   Hunter, 'Spit on homeless man'.

73   Raveen Hunjan, 'Child abuse royal commission: Trinity Grammar School students raped other students, inquiry hears', *Sydney Morning Herald*, 20 October 2016.

74   Royal Commission into Institutional Responses to Child Sexual Abuse, *Final Report: Volume 13, Schools* (Commonwealth of Australia, 2017), 137, 139쪽.

75   Donaldson and Poynting, *Ruling Class Men*, 228쪽도 보라.

76   아동 성폭력에 관한 왕립위원회는 가톨릭과 "독립"(개신교)을 망라한 사립학교에서 성폭력이 훨씬 만연해 있음을 발견하면서 그중 높은 비율을 이런 제도적 요인 탓으로 돌렸다. "여러 요인을 꼽자면, 학교의 평판과 재정적 이해관계에 관한 우려, 초남성적이거나 위계적인 문화, 우월하고 특권적인 기관의 일원이라는 인식, 동문 교직원 고용, 교장이 거버넌스 구조에서 장기 재직하면서 학생 복리와 안전 영역에는 거의 또는 전혀 책임지지 않는 구조 등이다"(Royal Commission, 11쪽). 왕립위원회는 또한 트리니티그래머스쿨에 "자체적으로 교사를 양성하는 문화가 있는데, 이는 교직원들의 학교에 대한 충성도가 이례적으로 높음을 의미한다"고 덧붙였다. "이런 충성도는 …… 은폐의 문화를 부추긴다"(151쪽; 153쪽도 보라).

77   Barbara Preston, 'State school kids do better at uni', *The Conversation*, 17 July 2014. 프레스턴의 말을 들어보자. "심한 압박, 밀접한 감독과 협소하게 정의된 공부 때문에 독립적이고 자기주도적으로 공부하고, 대학에서 성공하는 데 필요한 개인적, 사회적 기술을 발전시킬 여지가 거의 없다." 영국 연구자들은 사립학교 학생들이 대학에서 성적을 잘 내지 못하는 것은 학업의 동기가 낮기 때문이라고 말한다. 이 학생들은 이런 다른 자산으로도 성공을 보장하는 데 충분하다고 자신한다. Richard Adams, 'Top state school pupils "get better degrees than those from private schools"', *The Guardian*, 5 November 2015를 보라. 미국에 관해서는 Chetty, Deming and Friedman, *Diversifying Society's Leaders?*를 보라.

78   Sally Larsen and Alexander Forbes, 'Going to private school won't make a difference to your kid's academic scores', *The Conversation*, 21

February 2022.

79 Holmqvist, *Leader Communities*, 217, 222쪽.

80 같은 책, 227~31쪽.

81 Jordan Baker and Nigel Gladstone, '"A complex problem": richest schools claim most HSC disability provisions', *Sydney Morning Herald*, 23 November 2021; Linda Graham, Helen Proctor and Roselyn Dixon, 'How schools avoid enrolling children with disabilities', *The Conversation*, 28 January 2016.

82 Green and Kynaston, *Engines of Privilege*, 106쪽.

83 Tom Bateman, 'Independent school students gain extra time for exams', *BBC News* online, 10 February 2017.

84 2021년 영국에서 코로나 제한 조치를 실시하던 시기에 사립학교가 GCSE와 A 등급 점수 시스템을 가지고 장난을 쳤음을 보여주는 타당한 증거가 있다. 당시 교사들은 학생들의 점수를 평가하라는 요구를 받았다. 코로나 제한이 풀려서 시험이 재개됐을 때, 사립학교 학생들의 성적이 급격하게 떨어졌다. 보수당 소속 교육특별위원회 위원장 로버트 핼펀Robert Halfon은 이렇게 말했다. "독립 부문 (사립학교)이 학교 자체 점수 평가 시스템을 최대한 악용한 것으로 보입니다." Julie Henry, 'Private schools in England accused of "gaming the system" on lockdown exam results', *The Guardian*, 28 August 2022.

85 Jordan Baker, 'NSW uni bosses order review of perfect ATARs after IB students beat James Ruse', *Sydney Morning Herald*, 13 February 2022. 시드니의 MLC스쿨(감리교여학교)은 2021년 49명의 IB 학생 가운데 12명이 만점인 45점(환산 점수 99.95점)을 받았다고 자랑했다. 이런 결과가 "그저 충격적인 성과"라는 학교의 자랑에 동의할 수밖에 없다. MLC School, 'IB diploma programme', https://tinyurl.com/2ezpcebh.

86 퍼스의 스코츠칼리지는 난독증이 있는 학생을 받아들이고 관심을 기울인다는 점을 강조하며 이 학생들을 IB 과정으로 돌린다. "국제 바칼로레아는 주 차원의 시스템보다 더 너그러워서 장애의 중증 정도에 따라 25~50퍼센트 추가 시험 시간을 제공합니다. 이와 대조적으로, 주 차원의 시스템은 장애 정도와 상관없이 시험 시간 1시간당 추가로 10분을 제공합니다." www.scotch.wa.edu.au/articles/dyslexia-a-long-history-in-education을 보라.

87 최고 점수를 받는 IB 학생의 수를 줄이기 위해 IB 점수 시스템이 조정됐을 때도 엘리트 학교들이 부정행위를 하고 있다는 대중의 인식은 가라앉지 않았다. 전체적인 왜곡은 여전했다. 가령 상류층 전용 크랜브룩스쿨에 다니면서 IB 과정을 선택한 학생 24명 가운데 21명이 98점 이상의 대학 입학 점수를 받았고,

레드랜즈에서는 3분의 1 가까이가 99점 이상을 받았다. Christopher Harris, "'Perfect' scores of 99.95 given to IB students drops by half after conversion process overhaul', *Sydney Morning Herald*, 5 January 2023.

88 Adam Howard and Claire Maxwell, 'Conferred cosmopolitanism: class-making strategies of elite schools across the world', *British Journal of Sociology of Education*, 42/2 (2021): 164~78쪽, 인용문은 165, 169쪽.

89 www.scotch.wa.edu.au/를 보라.

90 뉴잉턴칼리지(12학년 학비 3만 9000달러)는 다음과 같이 선언한다. "봉사 학습 프로그램이 칼리지에서 우리 지도자들을 개발하는 데 중요한 역할을 하고, 봉사와 리더십 사이에 뚜렷한 연계를 확립할 것으로 기대됩니다. 우리는 우리 뉴잉턴 졸업생들이 …… 우리 모두가 우리보다 불우한 이들을 돌봐야 한다는 책임을 더욱 깨달을 것으로 믿습니다." Newington College, *Annual Report 2019*, https://tinyurl.com/yuhh9yvr.

91 www.scotch.vic.edu.au/media/229673/Scotch%20College%20 Prospectus.pdf를 보라.

92 World Expeditions Schools, 'Himalaya school trips & projects', https://worldexpeditionsschools.com/where-we-go/himalaya. "앞으로 5일간 작은 셰르파 마을의 생활방식에 참여하고 네팔 현지 학생들과 어울리는 기회가 많이 있을 것입니다. 여러분은 현지 학교 시설을 개선하기 위해 현지인들과 함께 손에 흙을 묻히면서 일하게 될 겁니다. 이는 마을 생활에 흠뻑 빠지면서 진정한 개인적 성취감을 얻게 될 이번 여행의 하이라이트가 될 겁니다. 크메르식 가옥을 짓고 그 성과를 배우는 겁니다. '쾌적한 삶에서 벗어나 회복력과 독립심을 키웁시다.'"

93 MLC스쿨 10학년 학생들은 "태국 치앙마이를 방문해서 글로벌 시민이 될 준비가 되어 있습니다. 여학생들은 외딴 가난한 지역사회를 위해 도로와 운동장, 교실 짓는 곳에서 열심히 일하며 돕습니다. 여학생들이 태국 고아원에서 아이들을 가르치면서 태국인과 태국 문화를 확실하게 이해하는 과정에서 팀워크와 협력이 생겨납니다." (https://tinyurl.com/3vz34ue3).

94 Allan and Charles, 'Cosmo girls', 346쪽.

95 같은 글, 343쪽.

96 Joel Windle and Greg Stratton, 'Equity for sale: ethical consumption in a school-choice regime', *Discourse: Studies in the Cultural Politics of Education*, 34/2 (2013): 202~13쪽, 인용문은 211쪽.

97 Kenway et al., *Class Choreographies*, 174쪽.

98 Allan and Charles, 'Cosmo girls', 346쪽.

99 Jane Godfrey et al., 'The "volunteer tourist gaze": commercial volunteer tourists' interactions with, and perceptions of, the host community in Cusco, Peru', *Current Issues in Tourism*, 23/20 (2020): 2555~71쪽.

100 Kenway et al., *Class Choreographies*, 222쪽.

101 Allan and Charles, 'Cosmo girls', 343쪽.

102 www.wesleycollege.edu.au/를 보라.

103 www.ggs.vic.edu.au/explore/our-anglican-tradition/을 보라.

104 SCEGGS, 'Prospectus', https://tinyurl.com/y4h5jtr7. 스코츠칼리지는 순리에 어긋나게 애초의 사명을 단호하게 고수하는 듯 보인다. 이 학교는 "젊은이들이 하느님을 섬기고 예수 그리스도를 믿음으로써 참된 지혜를 발견한다"고 믿는다. (https://scots.college/about-scots/).

105 Kenway et al., *Class Choreographies*, 163쪽.

106 같은 책, 168쪽.

107 www.ibo.org/programmes/diploma-programme/curriculum/을 보라.

108 Paul Tarc, 'International Baccalaureate: meanings, uses and tensions in a globalizing world', *Elsevier International Encyclopedia of Education*, 4th edn, Oxford: Elsevier, 2022, 344~54쪽.

109 Catherine Doherty, Mu Li and Paul Shield, 'Planning mobile futures: the border artistry of IB diploma choosers', *British Journal of Sociology of Education*, 3/6 (2009): 757~71쪽.

110 MLC School, 'IB diploma programme'.

111 Kenway et al., *Class Choreographies*, 185쪽.

112 Sandgren, *Globalising Eton*, 217쪽.

113 Kenway et al., *Class Choreographies*, 229쪽.

114 www.roundsquare.org/를 보라.

115 www.roundsquare.org/membership/what-is-expected/를 보라.

116 Sandgren, *Globalising Eton*, 185쪽.

117 Clive Hamilton, 'Active voices: fighting for a change in climate', *Meanjin*, December 2021.

118 Kenway et al., *Class Choreographies*, 242~3쪽.

119 Newington College, 'A message from the head of Lindfield', *Prep Talk Bulletin*, 29 June 2018, https://tinyurl.com/spzvzv4j. 교장의 말에 따르면, 특권은 공식적인 자격이 될 때만 문제가 된다. 둘의 차이는 당사자가 감사함을 느끼는지에 있다.

120 Pierre Bourdieu, 'Symbolic capital and social classes', *Journal of Classical Sociology*, 13/2 (2013): 292~303쪽, 인용문은 299쪽. 《시드니모닝헤럴드》교육 전문 기자 조던 베이커는 엘리트 학교들이 높은 덕성을 갖고 있다는 주장의 공허함을 폭로해왔다. 그는 정치적 협박을 엘리트 학교의 악덕 중 하나로 꼽는다. "엘리트 학교들의 종교 신앙이 추구하는 사회정의와 그 풍요로운 시설 사이의 거대한 간극은 훨씬 커지는 한편, 정치 지도자들은 역풍이 불까 두려운 나머지 명백한 도덕적 변장에 대해 행동에 나서지 못한다." Jordan Baker, 'Private school funding exposes the nation's lack of heart', *Sydney Morning Herald*, 2 July 2022.

121 Jane Kenway and Michael Lazarus, 'Elite schools, class disavowal and the mystification of virtues', *Social Semiotics*, 27/3 (2017): 265~75쪽.

122 주마다 하나의 협회가 있는데, 연방 사립학교 로비 집단으로 뭉친다.

123 Helen Davidson, '"You're almost instantly disadvantaged": Indigenous students on their schools away from home', *The Guardian*, 4 August 2017. Adam Carey, 'Off country: private schools' tough lessons on Indigenous education', *The Age*, 10 July 2022도 보라.

124 Marnie O'Bryan, *Boarding and Australia's First Peoples: Understanding How Residential Schooling Shapes Lives*, Singapore: Springer, 2021.

125 같은 책, 77, 73쪽.

126 같은 책, 74쪽. 한 엘리트 학교의 기숙사 사감은 교장이 어느 원주민 학생에게 "돌아다니면서 모든 사람과 악수를 할 수 있게" 학교에서 지도자 지위를 맡으라고 압력을 가했다고 이야기했다. 학생은 거절했고, 교장이 학생과 만났을 때, "학생은 그냥 '하고 싶지 않아요'라고 말하고는 자리에 앉아 몸을 떨면서 울먹였다" (같은 책).

127 같은 책, 77쪽.

128 인용문의 출처는 Kenway et al., *Class Choreographies*, 242~3쪽이다.

129 SCEGGS, 'Prospectus'. 제인 켄웨이는 영국에서는 사립학교에 자선단체 지위를 부여하는 대가로 학교 시설을 공적 용도로 사용할 수 있게 한다고 지적한 바 있다.

130 Lucy Carroll, 'Cranbrook unveils $125m revamp as private schools compete in building boom', *Sydney Morning Herald*, 15 October 2022.

131 학교는 글로벌 엘리트다운 언어를 한껏 늘어놓으며 선언했다. "이 건물들은 우리를 장소나 사람과 연결해주며, 크랜브룩의 글로벌한 시각을 반영하면서 (시드니 하버) 헤즈를 마주 보는 가운데 미래의 글로벌 시민인 우리 학생들을 창조하고 그들에게 힘을 불어넣습니다." ('Cranbrook School official opening', 25 October 2022, https://tinyurl.com/3tmbt7fm).

132 신자유주의가 대학에 미친 파괴적 효과에 관해서는 Jane Kenway, Rebecca Boden and Johannah Fahey, 'Seeking the necessary "resources of hope" in the neoliberal university', in Margaret Thornton (ed.), *Through a Glass Darkly: The Social Sciences Look at the Neoliberal University*. Canberra: ANU Press, 2015를 보라.

133 Katy Swalwell, '"With great power comes great responsibility": privileged students' conception of social justice-oriented citizenship', *Democracy & Education*, 21/1 (2013): 1~11쪽, 인용문은 2쪽.

134 Kenway et al., *Class Choreographies*, 200~1, 208, 213쪽.

135 Goffman, 'Symbols of class status', 303쪽.

136 시드니 동부 교외의 값비싼 사립학교에 근무하는 어느 교사는 이렇게 말했다. "동부 교외 학생의 대다수는 무엇을 하기를 원할까요? 대학 …… 아마 의대나 법대에 진학하고 …… (그 학교에서) 공부에 관심이 없는 백인 아이들은 약간 하층계급이죠. 말하자면, …… 9학년이나 10학년에서 일종의 도제 수업을 하려고 생각 중인데요 ─ 아마 다른 학교에서 해보라는 정중한 조언을 들을 거예요." O'Bryan, *Boarding and Australia's First Peoples*, 72쪽.

137 Jane Kenway, 'The work of desire: elite schools' multi-scalar markets', in Claire Maxwell et al. (eds), *Elite Education and Internationalism*. London: Palgrave, 2018.

138 George Variyan, 'Missionaries or mercenaries? How teachers in elite private schools embrace privilege', *British Journal of Sociology of Education*, 40/8 (2019): 1204~18쪽.

139 같은 글, 1215쪽.

6장. 특권의 장소들

1 여성권, 흑인의 권리, 기타 소수자의 권리를 위한 운동은 많은 승리를 거두었다. 미국에서 "1970~2018년 시기의 젠더 불평등에 관한 많은 지표"에 대한 권위적인 연구는 "젠더 평등으로 나아가는 움직임에서 극적인 진보"를 보여준다. 하지만 한마디 덧붙이는 것처럼, "아직 남성에게 유리한 젠더 불평등이 상당히 남아 있었다"(Paula England, Andrew Levine and Emma Mishel, 'Progress toward gender equality in the United States has slowed or stalled', *PNAS* [*Proceedings of the National Academy of Sciences*], 117/13 (2020): 6990~7쪽). 인종 평등의 경우에 미국 상하원 합동경제위원회가 2020

년에 유용한 개관을 제공했다. "지난 반세기에 걸쳐 흑인 미국인은 상당한 사회적, 경제적 진보를 이루면서 오랫동안 부정당한 정치적 권리를 획득하고, 기존에 봉쇄되었던 여러 직종에 진출했으며, 수백 년간 이어진 공공연한 인종차별과 억압을 대부분 극복했다. …… 하지만 이런 가시적인 개선의 신호들은 수천만 흑인 미국인을 이등 시민으로 전락시키는 깊은 불평등을 가린다"('The economic state of black America in 2020', https://tinyurl.com /334362r3).

2　억만장자들이 스포츠 구단을 사들이는 현상에 관해서는 Frank Chaparro, 'Billionaires are buying sports teams for different reasons than they used to', *Insider*, 26 October 2017, https://tinyurl.com/4axbnbwp를 보라.

3　James Bloodworth, *The Myth of Meritocracy*. London: Biteback, 2016, 53~4쪽.

4　케이트 블란쳇은 아이번호 여자그래머스쿨에 이어 MLC스쿨을 다녔고, 휴 잭맨은 녹스그래머, 히스 레저는 퍼스의 길퍼드그래머스쿨, 레벨 윌슨은 타라공회여학교, 에릭 바나는 펜리앤드에센던그래머스쿨, 휴고 위빙은 녹스그래머, 조엘 에저튼은 더힐스그래머스쿨, 사이먼 베이커는 리스모어의 트리니티가톨릭칼리지 출신이다.

5　Paul Garvey, 'AFL coach pilloried for "elitist" remarks', *The Australian*, 24-5 July 2021.

6　300개 학교 가운데 170곳이 공립학교이고, 130곳이 사립학교다(Legislative Assembly of Western Australia, Public Accounts Committee, *Report 17: More than Just a Game*, November 2020, https://tinyurl. com/2uvak9nh).

7　당혹스럽게도, 기사 아래 독자들이 '좋아요'를 누른 상위 10개 댓글은 하나같이 감독과 그의 주장, 즉 엘리트 학교와 안정된 가정 출신의 선수를 선택하는 게 더 낫다는 주장을 옹호했다.

8　Stefan Szymanski and Tim Wigmore, *Crickonomics: The Anatomy of Modern Cricket*. London: Bloomsbury, 2022, 5~9쪽.

9　잉글랜드에서는 공립학교 출신 볼러가 더 많은데, 투구는 코치의 가르침보다는 유전(큰 키와 속구를 던지는 능력)에 더 좌우되기 때문이다. 유전적 특질은 남학생이 18세 정도가 되어 학교를 졸업할 때까지 분명히 드러나지 않는다. 오스트레일리아에서 현재 가장 빠른 공을 던지는 볼러들 — 팻 커민스, 스콧 볼런드, 조시 헤이즐우드, 미첼 스타크 — 은 모두 6피트(약 180센티미터)가 훌쩍 넘는다. 커민스는 시드니에서 학비가 비싼 세인트폴그래머스쿨(12학년 학비가

약 2만 달러) 출신이고 볼런드는 학비가 비싸지 않은 사립학교 출신인 반면,
헤이즐우드와 스타크는 공립학교 출신이다.

10 Tom Heyden and Alice McConnell, 'Private or state: where do
    professional sportspeople go to school?', *BBC News Magazine*, 14
    February 2013.

11 www.harrowschool.org.uk/learning-2/sport를 보라.

12 Sutton Trust and Social Mobility Commission, *Elitist Britain 2019: The
    Educational Backgrounds of Britain's Leading People*, 2019.

13 같은 책, 6쪽.

14 Bloodworth, *The Myth of Meritocracy*, 53~4쪽.

15 Szymanski and Wigmore, *Crickonomics*, 51쪽.

16 Jake Niall, 'How private schools have taken over the AFL', *The Age*, 23
    November 2019.

17 'Pathways for elite athletes at Knox', https://tinyurl.com/27yhdhnv.
    BBL(빅배시리그)의 크리켓 스타 크리스 그린이 녹스그래머 출신이다(https://
    tinyurl.com/cu5eyva5).

18 Jacob Saulwick, 'With another pool closed, Sydney's councils struggle
    to keep city cool', *Sydney Morning Herald*, 6 January 2019. 수영 챔피언
    몇 명이 값비싼 사립학교 출신이다. 키어런 퍼킨스는 브리즈번남학교를 나왔고,
    맥 호턴은 콜필드그래머를 나왔다.

19 James Tompsett and Chris Knoester, 'The making of a college athlete:
    high school experiences, socioeconomic advantages, and the
    likelihood of playing college sports', *Sociology of Sport Journal*, 39/2
    (2021): 129~40쪽.

20 Jeff Grabmeier, 'Want to play college sports? A wealthy family helps',
    Ohio State News, 30 August 2021, https://news.osu.edu/want-to-play-
    college-sports-a-wealthy-family-helps/.

21 Lamiat Sabin, 'CPS passed file on alleged cash-for-honours scandal
    involving King Charles's charity', *The Independent*, 20 November 2022.

22 Jacqueline Maley and Nigel Gladstone, 'Want an Order of Australia? It
    helps to be rich, powerful and male', *Good Weekend* [*Sydney Morning
    Herald* magazine], 23 January 2021.

23 Emma Connors, 'What an Order of Australia means and how to get
    one', *Australian Financial Review*, 25 January 2019.

24 Maley and Gladstone, 'Want an Order of Australia?'

25   Connors, 'What an Order of Australia means and how to get one'.

26   Maley and Gladstone, 'Want an Order of Australia?'

27   같은 글.

28   같은 글.

29   《후즈후Who's Who》를 참고하고 인터넷에서 인물 정보를 검색했다.

30   2010년, 1975년 이래 최고 훈장을 받은 435명을 분석한 결과에 따르면, 엘리트 사립학교 동문이 막대한 이점을 누린다는 사실이 드러났다. 빅토리아주의 양대 부유층 학교인 스코츠칼리지와 질롱그래머는 각각 19명과 17명의 동문이 최고 훈장을 수상한 것을 자랑한다. 시드니도 사정이 마찬가지지만, 학업 성적을 까다롭게 보는 공립학교들도 많은 수훈자를 배출했다. Jewel Topsfield, 'Ties that bind prove a private education has its awards', *The Age*, 4 December 2010.

31   앞 시기의 수훈자 64명 가운데 2명을 제외한 모든 사람의 출신 학교 이름을 확인할 수 있었다. 최근 시기에는 수훈자 63명 가운데 48명만 출신 학교를 확인할 수 있었다. 일부 수훈자는 좀처럼 출신 학교를 밝히려 하지 않는 듯 보인다.

32   Alison Branley and Eliza Borrello, 'Dyson Heydon on panel that awarded PM Tony Abbott Rhodes scholarship, documents show', *ABC Online*, 17 August 2015.

33   맥킨지는 1986년에 오스트레일리아 로즈 장학생 7명 중 3명을 채용했다고 한다 (Lisa Pryor, 'Rhodes a luxury brand bogans can't buy', *Sydney Morning Herald*, 25 August 2007). Peter Fray, 'The Rhodes scholarship, its birthday and an academic row', *The Age*, 2 July 2003. Justine Landis-Hanley, 'Sydney law student one of 10 women in NSW history to become Rhodes scholar', *Sydney Morning Herald*, 4 December 2017도 보라.

34   2018년 오스트레일리아 장학생 선발 시스템을 감독한 마니 휴즈-워링턴Marnie Hughes-Warrington은 "럭비를 하면서 총리가 되고자 하는 남자가 정형화된 장학생"이라고 말했다. Aaron Patrick, 'The new Rhodes Scholarship doesn't require sport or a private school', *Australian Financial Review*, 21 May 2018. "총리를 역임한 맬컴 턴불이 쓴 자서전《통치하기 위해 태어나다Born to Rule》에 따르면, 1978년에 장학생으로 선발됐을 때, 그가 졸업한 시드니그래머스쿨은 주 로즈 장학생의 25퍼센트를 배출했다. 오늘날 오스트레일리아 전체의 로즈 장학금 신청자의 절반 이상이 비가톨릭계 사립학교 출신이다. 하지만 사립학교는 전체 학생의 14.5퍼센트를 차지할 뿐이다."

35   Michael T. Nietzel, 'The U.S. Rhodes scholars for 2023 have

been announced', *Forbes*, 13 November 2022, https://tinyurl.
com/5n8v694v.

36   요컨대, "신청자는 탁월한 지성, 인성, 리더십, 헌신적인 봉사 정신 등을 바탕으로
      선발됩니다. 로즈 장학금은 세계의 미래를 위한 지도자로 두각을 나타낼 강한
      성향을 보여주는 학생들을 지원합니다"(www.miragenews.com/rhodes-
      scholar-on-mission-to-curb-domestic-violence/).

37   www.quadeducationgroup.com/blog/how-to-become-a-rhodes-
      scholar를 보라.

38   같은 웹사이트.

39   Aaron Patrick, 'The new Rhodes scholarship doesn't require sport or a
      private school', *Australian Financial Review*, 21 May 2018.

40   미국에서는 불우한 출신의 학생들에게 신청 과정을 개방하려는 시도가 진행되고
      있다. 이런 학생들은 인생에서 장애물을 극복한 사례를 설명하도록 요청받는다.
      저소득층 학생들이 학업에서 성공하기 위해 직면하는 도전을 설명할 기회를
      제공하는 이런 과정은 인생 행로를 날조하도록 권유한다. Jerry Oppenheimer
      and Isabel Vincent, 'Uni student loses scholarship after allegedly lying
      on her application', News.com.au and *New York Post*, 13 January 2022.

41   태즈메이니아와 웨스턴오스트레일리아의 데이터는 온라인에서 볼 수 있다.
      퀸스랜드 데이터는 오스트레일리아 로즈 트러스트의 사무국장인 피터 카노스키
      Peter Kanowski 교수가 친절하게 제공했다. 태즈메이니아 데이터에는 로즈
      장학생의 출신 학교가 포함돼 있지 않기 때문에 다른 방법으로 찾아야 했다. 세
      건은 출신 학교를 찾지 못했다.

42   지난 10년간, 즉 2013~2022년 시기에는 그 비율이 여전히 41퍼센트였다.
      태즈메이니아 수혜자 중에는 처음 20년간과 최근 20년간 모두 여성이 38
      퍼센트였다.

43   2022년 12학년 비기숙학교 학비가 연간 2만 달러 이상이면 비싼 것으로, 1만~2
      만 달러이면 중간으로, 1만 달러 이하이면 저렴한 것으로 분류했다. 이 연구의 다른
      곳에서는 시드니와 멜버른의 학교가 연간 학비가 3만 달러 이상이면 비싼 것으로
      간주했다.

44   두 시기에 걸친 이런 변화는 태즈메이니아주의 영향을 크게 받았다. 이 주는
      공립학교 수혜자가 급격하게 줄고(67퍼센트에서 37퍼센트로) 학비가 비싼
      학교의 수혜자가 급증했다(22퍼센트에서 63퍼센트로). 이런 사실을 볼 때, 모든
      주와 수도준주ACT에 대해 이 분석을 수행할 필요성이 절감된다.

45   학비 수준이 다른 중등 사립학교 학생 수에 관한 데이터는 존재하지 않는다.
      하지만 등록 학생 수 대신 학교 수를 사용해서 대략적인 근사치는 구할 수 있다.

우리의 학비 분류를 기준으로 볼 때, 학비가 비싼 학교(거의 전부 비가톨릭)는 전체 중등 사립학교의 약 10퍼센트를 차지한다. 멜버른에서는 그 비율이 전체 중등 사립학교의 12퍼센트 정도다(멜버른에 관한 온라인 사립학교뉴스Private School News 목록을 보라). 시드니에서는 그 수치가 약 8퍼센트, 브리즈번에서는 약 5 퍼센트, 퍼스는 약 11퍼센트다(시드니와 브리즈번, 퍼스의 온라인 사립학교뉴스 목록을 보라). 2022년 현재 중등 비공립학교는 전체 중등학교의 45퍼센트를 차지한다(2004년 42퍼센트에서 증가함). www.abs.gov.au/statistics/ people/education/schools/2022, ⟨표 33a⟩를 보라 (Lucy Carroll and Christopher Harris, 'Parents flock to private schools amid public system exodus', *Sydney Morning Herald*, 15 February 2023, https:// tinyurl.com/2xa89rec).

46 Julia Baird, 'Privilege still protects the violent from the consequences of their behaviour', *Sydney Morning Herald*, 2 October 2021.

47 볼턴은 언론에서 다음과 같은 평을 받은 바 있다. "시드니의 부유층과 권력층이 법정에 서는 신세가 되면 의지하는 몇 안 되는 엄선된 법조인이 있다. 2021년 법정을 빛낸 12명의 수완 좋은 변호사들이다"(https://tinyurl.com/6326hf86).

48 판결문은 https://tinyurl.com/4we72czp에서 볼 수 있다. 1년 뒤 녹스그래머 학생 20명이 채팅방에서 "인종주의적이고 동성애혐오적인 영상과 메시지, 폭력적 여성혐오가 담긴 발언을 공유"한 혐의로 징계를 받았다. Lucy Carroll and Jordan Baker, 'Boys and girls at other schools "involved" in Knox Grammar scandal', *Sydney Morning Herald*, 6 September 2022.

49 Sutton Trust and Social Mobility Commission, *Elitist Britain 2019*, 6쪽.

50 Susan Navarro Smelcer, *Supreme Court Justices: Demographic Characteristics, Professional Experience, and Legal Education, 1789- 2010*. Washington, DC: Congressional Research Service, 2010.

51 지은이들의 계산.

52 Michele Benedetto Neitz, 'Socioeconomic bias in the judiciary', *61 Cleveland State Law Review*, 137 (2013).

53 같은 글, 3쪽.

54 Rosemary Hunter, 'More than just a different face? Judicial diversity and decisionmaking', *Current Legal Problems*, 68/1 (2015): 119~41 쪽에서 재인용.

55 Ruth Frankenberg, 'Growing up white: feminism, racism and the social geography of childhood', *Feminist Review*, 45 (1993): 51~84쪽.

56 통찰력 있는 분석으로는 Lucille A. Jewel, 'Bourdieu and American legal

education: how law schools reproduce social stratification and class hierarchy', *56 Buffalo Law Review*, 1155(2008)을 보라. 인용문은 1205쪽.

57   Louise Ashley and Laura Empson, 'Differentiation and discrimination: understanding social class and social exclusion in leading law firms', *Human Relations*, 66/2 (2013): 219~44쪽.

58   Andrew Leigh, 'Behind the bench: associates in the High Court of Australia', *Alternative Law Journal* 291, 25/6 (2000).

59   Katharine Young, 'Open chambers: High Court associates and Supreme Court clerks compared', *Melbourne University Law Review 646*, 31/2 (2007).

60   https://justinian.com.au/bloggers/moulds-remain-unbroken.html을 보라. Marianna Papadakis, 'The depressing truth for law graduates: you may have to be a secretary', *Australian Financial Review*, 27 November 2015도 보라.

61   Pierre Bourdieu and Jean-Claude Passeron, *Reproduction in Education, Society and Culture*. London: Sage, 1990, 162쪽. (한국어판: 피에르 부르디외 · 장 클로드 파세롱 지음, 《재생산》, 이상호 옮김, 동문선, 2000.)

62   Melissa Coade, 'Elite have "overwhelming" advantage in legal recruitment, data shows', *Lawyers Weekly*, 1 March 2017.

63   Mark Peel and Janet McCalman, *Who Went Where in Who's Who 1988: The Schooling of the Australian Elite*. Parkville, Vic.: University of Melbourne, 1992.

64   Geoff Maslin, 'Schooling the elite of the land', *The Age*, 31 July 1992.

65   하지만 서방 민주주의 나라들의 경우에 신자유주의 우파에서는 부유한 "상인", 좌파에서는 교육수준이 높은 "브라만"이라는 두 경쟁 엘리트들이 지배한다는 피케티의 주장을 언급함으로써 미묘한 차이를 드러낼 수 있다. "브라만" 좌파는 진지한 재분배 정책(특히 누진세)에 대한 믿음을 잃지 않았고 문화 다양성을 증진하는 데 집중한다. 우리가 볼 때는 두 엘리트 모두 승리하고 있다. 부의 축적에 대한 제약이 적어졌고, 문화 다양성이 증대되었다. 패배한 것은 사회정의다.

66   첫 번째 주장에 관해서는 6장 주석 1을 보라.

7장. 그들이 기부를 하는 이유

1   Hayley Dixon, 'Extinction Rebellion funded by charity set up by one of

Britain's richest men', *The Telegraph*, 10 October 2019; Megan Agnew and Laith Al-Khalaf, 'Just Stop Oil bankrolled by fossil fuel heiress whose cash pays activists to protest', *The Times*, 22 October 2022. 혼은 복잡한 인물이다. 검소하게 생활하는 채식주의자인 그는 진보적 대의를 후원하는 주요한 기부자다. 기부금의 자금원인 그의 헤지펀드를 소유한 기업은 조세 피난처에 등록되어 있다.

2 이 책의 공저자 중 한 명인 클라이브 해밀턴은 오스트레일리아연구소Australia Institute 전무로 일할 때 캔터 가문의 기부를 받았다.

3 '진보적' 기부와 체제를 떠받치는 기부를 구분하는 것은 물론 쉽지 않은 일이다. 미국에서 진보적인 것으로 묘사되는 엘리트 자선사업의 대부분(https://tinyurl.com/yyubdf6k를 보라)은 정치-경제 체제에 이의를 제기하는 대신 그 체제를 개혁해서 강화하는 것을 목표로 삼는다.

4 폴램지재단Paul Ramsay Foundation, 앤드루 포레스트의 민더루재단Minderoo Foundation, 로위재단Lowy Foundation, 그리고 보수 기독교인인 크레이그와 디 윙클러Craig and Di Winkler 부부가 설립한 야질라라재단Yajilarra Foundation이다. Danielle Kutchel, 'Australia's mega-rich don't give enough', *Pro Bono Australia*, 29 August 2022, https://tinyurl.com/3fv72j3h). 윙클러 부부는 가족우선당Family First Party과 오스트레일리아기독교로비Australian Christian Lobby 를 지지한다(John Stensholt, 'True leaders 2016: Di and Craig Winkler are "not your traditional power couple"', *Financial Review*, 8 August 2016, https://tinyurl.com/28mbnvzj).

5 Mairi Maclean, Charles Harvey, Ruomei Yang and Frank Mueller, 'Elite philanthropy in the United States and United Kingdom in the new age of inequalities', *International Journal of Management Reviews*, 23 (2021): 330~52쪽, 인용문은 343쪽.

6 Paul Schervish, 'Major donors, major motives: the people and purposes behind major gifts', *New Directions for Philanthropic Fundraising*, 47 (2005): 59~87쪽, 인용문은 60쪽.

7 같은 글, 62~3쪽.

8 같은 글, 61쪽. 그전에 셔비시는 초행위성을 이렇게 정의했다: "기업체에서 정부, 개인적 가정에서 사회적 자선사업에 이르기까지 자신들이 거주하는 세계의 창건자가 될 수 있는 자신 있는 성향과 물질적 역량의 혼합물." Paul Schervish, 'The modern Medici: patterns, motivations, and giving strategies of the wealthy', paper presented at the University of Southern California, 2000, 2쪽.

9   같은 글, 8~9쪽.

10   Schervish, 'Major donors, major motives', 66, 64쪽.

11   Maclean et al., 'Elite philanthropy in the United States and United Kingdom in the new age of inequalities', 343쪽.

12   Julia Crawford, 'Does Bill Gates have too much influence in the WHO?', *Swissinfo*, 10 May 2021.

13   Megan Twohey and Nicholas Kulish, 'Bill Gates, the virus and the quest to vaccinate the world', *New York Times*, 23 November 2020.

14   Crawford, 'Does Bill Gates have too much influence in the WHO?'에서 재인용.

15   Lindsey McGoey, *No Such Thing as a Free Gift: The Gates Foundation and the Price of Philanthropy*. London: Verso, 2015.

16   Twohey and Kulish, 'Bill Gates, the virus and the quest to vaccinate the world'.

17   같은 글.

18   같은 글.

19   Mairi Maclean, Charles Harvey and Gerhard Kling, 'Pathways to power: class, hyper-agency and the French corporate elite', *Organization Studies*, 35/6 (2014): 825~55쪽.

20   Jane Cadzow, 'Just a country boy', *Good Weekend* [*Sydney Morning Herald* magazine], 2 July 2022.

21   같은 글.

22   https://www.walkfree.org/who-we-are/. "인도주의의 길을 개척하는 25세의 선동가" 그레이스를 치켜세우는 기사로는 Gail Williams, 'Grace Forrest's fight for a better world', *PerthNow*, 4 December 2018을 보라.

23   2017년, 저명한 정치인인 크리스티나 케닐리는 포레스트가 오스트레일리아 역사상 최고로 많은 자선 기부를 했다고 축하하면서도 "아마 앤드루 포레스트의 기업들은 세금을 더 많이 낼 수 있었을 것"이라고 꼬집었다. Kristina Keneally, 'Twiggy Forrest's philanthropy is great: but he could have just paid more tax', *The Guardian*, 24 May 2017.

24   Zurina Simm, *Philanthropy and Social Justice: Examining the Social Impact of Grant-Making by Philanthropic Institutions in Australia*, PhD thesis, University of Adelaide, 2020, 30쪽에서 재인용한 민더루재단의 말.

25   'Vatican accuses Andrew "Twiggy" Forrest of exploiting Pope Francis over anti-slavery campaign', *ABC News* online, 5 August 2015.

26 Janie A. Chuang, 'Giving as governance? Philanthrocapitalism and modern-day slavery abolitionism', *UCLA Law Review*, 62/6 (2015): 1516~56쪽.

27 Walk Free Foundation, *The Global Slavery Index 2018*. 앤드루 포레스트는 서문에서 이렇게 선언한다. "이 싸움에서 '저쪽'은 존재하지 않습니다 — 우리 모두 하나가 되어 노예제를 영원히 종식시키기 위해 힘써야 합니다."

28 Anne T. Gallagher, 'What's wrong with the Global Slavery Index?', *Anti-Trafficking Review*, 8 (2017): 90~112쪽.

29 워크프리재단은 "우리는 침묵당하는 이들이 목소리를 되찾을 수 있도록 싸운다" 고 선언한다 (www.walkfree.org).

30 Andy Beckett, '*No Such Thing as a Free Gift: The Gates Foundation and the Price of Philanthropy* by Linsey McGoey — review', *The Guardian*, 24 October 2015. 테드TED 강연도 이런 식으로, 즉 진보주의의 겉치장 뒤에서 "부유층과 권력층을 위한 네트워킹 행사"라고 비판받고 있다 (Dylan Matthews, 'Meet the folk hero of Davos: the writer who told the rich to stop dodging taxes', *Vox*, 30 January 2019, https://tinyurl.com/2p9jr9v4).

31 Matthews, 'Meet the folk hero of Davos'에서 재인용한 뤼트허르 브레흐만 Rutger Bregman의 말. 브레흐만은 다보스 회합에 이렇게 말했다. "그냥 세금들이나 내세요."

32 Matthew Bishop and Michael Green, 'Philanthrocapitalism rising', *Society*, 52/6 (2015): 541~8쪽, 인용문은 541쪽.

33 같은 글, 542~3쪽.

34 빌 게이츠와 워런 버핏, 조지 소로스 같은 일부 슈퍼리치들은 부유층에 대한 세금 인상을 공개적으로 지지한 바 있다는 점을 언급해야 한다(Taylor Nicole Rogers and Juliana Kaplan, 'Democrats are set to unveil a new billionaire's tax and some of the wealthiest Americans are glad', *Insider*, 26 October 2021, https://tinyurl.com/5n7btsvv). 일론 머스크는 부유세 제안에 강하게 반대하면서 정부가 아니라 자신 같은 기업가들이 부를 재할당하는 적임자라고 말했다(Joseph Zeballos-Roig, 'Elon Musk rips Democrats' billionaire-tax plan that could slap him with a $10 billion annual bill', *Insider*, 26 October 2021, https://tinyurl.com/4mhr8wup). 막대한 기부를 하는 미국 초부유층의 추세에 거스르면서 머스크는 한 푼도 기부하지 않는다(Niall McCarthy, '2020's biggest charitable donations', *Forbes*, 7 January 2021, https://tinyurl.com/yufhdwuj).

35 McGoey, *No Such Thing as a Free Gift*, 20쪽.

36 Larissa Dubecki, 'The national sport that's not very sporting', *The Age*, 9 February 2007. "수십억 단위의 나쁜 짓을 하고도 수백만 단위의 기부로 지워버릴 수가 있다"(Paul Constant, 'Ultrawealthy Americans want you to think their philanthropy will change the world', *Insider*, 9 October 2021, https://tinyurl.com/4793d5sa).

37 McGoey, *No Such Thing as a Free Gift*, 20쪽.

38 David Rieff, *The Reproach of Hunger: Food, Justice and Money in the Twenty-First Century*. London: Verso, 2015, 229쪽.

39 Jeanine Cunningham and Michael Dreiling, 'Elite networks for environmental philanthropy: shaping environmental agendas in the twenty-first century', *Environmental Sociology*, 7 (2021): 351~67쪽.

40 Simm, *Philanthropy and Social Justice*.

41 같은 책, 31쪽.

42 예를 들어 Laurie Bennett, 'Billionaires channel millions to think tanks', *Forbes*, 4 February 2012; Sharita Forrest, 'Wealthy donors, think tanks major influences on education policy, study says', *Illinois News Bureau*, 11 March 2016. 미국의 보수적 재단들은 영국의 우파 싱크탱크, 특히 정책교류센터Centre for Policy Exchange, 경제문제연구소Institute of Economic Affairs, 애덤스미스연구소Adam Smith Institute 등에 상당한 자금을 기부하고 있다. Rob Evans et al., 'The US donors who gave generously to rightwing UK groups', *The Guardian*, 29 November 2019를 보라.

43 Mike Seccombe, 'IPA has lost all funding from ASX 100', *Saturday Paper*, 1-7 October 2022.

44 https://grattan.edu.au/about/supporters/를 보라.

45 2017년, 보수 성향의 턴불 정부는 게리 존스Gary Johns를 자선 규제 책임자로 임명함으로써 급진적 의제를 추구하는 자선단체와 NGO에 압박을 가하는 새로운 방식을 들고나왔다. 우파 성향의 공공문제연구소에서 직원으로 일하던 시절에 존스는 오랫동안 자선단체의 사회적 활동을 차단하고 보수 정부의 정책에 이의를 제기하는 비영리단체에 재갈을 물리기 위한 정력적인 캠페인을 이끌었다. 2022년 그가 사임하자 많은 이들이 "자선단체와의 전쟁"이 끝났다면서 환호성을 질렀다(Christopher Knaus, 'Resignation of Gary Johns from Australian charities regulator ends Liberals' war on sector, Labor says', *The Guardian*, 3 June 2022).

46 Danielle Faber and Debbie McCarthy, 'Breaking the funding

barriers: philanthropic activism in support of the environmental justice movement', in Faber and McCarthy (eds), *Foundations for Social Change: Critical Perspectives on Philanthropy and Popular Movements*. Lanham, MD: Rowman & Littlefield, 2005, 175~209쪽, 인용문은 177쪽.

47   J. Craig Jenkins, Jason T. Carmichael, Robert J. Brulle and Heather Boughton, 'Foundation funding of the environmental movement', *American Behavioral Scientist*, 61/13 (2018): 1640~57쪽, 인용문은 1654쪽.

48   Robert J. Brulle, Galen Hall, Loredana Loy and Kennedy Schell-Smith, 'Obstructing action: foundation funding and US climate change counter-movement organizations', *Climatic Change*, 166/17 (2021)을 보라.

49   Cunningham and Dreiling, 'Elite networks for environmental philanthropy', 14쪽. 그럼에도 특히 환경정의 같은 대안적 담론들이 2000년에 지원금의 5퍼센트 이상을 받았다(Jenkins, Carmichael, Brulle and Boughton, 'Foundation funding of the environmental movement').

50   Tim Bartley, 'How foundations shape social movements: the construction of an organizational field and the rise of forest certification', *Social Problems*, 54/3 (2007): 229~55쪽.

51   Robert Winnett and James Kirkup, 'George Osborne: I'm going after the wealthy tax dodgers', *The Telegraph*, 9 April 2012; 'Wealthy abuse charity donations to cut tax, says No. 10', *BBC News* online, 10 April 2012, www.bbc.com/news/uk-politics-17664893.

52   Mairi Maclean and Charles Harvey, '"Give it back, George": network dynamics in the philanthropic field', *Organization Studies*, 37/3 (2016): 399~423쪽. Maclean et al., 'Elite philanthropy in the United States and United Kingdom'도 보라.

53   'Wealthy abuse charity donations to cut tax, says No. 10'.

54   Maclean and Harvey, 'Give it back, George', 416쪽.

55   Elizabeth Cham, *Trustee Companies: Their Role in Australian Philanthropy*, PhD thesis, University of Technology Sydney, 2016.

56   Australian Government, The Treasury, *Improving the integrity of Prescribed Private Funds*, discussion paper, November 2008, https://tinyurl.com/5x83utxv.

57   Philanthropy Australia, *Giving Trends and Opportunities*, 2022.

58   이런 비밀주의가 팽배한 한 가지 이유를 들자면, 오스트레일리아의 엘리트 자선사업이 미국에 비해 학문적 관심을 거의 받지 못하고 있기 때문이다.

59   Australian Government, The Treasury, *Improving the integrity of Prescribed Private Funds*.

60   같은 책, 5, 6쪽.

61   Cham, *Trustee Companies*, 140쪽에서 재인용.

62   같은 책, 148~9쪽.

63   Maclean et al., 'Elite philanthropy in the United States and United Kingdom', 342쪽.

64   Brock Colyar et al., 'Who was Jeffrey Epstein calling?' *Intelligencer*, 22 July 2019.

65   같은 글. 스티븐 호킹은 엡스타인의 개인 소유 섬('페도파일[소아성애] 섬 Paedophile Island'이라는 별명이 붙은 섬)을 방문했다. 서머스가 하버드에서 재직한 시기는 잡지 《인텔리전서》가 이름 붙인 "하버드와 엡스타인의 연애 사건"과 겹친다. 엡스타인은 하버드에 650만 달러를 기부한 것으로 알려졌다.

66   같은 글. 현재 그들이 엡스타인에 관해 공적으로 어떤 발언을 하든 간에, 그리고 많은 이들이 엡스타인과 최소한으로만 접촉했을 뿐이며 그를 좋아하지 않았다고 주장하고 있지만, 그들은 그의 돈으로 신뢰를 사려는 구상이나 지적 허세에 대해 목소리를 높이지 않았다. 그들은 기꺼이 게임에 참여해서 보상을 챙겼다.

67   크라우스는 한마디를 덧붙였다. "어쨌든 나는 제프리와 친한 관계 때문에 내 평판이 나빠졌다고 보지 않아요. 오히려 올라갔다고 느낍니다." 크라우스는 나중에 성적 비행을 저질렀다는 주장이 나온 뒤 직장에서 해고되었다. Alexandra Wolfe, 'Jeffrey Epstein's society friends close ranks', *Daily Beast*, 1 April 2011을 보라.

68   Colyar et al., 'Who was Jeffrey Epstein calling?'.

69   Leland Nally, 'I called everyone in Jeffrey Epstein's little black book', *Mother Jones*, 9 October 2020.

70   Adam Rogers, 'Jeffrey Epstein and the power of networks', *Wired*, 27 August 2019.

71   같은 글.

72   이 비밀연락처에 관해서는 Nally, 'I called everyone in Jeffrey Epstein's little black book'을 보라.

73   Emily Flitter and James Stewart, 'Bill Gates met with Jeffrey Epstein many times, despite his past', *New York Times*, 12 October 2019.

게이츠는 나중에 자신은 "그런 만남 때문에 엡스타인을 신뢰하는 것으로 여겨질 수 있다는 사실을 미처 깨닫지 못했다"고 말했는데, 그 정도의 지위에 있는 사람으로서는 놀라울 정도로 천진해 보이는 해명이다. 'The links between Jeffrey Epstein and Bill Gates explained', *The Week*, 3 May 2022도 보라.

74   Colyar et al., 'Who was Jeffrey Epstein calling?'.

75   Colleen Flaherty, 'Pinker, Epstein, Soldier, Spy', *Inside Higher Education*, 16 July 2019.

76   Kylar Loussikian, 'Arts companies are recruiting corporate gurus', *The Australian*, 1 May 2021.

77   Gwen Moore et al., 'Elite interlocks in three U.S. sectors: nonprofit, corporate, and government', *Social Science Quarterly*, 83/3 (2002): 726~44쪽.

78   Luna Glucksberg, *Gendering the Elites: An Ethnographic Approach to Elite Women's Lives and the Re-production of Inequality*, LSE International Inequalities Institute Working paper 7, October 2016.

79   Linda Morris, 'Secrets of giving: meet the philanthropists helping revive Sydney's arts and culture institutions', *Sydney Morning Herald*, Spectrum, 9 April 2022.

80   Carrie Cousins, 'What is a giving circle and why should nonprofits care?', *Give*, 20 January 2021, https://tinyurl.com/4chthj25.

81   국립미술관장 닉 미체비치Nick Mitzevich는 고 닐 벨네이브스Neil Belnaves 가 "당신과 함께 미술관을 책임지고 싶어" 했다고 기억을 떠올린다. "그는 수표를 써주면서도 전략과 게임 플랜에 공헌하는 것을 흡족해하는 인물이었다. ……"(Morris, 'Secrets of giving').

82   Anna Schlia, 'Five questions to uncover donor motivations', 15 September 2021, https://grahampelton.com/insights/donor-motivations. 영국에서는 어워즈인텔리전스Awards Intelligence라는 이름의 사업체가 기사나 데임 작위를 받는 법에 관해 맞춤형 조언을 제공한다(https://tinyurl.com/3my2cyw6를 보라).

83   https://www.mca.com.au/get-involved/mca-next/; Morris, 'Secrets of giving' 등을 보라.

84   Morris, 'Secrets of giving'. 브라이언 셔먼은 2022년에 사망했다.

85   Mairi Maclean and Charles Harvey, 'Crafting philanthropic identities', in Andrew D. Brown (ed.), *The Oxford Handbook of Identities in Organizations*. Oxford: Oxford University Press, 2020.

86 Ian Birrell, 'He's taken millions from dictators and cosied up to warlords', *Daily Mail*, 12 January 2013.

87 Maclean et al., 'Elite philanthropy in the United States and United Kingdom', 342쪽.

88 Maclean and Harvey, 'Crafting philanthropic identities'.

89 Cadzow, 'Just a country boy'.

90 https://tinyurl.com/4kpnce74를 보라.

91 Mario Christodoulou and Stephen Long, 'Fortescue helped fund Wirlu-Murra Yindjibarndi Aboriginal elders' campaign against mine land owners', *ABC Four Corners* online, 28 July 2015.

92 'Pilbara native title case: the fight to decide if Fortescue pays compensation to Indigenous owners', *The Guardian*, 27 August 2023.

93 Julie-Anne Sprague, 'Andrew Forrest applies business know-how to philanthropic causes', *AFR Magazine*, 27 April 2018.

94 미국에서 수많은 학교 총기 난사 사건에서 사용된 AR-15식 반자동소총 제조사인 스미스앤드웨슨은 여러 어린이 자선단체에 기부를 한다. 전미총기협회NRA에 따르면, 총기 회사들은 "종종 온갖 종류의 대의에 이익을 환원하고 후한 기부를 하는 방법을 찾는다". www.nrablog.com/articles/2015/7/firearms-companies-who-give-back/을 보라.

95 John Heathershaw et al., *The UK's Kleptocracy Problem*. London: Chatham House, 2021, https://tinyurl.com/mvm7pyb9

96 오스트레일리아에서 중대 범법 행위로 비난받는 어느 억만장자도 이 각본을 따랐다. 그가 여러 정당의 손이 큰 기부자 노릇을 하자 고위 정치인들이 공개적으로 그의 선한 인성을 옹호하고 있다. 명문 기관과 유서 깊은 자선단체들에도 통 크게 기부를 하면서 존경받는 공인들로부터 칭찬을 받고 있다. 그는 출신 배경을 추적하는 기사를 실은 언론기관들을 고소했는데, 특히 우리에게 소름 끼치는 효과를 발휘했다.

97 Owen Jones, 'We don't want billionaires' charity. We want them to pay their taxes', *The Guardian*, 27 October 2018. 보노의 순자산에 관해서는 Garrett Parker, 'How Bono achieved a net worth of $700 million', 10 April 2023, https://moneyinc.com/how-bono-net-worth/를 보라.

98 Mark Sweney, 'Jeff Bezos vows to give away most of fortune — and hands Dolly Parton $100m', *The Guardian*, 15 November 2022.

99 Rubén Gaztámbide-Fernández and Adam Howard, 'Social justice, deferred complicity and the moral plight of the wealthy', *Democracy &*

Education, 21/1 (2013): 1~4쪽.

100 '최고경영자 야외취침'에 관한 한 연구는 다음과 같은 사실을 발견했다. "정서적 차원에서 최고경영자들에게 영향을 미치는 것 외에도, 많은 이들이 노숙 생활을 예방하기 위해 기업의 현실을 바꾸기 위한 현실적 조치를 취한다고 보고했다." Jacki Montgomery and Alla Khan, 'Take heart, charity stunts can make CEOs better people', *The Conversation*, 21 June 2018.

101 Jason Blaiklock, 'I'm a CEO sleeping out for Vinnies, but 30 years ago I really was sleeping rough', *Sydney Morning Herald*, 17 June 2021.

102 Cameron Parsell and Beth Watts, 'Charity and justice: a reflection on new forms of homelessness provision in Australia', *European Journal of Homelessness*, 11/2 (2017): 65~76쪽.

103 www.ceosleepout.org.au/the-australian을 보라.

104 Aaron Patrick, 'There's nothing like a CEO humblebragger', *Australian Financial Review*, 17 June 2021. 휴 마크스Hugh Marks는《오스트레일리언 파이낸셜리뷰》와《시드니 모닝 헤럴드》를 소유한 나인엔터테인먼트Nine Entertainment의 최고경영자다.

105 'BankSA's chief executive, Nick Reade, joins business leaders sleeping rough in the city', *The Advertiser*, 18 June 2019, https://tinyurl.com/d98k429r.

8장. 특권의 네트워크

1 Pierre Bourdieu, 'The forms of capital', in J. Richardson (ed.), *Handbook of Theory and Research for the Sociology of Education*. Westport, CT: Greenwood Press, 1986, 1~29쪽, 인용문은 22쪽.

2 부르디외는 "순진한 마키아벨리적 견해"에 대해 경고했다(같은 글, 28쪽, 주석 18).

3 같은 글, 24쪽.

4 Brendan O'Shannassy, *Superyacht Captain*. London: Adlard Coles, 2022, 158쪽. 오섀너시는 억만장자 비판자와는 거리가 먼 사람으로, 그들에게 경외심을 품고 있다고 고백하며, 가즈오 이시구로의《남아 있는 나날》의 기묘한 메아리처럼, 위대한 억만장자들에게 봉사할 수 있어서 축복받은 인생이라고 생각한다.

5 같은 책, 51, 160쪽.

6   Mairi Maclean, Charles Harvey and Gerhard Kling, 'Elite business
     networks and the field of power: a matter of class?', *Theory, Culture &
     Society*, 34/5-6 (2017): 127~51쪽, 인용문은 127쪽.

7   같은 글, 129쪽.

8   Claire Wright, 'Board games: antecedents of Australia's interlocking
     directorates, 1910-2018', *Enterprise & Society*, 24/2 (2022): 1~28쪽,
     인용문은 9쪽.

9   Maclean et al., 'Elite business networks and the field of power', 130쪽.

10   같은 글, 131쪽.

11   Michael Evans, 'Sydney bigwig to head Future Fund', *Sydney Morning
     Herald*, 13 March 2012. 'David Gonski', Australian Government,
     Boardlinks, https://tinyurl.com/5n8z8zkx; 'David Gonski: Australia's
     "chairman of everything" talks life, big business and education', *ABC
     News*, 25 June 2015, https://tinyurl.com/yukhcz78 등도 보라.

12   Michael Smith, 'Corporate power 2016: David Gonski leads list of
     15 most powerful businesspeople in Australia', *Australian Financial
     Review*, 28 September 2016, https://tinyurl.com/ycxh9c37.

13   같은 글.

14   Ithai Stern and James D. Westphal, 'Stealthy footsteps to the
     boardroom: executives' backgrounds, sophisticated interpersonal
     influence behavior, and board appointments', *Administrative Science
     Quarterly*, 55/2 (2010): 278~319쪽.

15   Maclean et al., 'Elite business networks and the field of power', 131쪽.

16   이런 발상에 관한 논의로는 Charles Harvey and Mairi Maclean, 'Capital
     theory and the dynamics of elite business networks in Britain and
     France', *Sociological Review*, 56/1 (2008): 105~20쪽, 인용문은 110쪽
     곳곳을 보라.

17   같은 글, 113쪽.

18   Yoni Bashan and John Stensholt, 'VIP guests make their mark at AFL
     grand', *The Australian*, 26 September 2022.

19   Rob Pegley, 'How Atlassian co-founder Mike Cannon-Brookes became
     an accidental billionaire', *CEO Magazine*, 25 November 2021; 트위터(현
     'X'): https://tinyurl.com/292s7exc.

20   Joanne Gray, 'Michael Cannon-Brookes snr: how I raised a son who
     became Atlassian billionaire', *Australian Financial Review*, 9 June 2016.

21 Kishor Napier-Raman, 'Mansion moguls: the $523m property portfolio of Sydney's Atlassian founders', *Sydney Morning Herald*, 29 December 2022.

22 이 논문 자체는 입수하기 어려운 듯하지만 다음 기사에 요약되어 있다. Zev Stub, 'Parents' income, not smarts, key to entrepreneurship — study', *Jerusalem Post*, 28 January 2021.

23 Nicole Kobie, 'The UK's startup founders are way too posh. Here's how to fix that', *Wired*, 5 August 2019.

24 "테크 기업 창립자가 옥스브리지 출신으로 구글 같은 테크 대기업이나 맥킨지 같은 컨설팅 기업에서 일을 했다면, 사업 파트너를 만날 기회가 있을 것이다. 그렇지 못하다면 어떻게 기회를 발견할까?" 같은 글.

25 Luna Glucksberg, *Gendering the Elites: An Ethnographic Approach to Elite Women's Lives and the Re-production of Inequality*, LSE International Inequalities Institute Working paper 7, October 2016.

26 같은 책, 7쪽. 부르디외도 이 주제에 관해 쓴 바 있다.

27 애슐리 미어스는 'Girls as elite distinction: the appropriation of bodily capital', *Poetics*, 53 (December 2015): 22~37쪽에서도 비슷한 결론에 도달했다.

28 Miller McPherson, Lynn Smith-Lovin and James M. Cook, 'Birds of a feather: homophily in social networks', *Annual Review of Sociology*, 27/1 (2001): 415~44쪽.

29 Lauren Rivera, 'Hiring as cultural matching: the case of elite professional service firms', *American Sociological Review*, 77/6 (2012): 999~1022쪽.

30 Isabelle Allemand, Jean Bédard, Bénédict Brullebaut and Jérôme Deschênes, 'Role of old boys' networks and regulatory approaches in selection processes for female directors', *British Journal of Management*, 33 (2022): 784~805쪽.

31 같은 글, 801쪽.

32 Elena Greguletz, Marjo-Riitta Diehl and Karin Kreutzer, 'Why women build less effective networks than men: the role of structural exclusion and personal hesitation', *Human Relations*, 72/7 (2019): 1234~61쪽.

33 같은 글, 1256쪽.

34 Deb Verhoeven et al., 'Net effects: examining strategies for women's inclusion and influence in ASX200 company boards', *Applied Network*

Science, 7 (2022).

35 Harvey and Maclean, 'Capital theory', 116쪽.

36 여기서 우리는 특히 다음 논문에 의지한다. Allemand et al., 'Role of old boys' networks and regulatory approaches in selection processes for female directors'. 하지만 이는 복잡한 문제다. 여러 연구에 따르면, 여성과 유색인이 글로벌 엘리트에 충원되는 한편, 백인 남성이 "핵심"을 지배하는 반면 다른 이들은 "주변부"에 머무른다. Kevin Young, Seth Goldman, Brendan O'Connor and Tuugi Chuluun, 'How white is the global elite? An analysis of race, gender and network structure', *Global Networks*, 21/2 (2021): 365~92쪽. 다른 한편 여러 증거로 볼 때, 더 많은 여성 고위 임원을 임명하는 기업은 사회적 책임성이 증대된다(위험 회피와 수익성도 좋아진다). Corinne Post, Boris Lokshin, and Christophe Boone, 'Adding women to the C-suite changes how companies think', *Harvard Business Review*, 6 April 2021을 보라.

37 Maria Adamson and Marjana Johansson, 'Writing class in and out: constructions of class in elite businesswomen's autobiographies', *Sociology*, 55/3 (2021): 487~504쪽.

38 이 장르에 속하는 자서전이 오스트레일리아에 두 개 있다: Gail Kelly, *Live, Lead, Learn*. Melbourne: Viking, 2017; Colleen Callander, *Leader by Design: Be Empowered to Lead with Confidence in Business and in Life*. Elsternwick: Major Street, 2021. 다른 곳에서 컬랜더는 부모 세대의 통나무집 이야기에서 다음과 같이 말한다. "아버지는 부모님과 함께 이탈리아를 떠나 오스트레일리아로 왔다. 당시 겨우 네 살이었고, 옷가방 몇 개와 푼돈뿐이었다. 가족은 더 나은 삶을 찾아 왔고, 아버지는 평생 무척 열심히 일했다. 엄마의 인생은 아주 달랐다. …… 열두 명의 형제자매 중 한 명이었고, 겨우 스물한 살에 어머니를 잃었다."

39 Peter Bloom and Carl Rhodes, *CEO Society: The Corporate Takeover of Everyday Life*. London: Zed Books, 2018 (blurb).

40 Adamson and Johansson, 'Writing class in and out', 494쪽.

41 같은 글, 495쪽.

42 Chanel Contos, 'Do they even know they did this to us? Why I launched the school sexual assault petition', *The Guardian*, 15 March 2021.

43 알렉산드라 앨런과 클레어 찰스는 엘리트 사립 여학교에서 젊은 여성성이 계급 차이와 어떻게 교차하는지에 관한 연구에서 "다양성 포용"이 어떻게 중간계급 자체의 구축의 일부가 되고 있는지를 보여준다(Alexandra Allan and Claire

Charles, 'Cosmo girls: configurations of class and femininity in elite educational settings', *British Journal of Sociology of Education*, 35/3 (2014): 333~52쪽. 오늘날 엘리트 여학교는 "여성 임파워먼트와 젠더 평등이라는 강력한 수사"를 활용하지만, 제인 켄웨이와 동료들은 엘리트 여학교의 페미니즘이 개인주의적이며, "사회 변화보다는 성공적 인생 경로에 집중되어 있다"고 주장한다(Jane Kenway et al., *Class Choreographies: Elite Schools and Globalization*. London: Palgrave Macmillan, 2017, 240쪽).

44 Lisa Murray, 'Chanel Contos intended to get only three schools to teach consent', *Australian Financial Review*, 25 February 2022. (콘토스와 만나서 점심을 함께한 한 기자는 이렇게 말했다. "콘토스가 좋아하는 요리인 유자 소스를 곁들인 방어 사시미는 저녁 메뉴 전용인데, 그녀는 웨이터에게 특별 요청을 해달라고 당부한다.") Peter FitzSimons, 'What Chanel Contos uncovered about school-age sex abuse, we all need to know', *Sydney Morning Herald*, 21 August 2022도 보라.

45 'Students from Scots College, Cranbrook, Sydney Grammar, Waverley College, Kambala, Kincoppal-Rose Bay, Monte Sant Angelo and Pymble Ladies' College are repeatedly mentioned in the testimonies.' Ben Graham, 'Sexual assault: dark secret at some of Sydney's most elite schools', *News.com*, 25 February 2021.

46 Jane Kenway, 'Rolling in it: the rules of entitlement at wealthy schools for boys', *Gender and Education*, submitted 2023.

47 Caitlin Fitzsimmons, 'Parents at private boys' schools back more teaching of sexual consent', *Sydney Morning Herald*, 28 February 2021.

48 다른 곳에서 켄웨이는 경제자본이 "근원적인" 자본 형태임을 인정한다 ('Travelling with Bourdieu: elite schools and the cultural logics and limits of global mobility', in L. Adkins, C. Brosnan, and S. Threadgold (eds), *Bourdieusian Prospects*. London: Routledge, 2017, 31~48쪽, 인용문은 33쪽).

49 Nina Funnell, Anna Hush and Sharna Bremner, *The Red Zone: An Investigation into Sexual Violence and Hazing in Australian University Residential Colleges*. End Rape on Campus Australia, 2018, 101쪽. 주: 지은이 중 한 명인 마이라 해밀턴은 시드니대학교 기숙제 칼리지에서 6개월 동안 살았다.

50 'Broderick report on cultural renewal at colleges received', 29 November 2017, https://tinyurl.com/52dhuhd8.

51   Nina Funnell, 'How the Broderick report on university colleges glossed over rape culture', *Sydney Morning Herald*, 19 December 2017.

52   Elizabeth Broderick & Co., *Report to St Andrew's College on Cultural Renewal*, 2017, https://tinyurl.com/2p8tacyu.

53   브로더릭은 최고 로펌의 파트너가 되었고, 보수 정당 총리인 존 하워드에 의해 성차별 감독위원장으로 임명되었다.

54   Jasmine Andersson, 'When my best friends went to private school, our relationship changed forever', *Refinery29*, 4 November 2019.

55   Ben Ellery, Katy Amos and Nicola Woolcock, 'Former pupils compile dossier of "rape culture" at Westminster School', *The Times*, 20 March 2021. Olivia Petter, 'Anyone who went to a private school shouldn't be shocked by the allegations — rape culture was everywhere', *The Independent*, 25 March 2021도 보라.

56   Fiona Scolding, *A Review into Harmful Sexual Behaviours at Westminster School and Recommendations for the Future*, 2022, https://tinyurl.com/hwyfrddr. 보고서에 따르면, 또한 "소수 종족 여학생들은 다른 대접을 받기 때문에 자신이 이중으로 불리한 지위라고 이야기했다. 성별과 종족을 바탕으로 그들에 대한 고정관념이 만들어지기 때문이다".

57   Emily Jane Fox, '"I was ashamed": after Ford's accusation, Holton-Arms alumnae wrestle with their own truths — together', *Vanity Fair*, 26 September 2018.

58   Xanthe Scharff, 'I went to an elite prep school like Christine Blasey Ford's', *Time*, 28 September 2018.

59   Brendan Kiely, 'The girls who live in an all-boys world', *The Atlantic*, 25 September 2018.

60   Nancy Fraser and Axel Honneth, *Redistribution or Recognition? A Political-Philosophical Exchange*. London: Verso, 2003.

61   Bob Pease, *Undoing Privilege: Unearned Advantage in a Divided World*. London: Zed Books, 2022.

62   물론 출생 시의 젠더가 계속 고정되는 것으로 인정할 때.

63   Pease, *Undoing Privilege*, 23쪽. 그리고 23쪽 이하에 실린 "내면화된 지배"에 관한 피즈의 유용한 절을 보라.

64   같은 책, 23쪽.

65   6장 주석 1을 보라.

66   'Number of billionaires worldwide in 2022, by region', https://tinyurl.

com/2p9tsnds; 'Distribution of billionaires around the world in 2022, by gender', https://tinyurl.com/txysfetc.

9장. 특권을 감추고 정당화하기

1 이 구절은 Dylan Riley, 'Bourdieu's class theory', *Catalyst*, 1/2 (2017), 37쪽에서 가져온 것이다.

2 Rahm Emmanuel, 'It's time to hold American elites accountable for their abuses', *The Atlantic*, 21 May 2019.

3 Mara Loveman, 'The modern state and the primitive accumulation of symbolic power', *American Journal of Sociology*, 110/6 (2005): 1651~83쪽, 인용문은 1655쪽. 이 부분은 부르디외의 구절을 러브먼이 약간 변형한 것이다. 부르디외는 국가권력에 관해 이야기했다.

4 Candace West and Don Zimmerman, 'Accounting for doing gender', *Gender & Society*, 23/1 (2009): 112~22쪽, 인용문은 117쪽; Pierre Bourdieu, 'Symbolic capital and social classes', *Journal of Classical Sociology*, 13/2 (2013): 292~303쪽, 인용문은 300쪽.

5 Christina Starmans, Mark Sheskin and Paul Bloom, 'Why people prefer unequal societies', *Nature Human Behaviour*, 1 (2017).

6 Adam Jaworski and Crispin Thurlow, 'Mediatizing the "super-rich," normalizing privilege', *Social Semiotics*, 27/3 (2017): 276~87쪽을 보라.

7 Daniel Markovits, *The Meritocracy Trap*. London: Penguin, 2019, x쪽.

8 'Susan Kiefel: worthy and inspirational chief justice', *Sydney Morning Herald*, 29 November 2016.

9 로익 바캉이 말하는 것처럼, 부르디외에게 현재 상태를 떠받치는 것은 "불평등의 구조를 정당화함으로써 견고히 굳히는 미묘한 의미 체계의 도입"이다. Loïc Wacquant, 'Pierre Bourdieu', in Rob Stones (ed.), *Key Contemporary Thinkers*. London: Macmillan, 2006, 264쪽. 여기서 부르디외는 국가의 "상징폭력"에 관해 이야기했다.

10 Zoe Samios, 'My job is just a job. It doesn't define who I am or what I am', *Sydney Morning Herald*, 20 August 2022, 24~5쪽.

11 Anne Hyland, 'In the driver's seat', *Good Weekend* [*Sydney Morning Herald* magazine], 5 February 2022.

12 Kadhim Shubber and Michael O'Dwyer, 'Boston Consulting in

nepotism claims after London jaunt for kids of top staff', *Financial Times*, 30 July 2022.

13 Jim Waterson, 'FT's How To Spend It magazine rebrands as big spenders go out of style', *The Guardian*, 30 May 2022; Shawn McCreesh, 'Why is the *Financial Times* trying to hide the wealth porn?', *Intelligencer*, 3 June 2022.《파이낸셜타임스》칼럼니스트 헨리 포터Henry Porter는 이 새로운 이름을 "소비자 포르노의 위장용"에 불과하다고 본다.

14 편집인은 새로운 브랜드 설정의 어리숙함을 한껏 증폭시키기라도 하듯이 새로운 제호가 모호하다는 평가에 열심히 반박했다. "우리는 낙관주의와 쾌락, 아름다움을 찾기 힘든 세상에서 이런 것들에 초점을 맞추고자 합니다." Waterson, 'FT's How To Spend It magazine rebrands as big spenders go out of style'.

15 Erving Goffman, 'Symbols of class status', *British Journal of Sociology*, 2/4 (1951): 294~304쪽, 인용문은 295쪽.

16 'Australian values', https://tinyurl.com/34c6sudm을 보라.

17 www.youtube.com/watch?v=NTNgzcUnLas를 보라.

18 David Browne, 'The real yacht rock: inside the lavish, top-secret world of private gigs', *Rolling Stone*, 2 April 2022.

19 경제 권력은 "일반적으로 부의 파괴와 과시적 소비, 낭비, 모든 형태의 쓸데없는 사치를 통해 스스로를 주장한다"는 부르디외의 관찰은 오늘날 시대착오적으로 들린다. Pierre Bourdieu, *Distinction: A Social Critique of the Judgement of Taste*. London: Routledge & Kegan Paul, [1979] 1984, 55쪽.

20 Brendan O'Shannassy, *Superyacht Captain*. London: Adlard Coles, 2022, 155쪽.

21 Candace West and Don Zimmerman, 'Doing gender', *Gender & Society*, 1/2 (1987): 125~51쪽, 인용문은 135쪽.

22 Emma Spence, 'Eye-spy wealth: cultural capital and "knowing luxury" in the identification of and engagement with the superrich', *Annals of Leisure Research*, 19/3 (2015): 1~15쪽.

23 Jane Cadzow, 'Just a country boy', *Good Weekend* [*Sydney Morning Herald* magazine], 2 July 2022.

24 Clive Hamilton, *Provocateur: A Life of Ideas in Action*. Melbourne: Hardie Grant Books, 2022, 182쪽.

25 Sam Friedman, Dave O'Brien and Ian McDonald, 'Deflecting privilege:

class identity and the intergenerational self', *Sociology*, 55/4 (2021): 716~33쪽.

26 같은 글, 725쪽.

27 같은 글, 717, 727, 718쪽. 계급이 직계 가족의 양육에 존재한다고 보는 것은 사회학자들의 구성물일지 모르지만, 그럼에도 이는 성공하기 위해 의존한 구조적 이점을 가리거나 부정하기 위해 사용된다.

28 Jill Sheppard and Nicholas Biddle, *Social Class in Australia: Beyond the 'Working' and 'Middle' Classes*, ANU Centre for Social Research and Methods, report no. 19, September 2015.

29 'The deal that made Australian prime minister Malcolm Turnbull his millions', *The New Zealand Herald*, news.com.au, 26 June 2018.

30 Paddy Manning, 'The lonely childhood of Prime Minister Malcolm Turnbull', *Sydney Morning Herald*, 23 October 2015.

31 같은 글.

32 Rubén Gaztambide-Fernández and Adam Howard, 'Social justice, deferred complicity and the moral plight of the wealthy', *Democracy & Education*, 21/1 (2013): 1~4쪽에서 제기한 논점, 인용문은 3쪽.

33 Katy Swalwell, '"With great power comes great responsibility": privileged students' conceptions of justice-oriented citizenship', *Democracy and Education*, 21/1 (2013): 1~11쪽.

34 Adam Howard and Jane Kenway, 'Canvassing conversations: obstinate issues in studies of elites and elite education', *International Journal of Qualitative Studies in Education*, 28/9 (2015): 1005~32쪽, 인용문은 1013쪽.

35 Gaztambide-Fernández and Howard, 'Social justice, deferred complicity and the moral plight of the wealthy'.

36 Raymond Gill, 'Mr Gantner, take a bow', *The Age*, 3 July 2007.

37 Gaztambide-Fernández and Howard, 'Social justice, deferred complicity and the moral plight of the wealthy', 2쪽.

38 Rachel Sherman, '"A very expensive ordinary life": consumption, symbolic boundaries and moral legitimacy among New York elites', *Socio-Economic Review*, 18/2 (2018): 411~33쪽, 인용문은 412쪽.

39 Anu Kantola and Hanna Kuusela, 'Wealth elite moralities: wealthy entrepreneurs' moral boundaries', *Sociology*, 53/2 (2019): 368~84쪽.

40 같은 글, 376쪽.

10장. 계급 사이를 가르는 감정

1   Andrew Sayer, *The Moral Significance of Class*. Cambridge: Cambridge University Press, 2005, 1쪽.

2   부르디외도 제기한 비슷한 논점은 J. Daniel Schubert, 'Suffering/symbolic violence', in Michael Grenfell (ed.), *Pierre Bourdieu: Key Concepts*. 2nd edn, Abingdon: Routledge, 2014, 180쪽에 인용되어 있다.

3   Eduardo Bericat, 'The sociology of emotions: four decades of progress', *Current Sociology*, 64/3 (2015): 491~513쪽, 인용문은 499쪽.

4   같은 글, 501쪽.

5   Diane Reay, 'Beyond consciousness? The psychic landscape of social class', *Sociology*, 39/5 (2005): 911~28쪽, 인용문은 912쪽.

6   같은 글. 레이는 각 계급이 상대 계급의 "타자Other"라고 주장한다. 이는 사실이겠지만, 당신을 타자화하는 상대보다 위에 있어서 유력한 제도에 대한 자원과 접근성이 있을 때에는 "타자화"되는 것이 그렇게 큰 문제는 아니다.

7   이 구절은 데럴드 윙 수Derald Wing Sue의 말을 빌려온 것이다. 수는 유색인, 여성, LGBT, 그 밖에 주변화된 집단의 사람들에게 가해지는 수모를 묘사하기 위해 이 구절을 사용한다. Jenée Desmond-Harris, 'What exactly is a microaggression?', *Vox*, 16 February 2016에서 재인용.

8   Lesley Branagan, 'Class act: no longer failures', ABC Radio National, 2 October 2005.

9   Matthew Benns, 'Being labelled worst still causes pain', *Sydney Morning Herald*, 31 January 2010.

10 같은 글.

11 2000년 11월, 《데일리텔레그래프》는 "자사가 야기한 모든 상처와 피해, 고통에 대해" 학생들과 학부모, 친구들에게 보내는 사과문을 게재했다. 'Students' defamation action against Daily Telegraph successful', *Alternative Law Journal*, 12 (2001), https://tinyurl.com/25fp5sdk.

12 2015년 SBS[ABC와 더불어 오스트레일리아의 양대 공영방송 중 하나.-옮긴이] 가 방영한 다큐멘터리 〈싸움의 거리Struggle Street〉는 이 교외 지역의 평판을 한층 더 깎아내렸다. 최근 들어 마운트드루이트는 부동산 호황을 겪고 있다. Brett Thomas, 'The notorious Sydney suburb that's gone viral thanks to its booming property market', Realestate.com.au, 21 December 2021을 보라.

13 Alicia Wood, 'Sydney's suburbs of shame named', *Daily Telegraph*, 14

June 2013.

14   Diego Zavaleta Reyles, *The Ability to Go About Without Shame: A Proposal for Internationally Comparable Indicators of Shame and Humiliation*. OPHI Working Paper no. 3, Oxford Poverty & Human Development Initiative, May 2007. Annette Kämmerer, 'The scientific underpinnings and impacts of shame', *Scientific American* online, 9 August 2019도 보라. 레일레스에 따르면, "수치는 자신이 실패했다는 개인적인 판단의 결과이지만(따라서 자신이 수치심을 느껴 마땅하다는 믿음을 수반하지만), 모욕은 자신이 이런 대우를 받아서는 안 된다는 믿음을 수반하는 경향이 있다."

15   Mary Lamia, 'Shame: a concealed, contagious, and dangerous emotion', *Psychology Today*, 4 April 2011.

16   이 수치는 가구 소득이나 학교 유형에 상관없이 대체로 동일했지만, 학비가 싼 사립학교를 나온 사람들의 수치심 수준이 상당히 높았다(48퍼센트).

17   Kämmerer, 'The scientific underpinnings and impacts of shame'.

18   또는 포커스그룹의 대화가 그런 감정을 과대평가하는 것일 수도 있다. 다만 왜 그런지에 관한 그럴듯한 가설은 분명하지 않다.

19   Reay, 'Beyond consciousness?', 913쪽. 여기서 레이는 앤드루 세이어 Andrew Sayer의 논의에 의지한다.

20   Stephanie Lawler, 'Disgusted subjects: the making of middle-class identities', *Sociological Review*, 53/3 (2005): 429~46쪽, 인용문은 443쪽.

21   Reay, 'Beyond consciousness?', 914쪽.

22   같은 글, 915쪽. 레이는 노동계급 아이들이 느끼는 공포와 수치에 초점을 맞춘다. 중간계급 아이들의 경우에는 "문화자본, 사회자본, 경제자본 등의 자원 덕분에 위험과 공포, 수치와 죄의식의 감정이 줄어든다"(921~2쪽).

23   개인적으로 나눈 대화.

24   Jordan Baker, 'Two of Sydney's highest-fee private schools collected more than $15 million in JobKeeper', *Sydney Morning Herald*, 25 June 2021.

25   Lucy Carrol, 'Cranbrook unveils $125m revamp as private schools compete in building boom', *Sydney Morning Herald*, 15 October 2022.

11장. 경제적 피해와 사회적 피해

1   한 가지 답은 배타적 특권을 누리는 부유층 이외에 엘리트가 존재한다는 데

주목하는 것이지만, 이는 같은 종류의 질문을 제기한다. 흔히 말하는 권력과 영향력의 **불평등**에 기인하는 피해와 권력과 영향력을 가진 사람들이 **행사하는 특권** 때문에 생겨나는 피해를 어떻게 구별할 것인가?

2   Sydney P. Freedberg, Spencer Woodman, Scilla Alecci and Margot Gibbs, 'Lawmakers and regulators around the world take action in the wake of Pandora Papers', International Consortium of Investigative Journalists, 6 October 2021, https://tinyurl.com/mb5tjsn4.

3   Neil Chenoweth and Liam Walsh, 'US response leaves Australia exposed', *Australian Financial Review*, 9-10 October 2021.

4   실제로 정신질환에 취약해서 정신 감정을 받아야 하는 사람은 패커 같은 슈퍼리치들이다. 정신과 의사들은 슈퍼리치 고객들에 관해 "돈을 더럽고 은밀한 것으로 본다"고 보고한다. "그들에게 돈은 죄의식과 수치심, 공포로 싸여 있다." Clay Cockrell, 'I'm a therapist to the super-rich: they are as miserable as Succession makes out', *The Guardian*, 23 November 2021.

5   이에 비해 생산성과 일터의 문화적 다양성의 관계는 분명히 뚜렷하지 않다. Günter Stahl and Martha Maznevski, 'Unraveling the effects of cultural diversity in teams: a retrospective of research on multicultural work groups and an agenda for future research', *Journal of International Business Studies*, 52/1 (2021): 4~22쪽.

6   Jack Barbalet, *Emotion, Social Theory, and Social Structure: A Macrosociological Approach*. Cambridge: Cambridge University Press, 2001, 63쪽.

7   Jack Barbalet, 'A macro sociology of emotion: class resentment', *Sociological Theory*, 10/2 (1992): 150~63쪽.

8   Richard Sennett and Jonathan Cobb, *The Hidden Injuries of Class*. New York: Knopf, 1972.

9   예를 들어 Gary Gerstle, *The Rise and Fall of the Neoliberal Order: America and the World in the Free Market Era*. New York: Oxford University Press, 2022.

10   George Monbiot, 'How the neoliberals stitched up the wealth of nations for themselves', *The Guardian*, 28 August 2007.

11   Anu Kantola and Hanna Kuusela, 'Wealth elite moralities: wealthy entrepreneurs' moral boundaries', *Sociology*, 53/2 (2019): 368~84쪽, 인용문은 380쪽.

12   같은 글.

13 같은 글, 381쪽.

14 Nous Group, *Schooling Challenges and Opportunities: A Report for the Review of Funding for Schooling Panel*, Melbourne Graduate School of Education, 2011, 30쪽.

15 교사가 심각하게 부족한 시기에 일부 학교는 공립학교에서 일하는 재능 있는 교사들에게 수만 달러의 연봉을 제시한다(Gabriella Marchant, 'Private schools are poaching teachers from the public sector with better salaries, principals say', *ABC News* online, 5 February 2023). 부유층 학부모들이 대학 입시 성적표를 긴밀하게 주시하는 가운데, 오늘날 시드니의 엘리트 학교들은 9~10세 아이들에게 장학금을 주겠다면서 공립 초등학교에 다니는 재능 있는 학생을 끌어들이려고 경쟁한다(Lucy Carroll, 'Private schools lock in high achievers as demand for scholarships rise', *Sydney Morning Herald*, 29 January 29, 2023).

16 엘리트 학교에 공공 예산을 투입하는 것이 순전히 불공정하다는 것을 알면서도 각 주정부는 지레 겁을 먹고 학비가 비싼 사립학교에 예산 지원을 중단하지 못한다. 엘리트 학교들이 주도하는 공포 캠페인 때문에 학비가 싼 사립학교의 학부모들까지 넘어가서 예산 지원 체계를 근본적으로 개조하는 것에 반대한다. 실제로 오늘날 저소득층과 중간소득 유권자들은 자신의 자녀가 인생에서 더 평등한 기회를 누릴 가능성을 축소시키는 교육 예산 체계를 지지하고 있다.

17 Pierre Bourdieu, *Distinction: A Social Critique of the Judgement of Taste*. London: Routledge & Kegan Paul, [1979] 1984, 24쪽.

18 Paul Schervish, 'Major donors, major motives: the people and purposes behind major gifts', *New Directions for Philanthropic Fundraising*, 47 (spring 2005): 59~87쪽, 인용문은 70쪽.

19 Ilan Wiesel, *Power, Glamour and Angst: Inside Australia's Elite Neighbourhoods*. Singapore: Palgrave Macmillan, 2019, 20쪽.

20 칼레트리오는 2012년 이 주제에 관한 책 네 권을 검토했다. Javier Caletrio, 'Global elites, privilege and mobilities in post-organized capitalism', *Theory, Culture & Society*, 29/2 (2012): 135~49쪽.

21 Dominic-Madori Davis, 'Billionaires are chartering superyachts for months at a time to ride out the coronavirus pandemic', *Business Insider*, 28 March 2020.

22 Evan Osnos, 'The haves and the have-yachts', *New Yorker*, 25 July 2022.

12장. 특권에 이의 제기하기

1 Thomas Piketty, *Capital in the Twenty-First Century*. Cambridge, MA: Belknap Press, 2014. 특히 〈그림 14.1〉과 〈그림 14.2〉(499, 503쪽)를 보라. 다른 곳에서는 감소 폭이 작았지만, 미국에서는 최고 소득세 한계세율이 1980년의 70퍼센트에서 1988년의 28퍼센트로 감소했다. 영국에서는 1970년 90퍼센트에서 1990년 40퍼센트로 감소했다.

2 같은 책, 〈그림 14.2〉, 503쪽.

3 Anthony J. Cordato, 'Death and Taxes: Part 1 — What were inheritance taxes in Australia?', *Legalwise*, 6 June 2022, https://tinyurl.com/m2fmc784.

4 Anthony Atkinson, *Inequality: What Can Be Done?* Cambridge, MA: Harvard University Press, 2015. (한국어판: 앤서니 앳킨슨 지음, 《불평등을 넘어》, 장경덕 옮김, 글항아리, 2015.) 앳킨슨 모델을 소개해준 피터 손더스Peter Saunders에게 감사한다.

5 OECD, *Inheritance Taxation in OECD Countries*. Paris: OECD, 2021, 'Summary and recommendations', https://tinyurl.com/yppj448r.

6 많은 연구에서 보이듯, 법대와 의대 학생들이 대표적인 사례다.

7 Myra Hamilton, Alison Williams and Marian Baird, *Gender Equity and Inclusion by Design: A Toolkit for the Australian University Sector*. Canberra: Universities Australia Women, 2022, 23쪽에서는 대학교의 젠더 다양성에 관한 검토위원회를 제안한 바 있다.

8 Nicola Ingram and Kim Allen, '"Talent-spotting" or "social magic"? Inequality, cultural sorting and constructions of the ideal graduate in elite professions', *Sociological Review*, 67/3 (2019).

9 www.ipso.co.uk/editors-code-of-practice/를 보라.

부록

1 Shamus Khan and Colin Jerolmack, 'Saying meritocracy and doing privilege', *Sociological Quarterly*, 54 (2013): 9~19쪽, 인용문은 11쪽.

2 Thomas Piketty, *Capital in the Twenty-First Century*. Cambridge, MA: Belknap Press, 2014.

3 같은 책, 361쪽.

4   같은 책, 333, 305쪽.

5   Robert Blanton and Dursun Peksen, 'Economic liberalisation, market institutions and labour rights', *European Journal of Political Research*, 55/3 (2016): 474~91쪽.

6   Piketty, *Capital*, 308, 315쪽. 302, 290쪽도 보라.

7   같은 책, 334, 416쪽.

8   같은 책, 333~5쪽.

9   같은 책, 351쪽.

10   같은 책, 355쪽. 오스트레일리아에서는 거액의 유산을 절반으로 줄일 수 있었던 주와 연방의 상속세가 1980년대 초에 폐지되었다. Anthony J. Cordato, 'Death and Taxes: Part 1 — What were inheritance taxes in Australia?', *Legalwise*, 6 June 2022.

11   Piketty, *Capital*, 402쪽.

12   Sandra Black, Paul Devereux, Petter Lundborg and Kaveh Majlesi, 'Poor little rich kids? The role of nature versus nurture in wealth and other economic outcomes and behaviours', *Review of Economic Studies*, 87/4 (2020): 1683~725쪽.

13   Productivity Commission, *Wealth Transfers and their Economic Effects*, Research paper, Australian Government, November 2021, 57~60쪽. 보고서를 발표하는 보도자료에는 저자 중 한 명의 말이 인용되어 있다. "이렇게 관찰된 지속성의 약 3분의 1이 상속 자산에 기인하는 것이다. 나머지는 부모가 자녀에게 주는 다른 모든 것 — 교육, 네트워크, 가치관, 그 밖의 기회 — 에서 나온다." 리사 그룹Lisa Gropp 위원의 말이다.

14   Black et al., 'Poor little rich kids?', 1683쪽. 블랙 등은 또한 유전이 자산 이전에 별로 중요하지 않음을 발견한다. "우리는 생물학이 숙련기술 이전에는 중요하지만 자산에는 별로 중요하지 않다고 결론짓는다. 명문가는 숙련기술이나 능력에 상관없이 세대를 가로질러 자산을 이전할 수 있다"(1714쪽).

특권계급론

초판 1쇄 펴낸날 2025년 3월 3일
지은이 클라이브 해밀턴·마이라 해밀턴
옮긴이 유강은
펴낸이 박재영
편집 임세현·이다연
마케팅 신연경
디자인 조하늘
제작 제이오
펴낸곳 도서출판 오월의봄
주소 경기도 파주시 회동길 363-15 201호
등록 제406-2010-000111호
전화 070-7704-5018
팩스 0505-300-0518
이메일 maybook05@naver.com
X(트위터) @oohbom
블로그 blog.naver.com/maybook05
페이스북 facebook.com/maybook05
인스타그램 instagram.com/maybooks_05

ISBN 979-11-6873-142-4 03300

만든 사람들
책임편집 박재영
디자인 조하늘